HET GEHEIM VAN DE NACHTWACHT

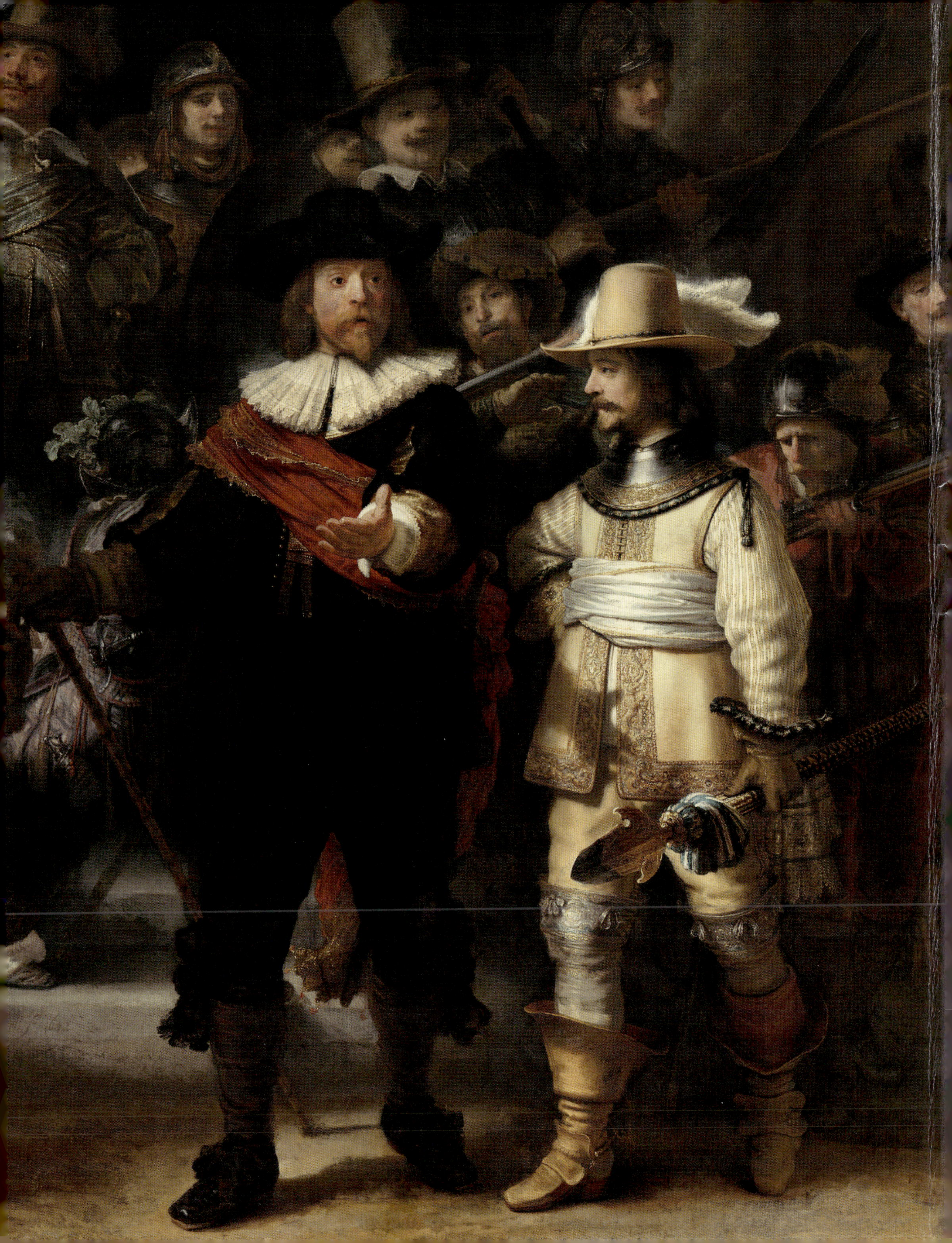

HET GEHEIM VAN De Nachtwacht

MARC POS

TERRA

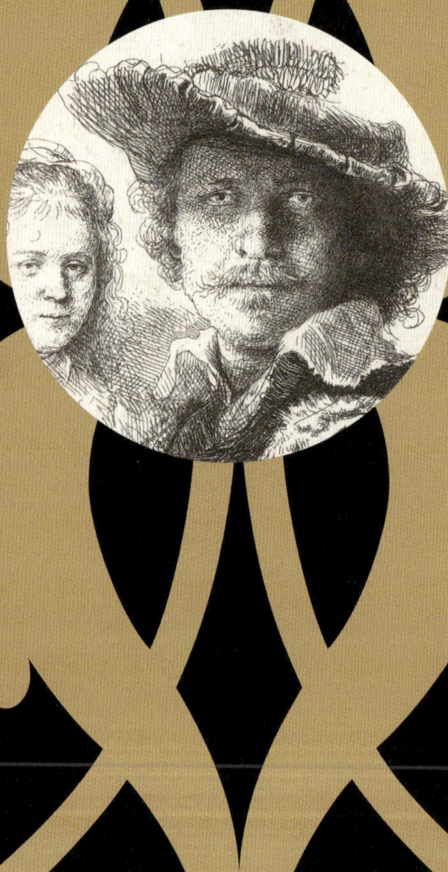

Inhoud

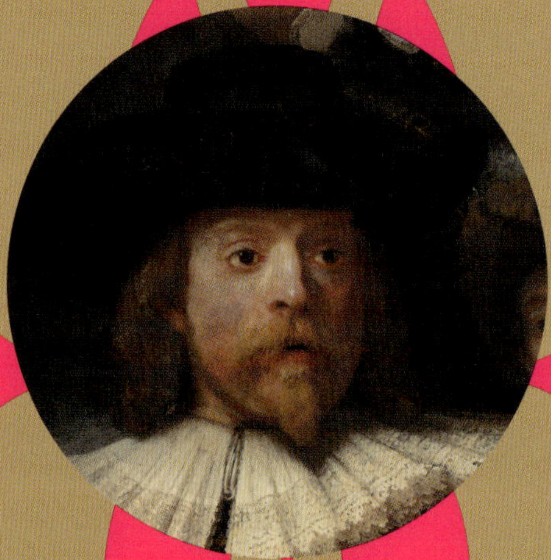

Woord vooraf

In de herfst van het jaar 2021 was het Rijksmuseum in Amsterdam het decor van een bijzondere mise-en-scène. Terwijl buiten de wind langs de hoge gebrandschilderde ramen van het majestueuze museum blies, stonden binnen – in een imposante ruimte genaamd de Voorhal – een schilder, een restaurator, een materiaaldeskundige, een wetenschapshistoricus en een museumdirecteur gebroederlijk naast elkaar. Ingetogen hadden zij zich opgesteld bij een enorm schilderij dat nog heerlijk geurde van honderden liters verse verf. Minutenlang bewonderde het gezelschap het fraai uitgelichte doek in stilte.

Op de cameraregistratie die van dit moment werd gemaakt – de ontknoping van het nieuwe seizoen van de tv-serie *Het Geheim van de Meester* – oogden de vijf zelfs enigszins geïmponeerd, maar in werkelijkheid was de situatie anders dan de televisiebeelden later deden vermoeden.

Hoewel het leek alsof de hoofdrolspelers zich in alle rust vergaapten aan het overweldigende kunstwerk, werden zij in werkelijkheid omringd door cameralieden, kabelsjouwers, grippers, gaffers, productiemedewerkers, suppoosten, redacteuren, omroep- en zenderbazen, een opnameleider, een producent en enkele andere jubelende genodigden. Twee mensen bedienden een metershoge verrijdbare kraan waaraan een camera hing, her en der stonden lichtbakken verdekt opgesteld, in een hoek werden door medewerkers flûtes met bubbelwijn ingeschonken, want er heerste een uitgelaten stemming.

Al met al een levendig tableau, dat verrassend genoeg qua sfeer wel iets weg had van het eeuwenoude schilderij dat het gezelschap die avond bij elkaar had gebracht: een doek met de nogal lange titel *Officieren en andere schutters van wijk II in Amsterdam, onder leiding van kapitein Frans Banninck Cocq en luitenant Willem van Ruytenburch*. Oftewel 'De Nachtwacht', het beroemdste Nederlandse kunstwerk aller tijden. Had Rembrandt van Rijn heden ten dage geleefd, dan had hij van dit vrolijke samenzijn in het Rijksmuseum een net zo bezield en levensecht tafereel kunnen schilderen als het tot de verbeelding sprekende groepsportret dat hij in 1642 op bestelling had geleverd aan het Amsterdamse Schuttersgilde.

Het boek dat u nu in handen heeft, is een verslag van een waanzinnig project dat in februari 2021 van start ging. Na dertig vaderlandse en internationale schilderijen te hebben nageschilderd was het illustere team van HGVDM klaar voor de grootste uitdaging in de geschiedenis van het inmiddels internationaal gelauwerde tv-programma: de gedetailleerde en historisch verantwoorde reconstructie van Rembrandts bekendste schilderij. Wat een voornemen! Wat een lef!

Als tijdelijk atelier gunde het Rijksmuseum, waar *De Nachtwacht* sinds 1885 hangt, de ploeg van HGVDM de meest ideale werkplek denkbaar: pal tegenover het originele doek van Rembrandt, oog in oog met het meesterwerk zelf.

Daar konden Lisa Wiersma, Michel van de Laar, Joris Dik en Thijs Hagendijk aan de slag met de bijna onmogelijke opdracht die zij zichzelf en de rest van hun team hadden gegeven. Zou het lukken om het schilderij – 17,1 vierkante meter groot – natuurgetrouw met oude technieken te reconstrueren? Welkom in de wereld van weeftechnieken, doodverf, onderschildering, druipende impasto's, uit-oliën en luisjes die vermalen worden om hun kleur.

Zeer handig bij deze moeilijke zoektocht waren de data van de zogenoemde 'Operatie Nachtwacht', de restauratie van het origineel, die in 2019 was begonnen. Met alle mogelijke wetenschappelijke technieken werd het doek millimeter voor millimeter gescand, bekeken, geanalyseerd en onderzocht, wat een grote berg nuttige gegevens opleverde waarmee het team van HGVDM verder aan de slag kon.

In de loop der eeuwen heeft Rembrandts schuttersstuk (zijn enige) veel moeten doorstaan. Niet alleen was er de natuurlijke veroudering van verf, pigment, spanlinnen en vernislagen, ook waren er vele goedbedoelde restauraties en al dan niet moedwillige beschadigingen. Er werden repen van het schilderij afgesneden, er viel een hamer door het doek, iemand ging het kunstwerk te lijf met een schoenmakersmes en een ander tot twaalf keer toe met een stanleymes, er werd zuur overheen gegooid en in de oorlog rolde men het op zodat het veilig kon worden opgeborgen in een Limburgse grot. Al deze littekens en kleine gebreken hebben niets afgedaan aan de zeggingskracht, de magie van de beeltenis, de overrompelende betovering waarmee *De Nachtwacht* al 380 jaar toeschouwers in vervoering brengt.

Nu wil ik in dit woord vooraf niet *plotspoilen* of op de hoofdstukken in dit boek vooruitlopen, maar ik kan uit eigen constatering melden dat de fenomenale reconstructie van Lisa, Michel, Joris, Thijs en alle anderen die hun ziel en zaligheid in dit project hebben gestoken, een vergelijkbare overrompeling veroorzaakt.

Ronald Giphart

Inleiding

In 2015 ontwikkelden David Beker, Jonas Hemink en ik het concept voor het tv-programma *Het Geheim van de Meester*. Wat me in het hele idee aansprak, was dat het programma op een ongelofelijk spannende en toegankelijke manier over kunst en cultuur zou gaan. Zonder te versimpelen en met een inhoud die liefhebbers en kenners zou aanspreken. Deze combinatie van inhoudelijkheid en toegankelijkheid is voor mij de kern van het programma. Cultuur, in dit geval kunst, is een cruciale, bindende factor in de samenleving; het is belangrijk dat we die op een goede manier kunnen delen.

Het Geheim van de Meester is een inspirerend programma geworden dat inmiddels ook vertaald is naar boeken, theatershows, exposities, schilderwedstrijden en colleges. Dat komt, denk ik, omdat *Het Geheim van de Meester* zowel voor als achter de schermen een avontuur is. We werken als een forensisch team, op zoek naar antwoorden die verborgen zitten in de materialen, werkmethode, de geschiedenis en het leven en gedachtegoed van de kunstenaar. Daar gaan we ver in; het team bestaat uit specialisten, heeft bovendien goede contacten en een vindingrijke geest, en de teamleden zijn stug en eigenwijs als ze iets in hun hoofd hebben.

Tijdens dit 'Kuifje' avontuur werken we aan de reconstructie. De ontdekkingen die we doen, vinden hun weg naar een nieuw kunstwerk. Het heeft iets intens romantisch om dat hele proces met zijn allen te doorlopen. Hoe vaak houd je je nu zo gedetailleerd bezig met een onderwerp, een werk, een penseelstreek of de grondering waarop die penseelstreek is gezet? Het werk, de concentratie, discipline en drang om het zo precies mogelijk te herhalen, brengen ons dichter bij de kunstenaar. Je komt in iemands hoofd, je probeert een blik op de wereld te herkennen, te ontdekken wat iemand wilde zeggen door dat werk exact na te maken. Dit proces is altijd bijzonder. Het programma moet vragen stellen die niemand zich ooit stelde, op zoek naar een oplossing, een 'dader'. In die zin is het altijd net zo spannend als een *whodunnit*: hoe dicht komen we bij de Meester?

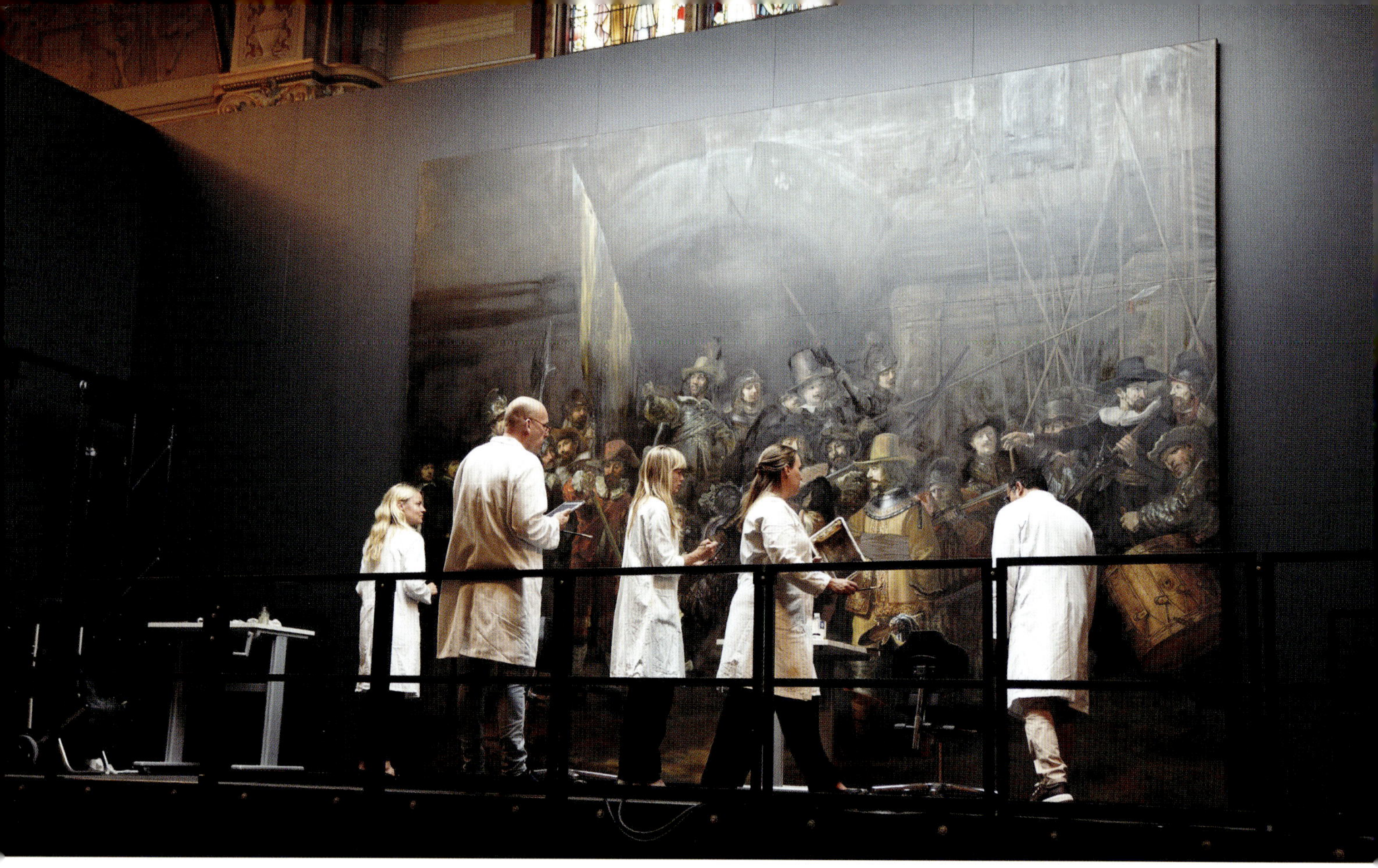

Lisa en haar schildersteam

Uiteindelijk is dat ook letterlijk de vraag die het programma stelt. We hangen het origineel en de reconstructie naast elkaar en vragen het publiek om te vergelijken. De voor ons mooiste uitkomst is als de kijker, die normaliter dat onderscheid niet zou kunnen maken, dankzij de inzichten in het programma de verschillen wél kan zien. Door het avontuur van het programma te volgen herkent de kijker de hand van de meester en kan, met ons, een respectvolle buiging maken naar de virtuositeit van het origineel.

Voor *Het Geheim van de Meester* reconstrueerden we op deze manier dertig werken. Van Mondriaans *Victory Boogie Woogie* en *Meisje met de parel* van Johannes Vermeer tot Vincent van Goghs *Zelfportret met grijze vilthoed* en Pieter Bruegels *De toren van Babel*. Ieder op zijn eigen manier uniek, verrassend en overweldigend. En nu zetten we alle kennis en ervaring die we opdeden in voor ons *pièce de résistance*: *De Nachtwacht*, letterlijk en figuurlijk een van de grootste meesterwerken ter wereld.

We maken de reconstructie met een groot team van wetenschappers, researchers, productiemedewerkers, redacteuren en regisseurs. Op de voorgrond staan een schilder, een restaurator, een wetenschapshistoricus en een materiaaldeskundige.

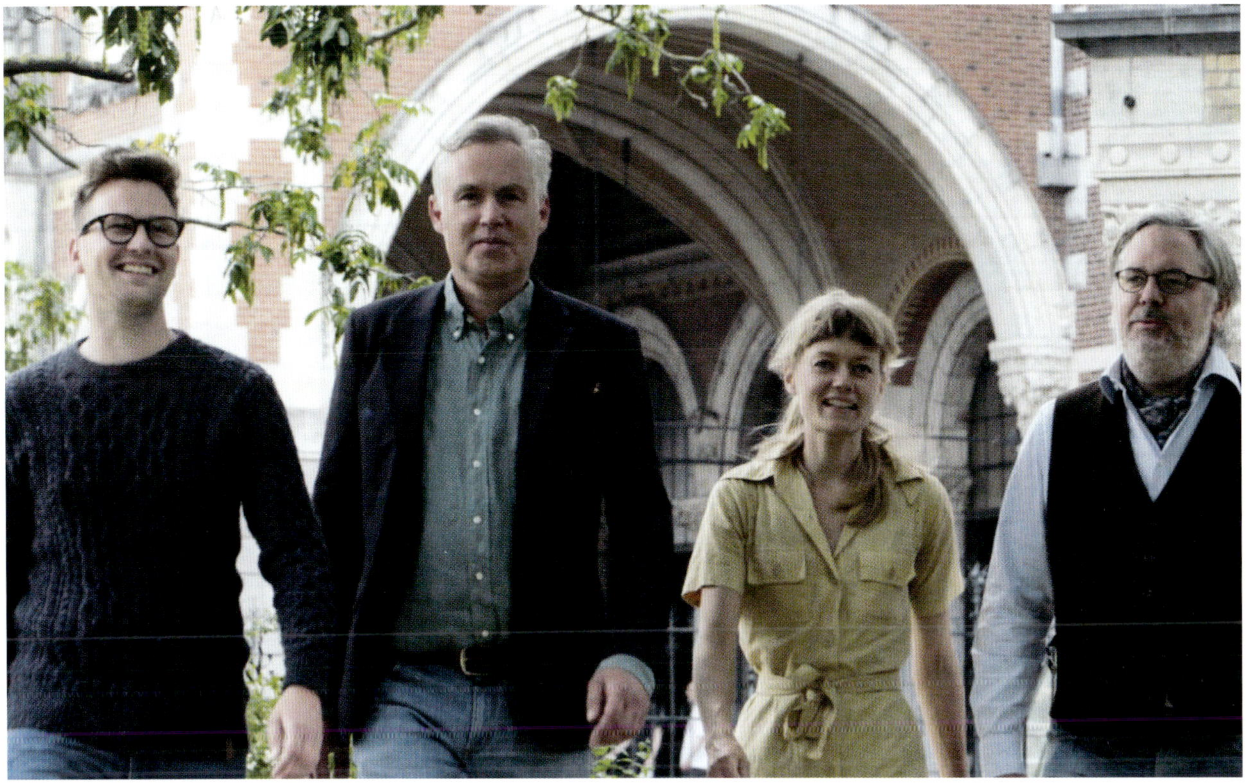

Het team van *Het Geheim van De Nachtwacht*. Van links naar rechts: Thijs Hagendijk, Michel van de Laar, Lisa Wiersma, Joris Dik

Lisa Wiersma is kunsthistoricus, kunstschilder en illustrator. Alle kennis die we opdoen, vloeit uiteindelijk via haar penseel naar het doek. Restaurator Michel van de Laar ontfermt zich over de restauratiegeschiedenis en het verouderen van onze reconstructies. Wetenschapshistoricus Thijs Hagendijk geeft context en duiding. Bovendien duikelt hij elke keer weer oude verfrecepten op. Om vervolgens de verf te maken zoals ze dat eertijds deden. Joris Dik is een gerenommeerd onderzoeker aan de TU Delft wiens inzichten in het materiaal en het gebruik hiervan onmisbaar zijn. Behalve dat ze hun vak verstaan, zijn het alle vier uitstekende verhalenvertellers.

De reconstructie van *De Nachtwacht* zien we als een bekroning van ons werk. Om daarna weer volop verder te gaan. Want er zijn nog zoveel verhalen te vertellen en reconstructies te maken. Ik beloof u, we zullen blijven verrassen.

Marc Pos

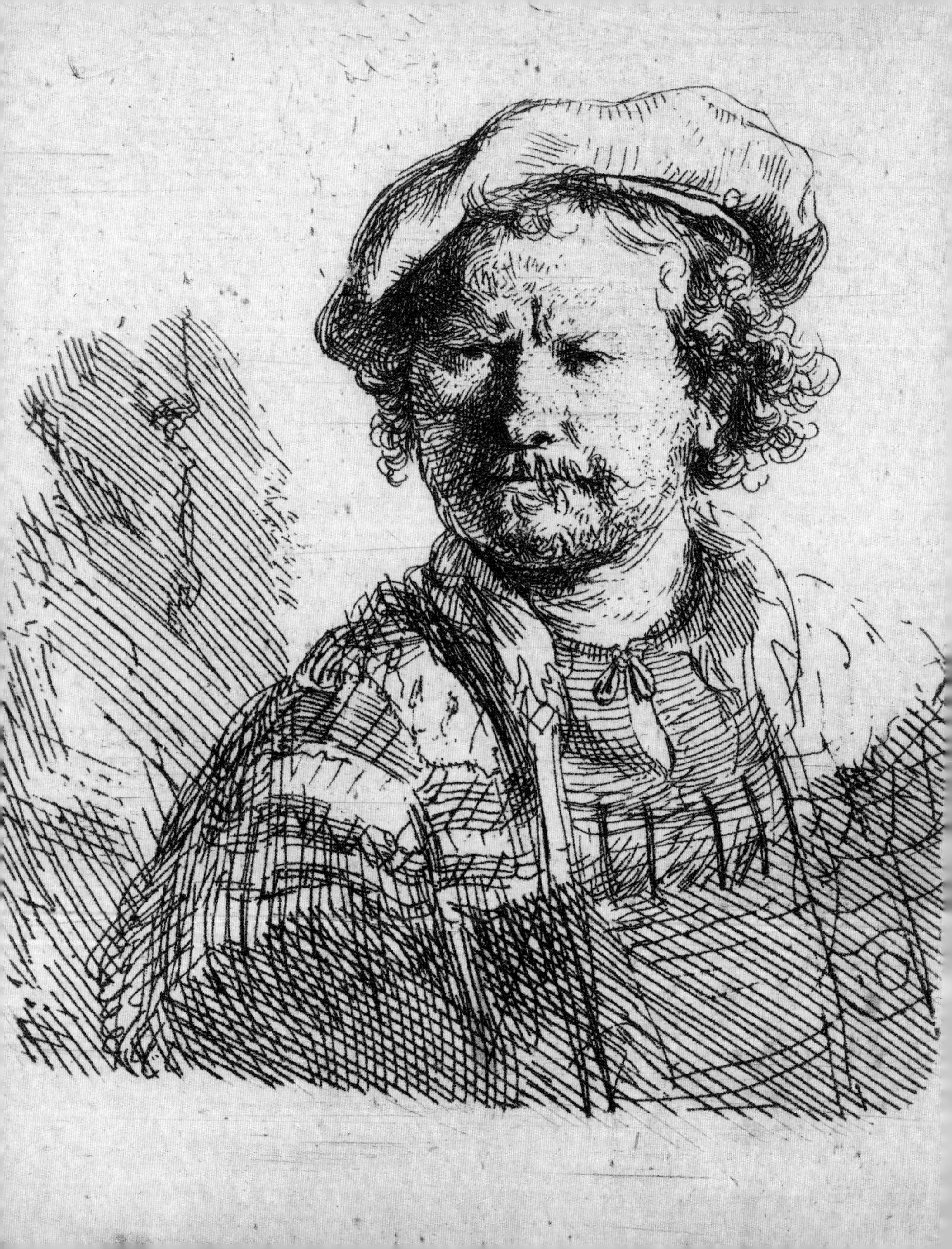

1

Kennismaking met Rembrandt

Voordat we met de reconstructie van *De Nachtwacht* beginnen, willen we zo veel mogelijk weten over de materialen, technieken en trends van de 17de eeuw. Welke keuzes hieruit maakte Rembrandt? En hoe hadden die invloed op het werk? Tegelijkertijd willen we ook een beetje in zijn schoenen staan. Hoe zag zijn Amsterdam eruit? Wat voor leven leidde hij zo tussen 1640 en 1642? En wat voor man was het eigenlijk?

Amsterdam in 1642

In 1642 ontwikkelt Blaise Pascal de eerste mechanische rekenmachine. Abel Tasman ontdekt Nieuw-Zeeland. Galileo Galilei overlijdt. Claudio Monteverdi componeert *l'Incoronazione di Poppea*. En Rembrandt legt de laatste hand aan *De Nachtwacht*.

Een bruisende, bedrijvige stad

In 1642 leeft men in de Nederlanden in het staartje van een langlopende opstand tegen Spanje, de Tachtigjarige Oorlog. Na een periode van verzet met veel wapengekletter, tussentijds onderbroken door een wapenstilstand, lijkt het tij eindelijk te keren. De VOC floreert en steden maken een industriële ontwikkeling door. Dat zorgt voor economische groei in een fase waarin het Spaanse leger het lastig heeft. Er is meer geld beschikbaar voor de oorlogskas, op zee worden belangrijke overwinningen geboekt en het strijdtoneel verplaatst zich steeds meer naar de grensgebieden van de Republiek die alleen maar sterker wordt. Kortom, zo halverwege de 17de eeuw gaat het goed met de jonge Republiek der Zeven Verenigde Nederlanden, en dat geldt zeker voor Amsterdam. De stad is nog klein – zeker als je haar vergelijkt met Parijs of Londen – maar is ook een jonge stad die gretig elke kans pakt en daarmee snel een spil wordt in de wereldeconomie. En dat trekt mensen aan.

Amsterdam groeit in de eerste helft van de 17de eeuw gigantisch. In 1612 wonen er 30.000 mensen in Amsterdam. Molenaarszoon Rembrandt van Rijn is dan zes en woont in Leiden, waar hij als kind wordt omringd door de beelden, geluiden en geuren van de houtzaagmolen van zijn vader. Een kleine twintig jaar later, als de 25-jarige Rembrandt in Amsterdam gaat wonen, telt de stad meer dan 125.000 mensen.

Zelfportret met baret en bewerkte mantel,
Rembrandt van Rijn, ca. 1642

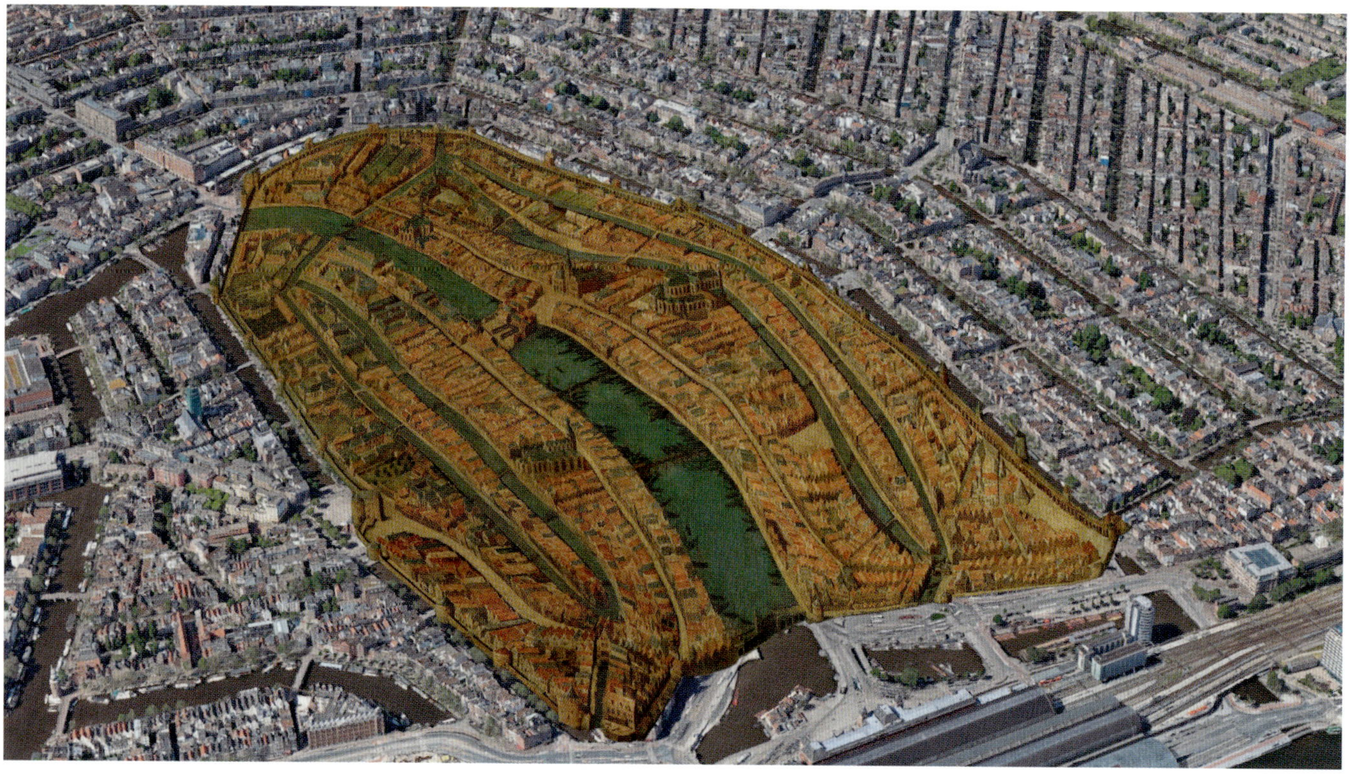

Amsterdam in 1642, aangegeven in bruin op een luchtfoto van de stad in de 21ste eeuw

Al die mensen moeten ergens wonen, werken, boodschappen doen en naar de kerk kunnen. De stad breidt daarom in rap tempo uit met onder meer de grachtengordel en de Jordaan. Het moet een flinke bouwput zijn geweest, met onophoudelijk getimmer.

Amsterdam wordt een welvarende stad. En de rijkeren onder de bevolking, die dankzij de groeiende handelsmogelijkheden hun rijkdom vergaarden, willen dit succes graag tonen. Men laat zich vereeuwigen in portretten en geeft kunstenaars de opdracht voor het maken van imposante familieportretten. De portretten van de welgestelden zijn een statussymbool, net zoals het bezit van een mooie en interessante kunstverzameling.

Nu kunstenaars niet meer alleen in opdracht van de kerk of adel werken, maar ook voor de rijke burgerij, krijgen kunstwerken een nieuwe bestemming. Verschillende genres vinden hun weg naar het doek, waarbij het formaat en de onderwerpen anders zijn dan voorheen. Dankzij de economische bloei en de groeiende vraag naar schilderkunst bloeit de kunsthandel levendig. Er wordt in hoog tempo geproduceerd om de vraag aan te kunnen. Dit alles maakt de Republiek halverwege de 17de eeuw de perfecte plek voor een jonge, gretige kunstenaar die ook nog eens knap eigenwijs is.

Een lastig man om te begrijpen

Rembrandt wordt op 15 juli 1606 geboren als negende kind van een redelijk welvarende molenaar in Leiden. Hij kan goed tekenen. Op veertienjarige leeftijd schrijven zijn ouders hem in als student aan de Latijnse School waar hij ook onderwijs in theologie krijgt. Als hij zo'n vijftien, zestien jaar is, verlaat hij die opleiding en gaat in de leer bij meester-schilder Jacob van Swanenburgh, en ongeveer twee jaar later bij Pieter Lastman in

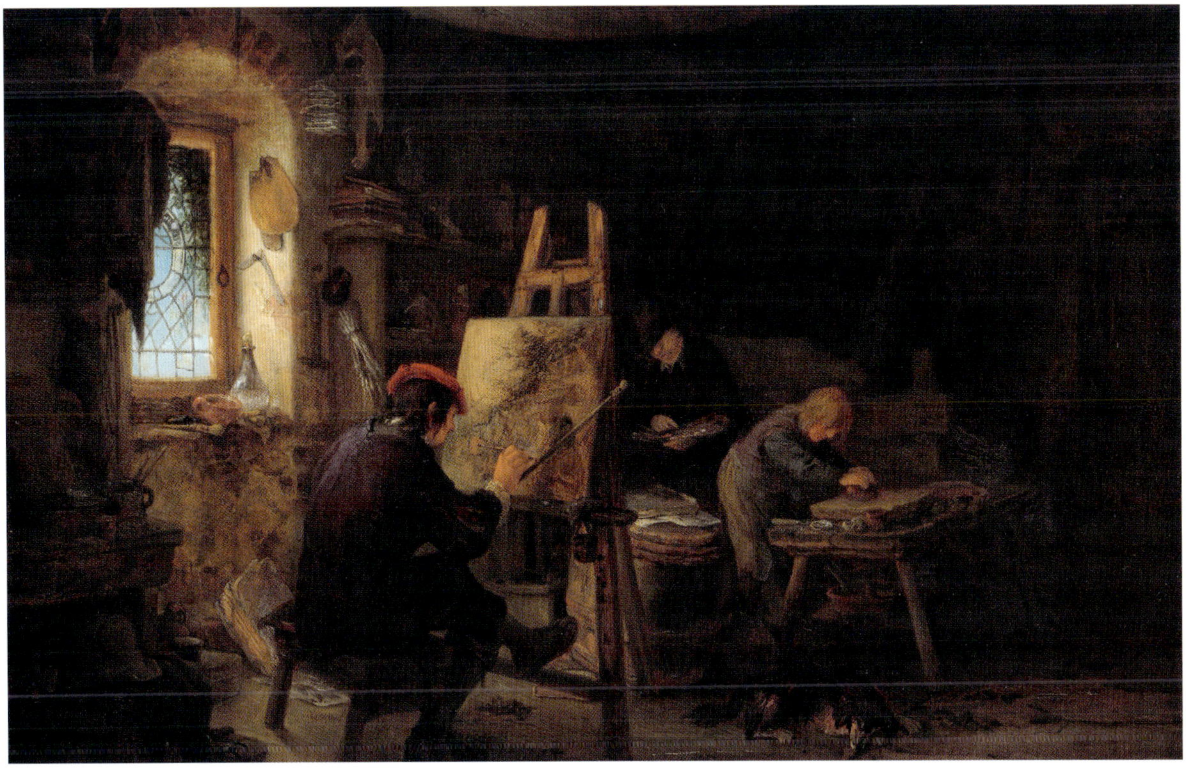

Schildersatelier, Adriaen van Ostade, ca. 1647 1650

Amsterdam. Hij is nog geen twintig als hij voor zichzelf begint. Zijn vroegst gedateerde schilderij, *De steniging van de Heilige Stefanus,* is van 1625. In de drie jaar die volgen, groeit zijn bekendheid zodanig dat hij in 1628 zijn eerste leerling kan aannemen, Gerard Dou.

De meesterlijke schilder

Rembrandt woont en werkt aanvankelijk in Leiden. In die tijd heeft studiegenoot en collega Jan Lievens een belangrijke invloed op hem. Ze delen mogelijk een werkplaats en het lijkt erop dat hun kameraadschap en onderlinge vriendschappelijke competitie de ontwikkeling van beiden veel goed doen.

Na een bezoek aan het atelier merkt kunstkenner en secretaris van de stadhouder, Constantijn Huygens, in een verslag op hoe de heren leven en werken voor hun vak: 'Het wonderlijkste is nog dat zelfs de onschuldigste genoegens van de jeugd door hen als tijdverlies worden afgedaan.' Hij beschrijft hun relatie en ziet in Rembrandt de meerdere van de twee als het gaat om trefzekerheid en levendigheid van emoties.

Als Rembrandt 25 jaar is, staat hij al bekend om zijn eigen stijl: de natuurlijke wijze waarop hij mensen portretteert, emoties in beeld brengt en gebruikmaakt van het kenmerkende clair-obscur. Hij krijgt diverse opdrachten van vooraanstaande Leidse families en ziet dat zijn werk, dankzij bemiddeling van diezelfde Constantijn Huygens, wordt opgenomen in de kunstverzamelingen van bijvoorbeeld Frederik Hendrik van Oranje en koning Karel I van Engeland.

Naam en faam

In 1631 verhuist Rembrandt naar Amsterdam en trekt als kostganger in bij ongeveer de belangrijkste kunsthandelaar van die tijd, Hendrick Uylenburgh. Hij gaat Hendricks drukke en beroemde schilderswerkplaats leiden, die je rustig kunt zien als een soort 'portretfabriek' voor welgestelde

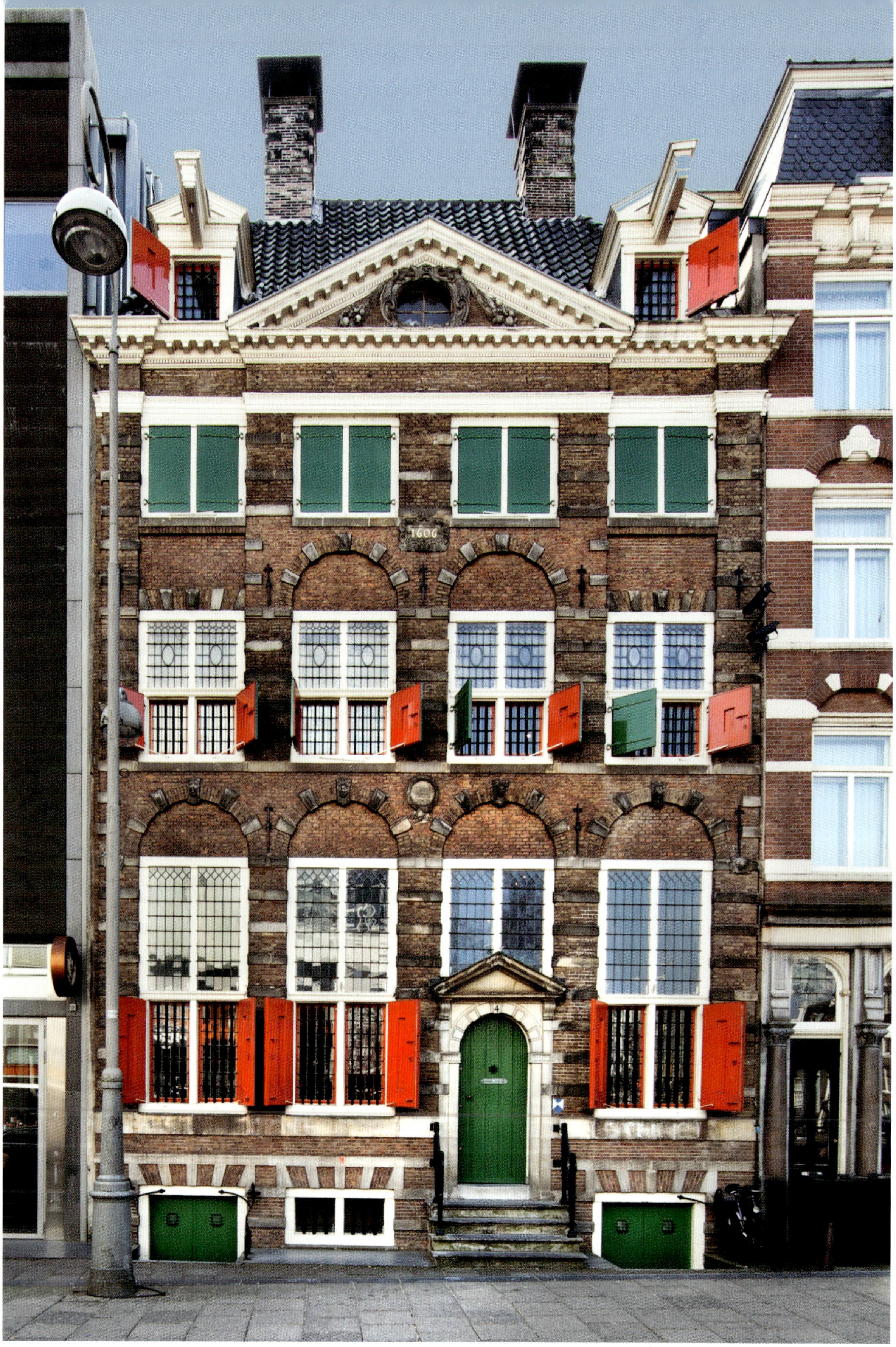

Het woonhuis van Rembrandt in de Sint Antoniesbreestraat, nu Museum Het Rembrandthuis (Jodenbreestraat)

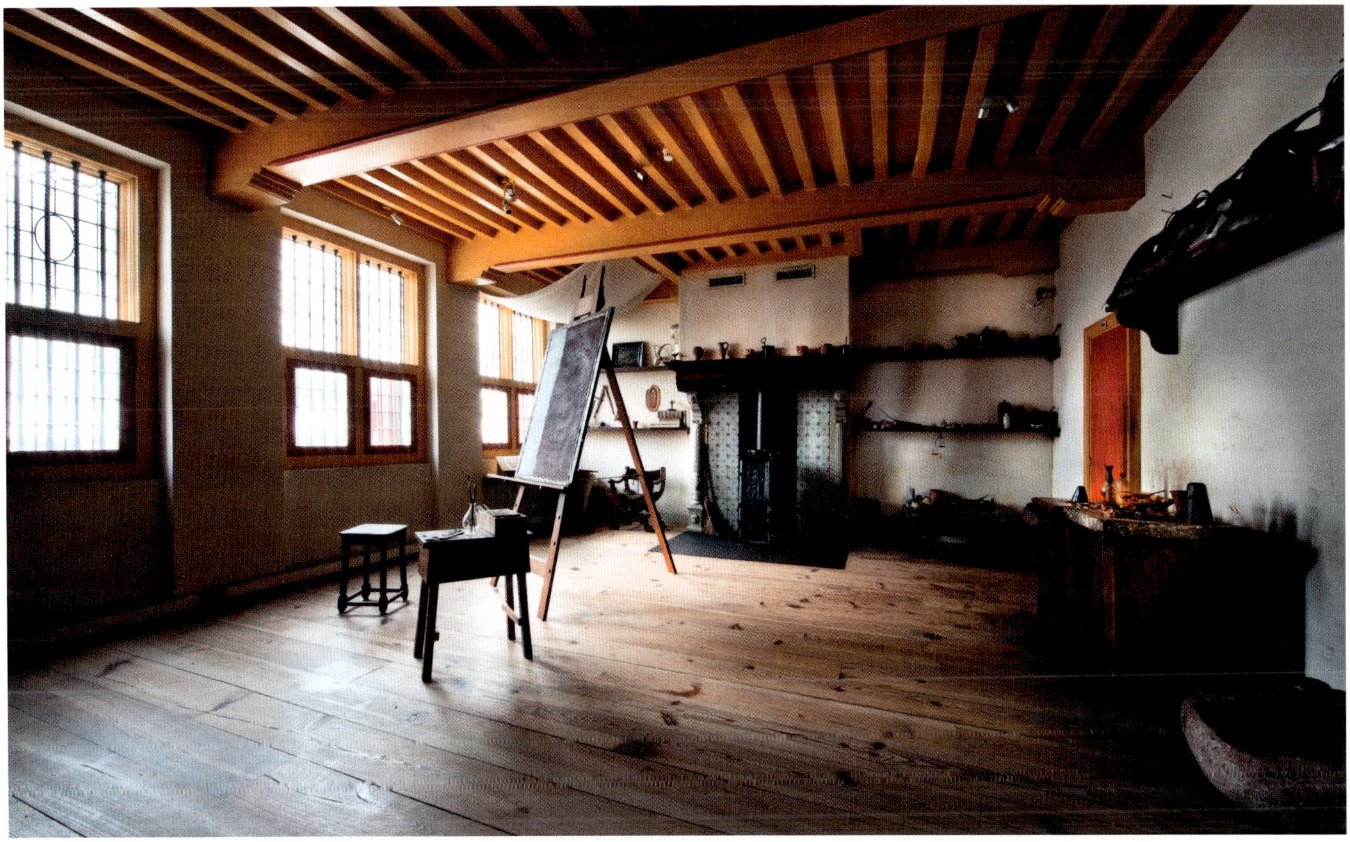

Het schildersatelier van Rembrandt in Het Rembrandthuis

Amsterdammers. Rembrandt gebruikt Hendricks schilderswerkplaats, die vlakbij die van Pieter Lastman gevestigd is, ook als atelier voor zichzelf.

Het beloven gouden jaren te worden. Rembrandt wordt lid van het schildersgilde, zijn roem neemt gestaag toe en hij leert zijn toekomstige vrouw Saskia Uylenburgh kennen, een nicht van Hendrick. Hij maakt stormachtig carrière, vooral met het schilderen van portretten en historiestukken. Na een paar jaar huren Rembrandt en Saskia een fonkelnieuw huis aan de Nieuwe Doelenstraat en vervolgens in de Zwanenburgerstraat (op de plek waar nu de Stopera staat).

In 1639 koopt de dan zeer voorname kunstenaar Rembrandt voor 13.000 gulden een mooi koopmanshuis in de wijk waar de culturele en bestuurlijke elite woont. Het huis staat aan de Sint Antoniesbreestraat (tegenwoordig de Jodenbreestraat), pal naast het pand waar de schilderswerkplaats van Hendrick Uylenburgh was gevestigd en waar nu kunstenaar Nicolaes Eliasz. Pickenoy woont. En heel toevallig: Pickenoy zou later, in dezelfde tijd als waarin Rembrandt aan zijn *Nachtwacht* werkt, een van de andere schuttersstukken voor de Doelenzaal schilderen. In deze periode stopt Rembrandt bijna helemaal met het schilderen van portretten en begint aan een serie grote historiestukken waaronder *Danaë* (1636), *De blindmaking van Simson* (1636) en *De bruiloft van Simson* (1638).

Rembrandt in zijn element

Rembrandt en Saskia leven in stijl. Saskia is van goede en rijke komaf en het gaat Rembrandt financieel voor de wind. Hierdoor heeft hij genoeg financiële ruimte om zich over te geven aan zijn tweede passie: het verzamelen van kunst en allerlei verschillende soorten objecten.

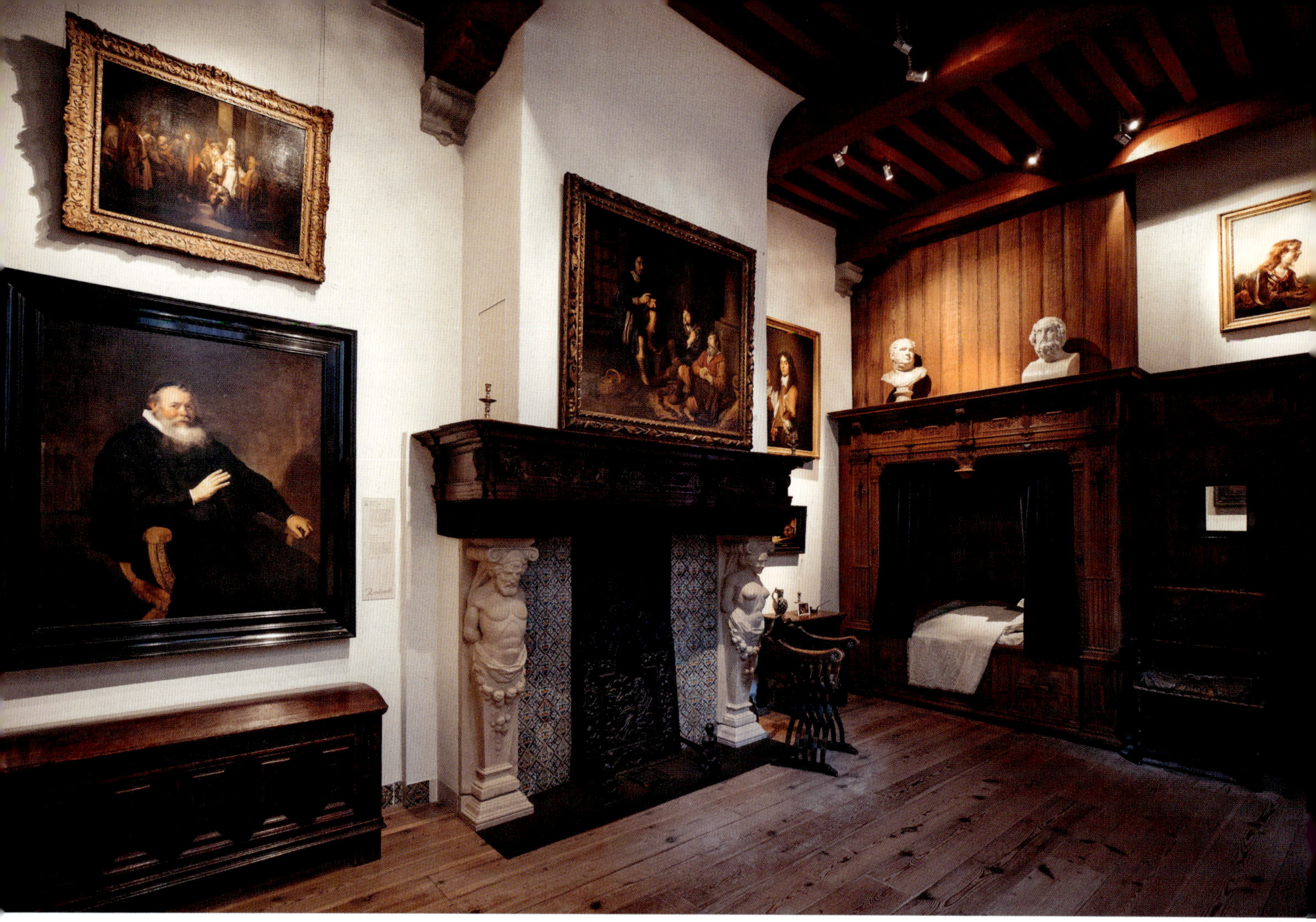

De Sael in Het Rembrandthuis. Dit was de woonruimte van Rembrandt en Saskia

Het is levendig in huize Rembrandt, met een komen en gaan van leerlingen, klanten en kunstverzamelaars. In het voorhuis van de statige woning ontvangt Rembrandt opdrachtgevers en goede vrienden uit de hoogste kringen. De ruimte erachter is de plek waar de familie woont. Het is een hoge, ruime kamer met een grote schouw en een bedstede die te zien is op een aantal van Rembrandts kunstwerken. Op de eerste verdieping richt Rembrandt een van de kamers in als kunstkamer, de plek waar hij het resultaat van zijn verzamelwoede bewaart en uitstalt. Ernaast, in de grootste ruimte van het huis, is zijn atelier gevestigd. Hier schildert hij zelf en begeleidt hij vier tot vijf leerling-schilders. Het is de perfecte plek, want dit is niet alleen de grootste ruimte van het huis, het is vooral door de gunstige lichtinval ideaal om te schilderen. Op zolder hebben de leerlingen ook nog een eigen ruimte waar ze in alle rust, met schotten van elkaar gescheiden, kunnen oefenen en werken. Een aantal van de leerlingen die bij Rembrandt werken, zal later tot de meest succesvolle en beroemdste kunstenaars gaan behoren. Zo leerden bijvoorbeeld Govert Flinck, Ferdinand Bol en Carel Fabritius de kneepjes van het vak in het atelier van Rembrandt.

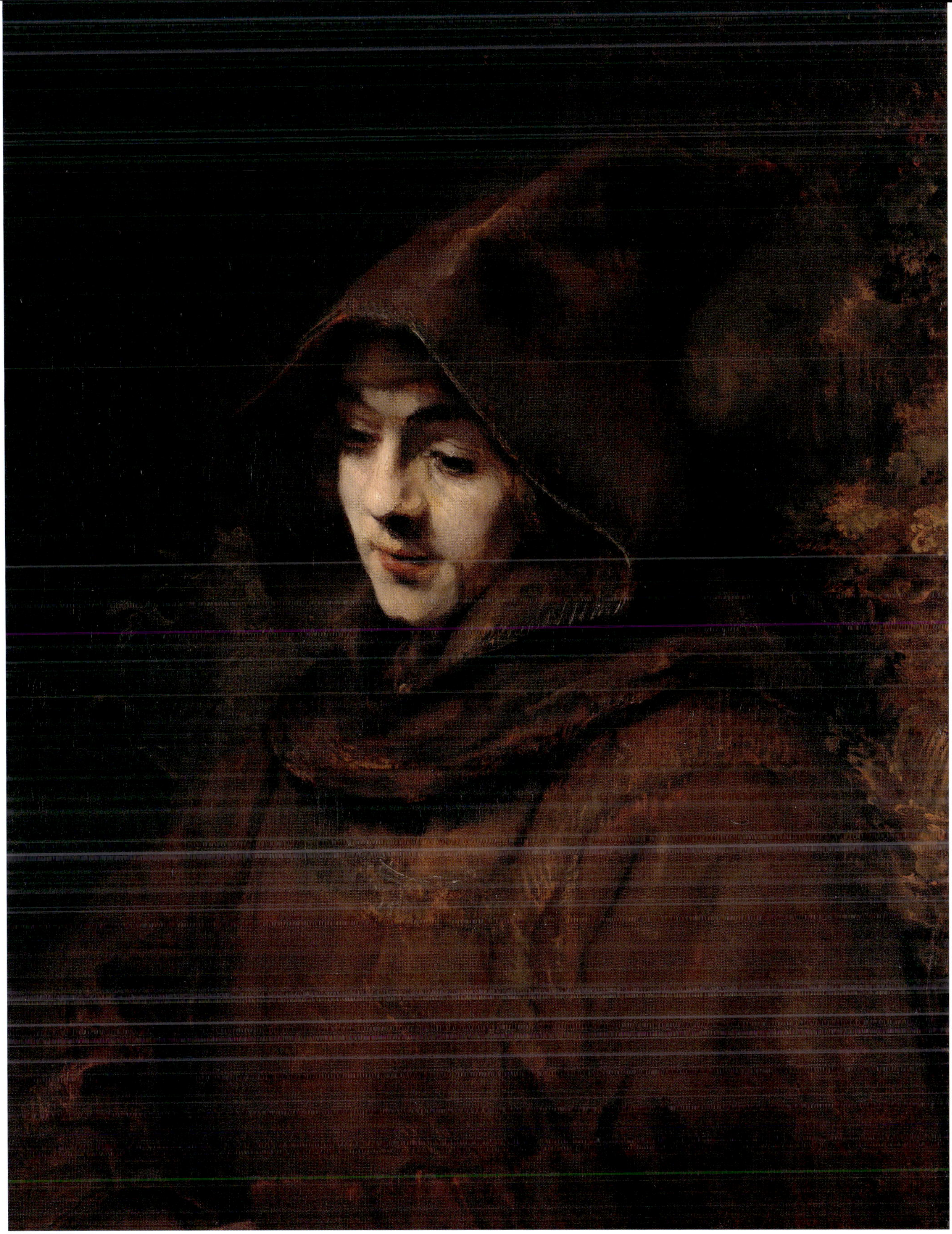

Rembrandts zoon Titus in monniksdracht, Rembrandt van Rijn, 1660

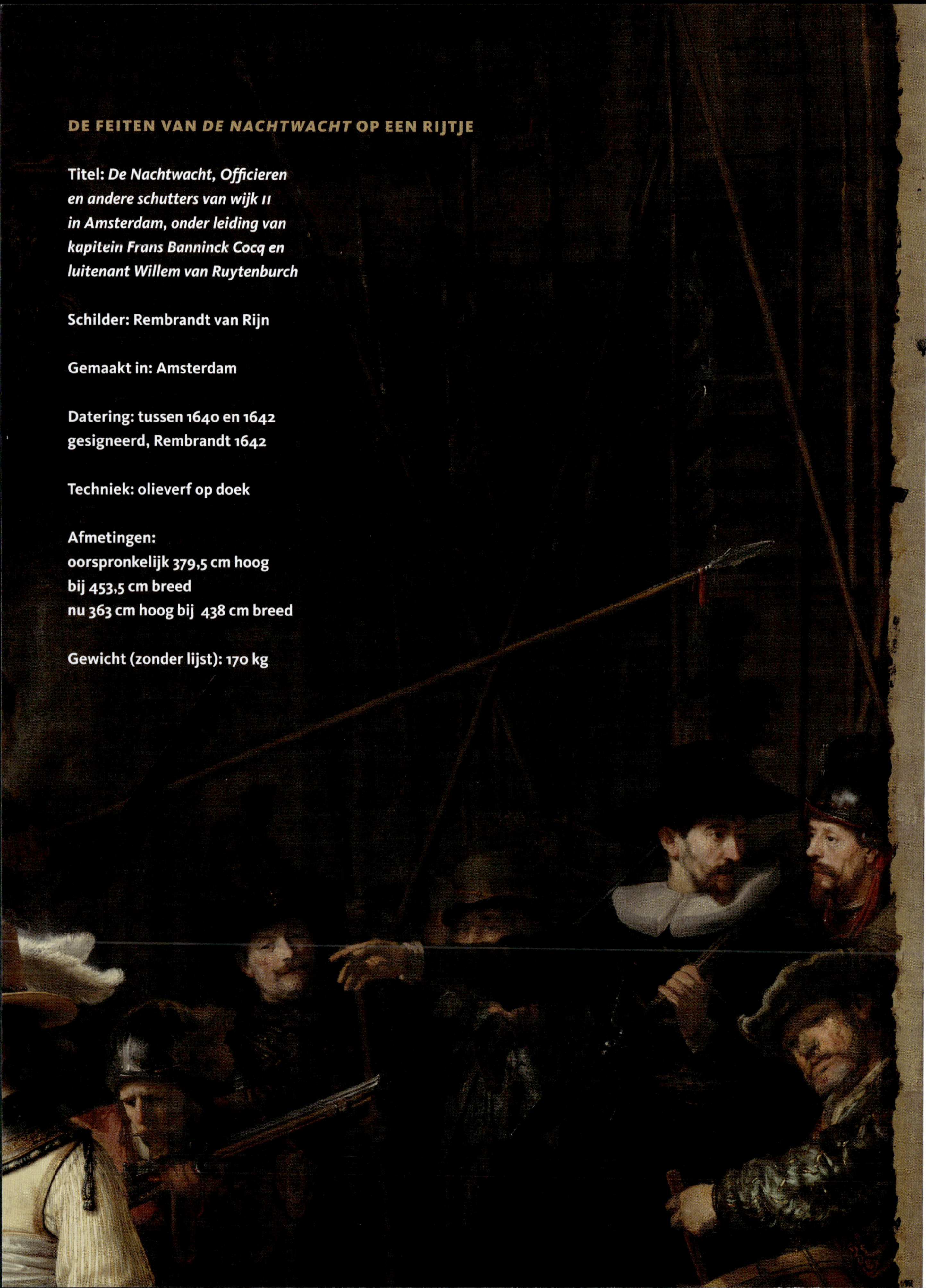

DE FEITEN VAN *DE NACHTWACHT* OP EEN RIJTJE

Titel: ***De Nachtwacht, Officieren en andere schutters van wijk II in Amsterdam, onder leiding van kapitein Frans Banninck Cocq en luitenant Willem van Ruytenburch***

Schilder: Rembrandt van Rijn

Gemaakt in: Amsterdam

Datering: tussen 1640 en 1642
gesigneerd, Rembrandt 1642

Techniek: olieverf op doek

Afmetingen:
oorspronkelijk 379,5 cm hoog
bij 453,5 cm breed
nu 363 cm hoog bij 438 cm breed

Gewicht (zonder lijst): 170 kg

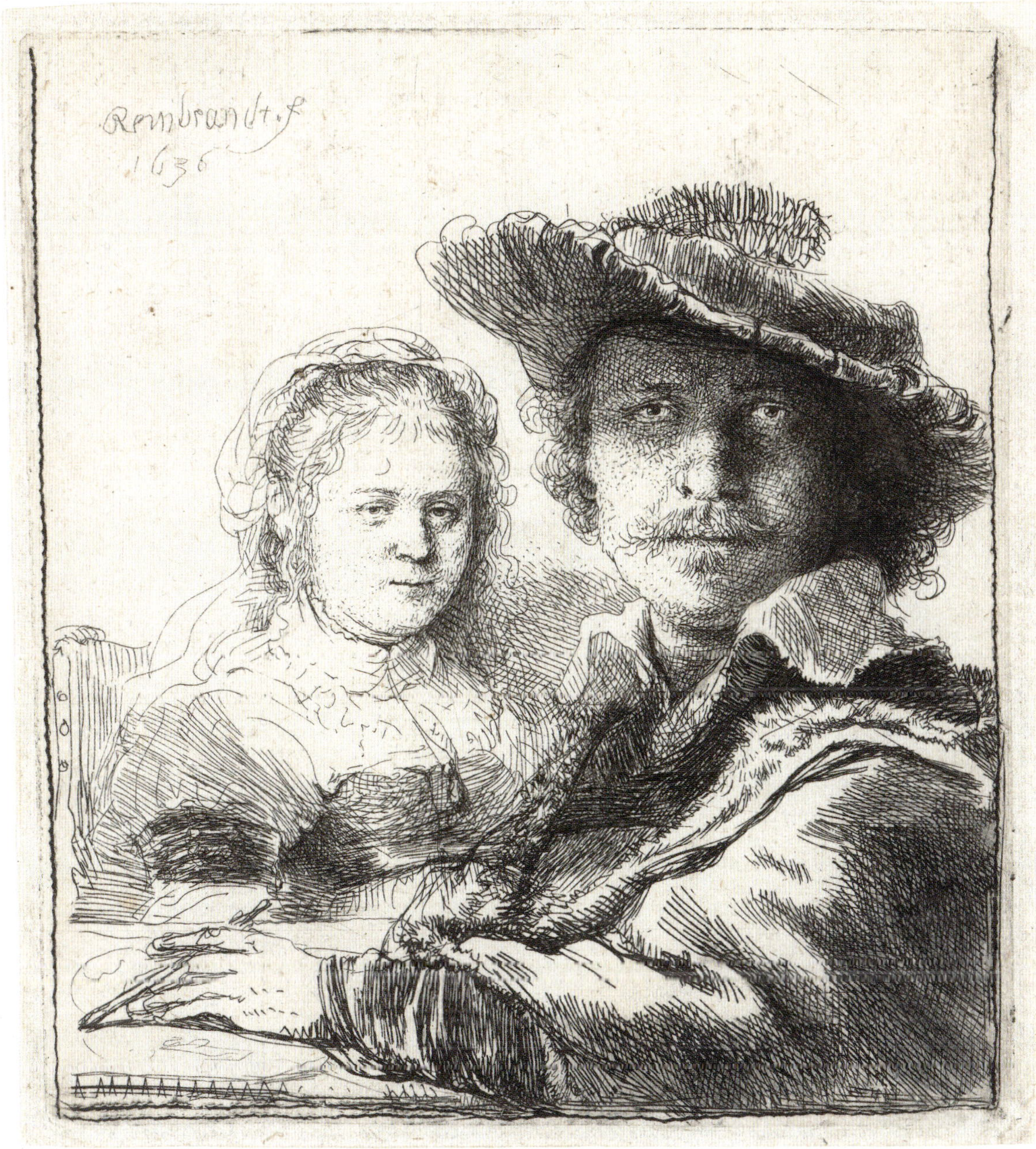

Zelfportret met Saskia, Rembrandt van Rijn, 1636

Drie turbulente jaren

Geluk en verdriet wisselen elkaar af in het leven van Rembrandt en Saskia. Ze willen graag een gezin, maar nog vóór de aankoop van het huis aan de Sint Antoniesbreestraat verliezen ze twee jonge kinderen: de kleine Rombertus, geboren en gestorven in 1635, en dochter Cornelia, die in de zomer van 1638 niet ouder dan een maand zal worden. In het huis aan de Sint Antoniesbreestraat wordt in 1640 hun tweede dochter Cornelia geboren, maar ook zij sterft al na drie weken. Een jaar na haar overlijden wordt het vierde kind van Sas-

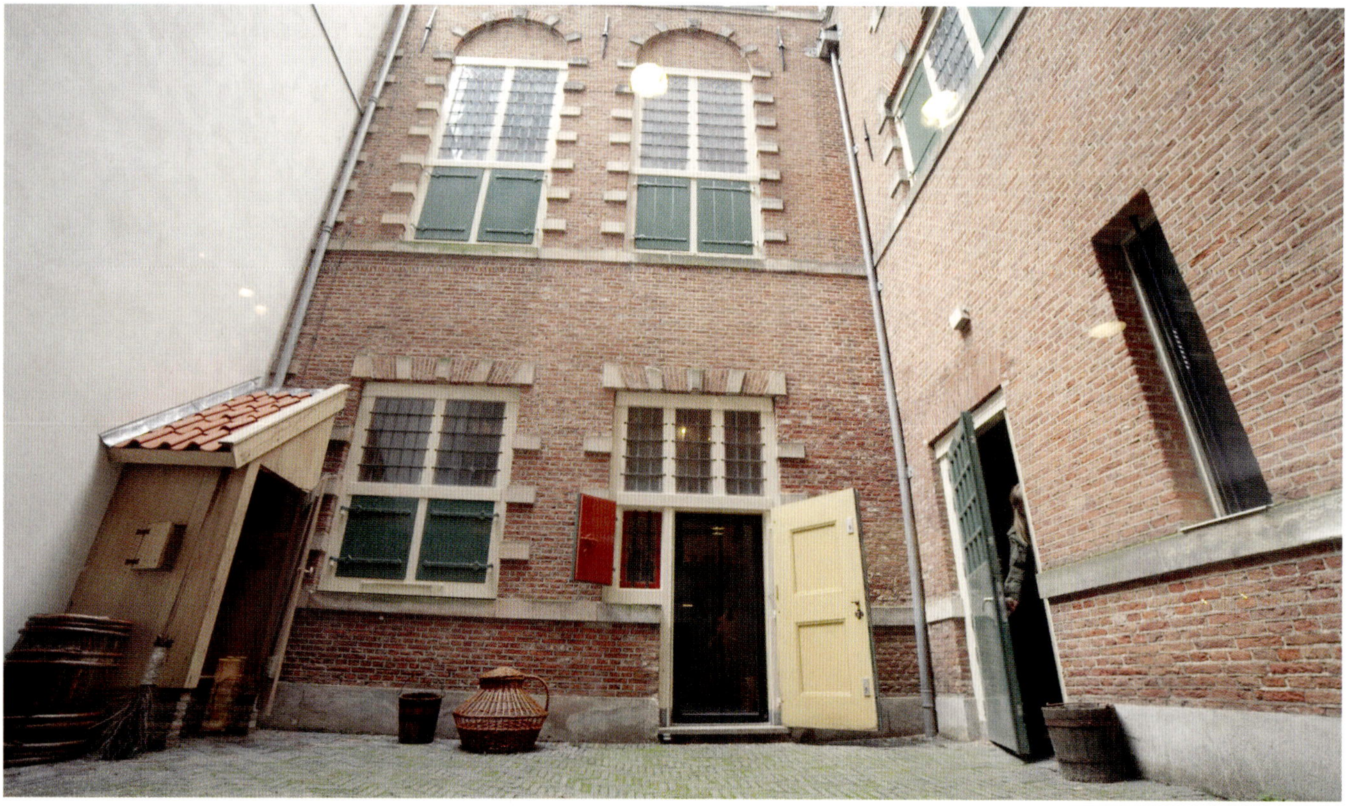

Binnenplaats van Het Rembrandthuis. Hier werkte Rembrandt mogelijk aan zijn *Nachtwacht*

kia en Rembrandt geboren: Titus. Hij is het enige kind dat overleeft en hij zal uiteindelijk in 1668 overlijden, een jaar voordat Rembrandt zelf sterft. Het geluk van een gezonde zoon wordt overschaduwd door de ziekte van Saskia. Ze brengt veel tijd in bed door. In de zomer van 1642 overlijdt Saskia, vlak voor haar dertigste verjaardag.

Tijdens hun huwelijk zou Rembrandt zijn vrouw vaak tekenen en schilderen, net als zijn zoon Titus overigens. Uit de manier waarop hij Saskia's gezicht afbeeldt, kun je zien dat hij haar heeft gekend als minnaar, man en meester-schilder. Het eerst bekende portret van Saskia maakt Rembrandt vlak na hun verloving en het laatste rondt hij af na haar dood. Daarnaast lijkt het alsof ze op verschillende van zijn kunstwerken opduikt als model. Als je dit eenmaal weet, valt het je snel op – met haar grote ogen, kleine mond en rond gezicht. Ook op *De Nachtwacht* is een meisje met haar gelaatstrekken afgebeeld.

Tussen 1640 en 1642 schildert Rembrandt aan zijn *Nachtwacht*. Het is de periode waarin Rembrandt, zoals gezegd, veel verlies te verwerken krijgt. Rondom het overlijden van zijn Saskia zet hij de laatste penseelstreken op het grote doek. Waar hij dat precies doet is niet zeker. Boven in zijn atelier is het te klein. Als hij het in zijn huis heeft gedaan, is de binnenplaats, buiten dus, de enige mogelijkheid. Hier staat een overkapping en misschien vergrootte Rembrandt die galerij wel om daar aan het grote schilderij te kunnen werken. Waar het ook is geweest, in deze turbulente jaren van zijn leven creëert Rembrandt een van de meest bejubelde meesterwerken uit de geschiedenis.

Detail van *De Nachtwacht*. Het gezicht van het meisje zou een portret van Saskia zijn

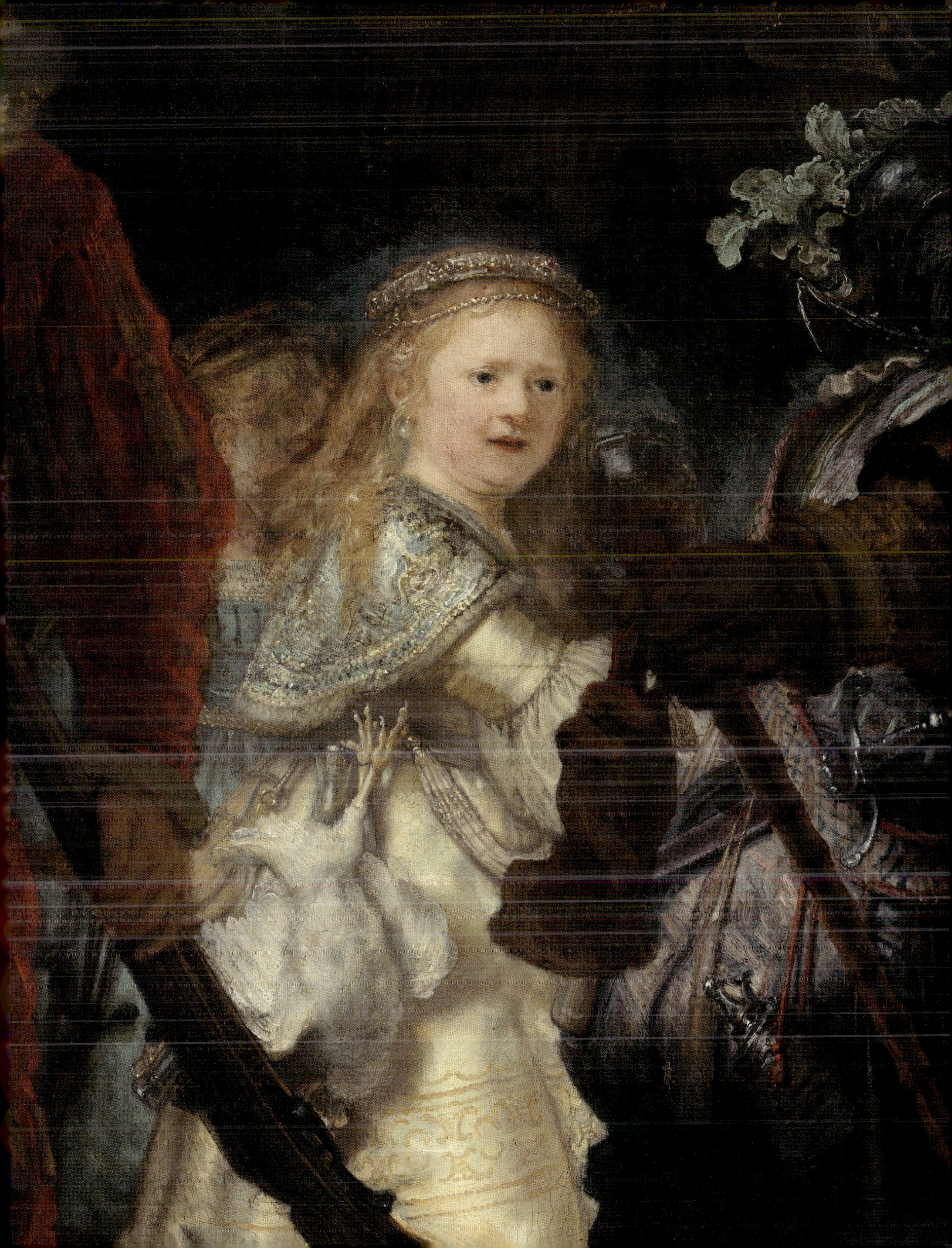

Na *De Nachtwacht*

Na *De Nachtwacht* verandert het werk van Rembrandt. Hij schildert minder en concentreert zich vooral op tekenen en etsen. Hij neemt na de dood van Saskia Geertje Dircx als verzorgster aan. De twee krijgen een relatie die tot een rampzalig einde komt als Geertje Rembrandt voor de Huwelijkskrakeelkamer daagt in verband met verbroken huwelijksbeloften. Nadat Geertje Rembrandts alimentatievoorstel heeft afgewezen, haalt Rembrandt op zijn beurt haar broer over om belastende verklaringen af te leggen waardoor Geertje voor een aantal jaren opgesloten kan worden. Ze komt terecht in het spinhuis in Gouda. Dat is een tuchthuis waar veroordeelde vrouwen te werk worden gesteld en worden gedwongen tot spinnen en naaien met als doel hen weer op het rechte pad te krijgen. De problemen met Geertje vinden plaats in 1649, een jaar waarin geen enkel gedateerd schilderij of ets van Rembrandt is gedocumenteerd.

Met Geertje achter slot en grendel begint er weer gedateerd werk van Rembrandt te verschijnen. Er komt een nieuwe vrouw in zijn leven, Hendrickje Stoffels. Net als Geertje is zij huishoudster en minnares van Rembrandt, zonder met hem te trouwen. Dit keer blijft het huwelijk waarschijnlijk uit om ervoor te zorgen dat Rembrandt toegang blijft houden tot Saskia's erfenis. Ten slotte blijven Rembrandt en Hendrickje van 1649 tot aan haar dood in 1663 ongehuwd samenwonen. Hendrickje wordt Rembrandts nieuwe muze.

De verzamelaar

Ongeveer tien jaar na het afronden van *De Nachtwacht* komt Rembrandt in financiële problemen terecht. Het wordt uiteindelijk zo erg dat hij zich failliet laat verklaren. Het huis en de inboedel worden verkocht. Voor de veiling van de inboedel wordt een lijst opgesteld van alle voorwerpen die Rembrandt in zijn riante woning verzamelde. De lijst bevestigt het beeld van Rembrandt als een haast koopzieke verzamelaar. Hij blijkt een liefhebber van rariteiten, exotische en vreemde objecten, waarvan vele ook opduiken in zijn schilderijen.

Op de lijst van 363 objecten komen er maar liefst 200 uit de 'kunstcaemer'. De verzameling die Rembrandt hier uitstalde, bestaat uit objecten uit de natuur ('naturalia') en kunstobjecten die door mensenhand zijn gemaakt ('artificialia'). Rembrandt verzamelde gedroogde dieren, het schild van een schildpad, koraal, een leeuwenhuid, een slangenhuid, prachtig servies, exotische wapens, kledingstukken, gipsen kopieën van bekende Romeinse portretbustes, munten, penningen en ook speren en lansen (die waarschijnlijk model stonden voor de speren en lansen op *De Nachtwacht*). Ook in de andere kamers van het huis verzamelde hij voorwerpen, zoals een grote collectie muziekinstrumenten in de atelierruimte van zijn leerlingen en 130 schilderijen die door zijn hele huis heen hingen. Rembrandt was niet alleen kunstschilder, hij handelde ook in schilderijen van de hand van andere schilders.

Het grootste en meest waardevolle deel van de verzameling bestaat echter uit zijn collectie tekeningen en prenten. Hij bezat zo'n 8000 afbeeldingen, bewaard in iets minder dan 70 albums. Ze zijn netjes gerangschikt op naam van de kunstenaar, land van herkomst of onderwerp. Rembrandt verzamelde vooral prenten van andere kunstenaars en kopieën van schilderijen van bijvoorbeeld Peter Paul Rubens en Albrecht Dürer. Rembrandt heeft nooit gereisd, hij reisde in zijn eigen verzameling in zijn huis. Dankzij zijn faillissement weten we wat hij allemaal om zich heen verzameld had.

In anonimiteit

Na het faillissement gaan Rembrandt en Hendrickje in een kleinere huurwoning wonen aan de Rozengracht. Maar ook na het faillissement kan Rembrandt zijn verzameldrang niet in toom hou-

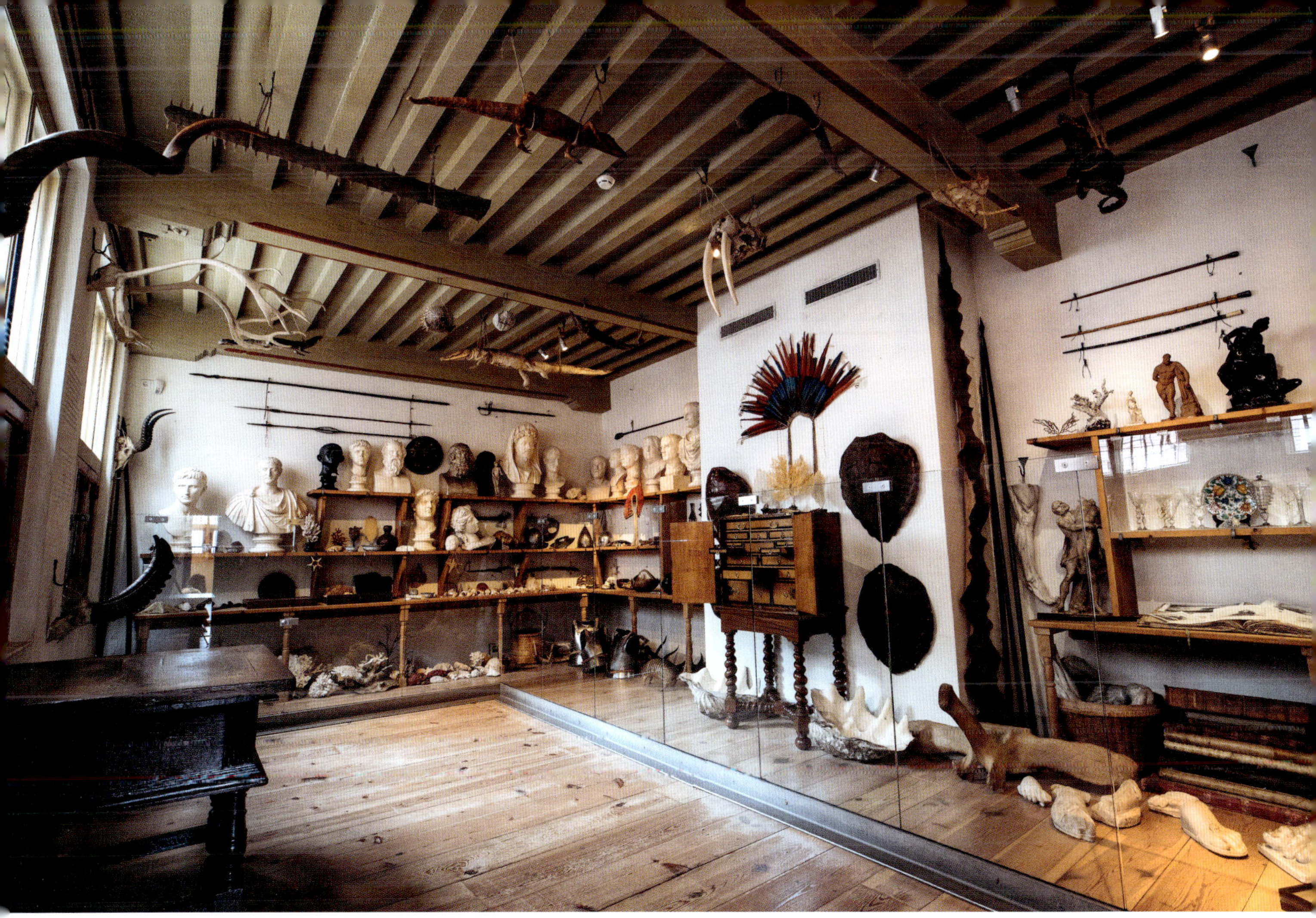

De kunstkamer in Het Rembrandthuis, waar Rembrandt zijn verzamelingen bewaarde en tentoonstelde

den; hij begint in zijn nieuwe, veel soberder huis weer meteen aan een nieuwe collectie.

Hoewel hij niet meer het succes van de decennia ervoor heeft, blijft Rembrandt populair genoeg om te kunnen blijven werken als kunstschilder. Hendrickje en zijn zoon Titus zijn intussen een schilder- en kunsthandel begonnen waar Rembrandt in dienst is. Zo houdt het trio de opbrengsten van het werk uit handen van schuldeisers. Rembrandt kan blijven werken en onverminderd met opdrachtgevers ruziën over dat werk. Een laat hoogtepunt en belangrijke opdracht uit deze tijd is het inmiddels wereldberoemde schilderij *De Staalmeesters*.

In 1663 overlijdt Hendrickje, in 1668 gevolgd door Titus. Rembrandt blijft werken en zal dat doen tot aan zijn dood. Op 4 oktober 1669 sterft Rembrandt een eenzame dood. Bij gebrek aan financiële middelen wordt hij in een huurgraf in de Westerkerk begraven. Zonder steen, anoniem. Niet echt een graf dat je bij deze meesterlijke schilder van weleer zou verwachten.

p. 26 en 27: *De waardijns van het Amsterdamse lakenbereidersgilde*, bekend als *De Staalmeesters*, Rembrandt van Rijn, 1662

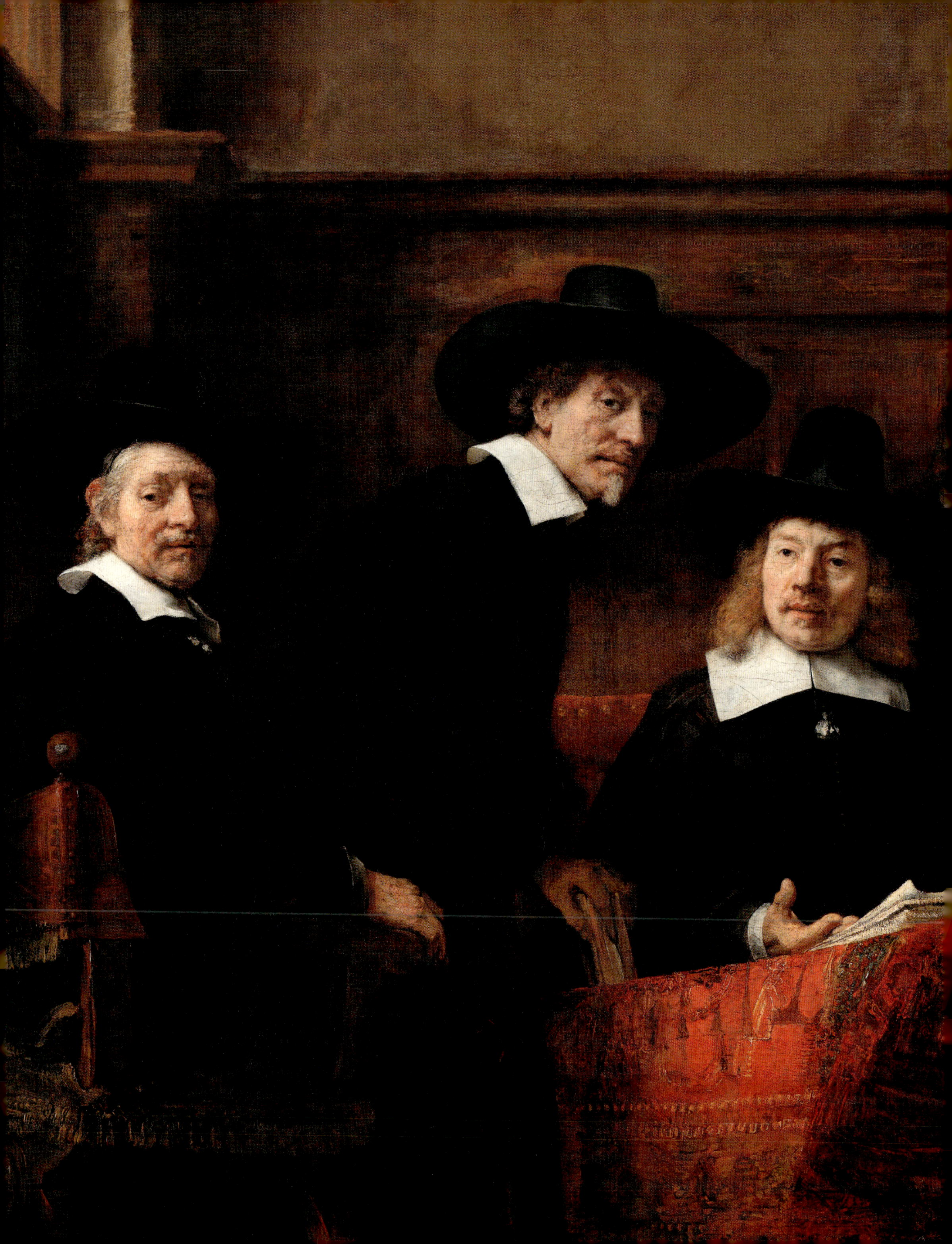

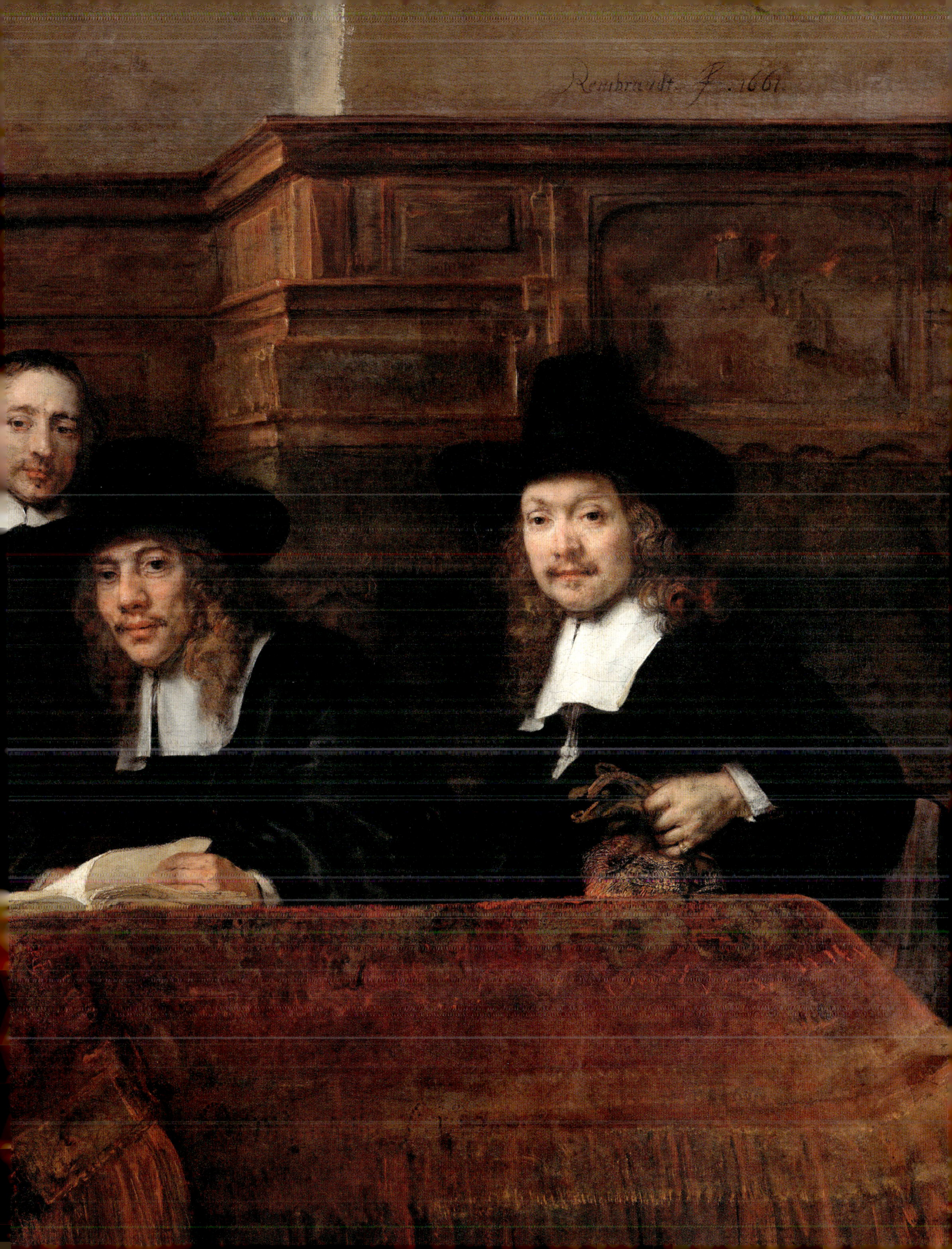
Rembrandt f. 1661

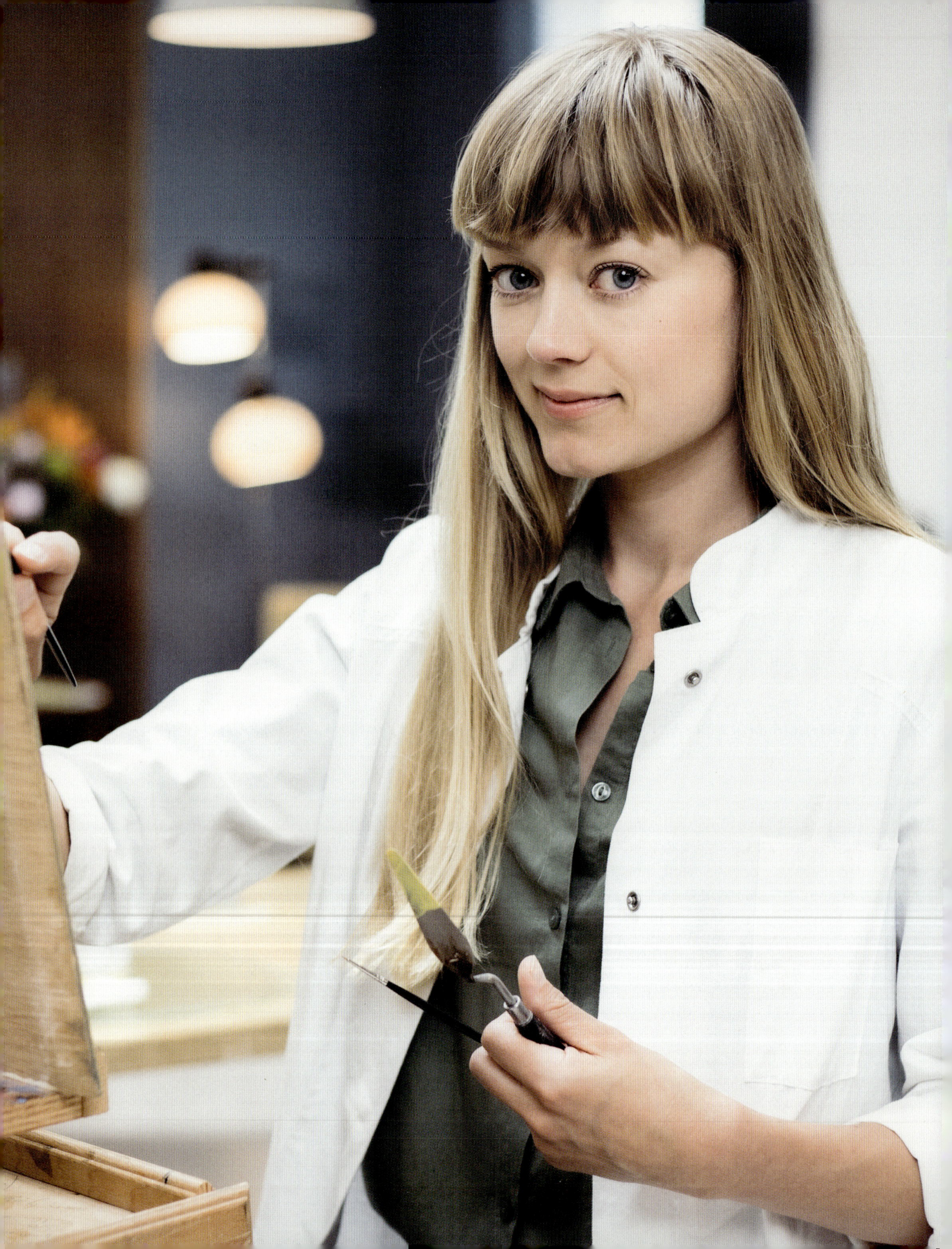

IN GESPREK MET

Lisa

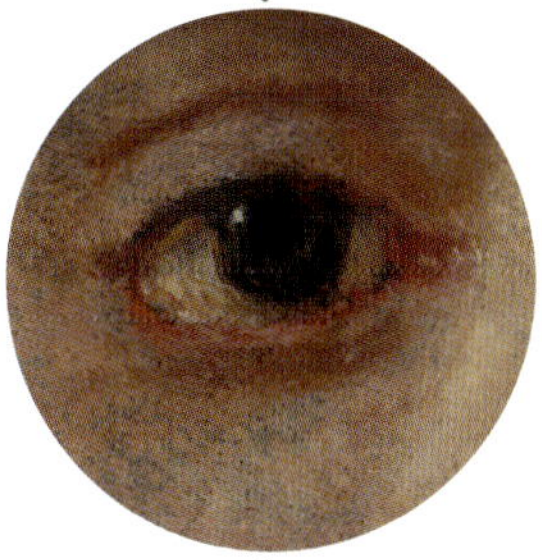

Kunstenaar Lisa Wiersma pakt voor *Het Geheim van de Meester* het penseel op en deelt met ons haar passie voor schilderen en illustreren. Ze is kunsthistoricus, kunstschilder en illustrator en weet als geen ander de geheimen van de grote meesters bloot te leggen. Lisa studeerde kunstgeschiedenis aan de Universiteit van Amsterdam, waar ze ook doceerde. Ze gaf ook les op scholen en in musea. Zij werkt aan de Universiteit Utrecht aan haar proefschrift over 17de-eeuwse schildertechnieken, in het bijzonder technieken voor stofuitdrukking. Met haar geoefende oog en trefzekere hand zet deze doctor in spe kunstwerken van alle tijden op het doek.

Wat dacht je, toen ik voorstelde om *De Nachtwacht* te herscheppen?

Je kwam langs in het atelier waar we schilderijen reconstrueerden voor een eerder seizoen van *Het Geheim van de Meester*. Dat deed je wel vaker, maar meestal viel er dan wel iets te bespreken. Je kwam aan de verftafel zitten. 'Wat zou het dit keer wezen?' vroeg ik me af. En toen kwam je hiermee.

Ik zei direct ja, want het is iets wat je anders nooit zou doen. Maar het is wel een uitdaging; of het kan, of ik het zou kunnen. Of je kunt achterhalen hoe het is gemaakt. En zo'n groot doek, dat is veel van hetzelfde. Blijft het wel interessant? Ik kwam er al vrij snel op uit dat het boeiend zou zijn om te ontdekken hoe je eenheid en spanning in zo'n groot schilderij bewerkstelligt. Zonder dat dat ene 17de-eeuwse trucje van clair-obscur alle andere aspecten overheerst. Al is dat wel dé techniek die voor eenheid zorgt. Met clair-obscur konden beeldende en technische middelen optimaal worden gecombineerd, zeker door Rembrandt.

Nou ja, onderwijl van dat soort gedachten dus. Toch was mijn antwoord op jouw vraag er snel: 'Je zegt op zoiets geen nee. Maar het is een slecht idee.'

En Rembrandt? Wie is Rembrandt voor jou?

Voordat we begonnen zag ik Rembrandt als erg goede schilder. Hij schildert lekker in toon, hij heeft een specifieke eigen stijl. Als kind hield ik van Rembrandt, maar tijdens mijn studie kunstgeschiedenis was ik bij andere kunstenaars en stromingen beland. Nu we zijn begonnen zie ik Rembrandt de virtuoos. Hij schildert heel snel en in één keer raak, maar ook heel precies en zorgvuldig daar waar nodig. *De Nachtwacht* is op veel plekken ongelofelijk precies geschilderd. Al die gezichten, hoofddeksels en kragen bestaan uit heel kleine verfstreekjes, schrikbarend klein. Het is veel preciezer dan ik dacht. Er zitten wel wijzigingetjes in *De Nachtwacht*, maar geen grote. Het zijn hoeden en veren die kleiner en groter worden en dergelijke, soms de stand van een been, maar dat is het eigenlijk wel. Alleen de verandering van de vlag is een wezenlijke wijziging: de vlag hangt nu opzij, terwijl

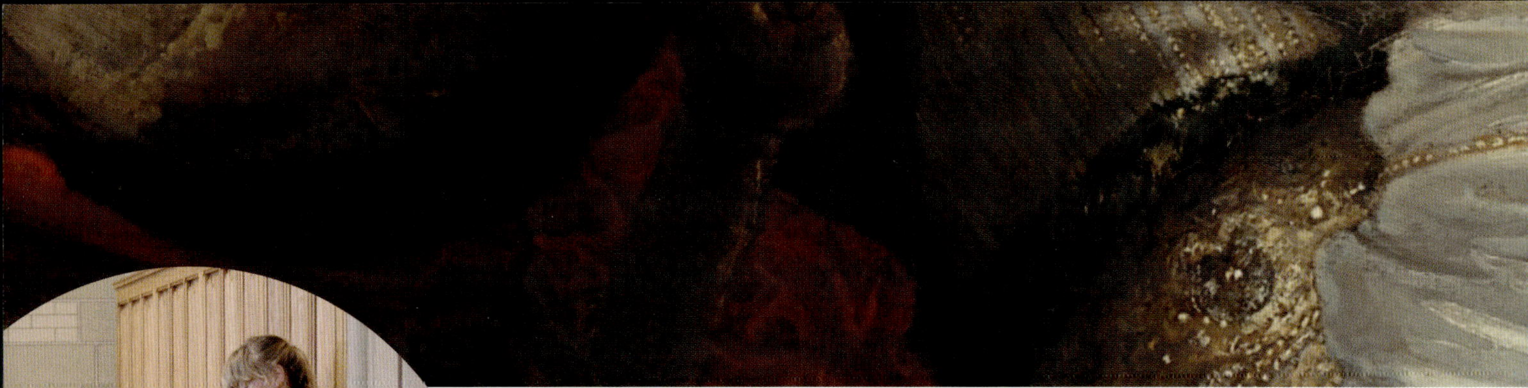

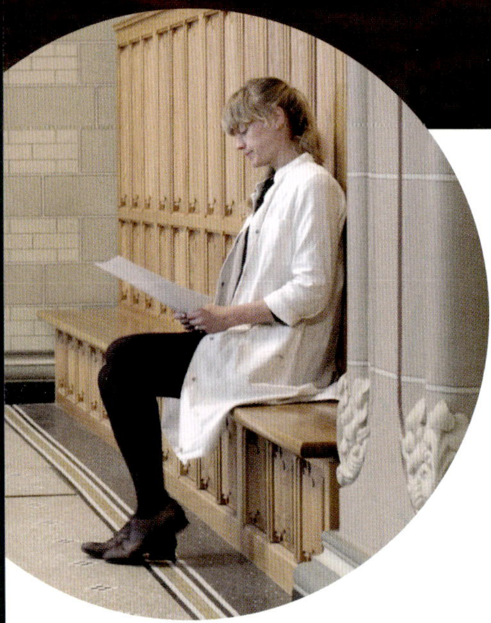

die ook midden voor de poort heeft gewapperd. Maar bewonderenswaardig is dat de compositie in één keer goed was op dit grote doek.

De Nachtwacht laat een heldhaftige, uitrukkende schutterij zien, maar ik vind de gezichten opvallend sympathiek. Of de portretten lijken, dat weet ik niet, maar ik zie wel dat Rembrandt van elke afzonderlijke figuur een aimabel persoon heeft willen maken. Die menselijkheid maakt ook dat het schilderij gaat leven en dat je opgaat in de voorstelling.

Ik kan je niet vertellen wat voor iemand Rembrandt was, maar ik zie wel het plezier en de sympathie die hij tijdens het schilderen moet hebben gevoeld of op zijn minst heeft willen overbrengen.

Rembrandt wist wat hij moest doen om iets effectief te laten zijn

En hij wilde natuurlijk laten zien wat hij kon. Dat uit zich ook in onverschilligheid op momenten dat hij het kan maken: er zijn figuren die benen hadden kunnen krijgen, maar in plaats daarvan zet hij in het donker wat lijnen ter suggestie neer die zowel bij de ene persoon als bij zijn buurman zouden kunnen horen. Enerzijds lijkt het hem niet te kunnen schelen, anderzijds zorgt hij er wel voor dat het overtuigt. Detaillering waar licht op valt werkt hij uit met de grootst mogelijke aandacht, maar verder staat Rembrandt zichzelf toe te denken: groot schilderij, ik maak dit stuk donker. Dat geldt ook voor de architectuur in de achtergrond, die lijkt perspectivisch niet te kloppen. Alsof het er voor de schilder niet toe deed. Kortom, Rembrandt wist wat hij moest doen om iets effectief te laten zijn. Dat zie je in zijn tekeningen ook: van de anatomie van figuren klopt soms geen snars, terwijl hij het wel kan, anatomisch correct werken. Maar daar neemt hij dan de tijd niet voor. Hij maakt een leuk scènetje en heeft kennelijk uitgebeeld wat hij wilde uitbeelden en of dan dat been lang genoeg is of niet, dat maakt hem niet uit. Niet altijd. Voor *De Nachtwacht* schilderde Rembrandt geen rijtje nette portretten, hij levert een goed schilderij op. Daar moeten veel conventies uit het portretgenre voor wijken maar het levert wel een ongelofelijk goed schilderij op.

Door het schilderproces zo precies te volgen maken we een tijdreis. Terug in 1642, en dan stapje voor stapje door de lagen van het werk.

Je wilt, met jaren onderzoek van Operatie Nachtwacht, graag zo dicht mogelijk bij de wetenschap blijven. De reconstructie is een interpretatie van het onderzoek, gemaakt terwijl we aan het werk zijn.

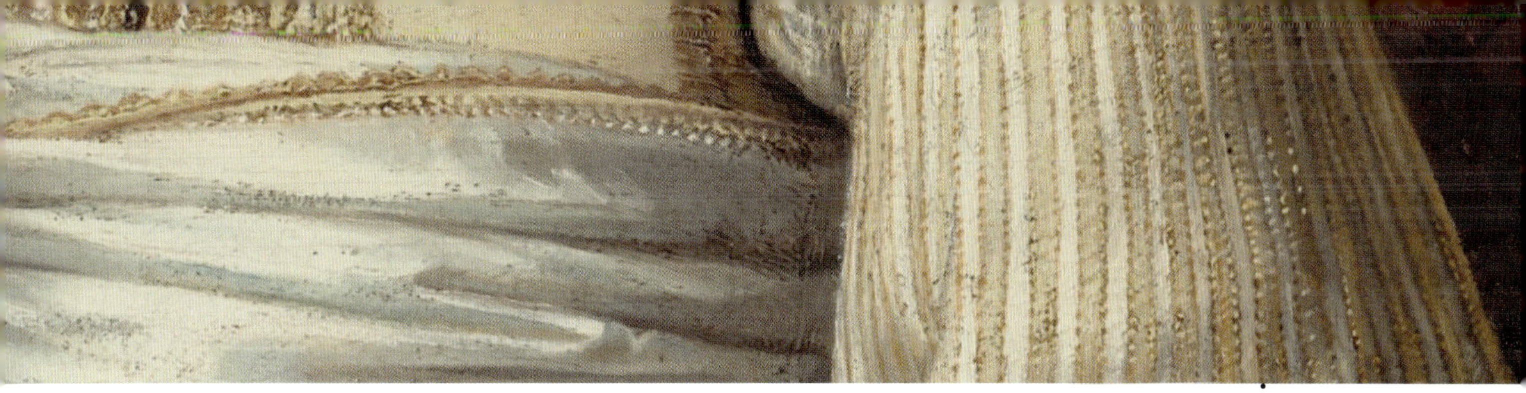

Dat maakt het leuk, maar ook frustrerend. Het spanningsveld tussen wetenschappelijke kennis en interpretatie, en het daadwerkelijk moeten schilderen. Ik móet conclusies trekken terwijl de onderzoeksresultaten die niet zo stellig geven. Het punt is: als je daar staat met je penselen, moet je iets gaan doen. Je moet dus bepalen wat de meest waarschijnlijke of bruikbare interpretatie is voor een specifieke kleur of een bepaalde verflaag. Dat gaat van de grondering tot de volgorde van schilderen. Bijvoorbeeld de gezichtendiscussie die we hebben gevoerd. Wanneer begin je met de gezichten? Er werd gevraagd of Rembrandt die als laatste kan hebben ingeschilderd. Maar dat is voor mijn gevoel helemaal niet logisch, want je moet aan de slag met de lichtval. Als je tot het allerlaatste wacht met de gezichten, dan wordt het schilderen van de lijven (die qua licht- en kleurintensiteit op de gezichten zijn afgestemd) heel moeilijk. Je komt dan nooit tot zo'n spannend en kloppend beeld. Het lijkt mij dat je de gezichten vrijwel direct inschildert, in ieder geval de delen die licht vangen. Maar het onderzoek naar *De Nachtwacht* is nog niet zover dat er een sluitend antwoord kan worden gegeven.

Ik móet conclusies trekken terwijl de onderzoeks-resultaten die niet zo stellig geven

Heeft Rembrandt het alleen gedaan?

Nee. De compositie, lichtval, detaillering en fijnzinnige details in de gezichten lijken me van zijn hand, want het schilderij als geheel is te eigenzinnig om alleen maar even af te maken met een hooglichtje hier en een neuscorrectie daar. Maar voorwerk zal zeker met of door anderen zijn gedaan.

Wel heb ik gemerkt hoe ontzettend moeilijk het is om iets samen te reconstrueren. Het afstemmen van kleur- en lichtcontrasten is heel belangrijk. Dat maakt het opdelen van het schilderij veel riskanter dan wanneer het een schilderij was geweest dat qua sfeer minder ingewikkeld is. We staan nu echt te discussiëren over wat de kleur in een schaduw is. En dan roept Indra: 'Het moet zwart!' En dan zeg ik: 'Het is geen zwart! Of in ieder geval niet alleen!' En dat kan best even duren.

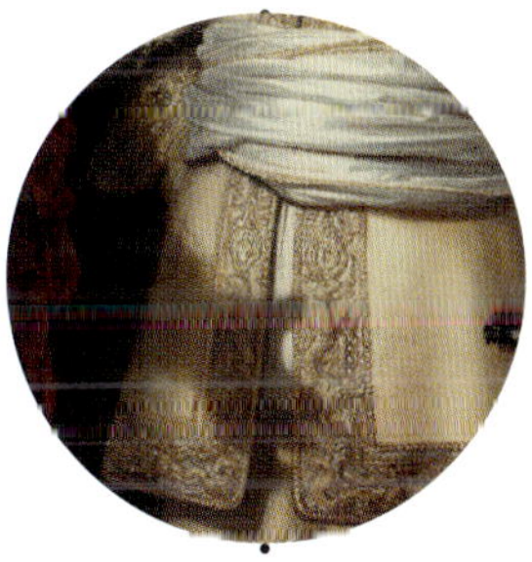

Het schilderij kent groepen gezichten. Hij kan het zelf op verschillende manieren hebben gedaan én het (voorwerk) kan door anderen zijn gedaan. Zolang de verfijning bij één persoon ligt, valt de voorstelling niet in verschillende stijlen uiteen. Alle portretten zijn even liefdevol geschilderd. Maar de variëteit in vorm, grootte en in dat wat onderschildering lijkt, blijft opvallend.

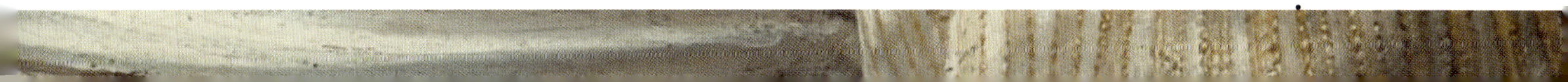

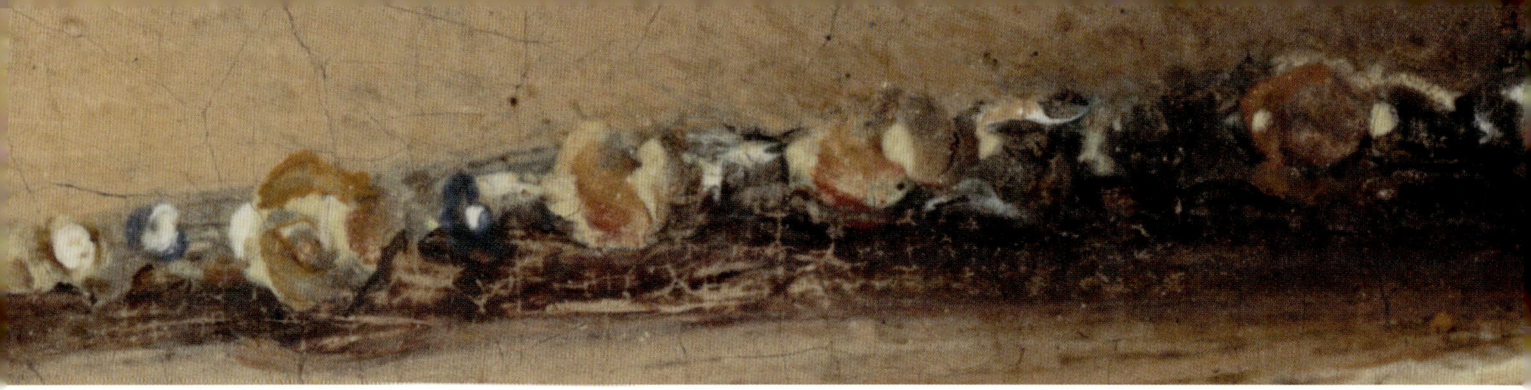

Het gemakkelijkst is het uitbesteden van het schilderen van de kleding. Bovendien kun je de kleding vele malen sneller schilderen dan een gezicht: dat aspect is veel vergevingsgezinder. Bij een gezicht zie je het direct als iets niet klopt, als de fysionomie uit balans is. Voor kleding hoef je minder zorgvuldig te werk te gaan.

Maar naast erg leuk blijft het heel lastig om dit met anderen te doen en de eenheid van het schilderij als geheel te bewaken. Van scherptediepte en licht-donker tot het verschil tussen voor- en achtergrond, van het hanteren van een losse toets tot juist heel gedetailleerd en precies werken: je bent het niet altijd eens en je moet telkens van die steiger af om afstand te nemen en zelfkritisch te blijven. Soms is het *kill your darlings* als iets in het geheel toch niet blijkt te kloppen.

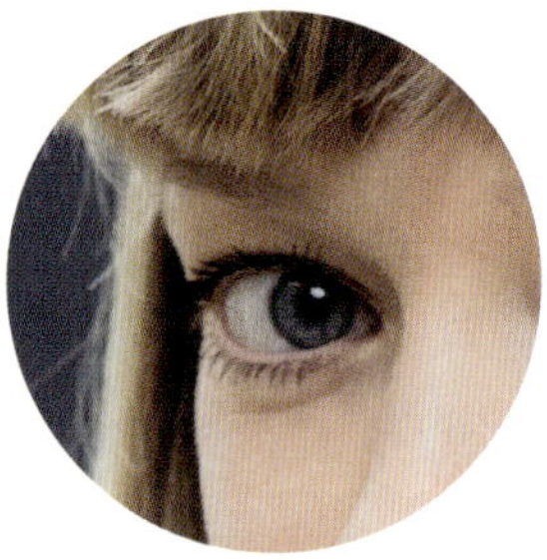

Ik wil, terwijl we samen-werken, in de hand houden hoe het licht en de focus vallen

Hoe gaat de samenwerking met Indra, Maria, Nard en Fahed?

Het is fijn om samen te werken. Het werk gaat sneller natuurlijk. Het voelt vertrouwd en daarom is het ook goed te doen. Maar het blijft lastig om samen een schilderij te maken. Ik heb met Maria heel veel schilderijen gemaakt maar dat waren muurschilderingen of illustraties waarbij lichtval niet zo'n rol speelde. We combineerden mooie plaatjes en dan kun je heel goed kriskras in elkaars ruimte zitten. Nu moeten we allemaal diezelfde toon en diezelfde lichtval aanhouden. Ik blijf het spannend vinden of we daar uit gaan komen. Met de onderschildering is het goed te doen. Dan kun je allemaal een stukje nemen. In de bovenlaag kun je anderzijds schilderen wat je ziet. Dat is voor iedereen makkelijker en prettiger.

Ik wil, terwijl we samenwerken, in de hand houden hoe het licht en de focus vallen. Daar had Rembrandt met zijn atelier natuurlijk ervaring in. Ik niet. Ik ga er nu achter komen hoe je dat aanpakt.

Hij heeft natuurlijk wel zijn tijd genomen.

Ja. Wij doen er nu zes maanden over. Ik denk eerlijk gezegd niet dat hij er zo lang over heeft gedaan. Ik bedoel in actieve schildertijd. Hij had het makkelijker, want hij hoefde geen bestaand werk secuur na te schilderen. Wel moest hij het ontwerp en de portretten creëren. Dat zal langer hebben geduurd en kan zijn verspreid over maanden of jaren. Bij het feitelijke schilderen kon hij echter denken: 'Ik doe het zo.' Dan kon hij in een dag zo'n figuur afmaken en het schilderij even laten staan en bezinken voordat

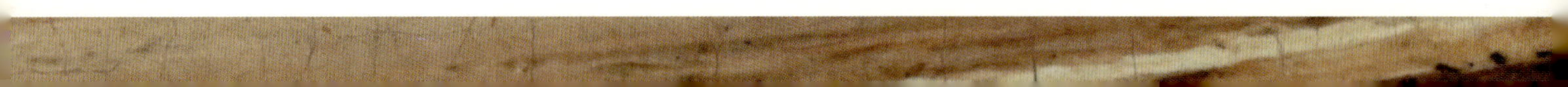

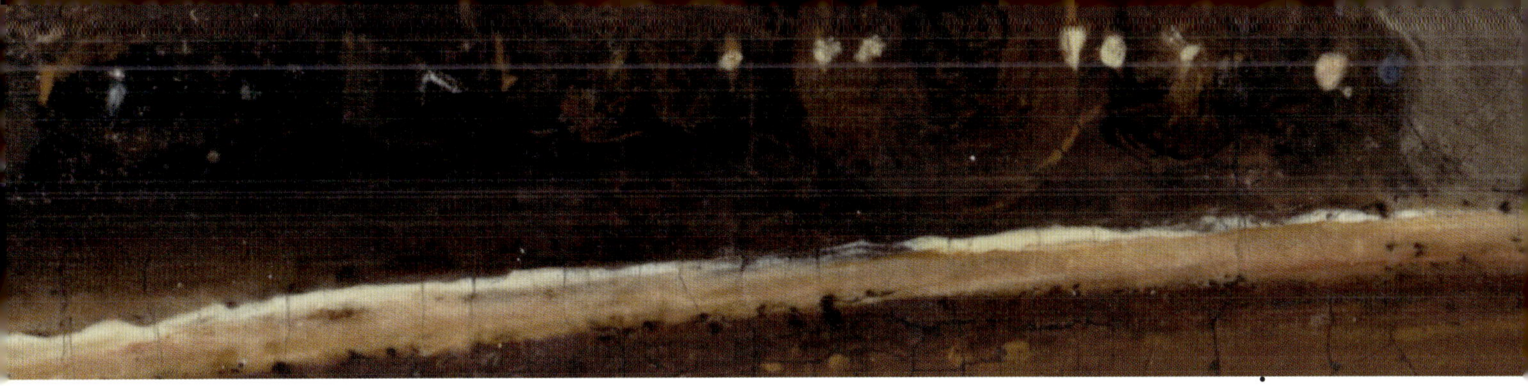

hij verderging. Dat kunnen wij niet doen. Dat gepuzzel op 'hoe heeft hij dit gedaan, hoe zit dit? Waar zit dat smalt?' Hij schildert het gewoon. Punt. Meteen raak.

Ik kan het me zo voorstellen: hij begint eraan, zet het op. Kijkt rustig. Die tussenpozen zijn van belang. Hij denkt erover na, misschien kijkt hij elke dag even of juist een tijdje niet. En daardoor kan hij een maand of wat later heel raak schilderen. Al met al heb je dus wel jaren nodig.

Wat levert het je op, dit werk reconstrueren?

Het geldt voor dit werk, en voor al het werk dat ik deed voor *Het Geheim van de Meester*: ik weet nu zeker dat ik nooit meer wil stoppen met schilderen. Ik probeerde het al een tijdje te combineren: zelf schilderen en kunsthistoricus zijn. Maar dat schilderen is tijdrovend en het voltooien van een schilderij schiet er dan gemakkelijk bij in. Inmiddels heb ik heel veel schilderuren gemaakt en daardoor gaat ook het maken van eigen werk sneller en trefzekerder. Als je acht maanden alleen maar schildert en niks anders doet, word je enorm veel sneller. Dat heeft me echt verbaasd. Het hogere schildertempo maakt het ook leuker: je kunt meer doen en je wordt beter in het voorspellen van wat het eindresultaat zal zijn. Het neemt wat van de verrassing weg, maar professioneel gezien is het erg prettig. En handig.

Wat ik mooi vind aan het werk voor *Het Geheim van de Meester* is dat het kunst menselijk maakt. Al die kunstenaars van de schilderijen in musea waren gewoon mensen. Kunst wordt vaak gezien als een boodschap die losstaat van een menselijke handeling. Alsof het er ineens was. Door het maakproces inzichtelijk te maken zie je dat het uiteindelijk allemaal mensenwerk is.

Dat doet niets af aan het ontzag dat ik heb en houd voor *De Nachtwacht*. Dat schilderij blijft waanzinnig en ik zou het zelf niet hebben kunnen bedenken en ook Rembrandts schwung heb ik nog niet in de vingers. Maar leren begrijpen hoe het is opgezet en laten zien dat je kunt proberen dat weer te benaderen, dat vind ik mooi. Laten zien dat wij mensen dit kunnen als we dat willen, de ruimte krijgen en daar moeite in steken. En dat we de tijd kunnen nemen om aandachtig te kijken. Dat is al millennia zo. Dat vind ik een heel fijne gedachte. Dat inspiratie en vaardigheid kunnen blijven bestaan. Zowel voor makers als toeschouwers.

Wat ik mooi vind aan het werk voor *Het Geheim van de Meester* is dat het kunst menselijk maakt

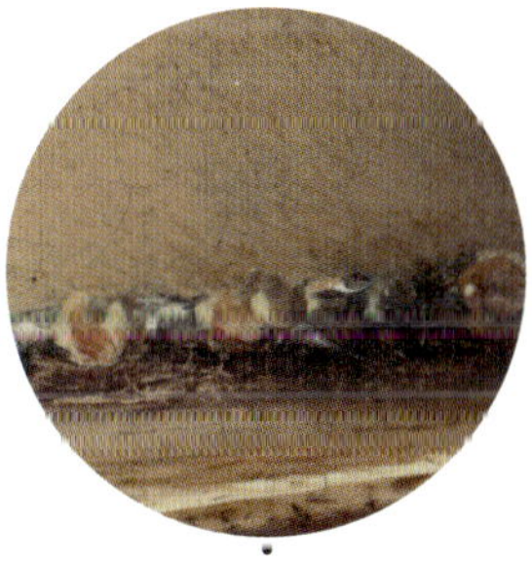

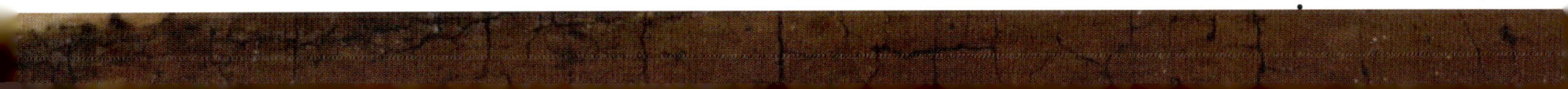

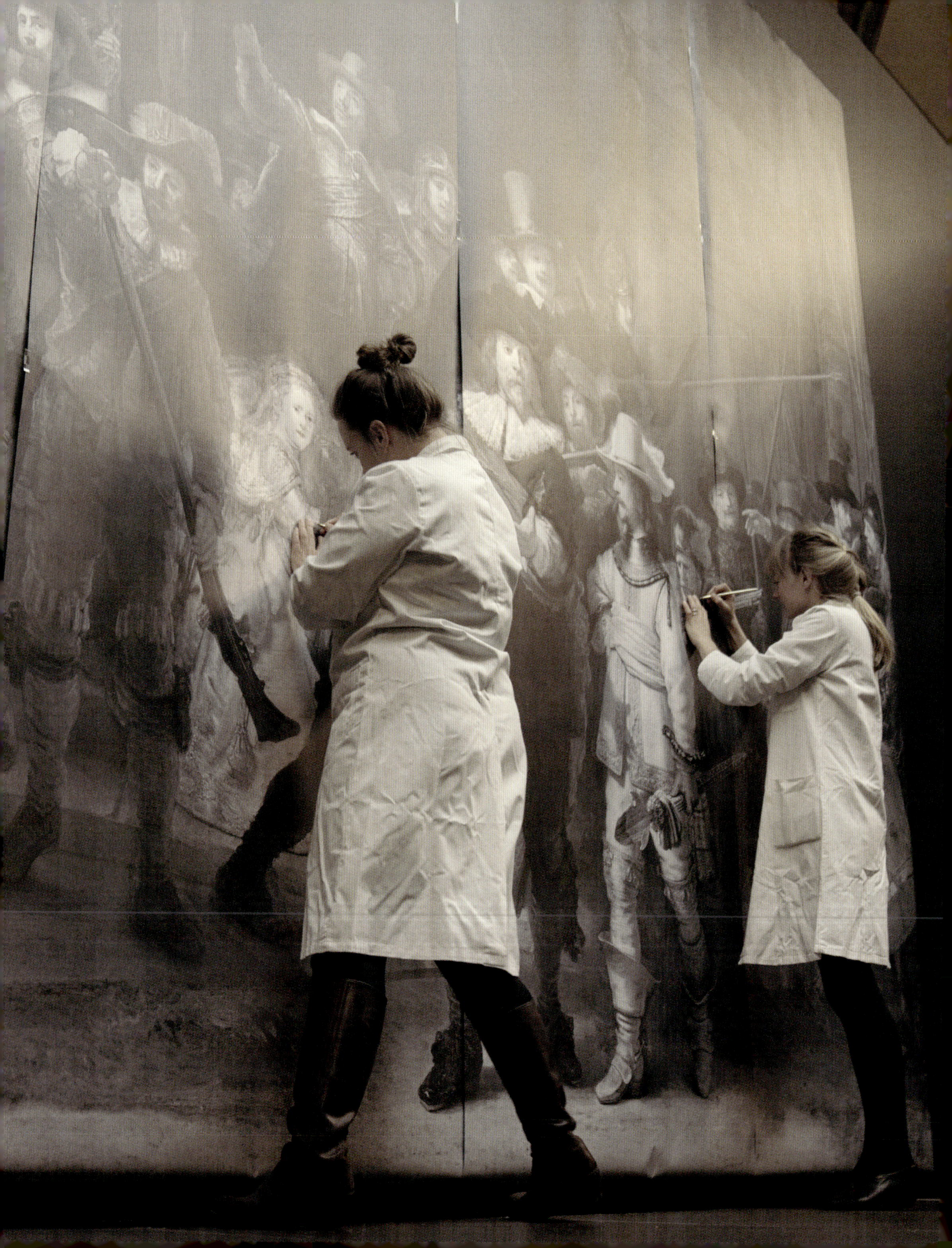

2

In de voetsporen van Rembrandt

We hebben de wereld waarin *De Nachtwacht* tot stand is gekomen in ons hoofd, als we met het project van start gaan. We willen *De Nachtwacht* herscheppen, precies zoals Rembrandt deze schilderde. Dus ook op hetzelfde gigantische formaat waarop hij deze schilderde. En hier staan we meteen al voor de eerste uitdaging: er is iets aan de hand met het formaat. Het schilderij zoals dat nu in het Rijksmuseum hangt is namelijk niet meer compleet. Zo is de aanname. Het is smaller dan het was toen Rembrandt het schilderde. Hoe zit dat?

Een raadselachtig formaat

De Nachtwacht heeft op verschillende locaties gehangen. Het werk was in eerste instantie gemaakt voor de grote Doelenzaal van de Kloveniersdoelen van Amsterdam. In 1715 werd het schilderij verplaatst naar de Kleine Krijgsraadkamer van het stadhuis, sinds 1808 het Koninklijk Paleis op de Dam. Volgens kunstschilder en restaurator Jan van Dijk die in 1758 de schilderijen van de stad Amsterdam beschrijft, en dus ook *De Nachtwacht*, is het daar kleiner gemaakt 'om het tussen de deuren te plaatsen'. Omdat er dus niet genoeg plaats was, zijn er links en rechts repen van het schilderij afgesneden. Van Dijk schrijft dat er op de strook links 'drie beelden' hebben gestaan. Drie figuren dus. Hij verwijst naar een schilderij waarop je dat nog kunt zien. Dat schilderij is een kopie die is geschilderd door Gerrit Lundens. Lundens stierf in 1686, 64 jaar oud. Zijn schilderij is dus een eigentijdse kopie. De enige die bewaard is gebleven. Als je de kopie met *De Nachtwacht* vergelijkt zie je dat er ook boven en onder delen zijn weggesneden. Waarom dat is gebeurd, is een groot raadsel want de Kleine Krijgsraadkamer was hoog genoeg.

De Lundenskopie

De Lundenskopie meet 66,5 bij 85,5 centimeter (zie ook p. 46-47). Je zou denken dat je met een simpel rekensommetje de Lundenskopie kunt vergroten om achter het exacte formaat van *De Nachtwacht* te komen. Maar zo makkelijk gaat dat niet. De schaal van de kopie klopt namelijk niet. Dat blijkt als je een aantal details op de twee schilderijen met elkaar vergelijkt. Kijk bijvoorbeeld naar de boog achter de schutters. Op het origineel is dat een ellips en op de kopie een cirkel. Als je vervolgens in gedachten een lijn trekt van de on-

Lisa en Indra trekken *De Nachtwacht* met carbon over op het geprepareerde doek

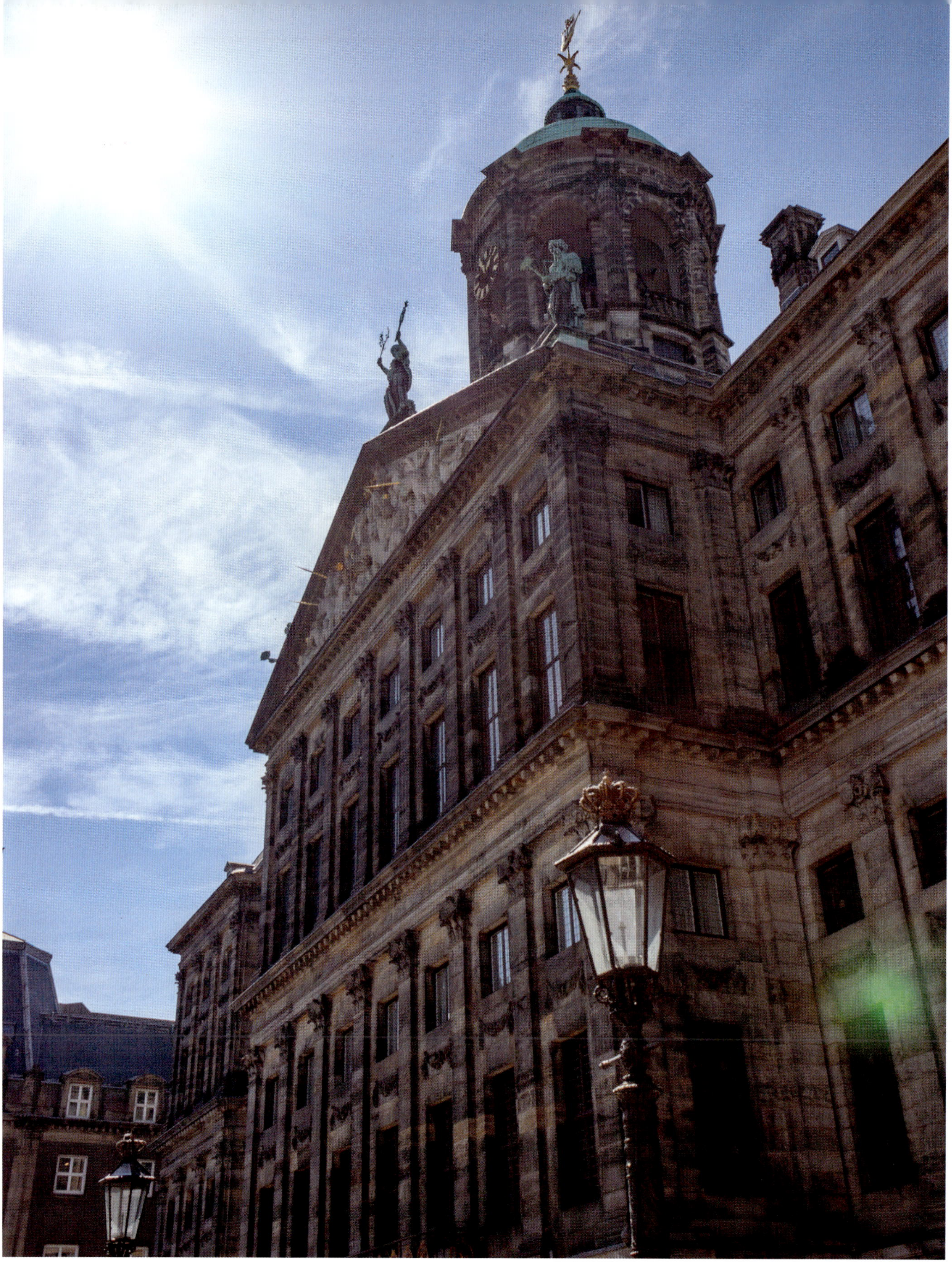

Paleis op de Dam, voorheen het stadhuis van Amsterdam

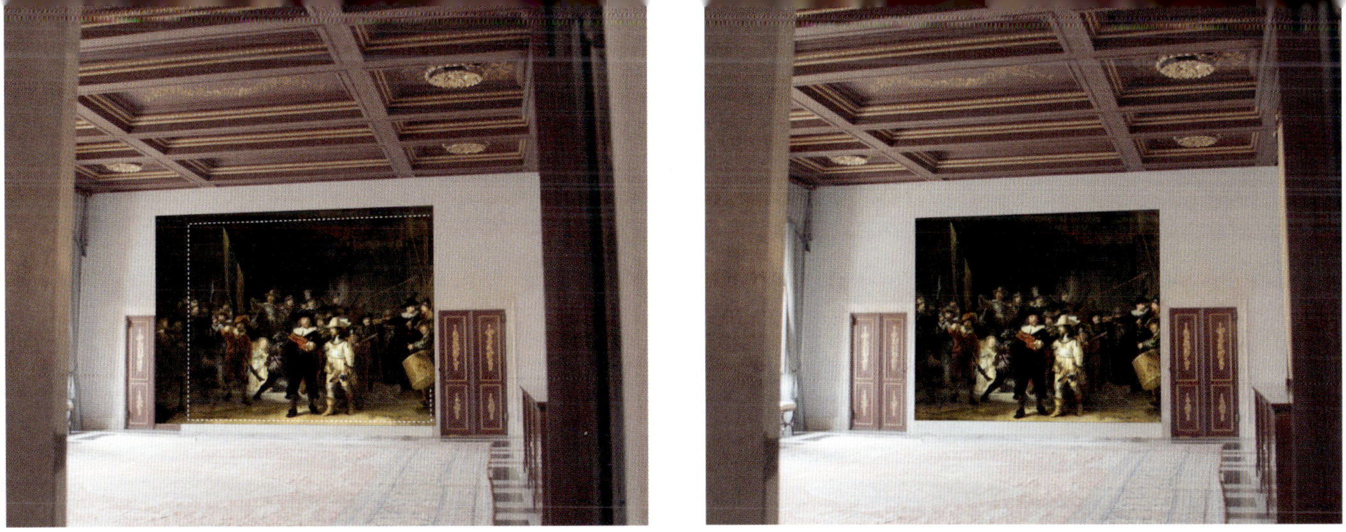

De Nachtwacht moest worden bijgesneden om deze passend te maken voor de plek in het stadhuis

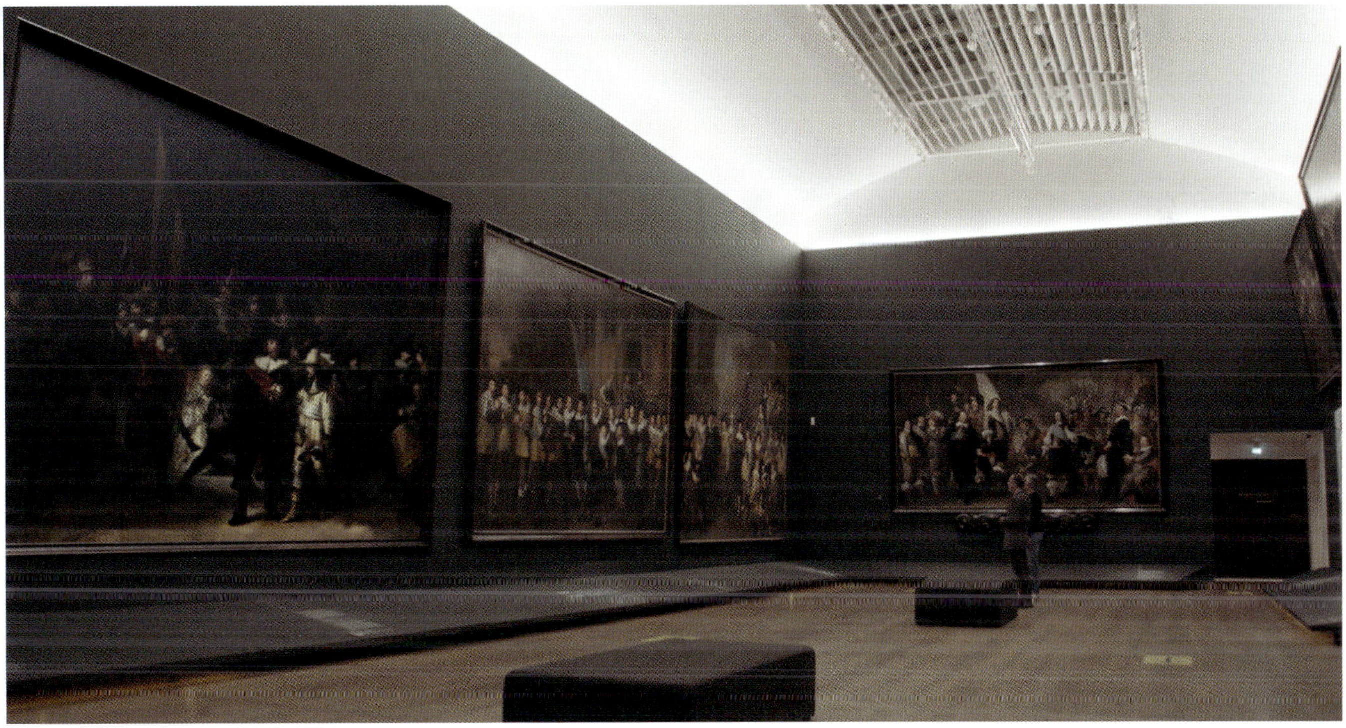

Zo hing *De Nachtwacht* in de Doelenzaal, een reconstructie

derkant van de middelste steen in de boog naar rechts, dan kom je bij het origineel uit bij de rand van de stenen om het raam en bij de kopie op de rand van het raam. Een ander voorbeeld: helemaal rechts op het doek staat een man met een veer op zijn hoed en schuin door de compositie loopt een speer. Vergelijk de afstand tussen speer en veer in beide werken en je ziet dat die op de kopie relatief veel groter is. Daarnaast zijn er nog veel meer kleine verschillen tussen de kopie en *De Nachtwacht*.

Uit onderzoek van Operatie Nachtwacht blijkt dat het allemaal nog veel ingewikkelder is. De onderste helft van het schilderij is wel op schaal, maar de bovenste helft niet. Onderzoekers van het Rijksmuseum maakten veel berekeningen en kwamen met de volgende afmetingen voor het team van de reconstructie: 3,93 meter hoog bij 5,07 meter breed!

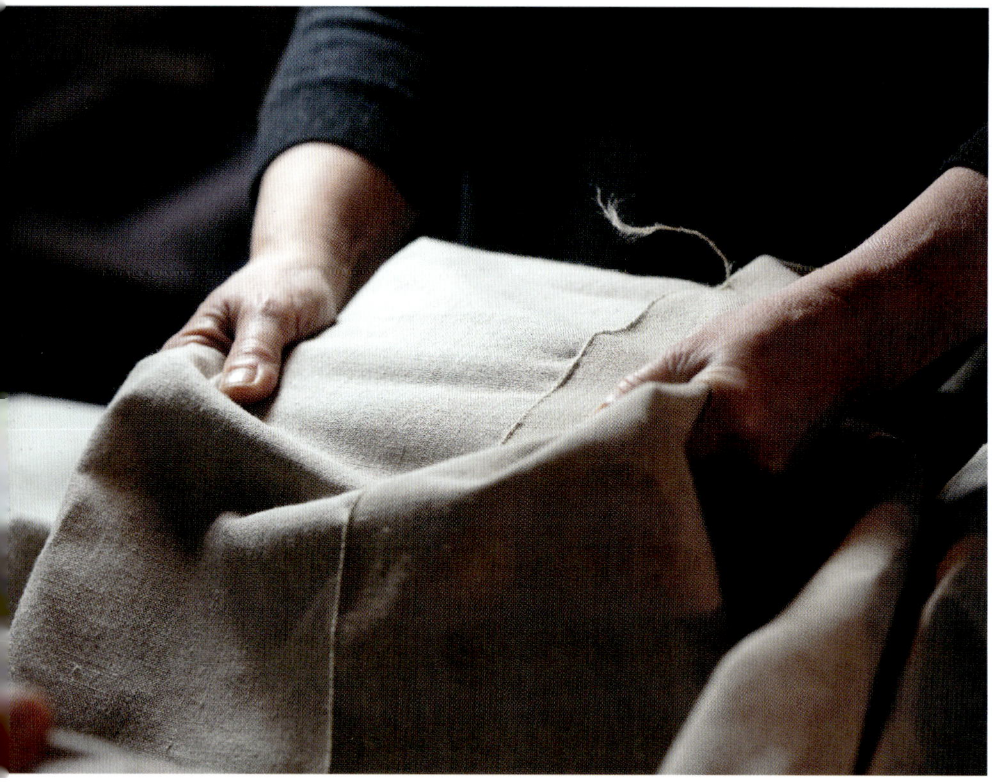

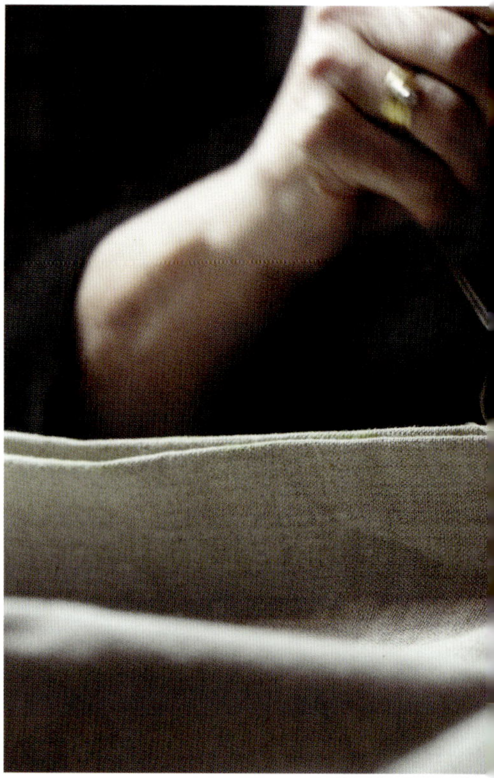

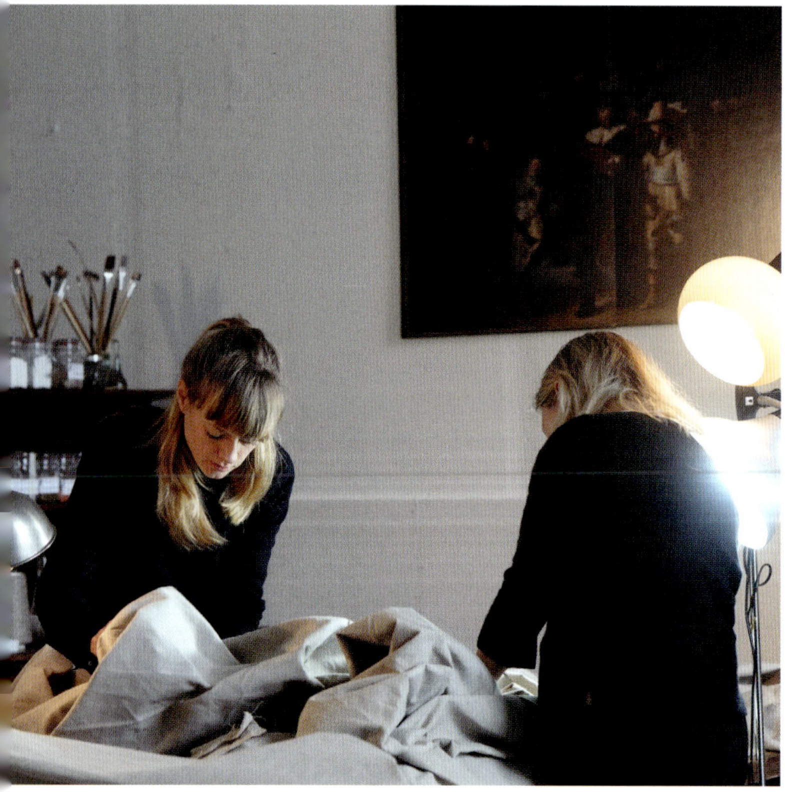

Het doek

We zoomen wat dieper op het kunstwerk in, op dat wat je met het blote oog niet kunt zien en onder de verflagen verstopt zit. Een schilderij is een complex geheel en zeker in de 17de eeuw bouwden kunstenaars hun schilderijen vaak op met verschillende lagen. Hoe zit dat met 'onze' *Nachtwacht*? Om hierachter te komen gebruiken we onder andere een röntgenfoto van *De Nachtwacht*. Een blik op deze foto vertelt veel, ook over het doek. Op de röntgenfoto zie je het doek als het ware afgebeeld in de metaalhoudende grondering. De kenmerken van dat doek zijn van belang: hoe en waarvan is het gemaakt; hoeveel draden zijn er gebruikt per centimeter; op welke manier zijn de banen (het doek heeft drie horizontale naden) aan elkaar verbonden. Al deze

De banen van het doek voor de reconstructie worden met de hand aan elkaar genaaid

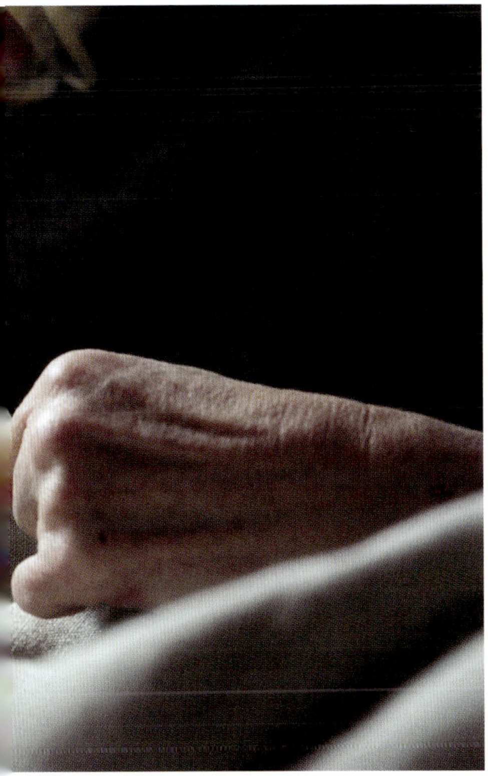

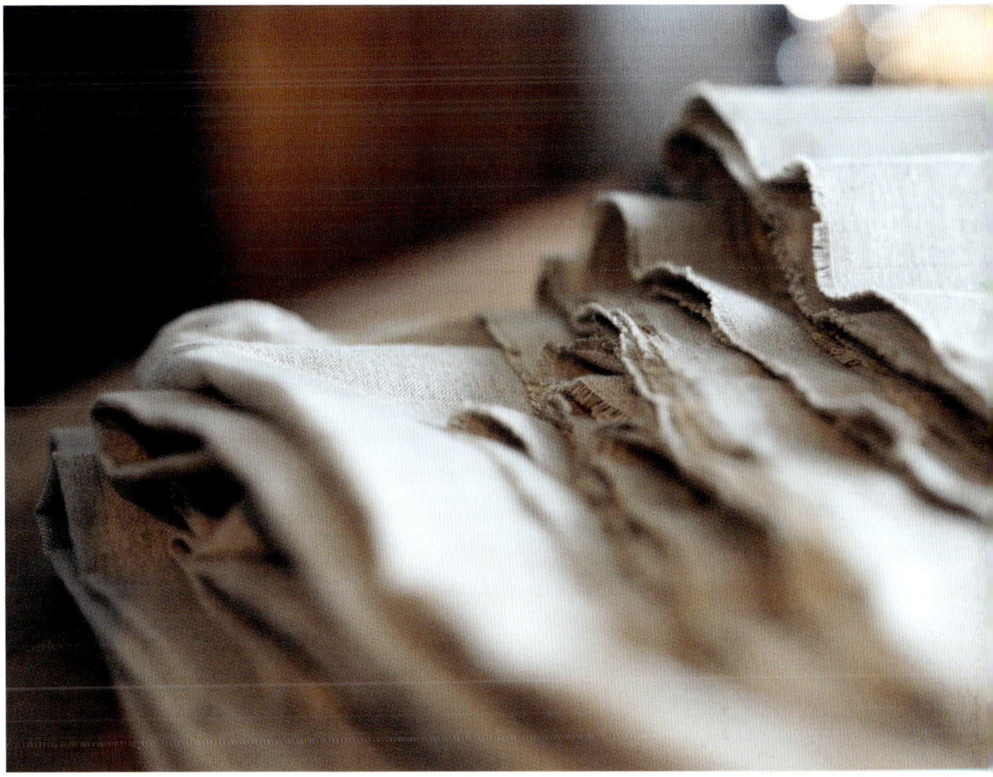

kenmerken werken door in de lagen die daarbovenop komen.

Dat er drie banen zijn en niet één, komt omdat je geen breder doek kunt weven dan de breedte van het weefgetouw. Een standaardweefgetouw in het midden van de 17de eeuw was ongeveer 140 centimeter breed. Er werden toen overigens geen doeken speciaal voor schilderijen geweven. Schilders werkten op geweven zeildoek of afdekmateriaal.

De drie banen die wij voor onze reconstructie gebruiken, zijn machinaal gemaakt door de specialisten van de Belgische firma Claessens. Zij maken al sinds 1907 doeken voor kunstenaars als Lucian Freud, David Hockney en Karel Appel. De fabriek staat in Waregem, West-Vlaanderen, precies het gebied waar in de 17de eeuw ook al doek werd gemaakt. De grootste uitdaging van ons doek betreft de naden. Doeken van nu hebben namelijk geen naden; kunstenaars hebben een voorkeur voor een egaal doek en dus is het voor de canvasmeesters van Claessens zoeken hoe je daarvoor een oplossing vindt. We hebben naden nodig, omdat ze een grote (eigenlijk storende) rol spelen in het schilderij, en we besluiten de naden met de hand te rijgen.

Het rijgen wordt gedaan door weefster Ingeborg Meijssen. Dat is geen makkelijke opdracht, want er zal enorme spanning op de naden komen te staan zodra het doek straks opgespannen wordt.

Voordat de specialisten van Claessens de grondering aanbrengen, controleren zij het doek op oneffenheden en brengen eerst een lijmlaag aan. Na drogen zetten ze een tweede lijmlaag op en schuren die. Dat doen ze om te voorkomen dat de grondering en de verflagen die er daarna op aangebracht worden, in het doek trekken. Als dat klaar is, is het doek gereed om gegrondeerd te worden.

WAT DOET OPERATIE NACHTWACHT?

De timing voor onze reconstructie is perfect. Het Rijksmuseum is al twee jaar bezig om *De Nachtwacht* te onderzoeken. Operatie Nachtwacht heet dit project. Hieraan werken 25 wetenschappers mee. Er is al heel veel informatie gepubliceerd en gedeeld. Zonder die state-of-the-artdata en de medewerking van Operatie Nachtwacht zouden we onze reconstructie nooit hebben kunnen maken. Operatie Nachtwacht is het grootste onderzoek dat ooit naar *De Nachtwacht* is gedaan. Het doel is om met de nieuw opgedane kennis te kijken of het schilderij niet gerestaureerd moet worden en het zo te conserveren voor volgende generaties. Het publiek kan het onderzoek van dichtbij volgen, want het schilderij blijft op zijn plek. Vanachter glas kunnen de bezoekers over de schouders van de specialisten meekijken. Niet alleen het oppervlak van het schilderij wordt onderzocht, ook alle lagen daaronder worden bestudeerd: van de bovenste laag vernis tot het doubleerdoek uit 1975 dat tegen het doek is gekleefd. Met behulp van de nieuwste en meest geavanceerde onderzoeksmethoden brengt het Rijksmuseum in beeld hoe Rembrandt heeft gewerkt, wat zijn werkvolgorde was en waar hij tijdens het schilderen dingen heeft veranderd.

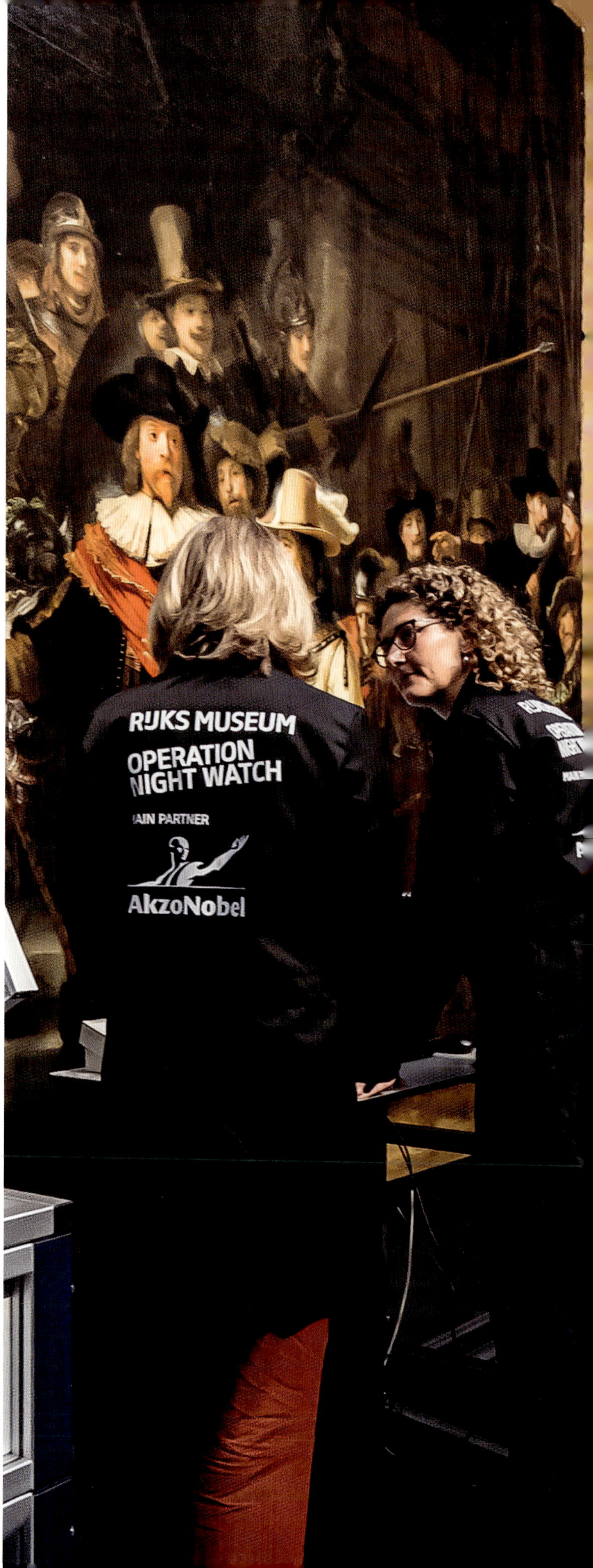

Hoe komen we aan de kennis van de opbouw van het schilderij?

Operatie Nachtwacht onderzocht *De Nachtwacht* letterlijk tot in de kleinst mogelijke details. Dat deden de onderzoekers met behulp van een aantal technieken waaronder röntgen, infraroodreflectografie, OCT, 3D-scan, stereomicroscopie, RIS en macro-XRF. Er zijn ook monsters (heel kleine verfdwarsdoorsnedes die informatie geven over de opbouw en de pigmenten) van het schilderij genomen en oude monsters zijn opnieuw bestudeerd.

Röntgenstralen

Met röntgenstralen kun je een goed beeld krijgen van de verdeling van zwaarmetaalhoudende verf. In het geval van Rembrandts palet heb je het dan over bijvoorbeeld loodwit of vermiljoen. Op de röntgenfoto kun je goed zien wat een schilder gaandeweg aan het werk verandert (pentimenti). Bij Rembrandt levert dat veel informatie op; over hoe goed de man kon schilderen en over de veranderingen die hij in al zijn schilderijen aanbracht.

Infraroodreflectografie

Met infraroodreflectografie breng je al het koolstofhoudend materiaal in beeld en zo zie je dan bijvoorbeeld de ondertekening waar je die met het blote oog niet ziet. Je ziet dan ook veranderingen in die ondertekening en veranderingen van de schildering ten opzichte van die tekening. Je ziet, net als bij een röntgenfoto, ook veranderingen in de schilderfase.

Monsters

De monsters geven een prachtig beeld van de stratografie van het schilderij: wat zit onder wat, en wat er overheen.

Stereomicroscopie

Met stereomicroscopie wordt gekeken naar de oppervlakte van de verflaag. Je kijkt eigenlijk met twee microscopen tegelijkertijd en zo ontstaat een soort van 3D-beeld. De microscopen vergroten zo'n 6 tot 50 maal. Zo'n uitvergroot 3D-beeld geeft informatie over de schildertechniek en de textuur van de verf.

Macro-röntgenfluorescentie scanning (macro-XRF)

Om te zien welke pigmenten Rembrandt gebruikte en waar precies is er onderzoek gedaan met macro-XRF. Deze brengt de chemische elementen waaruit de afzonderlijke pigmenten die in de verf zitten bestaan, in kaart. Een scanner gebruikt röntgenstraling om het verschil tussen zware en lichtere elementen aan te tonen en kan zo de chemische elementen in de verf aantonen. Dat gaat niet zomaar; er wordt millimeter voor millimeter gescand: totaal 56 scans van elk 60 bij 80 centimeter. Al die scans samen laten de verdeling van de chemische elementen in de verf zien. Waar je op een röntgenfoto eigenlijk alleen kijkt naar de zwaarmetaalhoudende elementen zoals loodwit kun je nu ook zien waar Rembrandt bijvoorbeeld het lichtmetaalhoudende pigment omber heeft gebruikt.

OCT

Met Optische Coherentietomografie (OCT) kun je, ondanks een laag verhullend vernis, meten waar een schilder de verf dikker en dunner aanbracht. Rembrandt gebruikt zulke hoogteverschillen om diepte aan het werk te geven. De techniek achter OCT komt uit de medische sector waar het onder meer gebruikt wordt om afwijkingen van het netvlies te vinden.

Voor het analyseren van een verflaag stuurt OCT licht dat bijna infrarood is door de vernislaag naar het verfoppervlak. Het licht landt op de verf en kaatst weer terug. Elke plek doet dat net een beetje anders, en met die informatie kan een computer een 3D-beeld maken. Dankzij OCT hoeven er dus geen dwarsdoorsnedes meer gemaakt te worden om hoogteverschillen te kunnen bestuderen.

3D-scan

De 3D-scan brengt de hoogteverschillen van het hele schilderij in kaart. Waar OCT kijkt naar de hoogteverschillen in de verflaag, doet de 3D-scan dat voor het hele werk. De scan wordt gemaakt door met een aantal camera's tegelijkertijd een opname van hetzelfde beeld te maken. Dankzij de verschillende invalshoeken van de camera's kan een hoogteprofielkaart van een schilderij gemaakt worden. In het geval van *De Nachtwacht* geeft het een goed beeld van waar Rembrandt bewust hoogteverschillen schilderde.

Reflectance Imaging Spectroscopy (RIS)

Door gebruik te maken van Reflectance Imaging Spectroscopy (RIS) kan bepaald worden met welke pigmenten en bindmiddelen Rembrandt werkte. De techniek werd door NASA ontwikkeld om mineralen op Mars te kunnen analyseren en komt nu ook goed van pas in de laboratoria van musea.

De RIS-techniek schijnt licht op het schilderij en bestudeert het elektromagnetische spectrum van het terugkomende licht. Drie verschillende camera's maken elk een scan; elke camera legt een ander deel van het elektromagnetische spectrum vast. Elk materiaal dat op het doek zit, absorbeert en reflecteert het licht anders. Zodoende kun je dus analyseren wat die materialen allemaal zijn, zoals de bindmiddelen en pigmenten waar Rembrandt mee werkte.

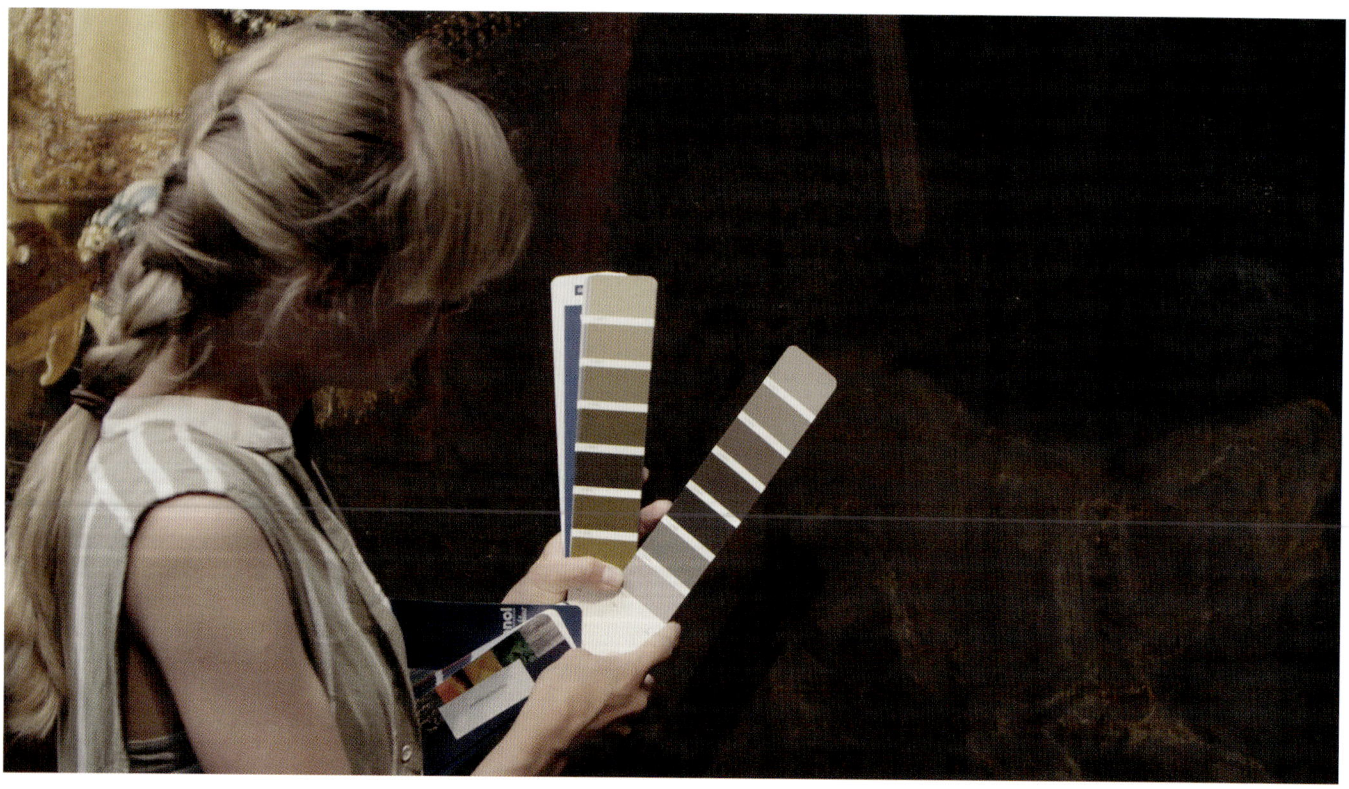

De bruine grondering is zorgvuldig uitgekozen

Het enorme doek wordt van grondering voorzien

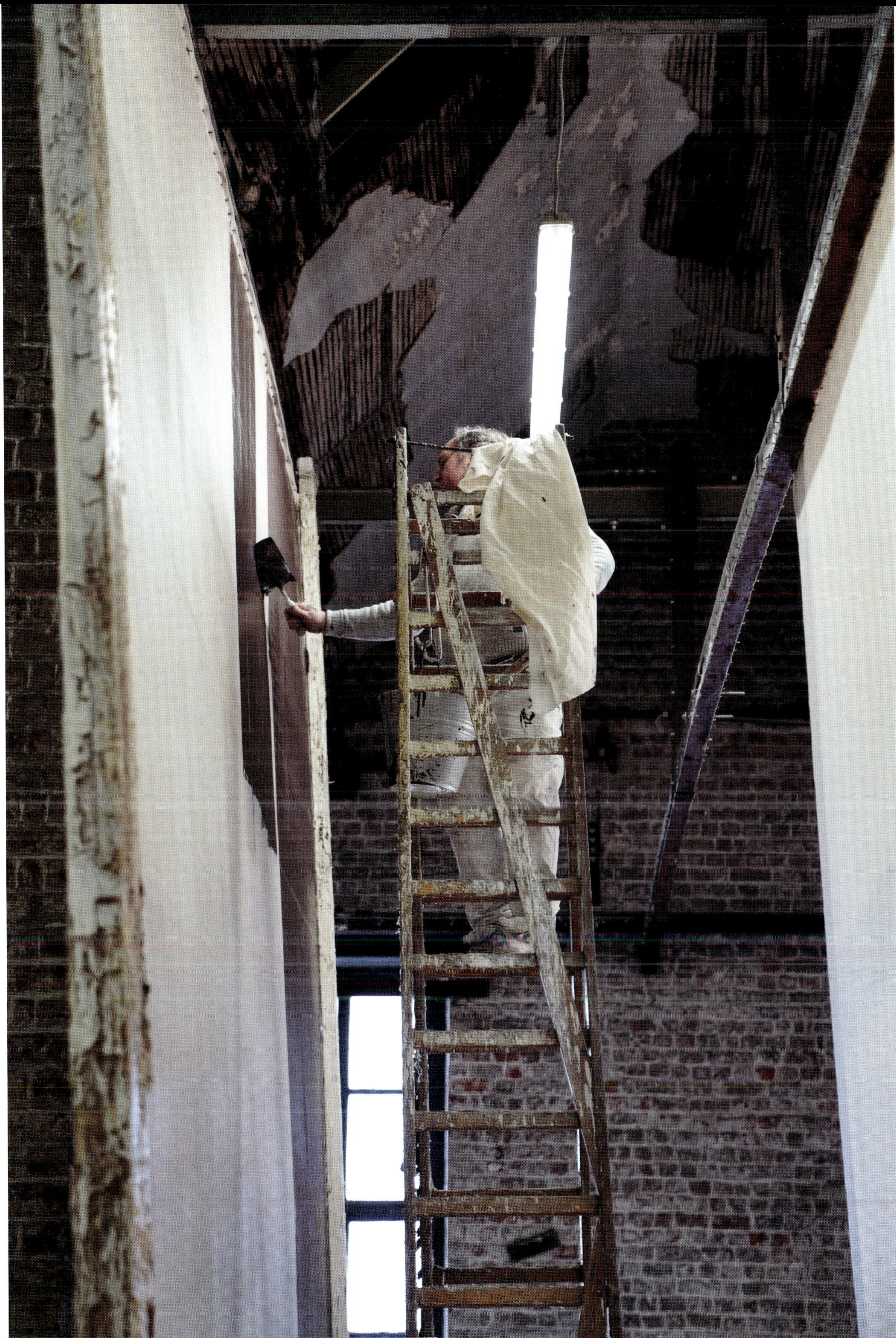

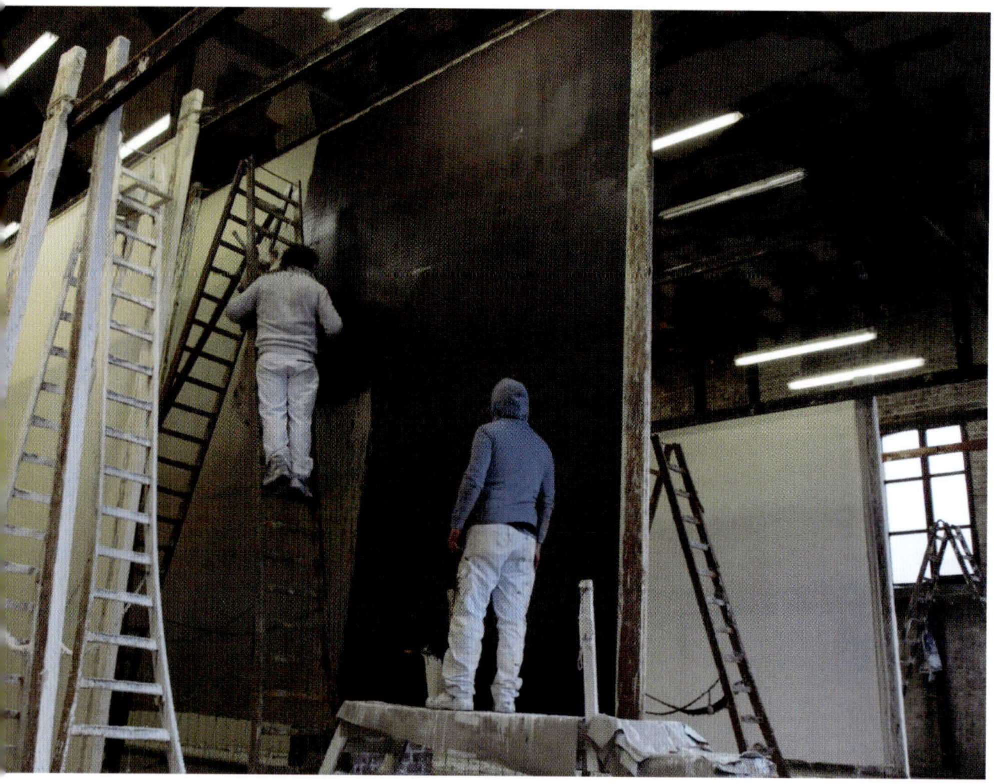

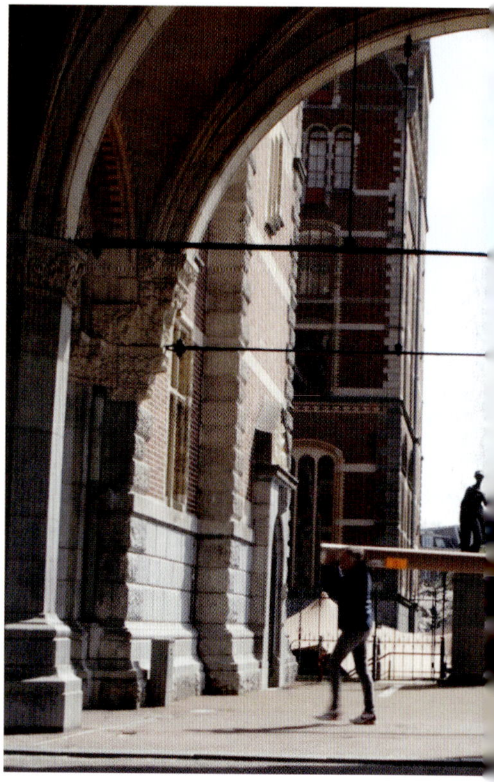

Na grondering wordt het doek in het Rijksmuseum opgespannen

De grondering

Bijna geen enkele schilder werkt direct op doek, en zeker niet in de 17de eeuw. Daarom is ook op het doek, zoals eerder gezegd, door de firma Claessens een onderlaag van lijm en vervolgens een grondering aangebracht. De grondering bestaat uit krijt, pigment en olie. Ze maakt het oppervlak gladder en zorgt voor een goede hechting van de verf. Je zou dit kunnen zien als het fundament waarop een schilder zijn hele werk bouwt.

Rembrandt was nogal specifiek wat de grondering betreft. In *De Nachtwacht* gebruikt hij voor het eerst een mengsel van zand, olie en klei, een zogenaamde kwartsgrondering. Deze grondering bevalt hem kennelijk goed, want hij zal deze nog vaker voor andere schilderijen gebruiken. De kwartsgrondering heeft een aantal voordelen. Dankzij de alledaagse bestanddelen is het een voordelig alternatief voor de kunstenaar. Daarnaast zorgt de samenstelling met deze ingrediënten ervoor dat het schildersdoek soepel blijft, iets wat een paar honderd jaar later nog goed van pas zou komen als *De Nachtwacht* door omstandigheden opgerold moet worden. Het is opvallend dat, ondanks deze positieve eigenschappen, Rembrandt uiteindelijk de enige kunstenaar van zijn tijd zou zijn van wie we weten dat hij deze kwartsgrondering gebruikte.

Rembrandts truc van clair-obscur

Niet alleen de ingrediënten van de grondering zijn belangrijk, ook de kleur. Met name in *De Nachtwacht*. Rembrandt wilde een donker schilderij maken. Als geen ander is Rembrandt in staat om in zijn schilderijen te spelen met licht en donker. Dit spel maakt de taferelen een stuk spannender en dynamischer om naar te kijken. Een prettige bijkomstigheid van een donkere grondering is dat hij hierdoor niet het hele schilderij donker hoeft te maken, maar op sommige plekken de gronde-

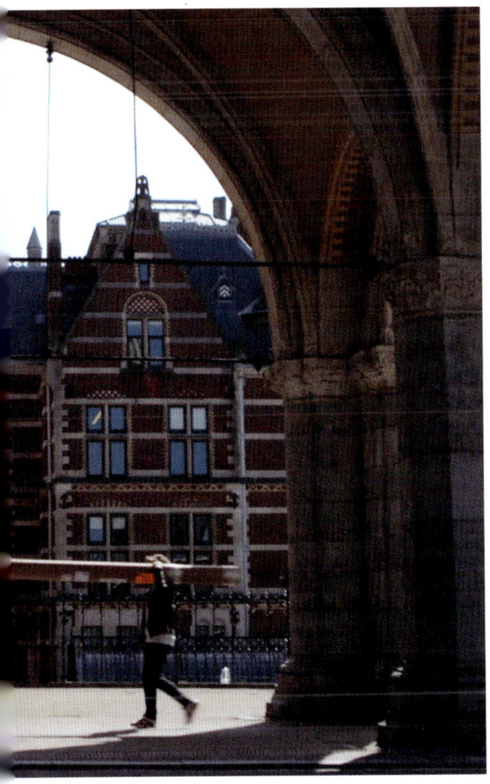

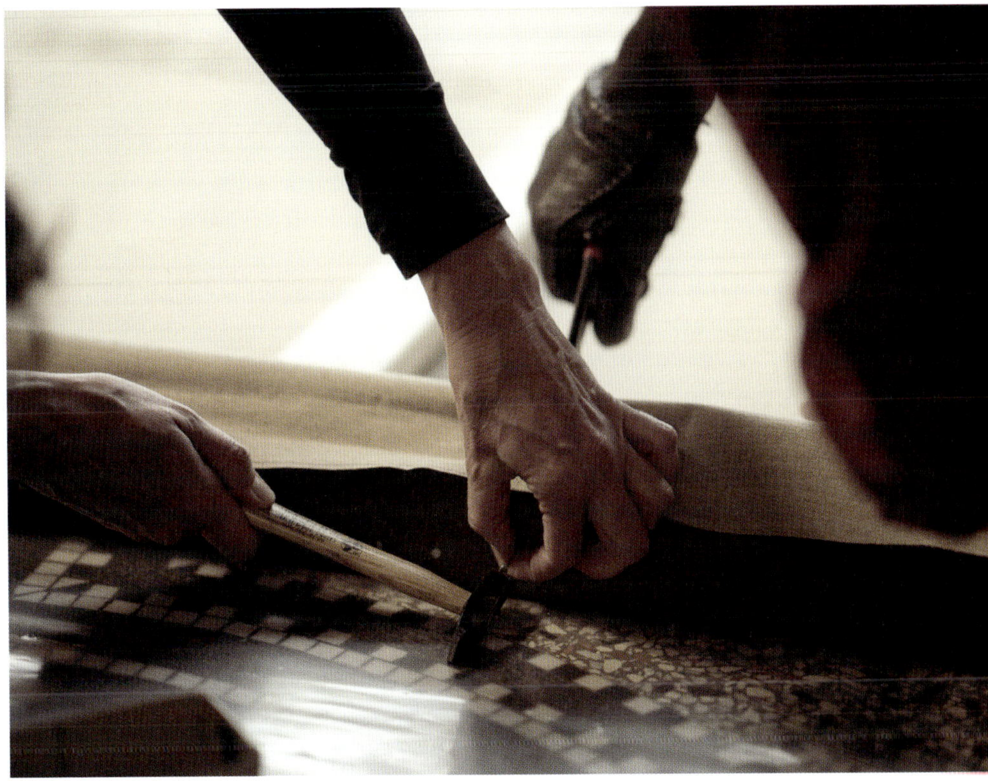

ring kan laten doorschijnen om het gewenste effect te bereiken. Zo kijk je op een enkele plek zelfs direct op de grondering, zonder dat er ook maar iets overheen is geschilderd.

Zo'n donkere grondering is tegenwoordig ongewoon, ook voor de firma Claessens. Dus was het een moeilijke beslissing om die samen te stellen. Deze is namelijk zo bepalend. Hoe vergevorderd het onderzoek nu ook is, het was heel moeilijk om de bevindingen van bijvoorbeeld monsters om te zetten in een emmer met grondering. Op het monster is aangetoond dat er omber in zit maar in welke verhouding tot de andere ingrediënten, dat bleef een vraag. Bovendien is door verschillende behandelingen uit het verleden de originele kleur van de grondering van *De Nachtwacht* mogelijk verdonkerd. Het werk is immers meerdere keren bedoekt geweest met hete was en hars en het is waarschijnlijk ook langs de achterkant ingewreven met olie.

We hebben ook gekeken naar het onderzoek van de grondering van Rembrandt in andere schilderijen. Uiteindelijk bleef de keuze voor de kleur van de grondering niet goed in te schatten.

Op spanning

Na het gronden van het doek volgt een spannend moment: het opspannen. We doen dit ter plekke, in het voorportaal van de Eregalerij van het Rijksmuseum. Het doek is opgerold via de Koninginnendeuren naar binnen gebracht. Deze ingang zit pal onder de Eregalerij. Daardoor is het de kortste en meest eenvoudige route om de lange rol, zonder al te veel obstakels en bochten, op de plek van bestemming te krijgen. Met grote zorgvuldigheid gaan we aan beide kanten tegelijkertijd aan de slag met het opspannen. Het is ontzettend belangrijk dat dit goed gebeurt: we willen niet dat de naden breken, terwijl we het doek ook zo strak mogelijk moeten opspannen. Ook moeten we ervoor

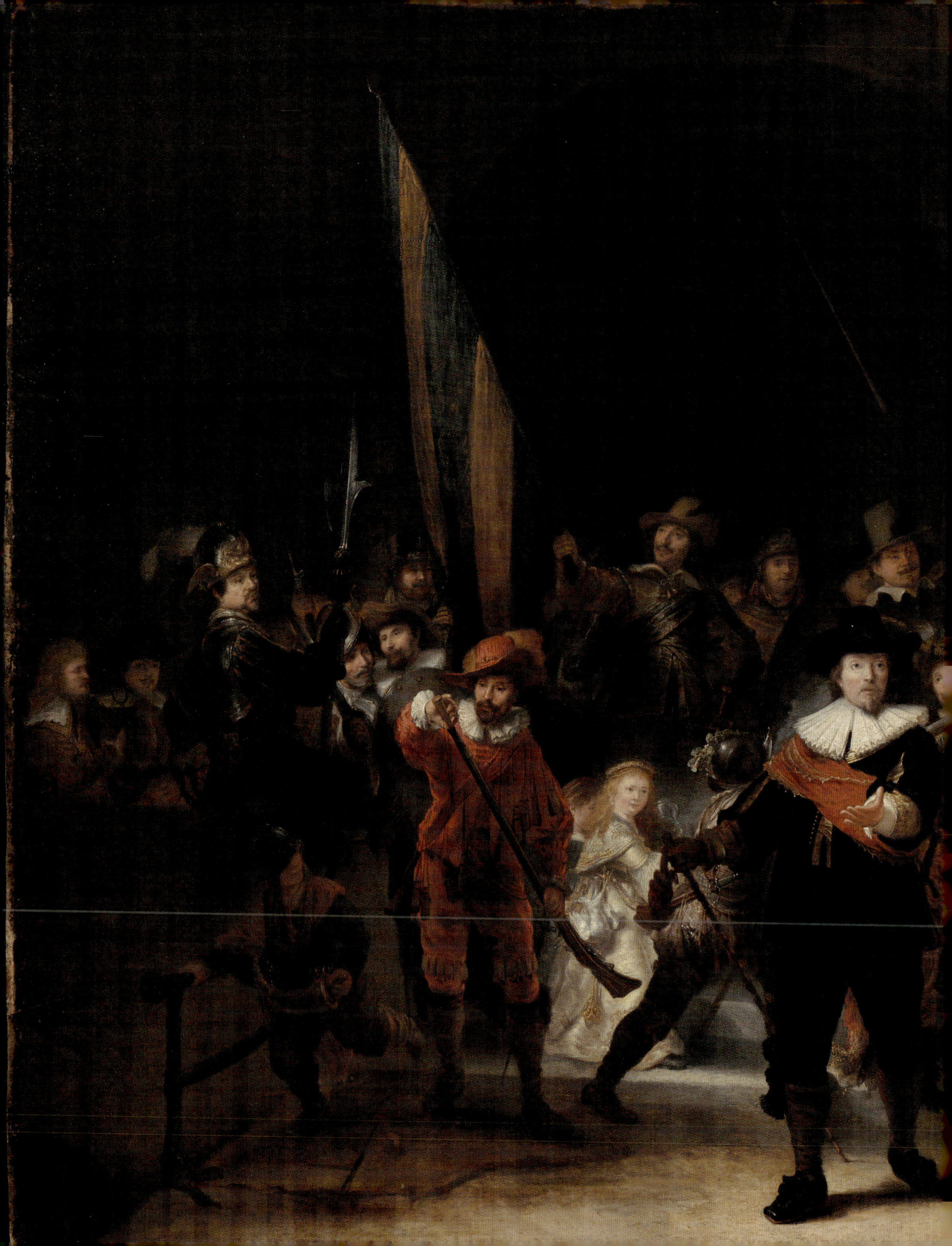

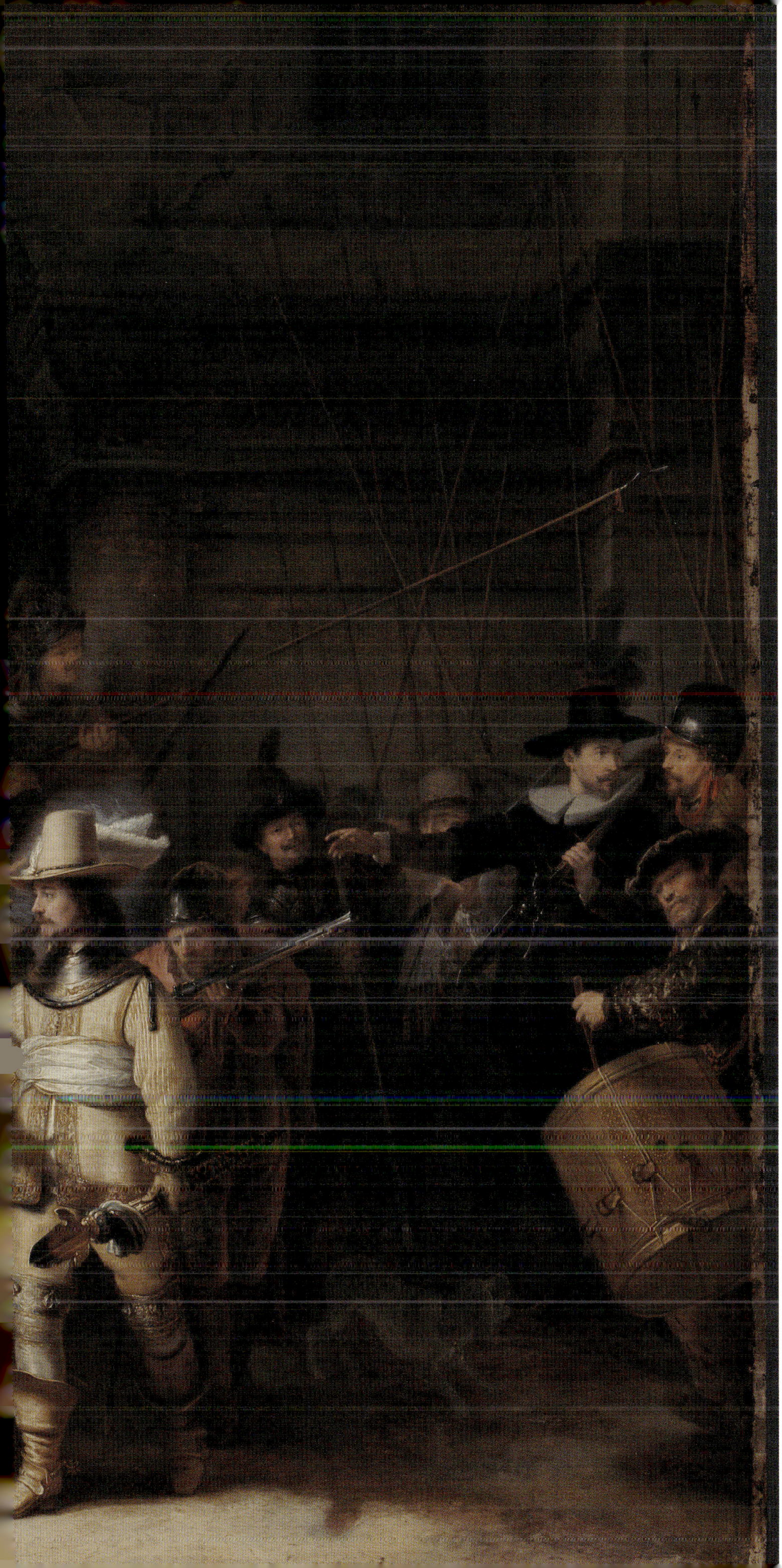

Kopie naar De Nachtwacht,
toegeschreven aan Gerrit Lundens,
ca. 1642-ca. 1655

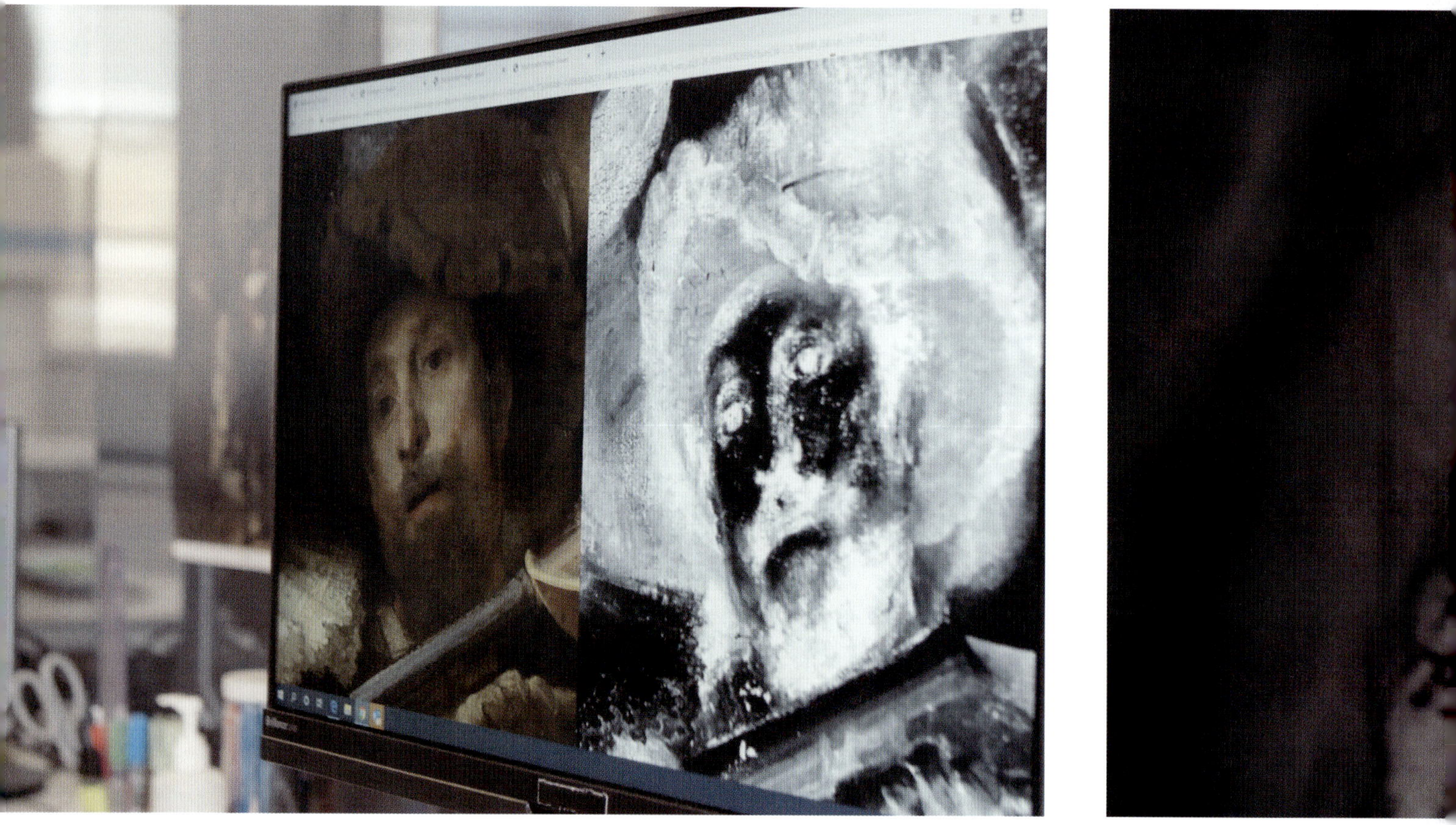

Met behulp van röntgenstralen is duidelijk hoe Rembrandt het schilderij heeft opgebouwd

zorgen dat het spanraam niet uit verband raakt. Als de klus geklaard is, constateren we opgelucht dat de naden en de vers aangebrachte grondering standhouden onder de enorme druk. We zijn tevreden over het eindresultaat. Eenmaal rechtovereind oogt het doek strak en vlak, en daarmee is het klaar voor de volgende stap in het proces: het neerzetten van de compositie in ondertekening.

Rembrandts plan

Het is lastig om te achterhalen hoe planmatig Rembrandt aan zijn *Nachtwacht* werkte. De man was vooral een doener die gaandeweg zijn plan steeds aanpaste, zichzelf steeds verbeterde. Door de penseelstreken heen voel je hem denken. De compositie ontwikkelt zich terwijl hij werkt; heel vrij, intuïtief en reagerend op wat hij voor zich ziet ontstaan. De meeste 17de-eeuwse kunstenaars werkten met een voorschets in krijt. Ook Rembrandt zal dit hebben gedaan, maar je ziet er niet veel van terug op de infraroodreflectogrammen. Mogelijk deed hij dat met wit of rood krijt. De onderzoekers van Operatie Nachtwacht hebben ontdekt dat hij bij *De Nachtwacht* de ondertekening met verf heeft gemaakt. De bizarre afmeting van zijn *Nachtwacht* heeft daar misschien mee te maken. Rembrandt zette de compositie in ieder geval niet in één keer op het doek, want ook tijdens het werk blijft hij onderdelen veranderen.

Voor het maken van een zo nauwkeurig mogelijke reconstructie is het natuurlijk heel belangrijk dat we de uiteindelijke compositie perfect in beeld krijgen en daarom trekken we met carbonpapier de compositie over. Dat is natuurlijk ergens een beetje kort door de bocht, maar Lisa kan zo al tekenend het schilderij met al zijn details leren kennen. Dit kost veel tijd maar laat ons gaandeweg

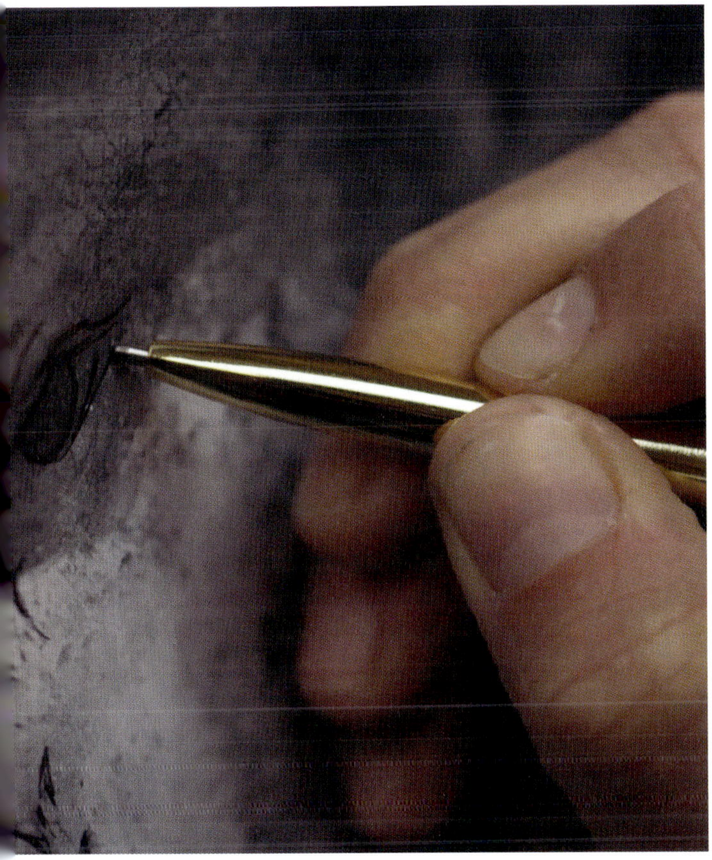

ook steeds meer voelen hoe het in die tijd voor Rembrandt moet zijn geweest om aan zo'n groot schilderij te werken. Hij verplaatste zich waarschijnlijk met een steiger en een trapje heen en weer, zodat hij overal goed bij kon.

Het overzetten gebeurt heel precies, tot en met de penseelstreken aan toe.

De tekening die hierdoor nu op het doek is aangebracht, biedt houvast tijdens het schilderen van de compositie. Waar Rembrandt veranderingen aanbracht, laten we de overgetrokken delen leeg. Dit soort wijzigingen, die de kunstenaar tijdens het werk maakt – zelfs soms als de verf nog nat is – heten pentimenti. Ze zijn onderdeel van het creatieve proces. En omdat we precies dat proces volgen, zet het team op basis van onderzoeksbeelden ook voor deze wijzigingen krijtschetsen op. Zulke veranderingen vormen de ziel van een werk. Zelfs als je ze niet ziet, 'zie' je ze toch.

DE OPBOUW VAN EEN 17DE-EEUWS SCHILDERIJ

In de 17de eeuw werden schilderijen meestal op eenzelfde manier opgebouwd in zes lagen. Onderop is er natuurlijk het **doek**, mits er niet op paneel werd geschilderd. Op dat doek wordt een **lijmlaag** aangebracht, gemaakt van huid en beenderen. Vervolgens volgt in meerdere lagen de **grondering**. Soms volgt er nog een **imprimatura**, zeg maar een neutrale ondertoon. Daar wordt vervolgens een **ondertekening** – de schets van de compositie – met bijvoorbeeld krijt op aangebracht. Dan is het tijd voor verf: pigmenten met olie als bindmiddel. Over de krijtschets (of ondertekening) wordt de zogenaamde **doodverf** geschilderd, meestal met bruine olieverf voor de schaduwen; de onbeschilderde kleur van de grondering of imprimatura vormt in die fase de hooglichten. Het schilderij krijgt dan al een plastieke kwaliteit maar er is nog geen kleur. De doodverf blijft soms, en bij Rembrandt eigenlijk altijd, plaatselijk meespelen in het uiteindelijke resultaat van het schilderij; delen van de doodverf worden dus niet verder afgewerkt ('opgemaekt'). Hieroverheen wordt met behulp van **verschillende kleuren verf** het schilderij verder afgewerkt. In die fase wordt ook **impasto** gebruikt: de verf wordt dan dik opgebracht. Bijvoorbeeld in de partijen waar het licht op valt. In de donkere schaduwpartijen echter blijft de verflaag juist dun en strak. Als het schilderij uiteindelijk klaar is, brengt de schilder een **vernislaag** aan. Dat is een oplossing van hars waar in de 17de eeuw ook wel olie aan werd toegevoegd.

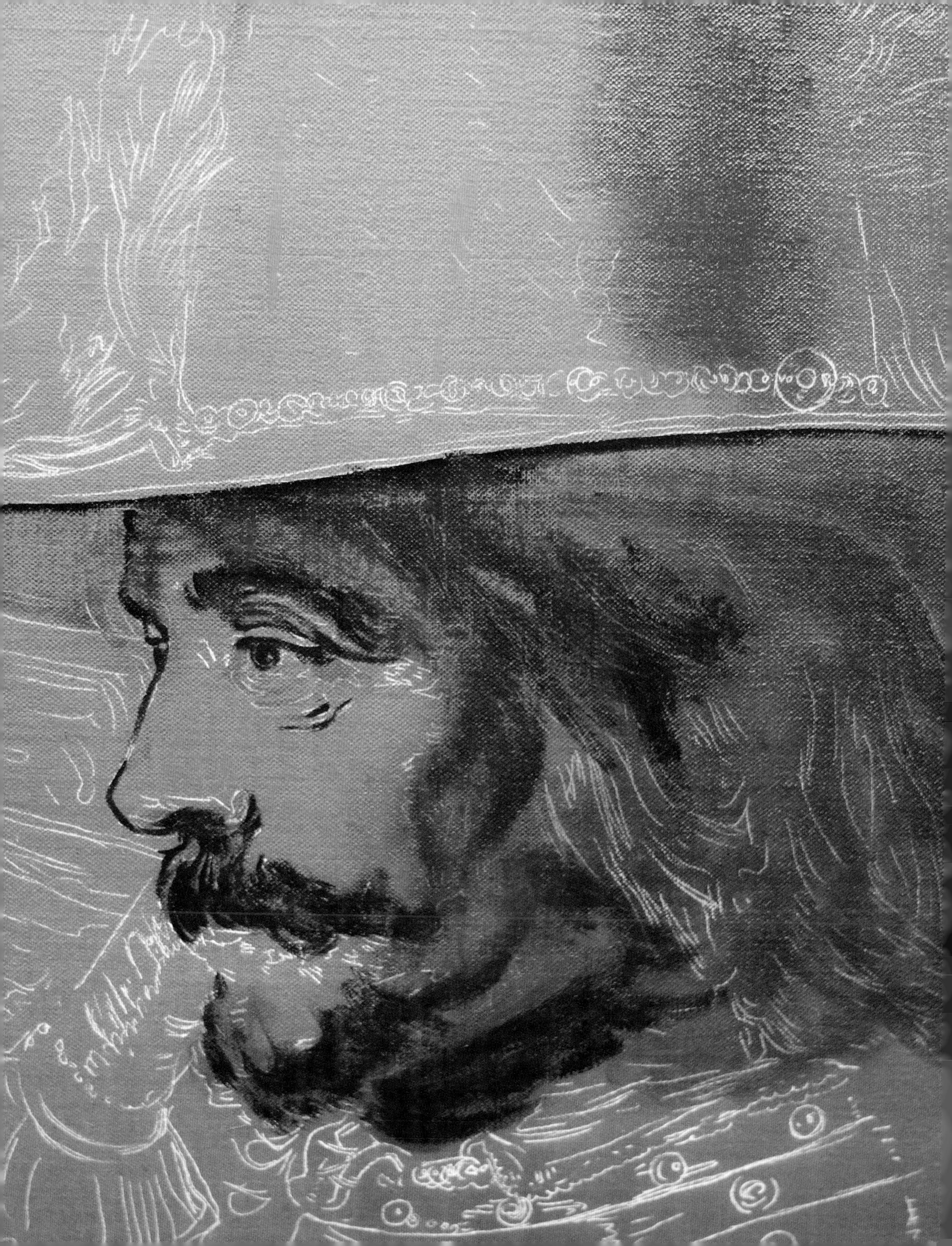

3

Een reconstructie

Nadat met carbon de compositie van *De Nachtwacht* op de grondering is overgezet, kan het schilderen beginnen. De eerste fase in het schilderproces is het doodverven. Hierbij brengt het team in monotone kleuren een onderschildering aan. Het is de belangrijkste fase in het proces die bepaalt hoe het schilderij eruit komt te zien. Contouren worden zichtbaar, gezichten krijgen uitdrukkingen en licht vindt een plek op het grote doek. Er ontstaan al vorm en diepte.

Modelleren

De ondertekening is dankzij het gebruik van carbon heel precies opgezet, tot aan de penseelstreken aan toe soms. Dit geeft houvast tijdens het schilderen van de volgende laag. Voor het aanbrengen van de doodverf gebruikt het team een aardpigment en beenderzwart, beide donkere tinten. De doodverffase is moeilijk en makkelijk tegelijk. Rembrandt schilderde met ferme penseelstreken, soms met zware accenten maar ook subtiel en gedetailleerd. Tijdens het schilderen is het team zuinig met verf, net als Rembrandt. Het is essentieel dat de onderschildering in één keer goed op het doek komt. De gezichten krijgen in deze fase al gelaatstrekken die iets over de karakters van de geportretteerden vertellen. Het in doodverf opgezette schilderij geeft al een goede indruk van het eindresultaat, zowel wat betreft lichtval als wat betreft details en compositie.

Tegenslag

Na het afronden van de doodverffase krijgt het team te maken met een flinke tegenvaller. Het schildersdoek is zo veel mogelijk volgens 17de-eeuwse technieken gegrond, maar dat levert in dit stadium onverwachte problemen op. Het doek zuigt, met als gevolg dat de verf van de onderschildering er volledig in trekt en mat oogt. Dat is niet de bedoeling; de verf hoort voor een deel 'te blijven staan' en een beetje te glanzen. Een ander probleem is dat strakke lijnen uitvloeien en hier omheen ontstaan kringen. Dat gebeurt vooral op de plekken waar de verf is verdund met olie. Als het probleem van het zuigen van het doek niet wordt opgelost, zal de reconstructie van *De Nachtwacht* nooit een 'echte' Rembrandt worden.

Het team ziet twee opties om het probleem op te lossen. De eerste is het aanbrengen van een (extra) laag vernis. Dat zou een flinke ingreep in het proces zijn die, in deze fase, niet bij de werkwijze van Rembrandt past. Maar het zou de reconstructie wel kunnen redden. De tweede optie is om het doek 'uit te oliën', waarbij een extra laag olie over de onderschildering wordt aangebracht. Dat gebeurde in de 17de eeuw ook en is dus minder

Na de ondertekening volgt de doodverffase

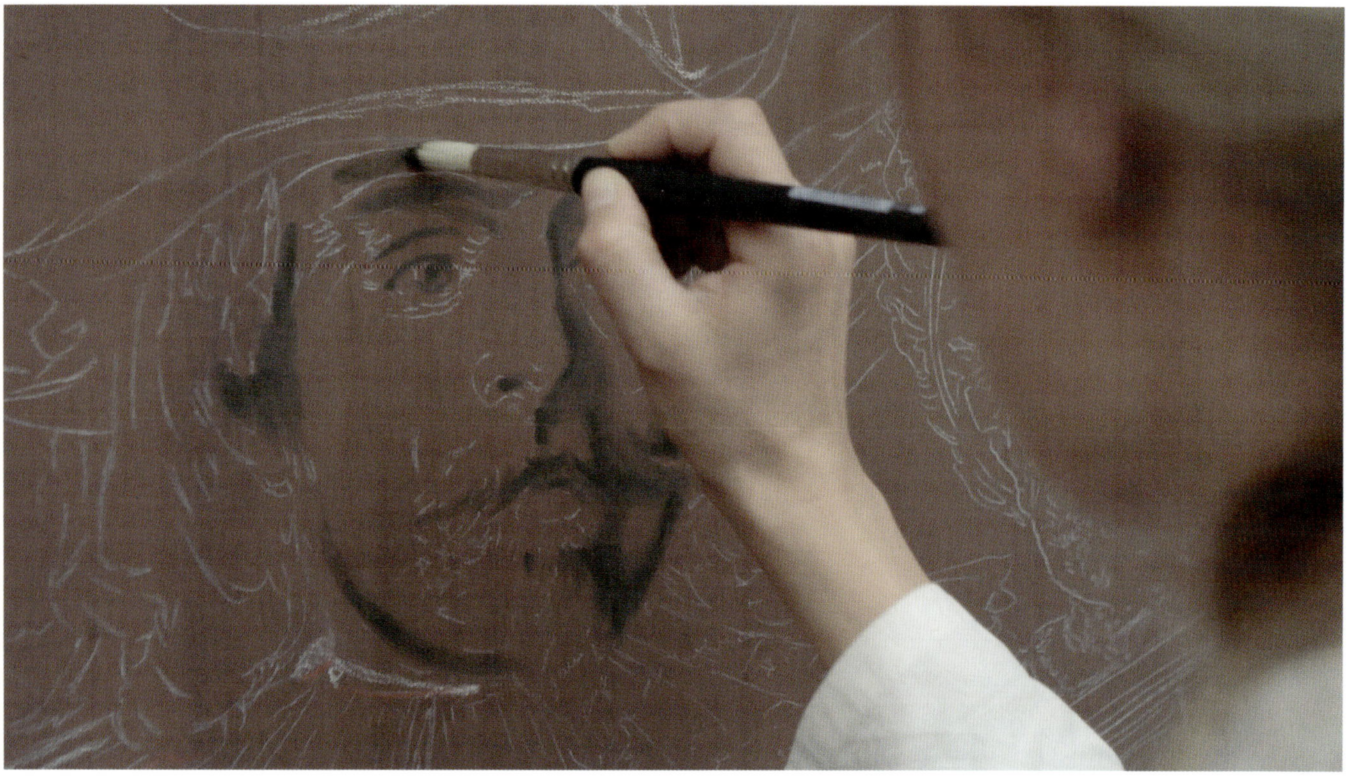

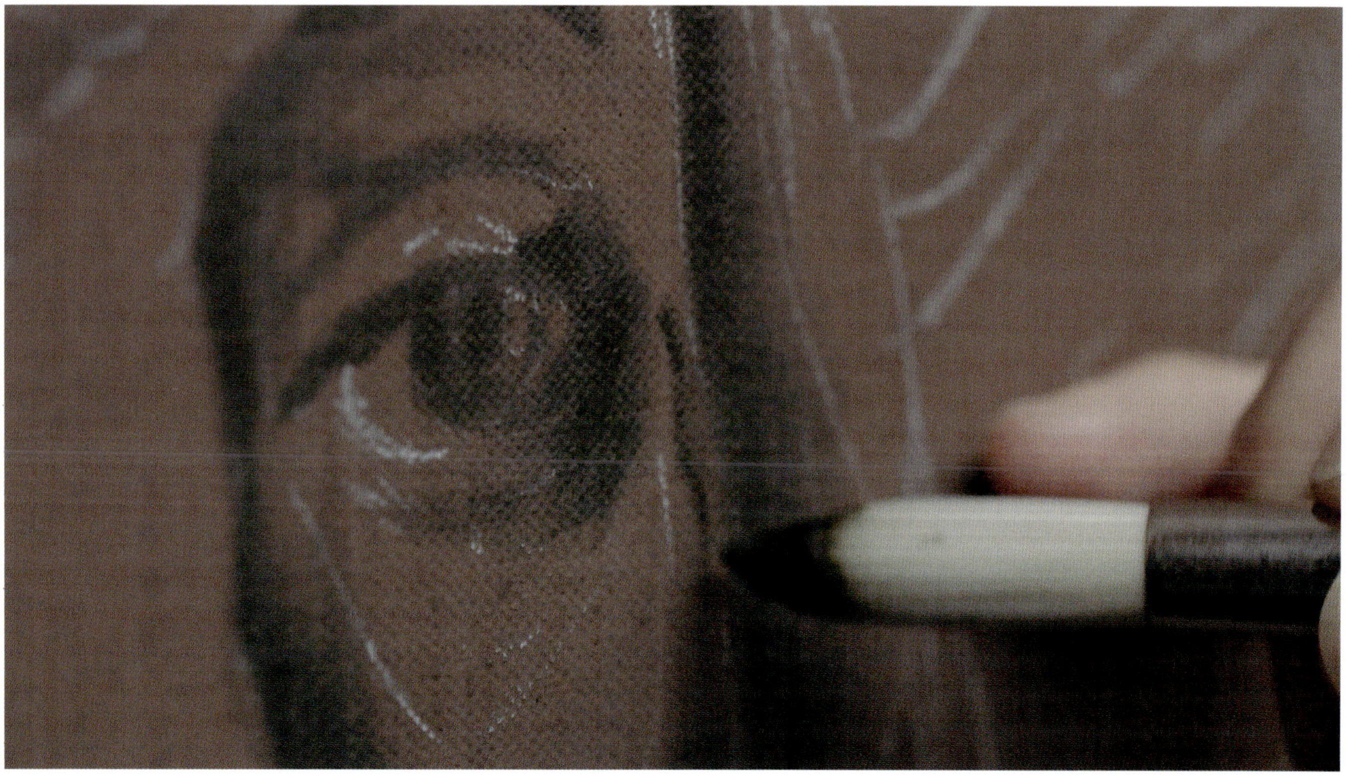

Over de ondertekening worden met grove penseelstreken de contouren aangebracht

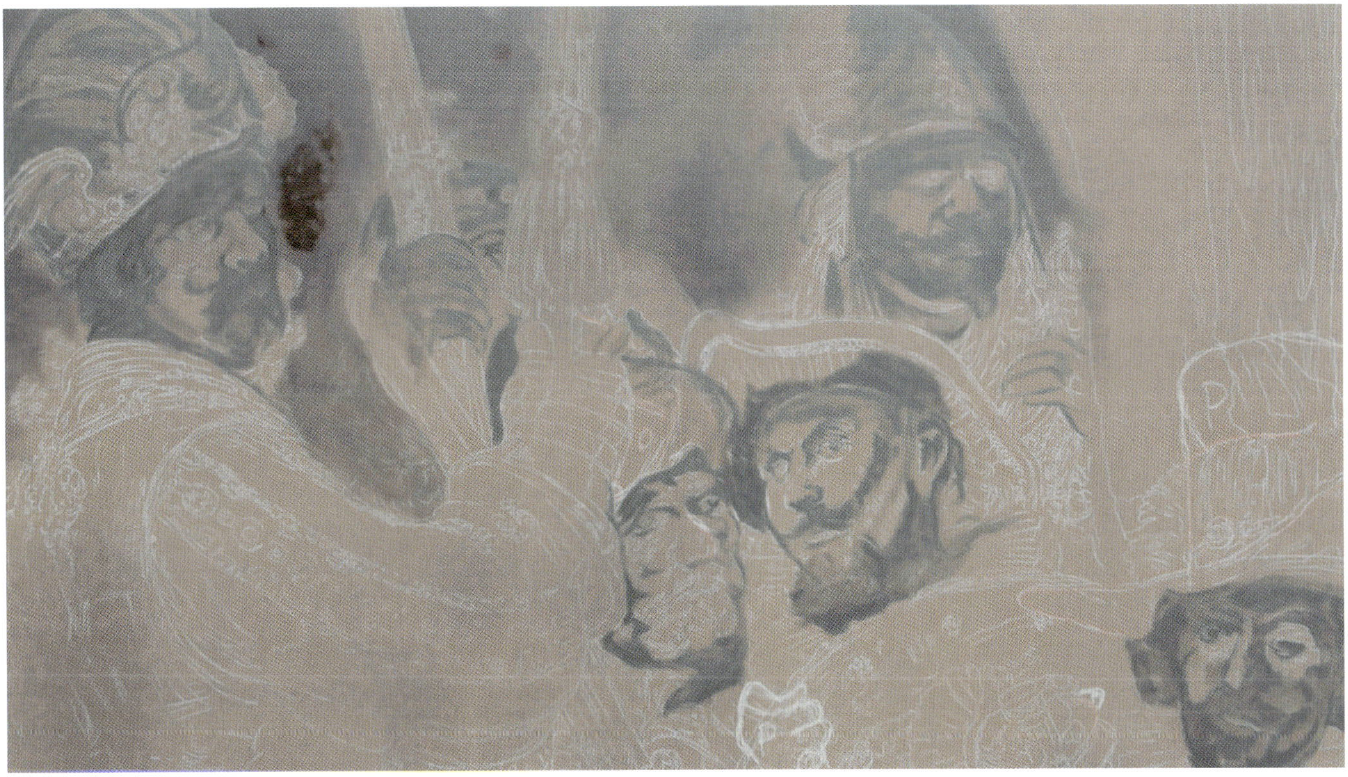

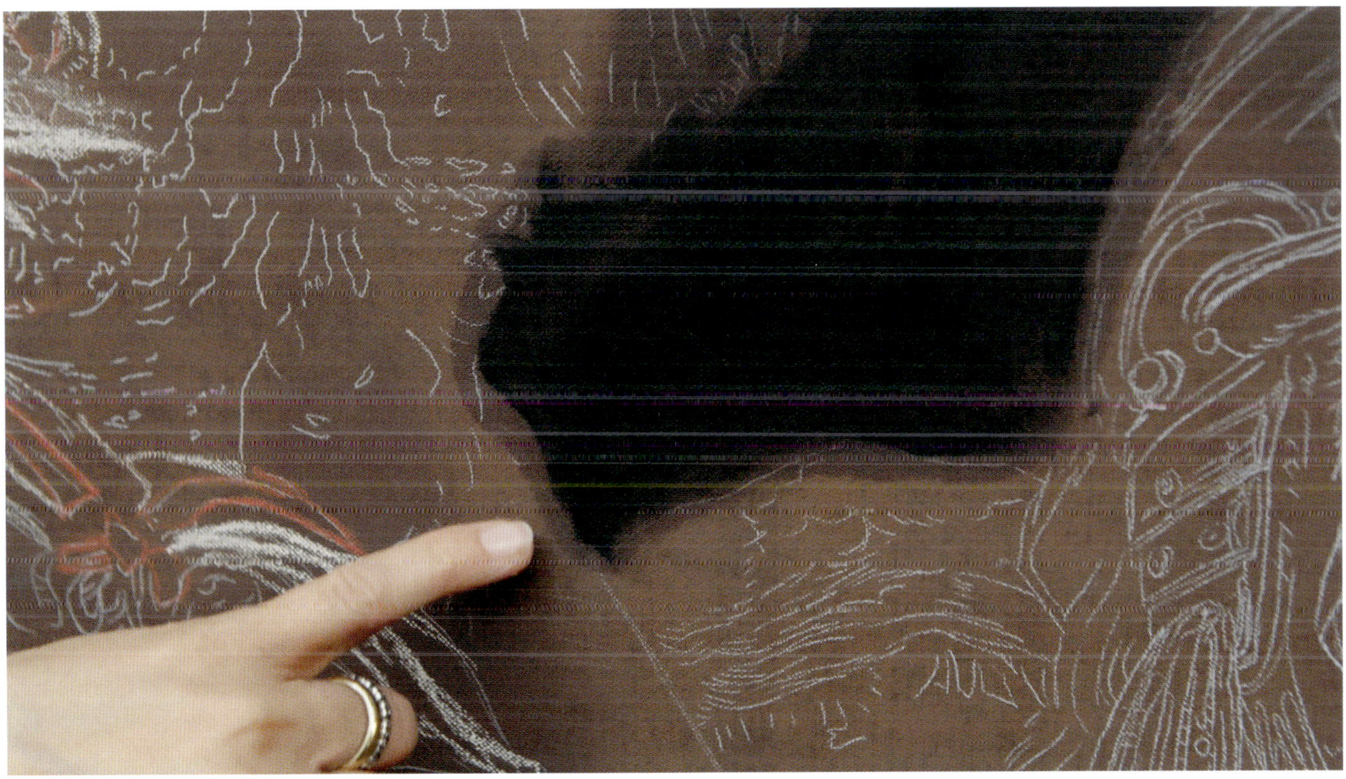

Een tegenvaller: de zwarte verf trekt te veel in het doek en vloeit daardoor uit

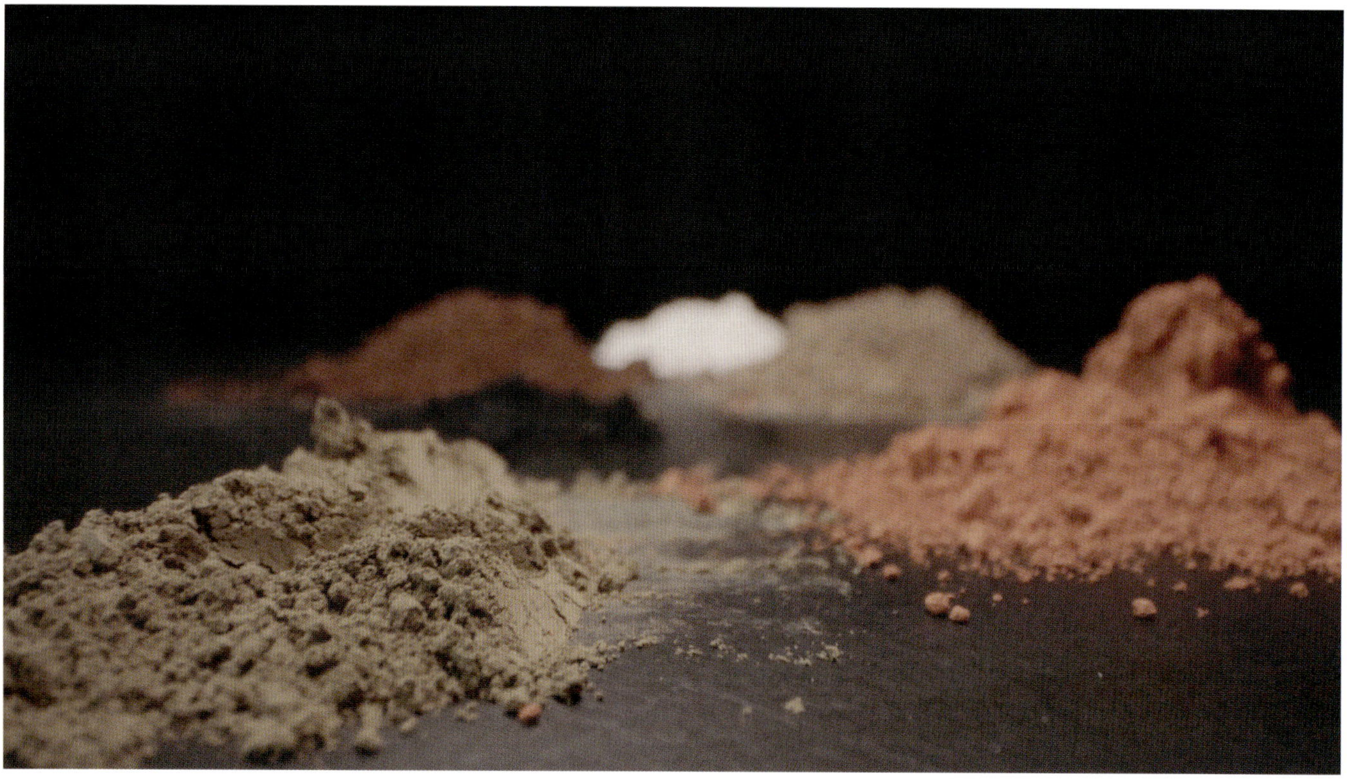

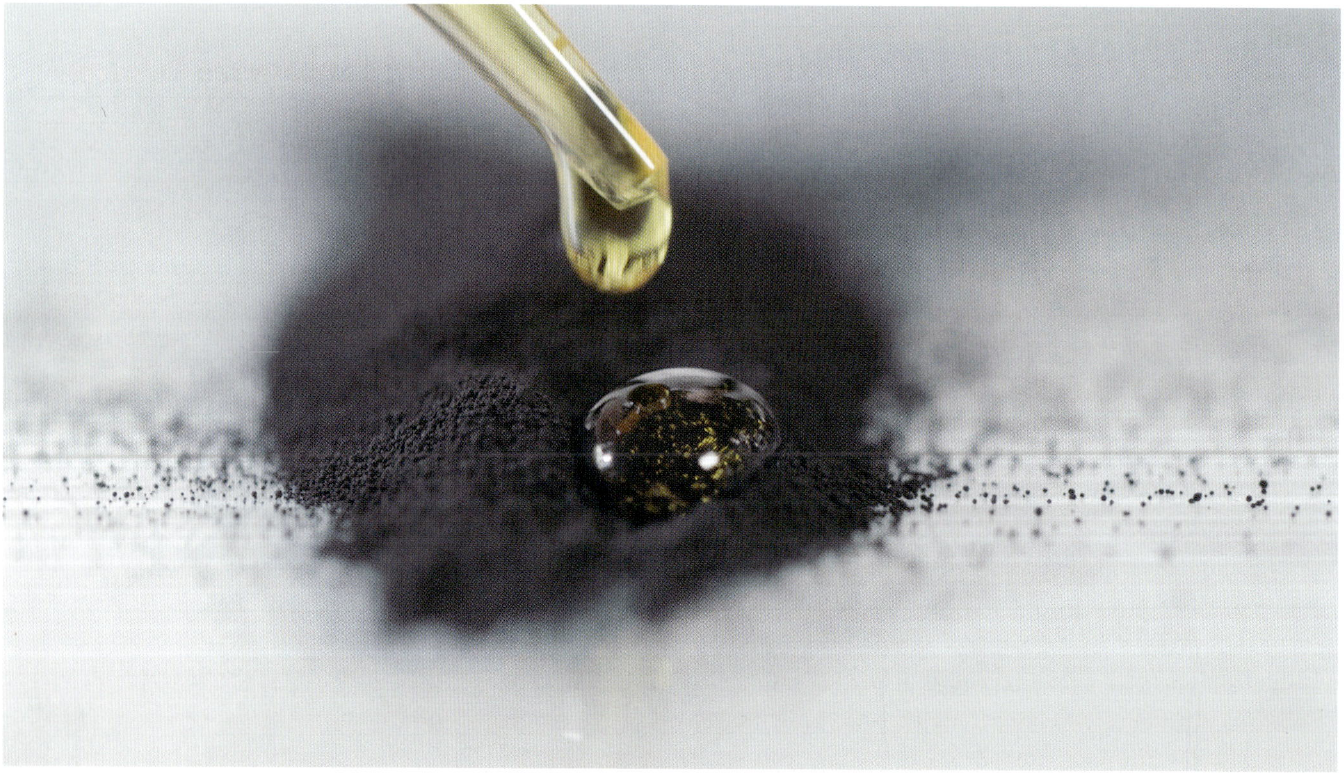

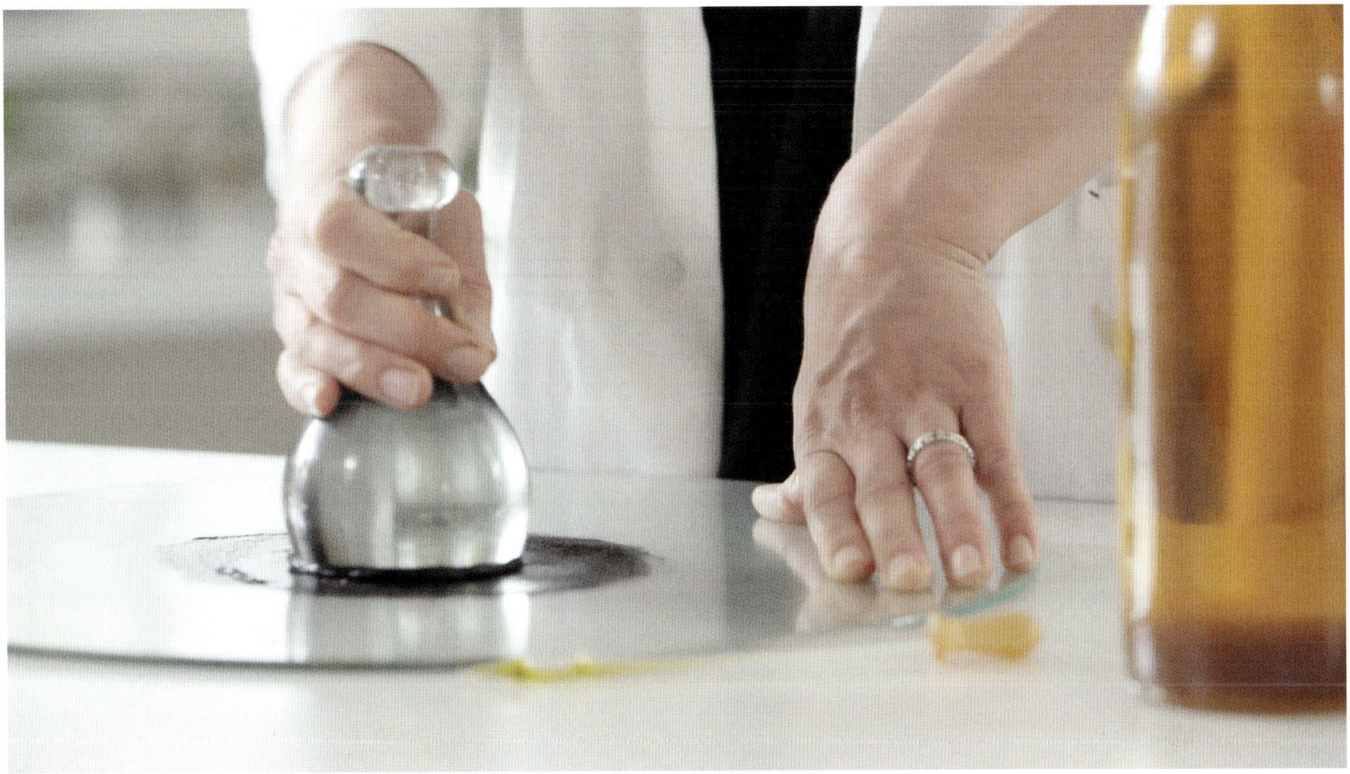

Het wrijven van pigment tot verf

afwijkend van Rembrandts techniek dan zo'n extra laag vernis. Het team test beide opties, kiest voor nummer twee en gaat vol goede moed met het 'uit-geoliede' doek verder.

Helaas volgt al snel een tweede tegenvaller: de zwarte verf die gebruikt is voor de onderschildering, slaat groen uit. Hoe dit komt, is niet duidelijk, maar dat het opgelost moet worden voordat het team verder kan met de volgende fase van de reconstructie, is zeker. Na veel discussie wordt besloten om alle groen uitgeslagen delen opnieuw zwart te schilderen. Het levert flink wat tijdverlies op, maar het werkt wel.

Na het afronden van de doodverffase kan het 'opmaken' van het schilderij beginnen; zo noemde men in de 17de eeuw het aanbrengen van de laatste verflaag, waardoor het schilderij kleur krijgt. Voordat het team hiermee kan starten, moet het wel precies weten met welke pigmenten Rembrandt schilderde.

REMBRANDTS PIGMENTEN

Rembrandt gebruikte als grondstof voor zijn pigmenten onder andere aarde, gemalen glas, verkoolde botten en schellak van luizen. De pigmenten waarvan we weten dat hij ze gebruikte voor het schilderen van *De Nachtwacht* zijn: beenderzwart, houtskoolzwart, loodwit, gele oker, rode oker, bruin aardpigment (omber), azuriet, smalt, loodtingeel, vermiljoen, gele lak en rode lak. Recent onderzoek van Operatie Nachtwacht toont aan dat Rembrandt voor bijvoorbeeld het goudborduursel op de jas van Van Ruytenburch ook de arseenhoudende (en dus giftige) pigmenten orpiment (goudkleurig), Napels geel, malachiet (groen), azuriet (blauw) en realgar (roodoranje) gebruikte.

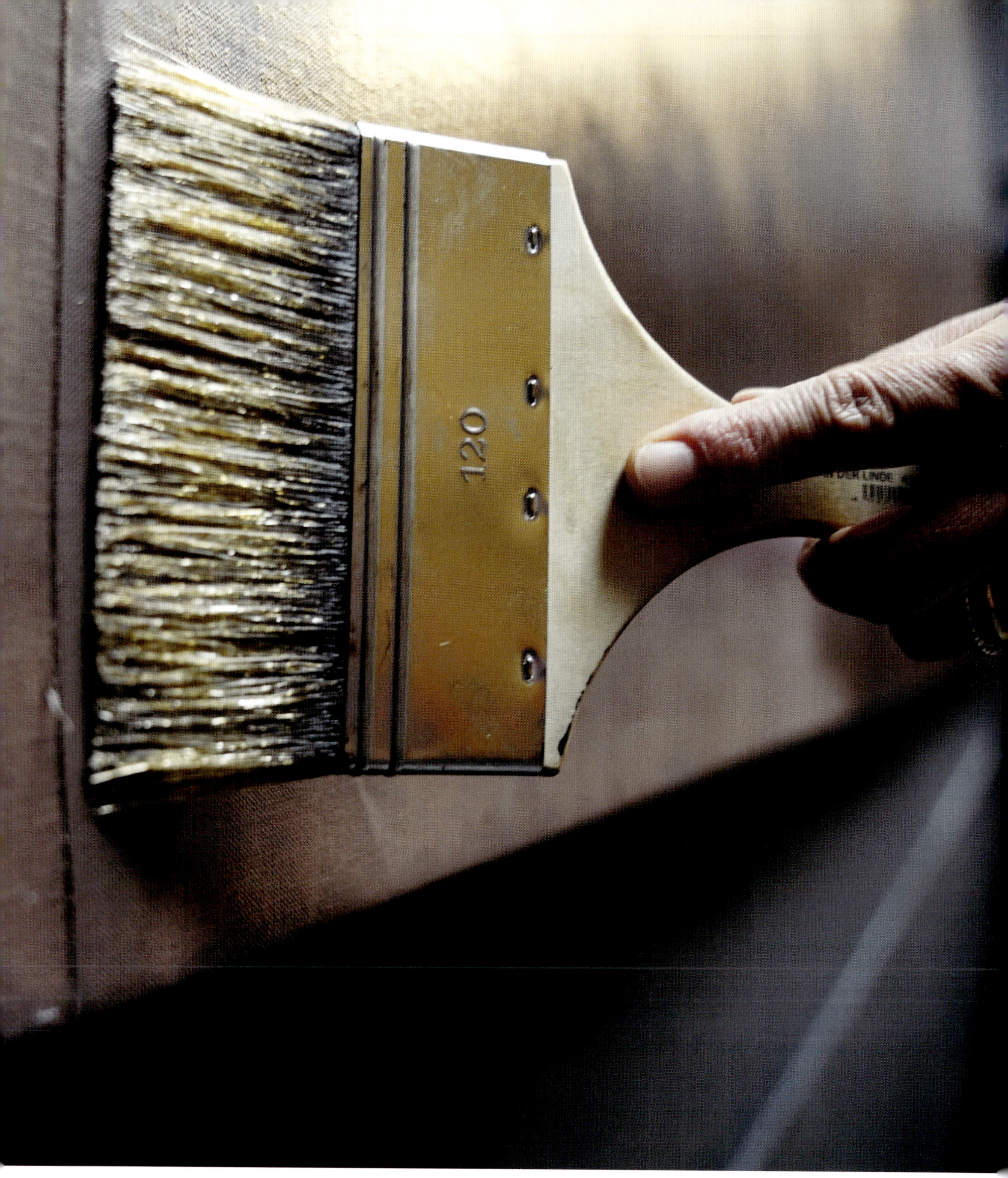

Het uit-oliën van het doek

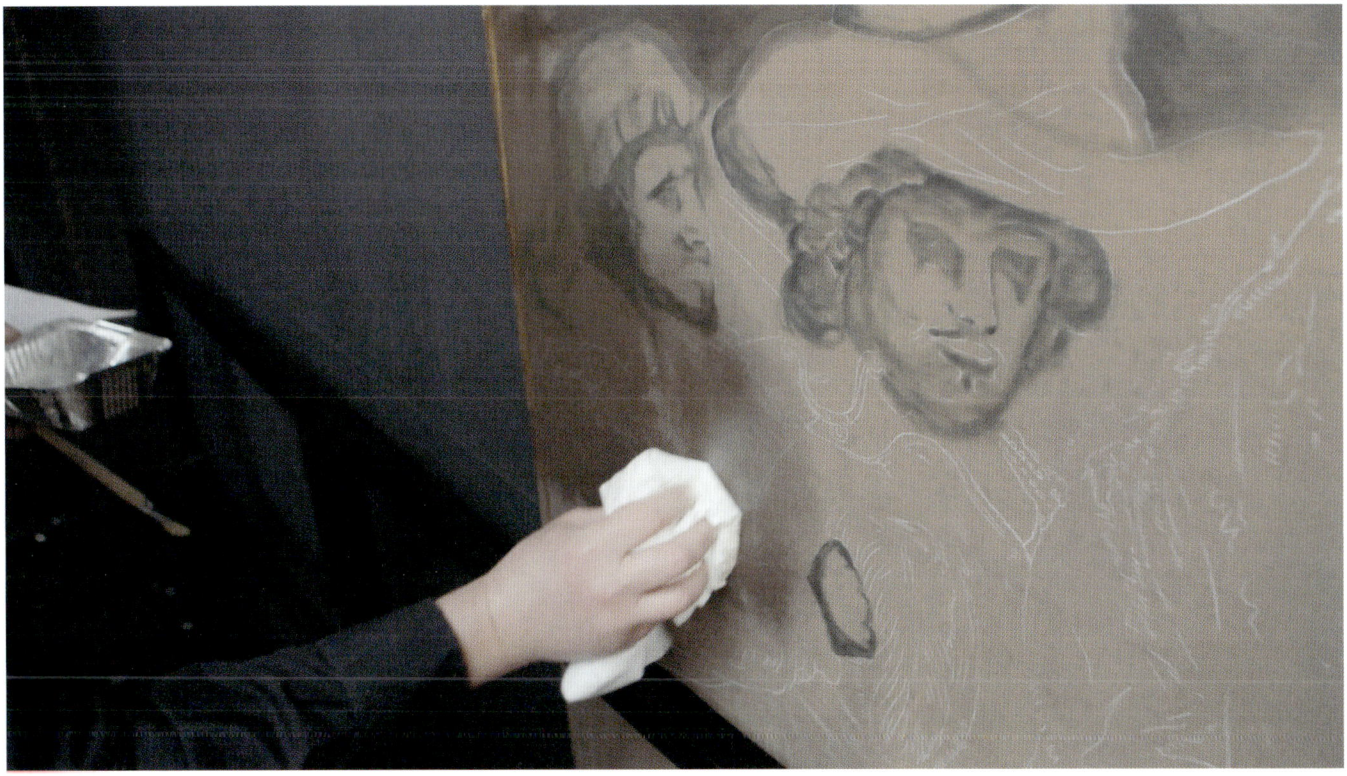

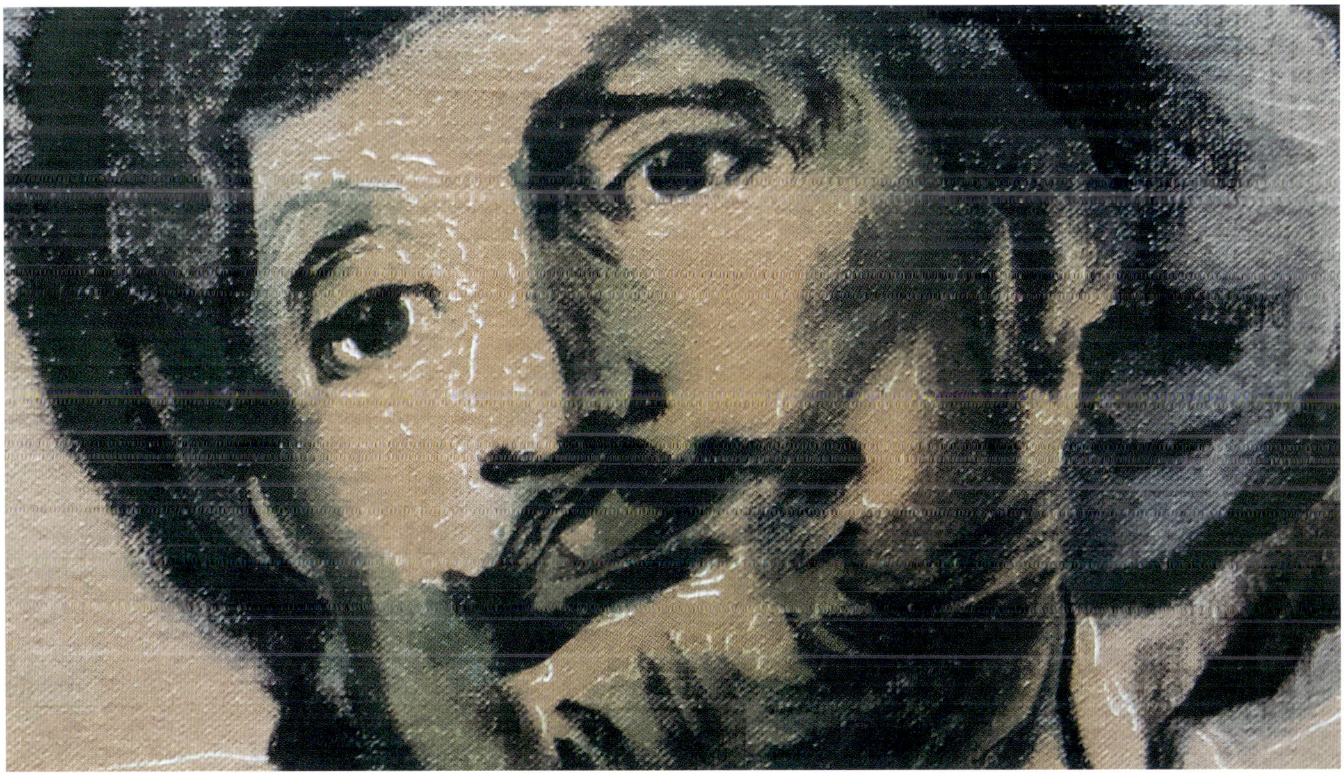

Een tweede tegenvaller: de verf slaat groen uit

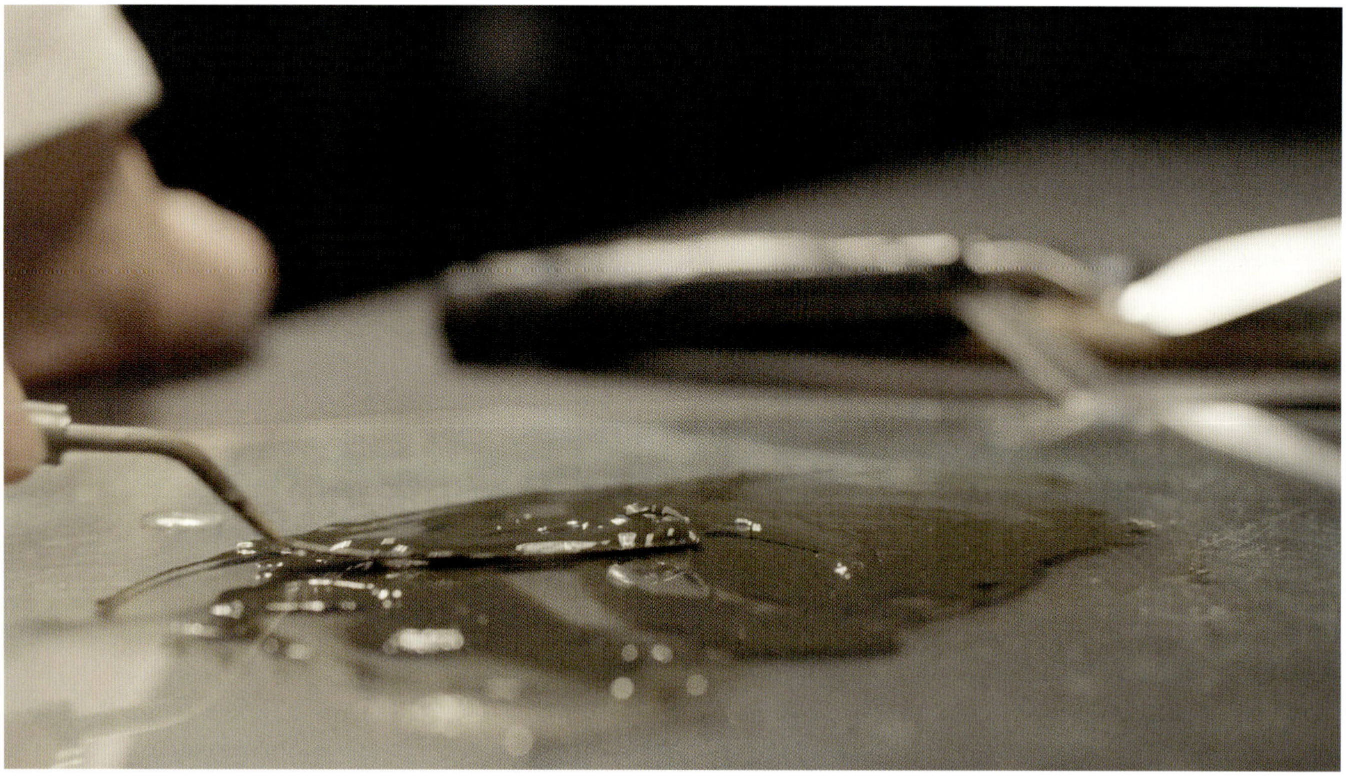

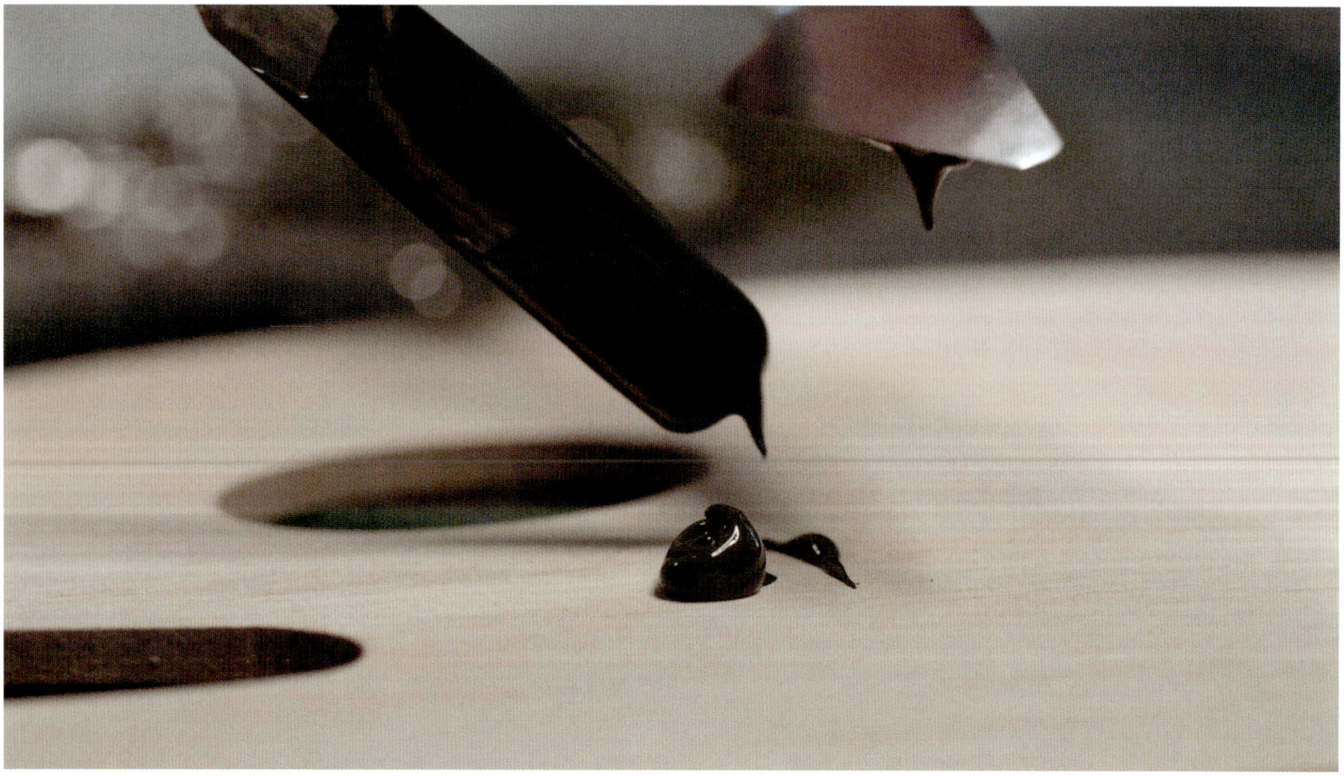

Het mengen van pigmenten totdat de juiste kleur gevonden is

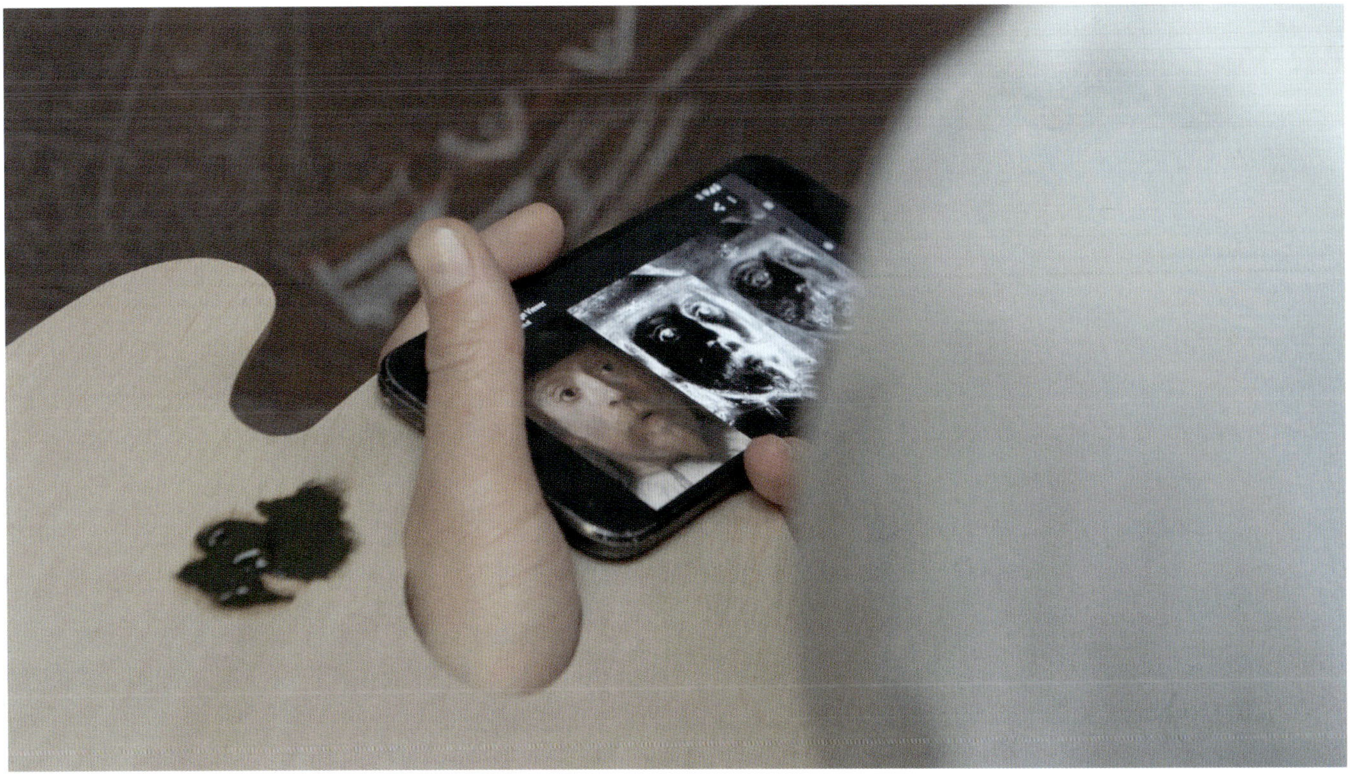

Afbeelding op de telefoon als referentie tijdens het schilderen

Pigmenten

Rembrandt gebruikt voor *De Nachtwacht* een vrij eenvoudig palet: loodwit, beenderzwart, veel aardpigmenten en nog wat aparte rode, groene en gele pigmenten. Vooral het beenderzwart is over het hele schilderij terug te vinden. Het is een diep, dekkend zwart. Het is een synthetisch pigment, in de zin dat het wordt gemaakt en niet gedolven: het wordt gemaakt van beenderen. Bronnen uit de 17de eeuw laten zien dat je het van de botten van een koe kunt maken, maar ook van een schaap of een paard. En dan het liefst van het schenkelbeen. Namens het team is Thijs verantwoordelijk voor de productie van het beenderzwart dat gebruikt zal worden in de reconstructie. Hij hakt hiervoor botten klein en verkoolt ze in een pannetje dat boven een vuurtje hangt. De deksel moet de pan luchtdicht afsluiten, want er mag tijdens het verhittingsproces geen zuurstof bij komen. De botten mogen niet verbranden maar moeten verkolen. Een tijdrovend proces: na een hele dag boven het vuur liggen er op de bodem van de pan verkoolde botfragmenten. Thijs maalt ze fijn in een vijzel en verfijnt de maling op een glazen plaat. Lisa hoeft het dan alleen nog te mengen met olie en de verf is klaar.

Een ander veelvoorkomend pigment is oker. Oker is een aardpigment. Het is heel makkelijk te delven, want het komt gewoon uit de grond. Oker komt van kluiten aarde met een specifieke kleur die op een aantal plekken in de wereld letterlijk voor het oprapen liggen. Het is betrekkelijk eenvoudig om van die kluiten een aardpigment te maken. Voor de oker die nodig is voor de reconstructie, reizen we af naar een okergroeve in de Franse Ardennen. Hier graaft Thijs met Emmanuel Poix (de eigenaar van de groeve) oker aarde op die veel ijzeroxide bevat, wat voor een groot deel bepaalt welke kleuren je hiervan kunt maken. Om van aarde pigment te maken wordt de aarde gedurende ongeveer vier uur verbrand.

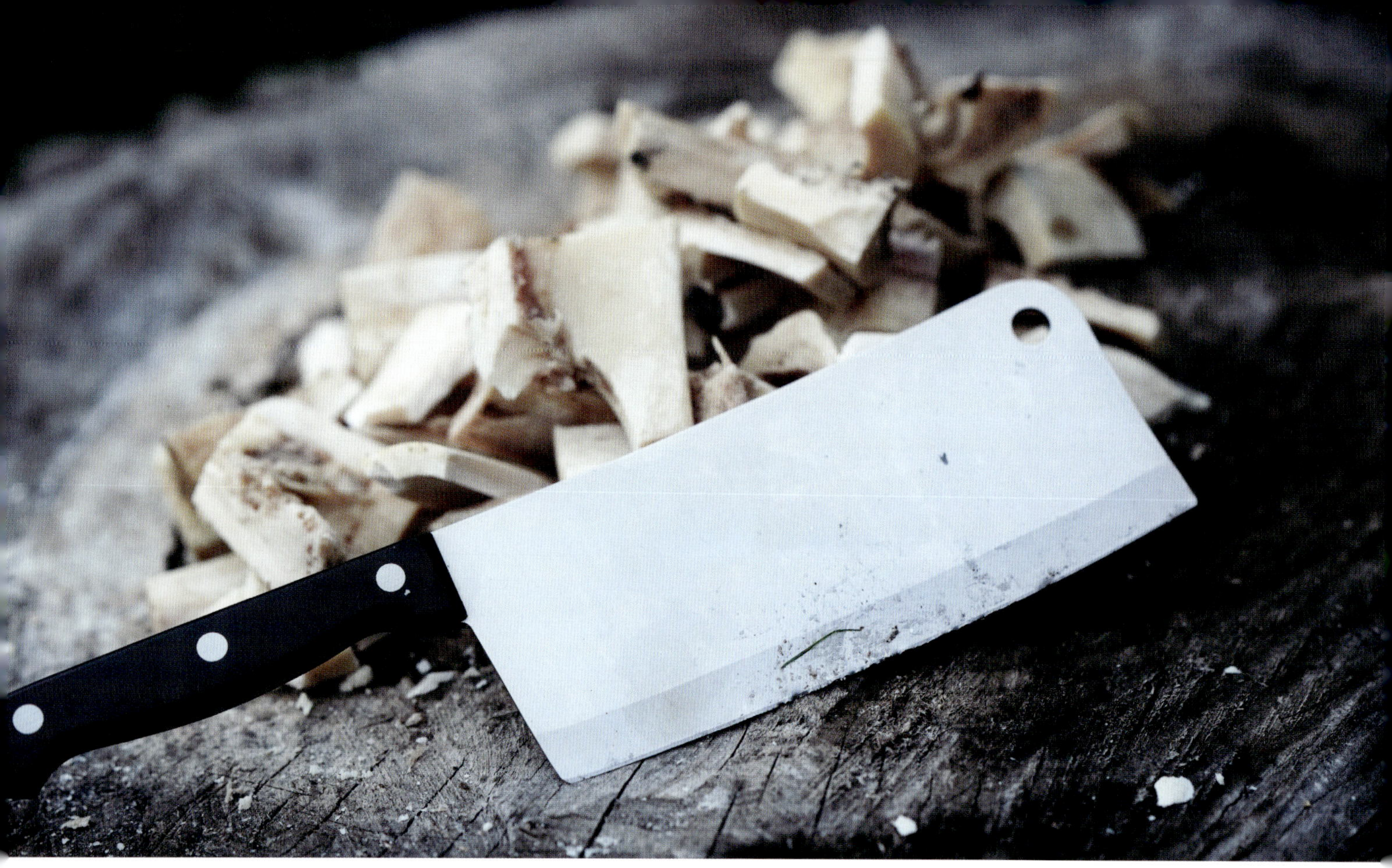

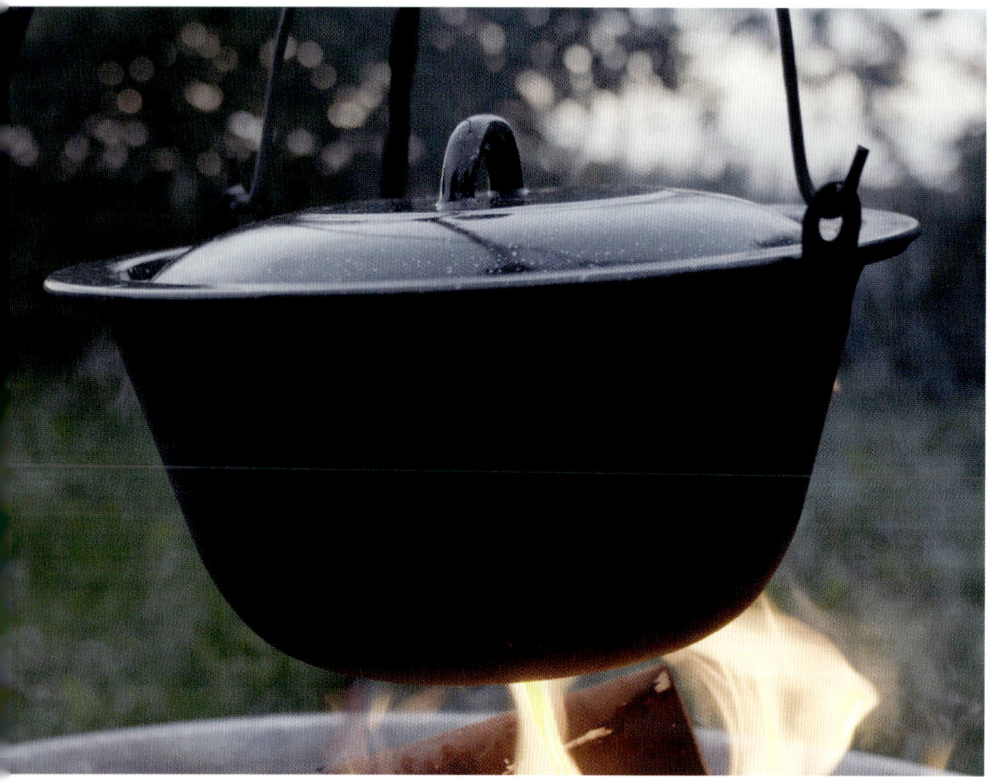

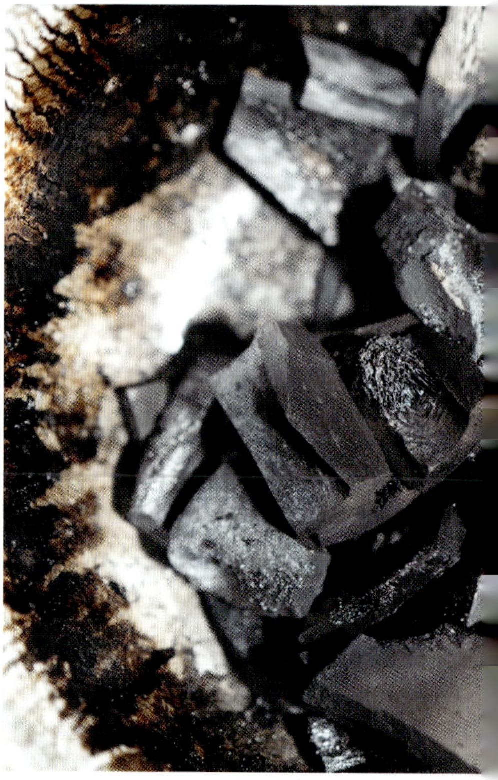

Het maken van het pigment beenderzwart

Het aanwezige vocht verdampt dan en alle viezigheid die in de grond zit, verbrandt mee. Bij een temperatuur van 200 °C ontstaat zo een mooie geelkleurige oker. Door de ijzeroxide in de aarde krijgt de oker bij verhitting tot 700 °C een rode kleur. Na verbranding hoeft het residu alleen nog vermalen te worden en is het pigment klaar voor gebruik.

De juiste verhouding vinden

We weten welke pigmenten er zijn gebruikt en hoe die werden verkregen, maar dat is niet genoeg. De unieke kleuren van Rembrandt ontstonden door de verhouding waarin hij de pigmenten met de olie mengde. Waarschijnlijk deed hij dat intuïtief terwijl hij al aan het schilderen was: de kleuren op het palet mengen tot de gewenste kleur en toon. Kijken, mengen, aanpassen, aanbrengen en weer veranderen. Het mengen van de pigmenten met de olie gaat natuurlijk op het gevoel.

LIJNZAADOLIE

De lijnzaadolie die het team gebruikt voor het mengen van pigmenten is afkomstig van een oliemolen. De ronddraaiende molensteen vermaalt zaden van vlas totdat een vettige substantie overblijft. Deze wordt verwarmd en in jute verpakt, waarna men de olie eruit slaat en deze klaar is voor gebruik.

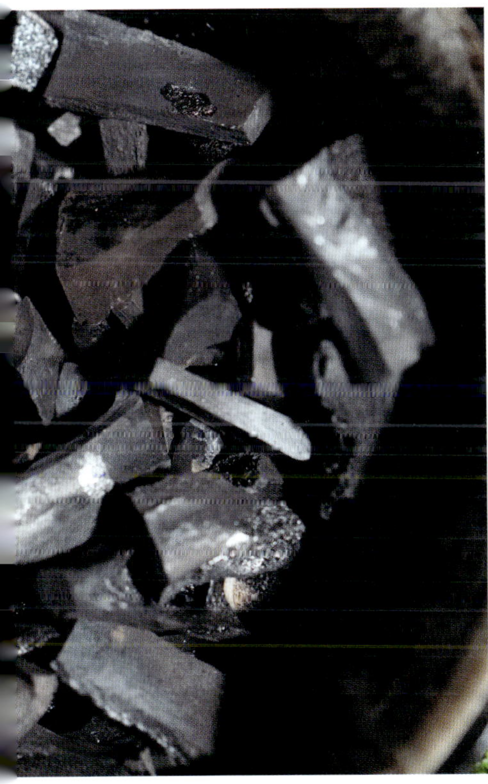

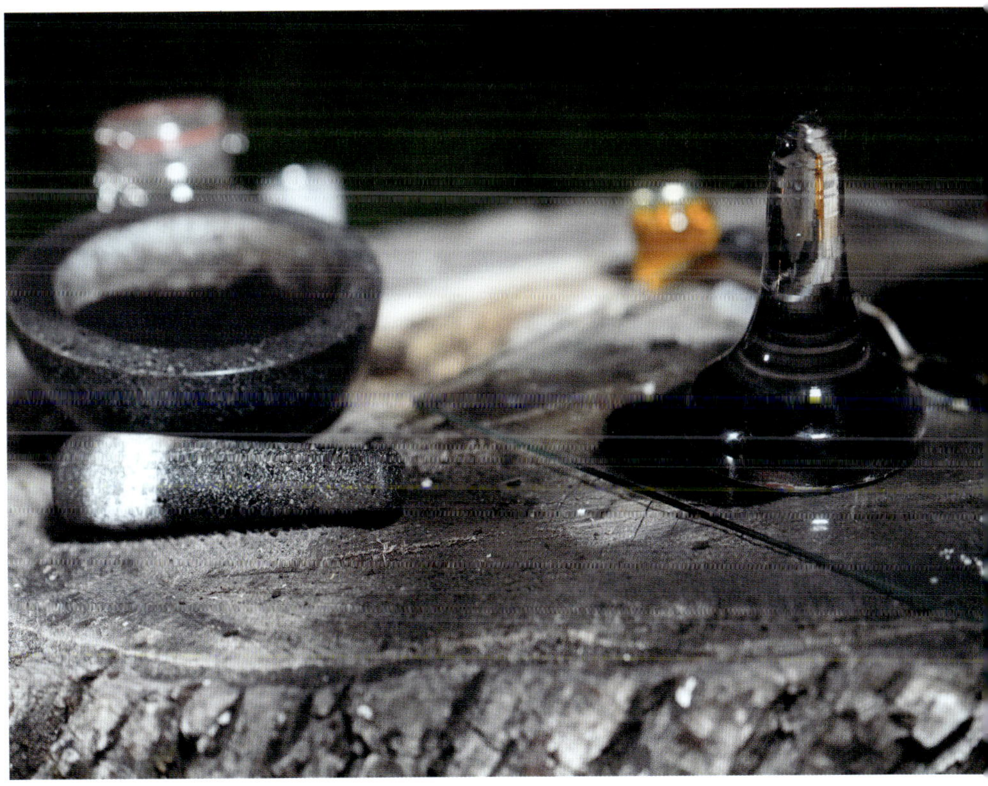

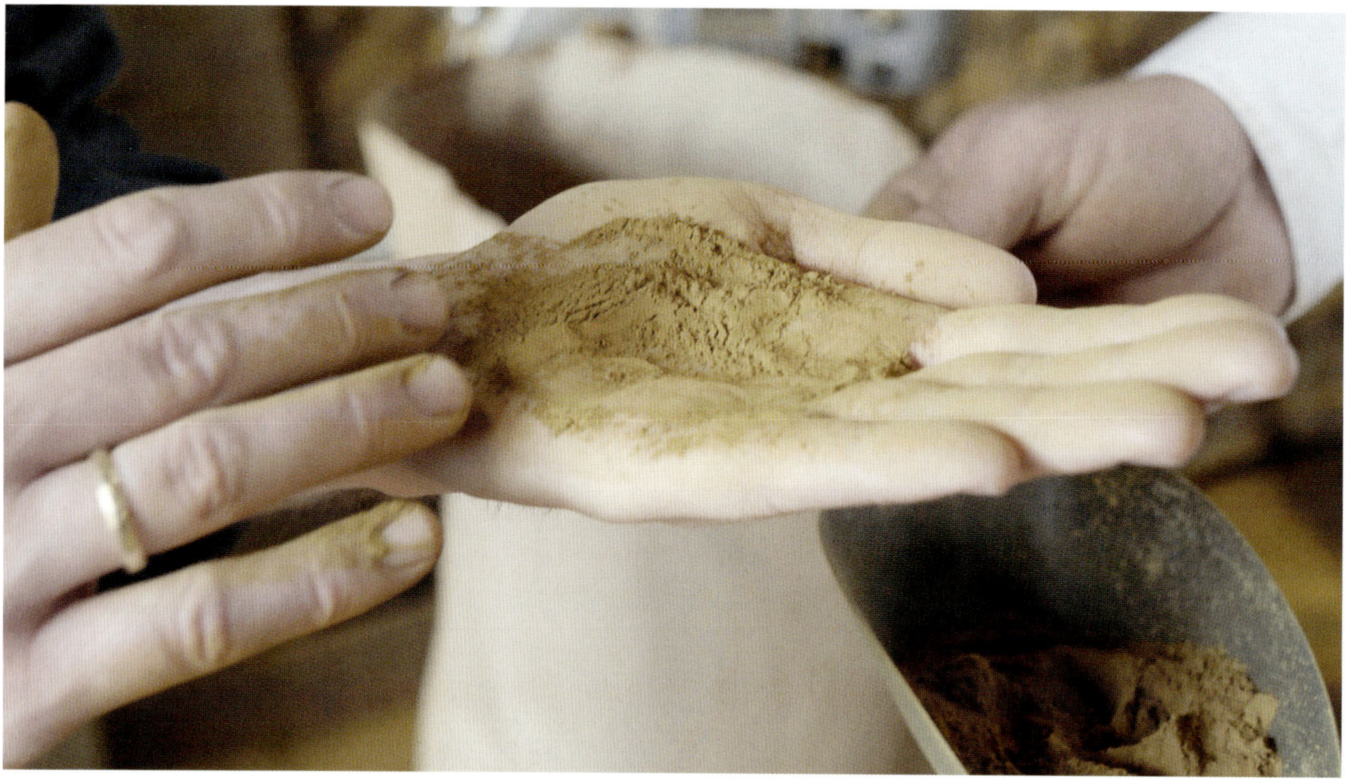

Okergeel is een veelgebruikt aardpigment

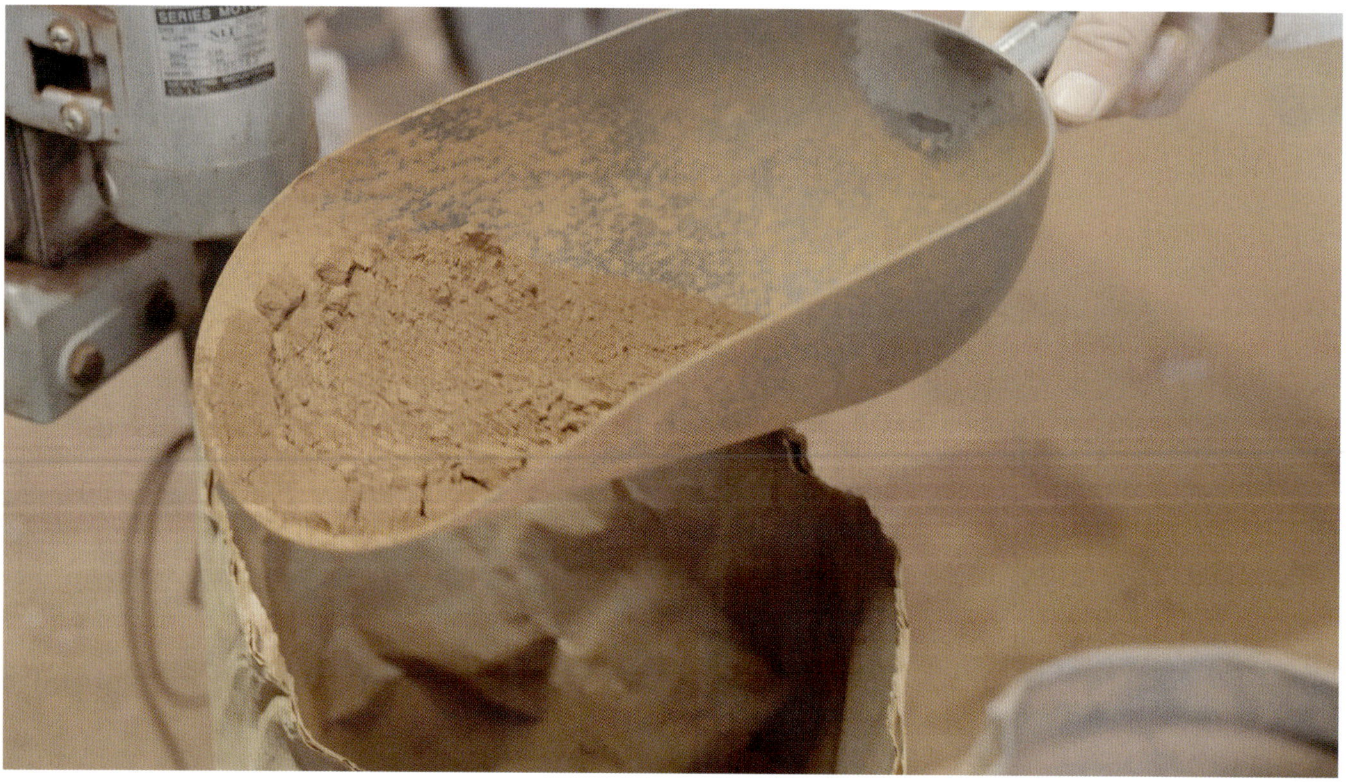

Na extra verhitting wordt okergeel een rood pigment

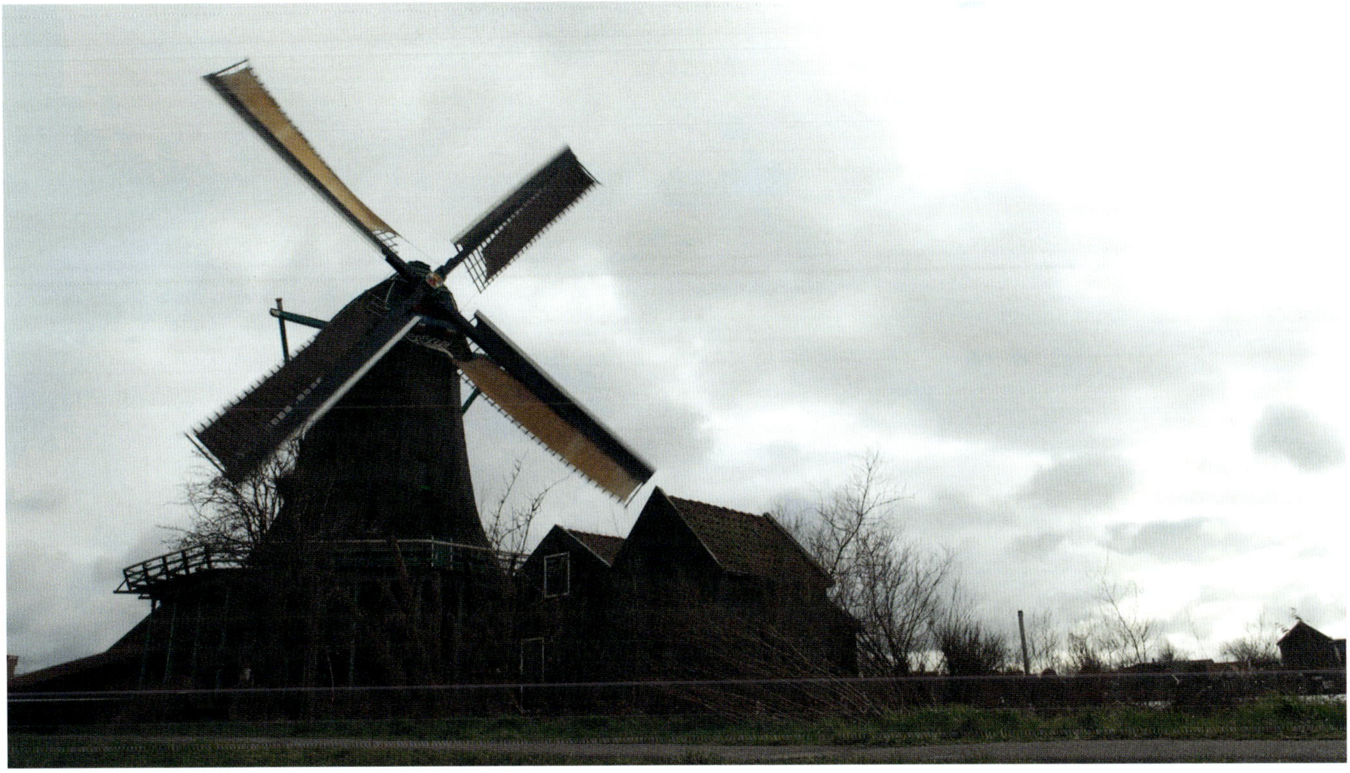

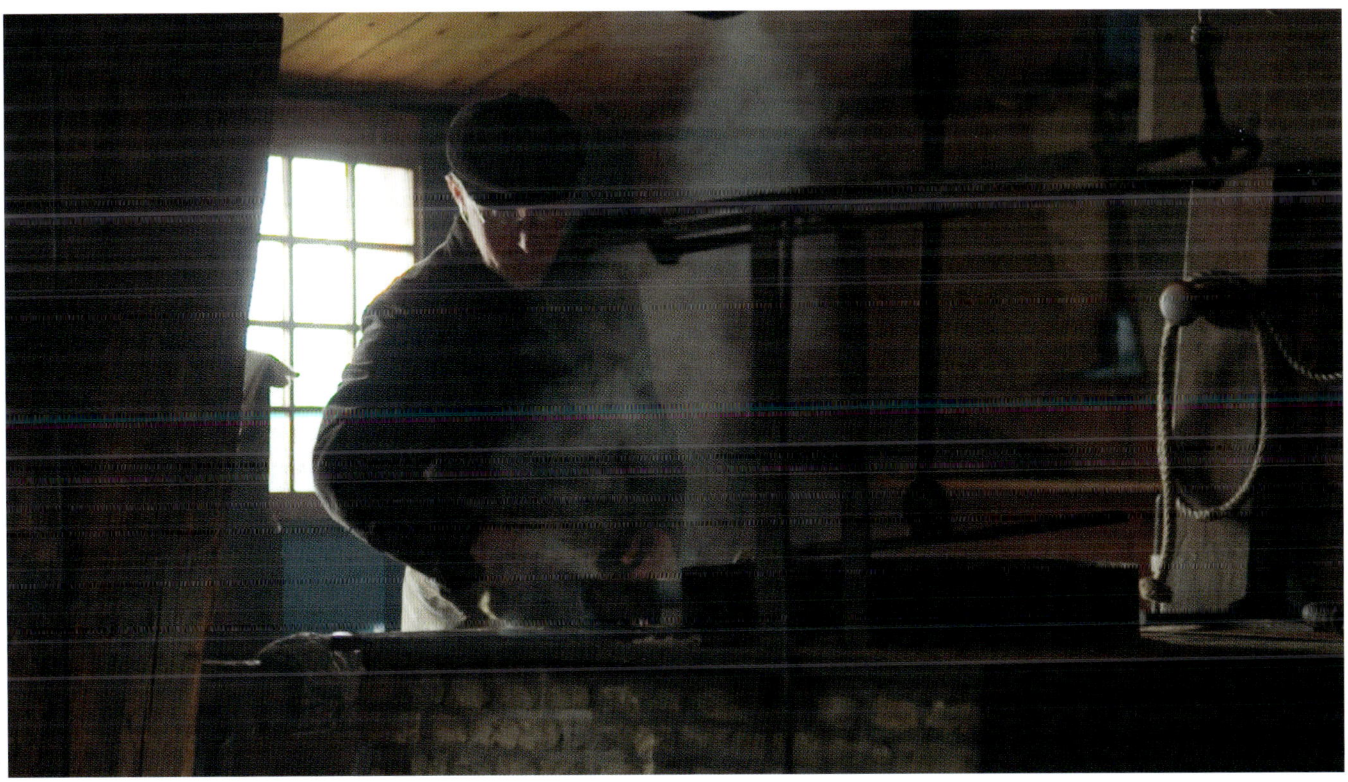

Lijnzaadolie is afkomstig van een oliemolen

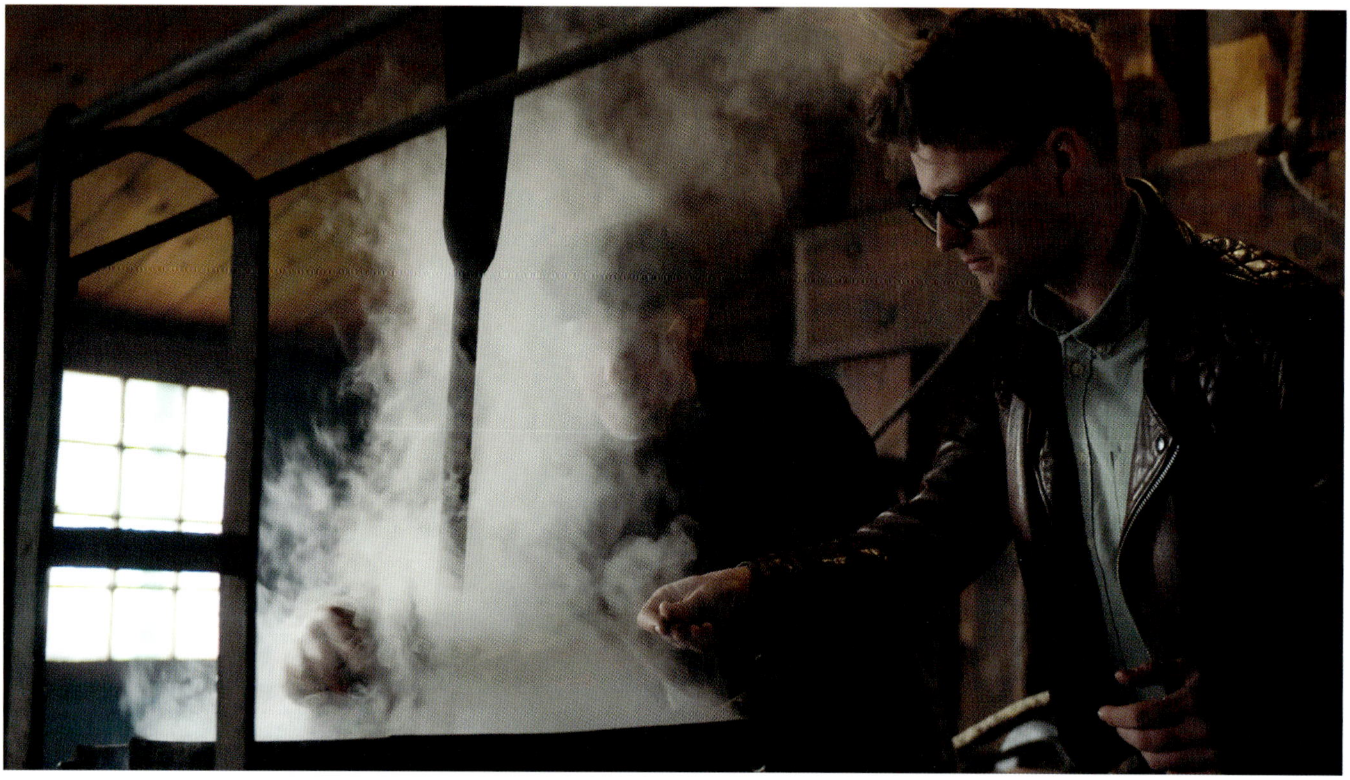

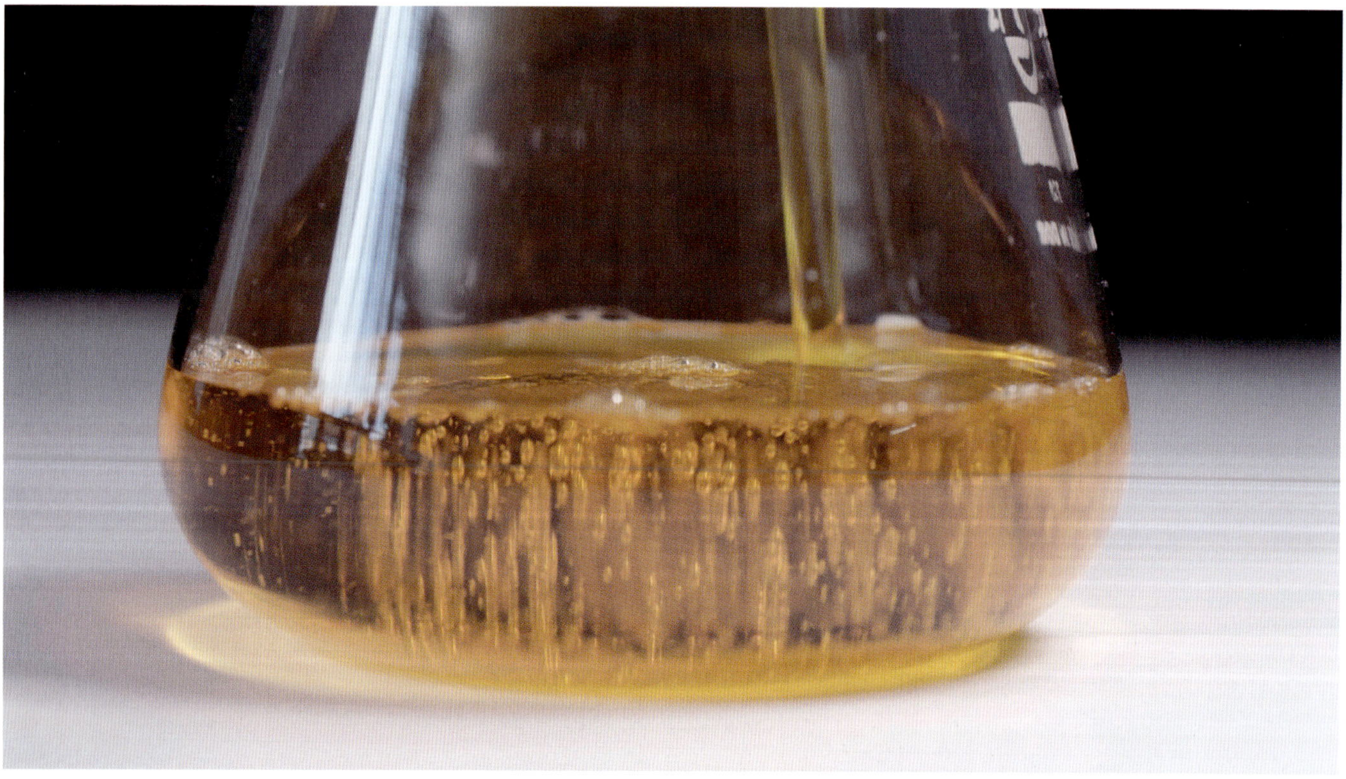

Heldere lijnzaadolie

Door het onderzoek van Operatie Nachtwacht weten we van sommige partijen wel wat Rembrandt aan pigmenten samen mengde. Maar voor het overgrote deel van het schilderij is die kennis er jammer genoeg nog niet en dat betekent dat Lisa en haar collega's veel kleuren zelf moeten interpreteren.

Nog een niet onbelangrijk detail: een deel van Rembrandts palet is giftig. Loodwit en loodtingeel zijn bijvoorbeeld giftig omdat er lood in zit en vermiljoen omdat er kwik in zit. Deze pigmenten mogen niet meer gebruikt worden en voor die kleuren moeten dan ook alternatieven gezocht worden.

Hoe heeft Rembrandt *De Nachtwacht* precies bedacht?

Verkleuring, verval, vergeelde vernis en grove en nagedonkerde restauratieretouches maken het soms lastig om te achterhalen hoe een schilderij is bedoeld. Ze verdoezelen het beeld elk op hun eigen manier; soms zelfs letterlijk. Daarom is het moeilijk om in *De Nachtwacht*, zoals die nu in het Rijksmuseum te bewonderen is, het oorspronkelijke schilderij uit 1642 te zien en dat vervolgens te reconstrueren.

Om die reden laat het team liefst zo veel mogelijk van de keuzes die gemaakt moeten worden, afhangen van de resultaten van onderzoek en analyse. Van hoe het schilderij is opgebouwd tot de gebruikte pigmenten, en of en waar de zichtbare grondering en ondertekening onderdeel zijn van de werkstijl van Rembrandt of het gevolg van bijvoorbeeld verpoetsing.

Dankzij onderzoek zoals dat van Operatie Nachtwacht kunnen we een beetje door het schilderij heen kijken. Maar zelfs met alle onderzoeksresultaten van Operatie Nachtwacht als steun in de rug is niet met zekerheid te zeggen wat destijds bijvoorbeeld álle kleuren van *De Nachtwacht* waren of in welke gradatie deze voorkwamen. Zo weten we dat Rembrandt een donker schilderij wilde maken, maar we weten ook nu nog steeds niet precies hoe donker.

Hoe zit dat nu met smalt?

Soms leveren de resultaten van een onderzoek gelukkig wel een compleet antwoord op, zoals over het gebruik van het blauwe pigment smalt. Smalt was een surrogaat voor het peperdure ultramarijn en voor azuriet dat in de 17de eeuw door oorlogen tijdelijk schaars was. Het is kobaltstanaat dat is toegevoegd aan smeltend glas. Op zich een stabiel pigment, maar gewreven in olie gaat het door oxidatie verkleuren en dan wordt het transparant en bruin.

Op de XRF-scans die zijn gemaakt door Operatie Nachtwacht, is te zien dat er op veel plekken in *De Nachtwacht* smalt is gebruikt. Schilders in de 17de eeuw gebruikten het heel vaak om luchten mee te schilderen. Het droogt sneller

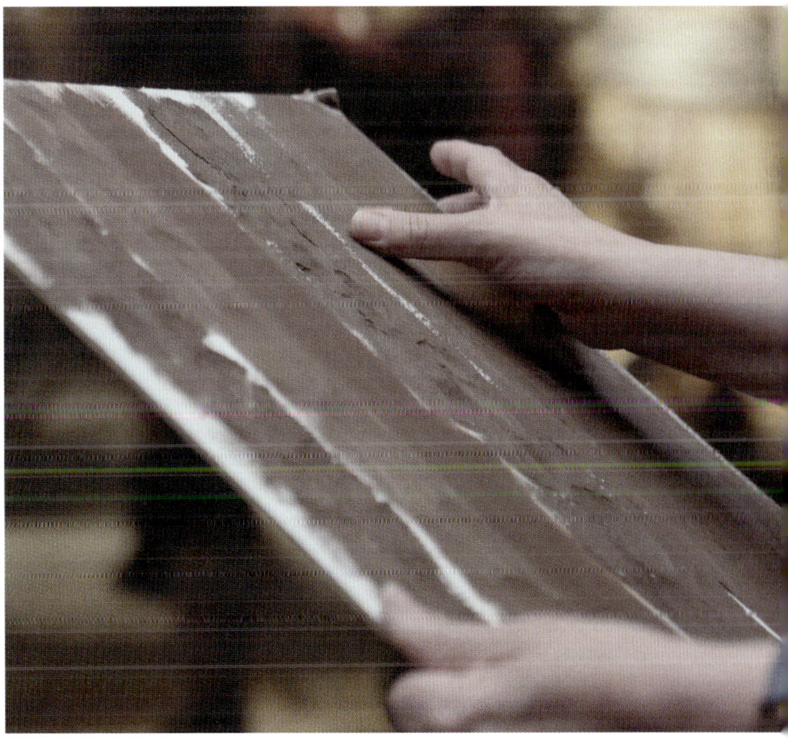

Op zoek naar de juiste structuur voor smalt

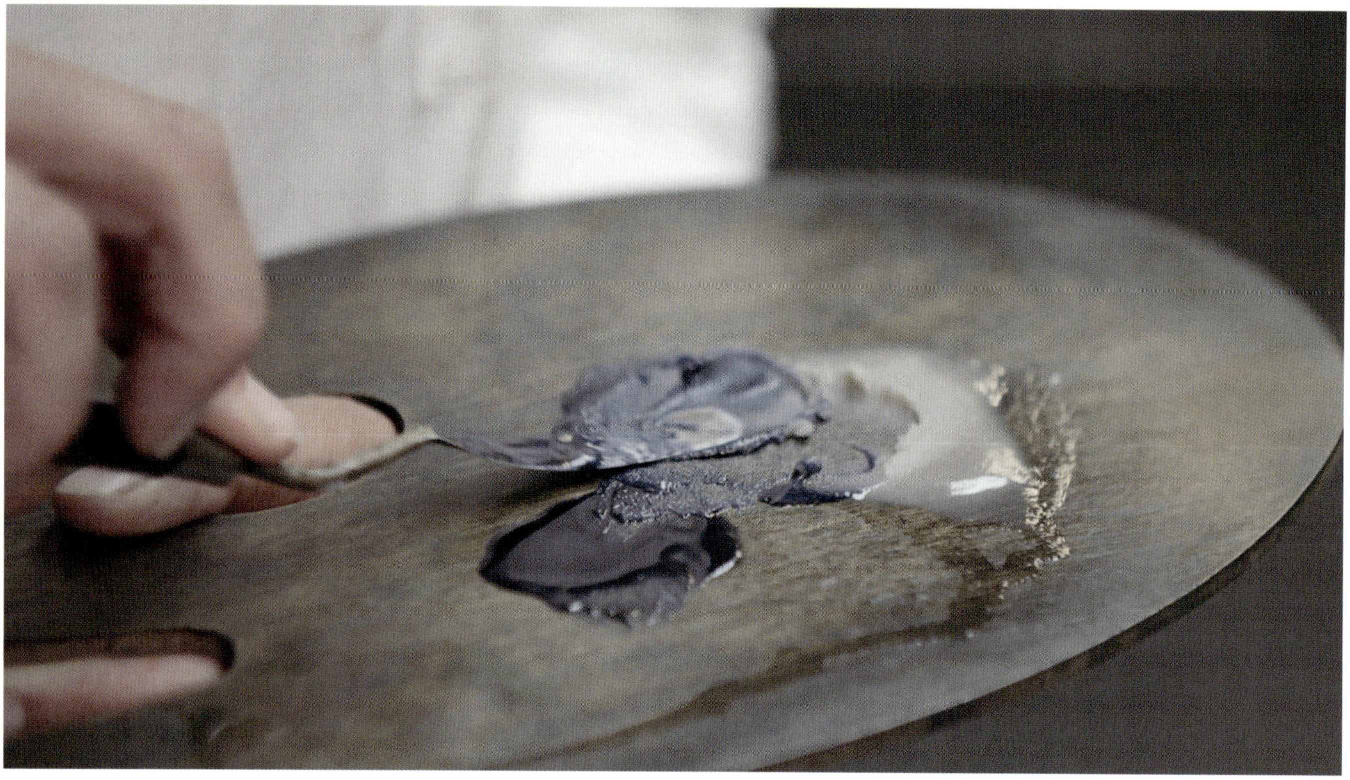

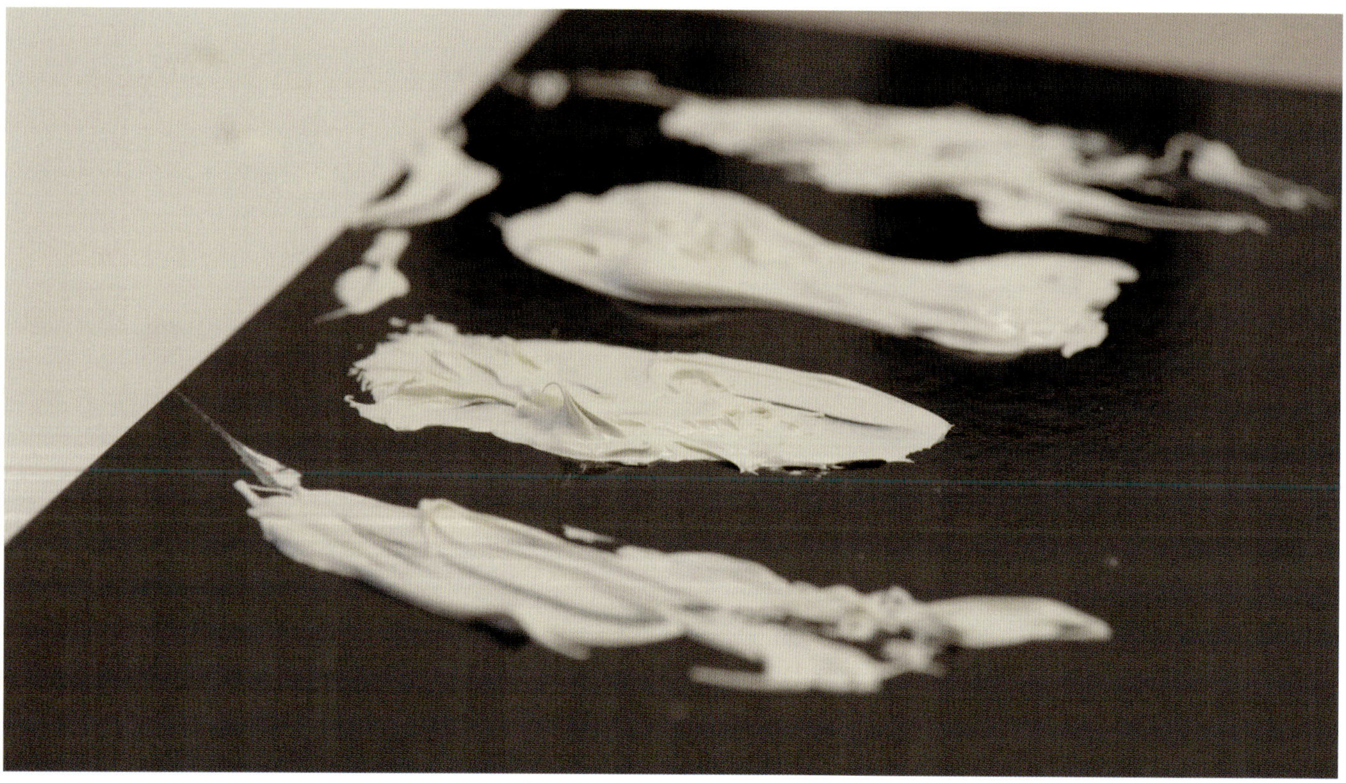

De perfecte impasto is gevonden

en geeft – door de stukjes fijngemalen glas – een dieptestructuur aan de verf. Het lijkt erop dat Rembrandt smalt vooral gebruikte vanwege dit laatste. Soms wil je een partij warmer maken ('glacis') maar soms ook koeler ('schommelen'). Voor dat laatste is smalt geschikt. Een dun laagje smalt – veel olie en weinig pigment – maakt een donkere diepe partij wat koeler. Je komt smalt vaak tegen op de scans, maar op het schilderij is er door de verkleuring met het blote oog niet veel meer van te zien.

Om te zorgen dat het team wel gebruik kan maken van de textuur van smalt, maar geen last krijgt van de kobaltblauwe kleur op stukken waar die niet meer zichtbaar is, maakt het Rijksmuseum 'ontkleurd' smalt. Wel de structuur, niet de koele blauwe toon. Door bijvoorbeeld smalt te mengen met een rood pigment krijg je paars, met rood en geel wordt het bruin. Dat deed Rembrandt zelf trouwens ook; hij maakte er paars en groen mee, en hij gebruikte smalt om de verf dikker te maken en sneller te laten drogen. Uiteindelijk komt ook het team al mengend, wrijvend en zoekend tot een werkbare, subtiel blauwe verfstructuur.

Rembrandts geheime impastorecept

Op sommige plekken op *De Nachtwacht* schilderde Rembrandt met dikke verf, impasto. Het borduursel op de jas van Van Ruytenburch is bijvoorbeeld zo geschilderd. Jan van Dijk schreef in 1758 dat de verf op deze plek zo dik was, dat je er nootmuskaat op zou kunnen raspen. Al tijden vragen kunstenaars en wetenschappers zich af hoe Rembrandt zijn verf zo smeuïg en zo dik kreeg dat je er bijna mee kunt boetseren. Door de eeuwen heen is er heel wat uitgeprobeerd en zijn er veel recepten voor impasto à la Rembrandt ontwikkeld. Maar leveren die recepten wel zulke 'lekkere' impastoverf op, waarmee het team kan doen wat de grootmeester deed?

Daarachter komen is een kwestie van veel mixen, proberen en kijken of het werkt. En dan is het telkens de vraag: blijft het mengsel staan of zakt het in? Hoe vloeit het? Hoe smeerbaar blijft het?

Na een aantal experimenten komt het team uit op een paar geschikte impastokandidaten. Naast alle verhoudingen en combinaties waarvan het goede verwachtingen heeft, probeert het team ook een serie met eiwit. En hoewel dit in eerste instantie niet als een heel serieuze kandidaat wordt gezien, blijkt dit na zorgvuldig testen verreweg de beste kandidaat.

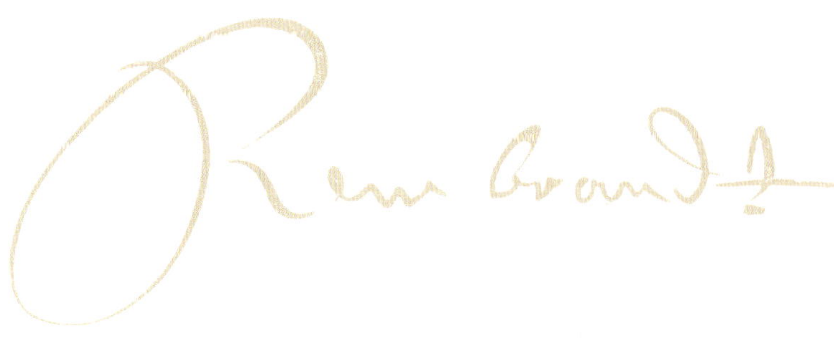

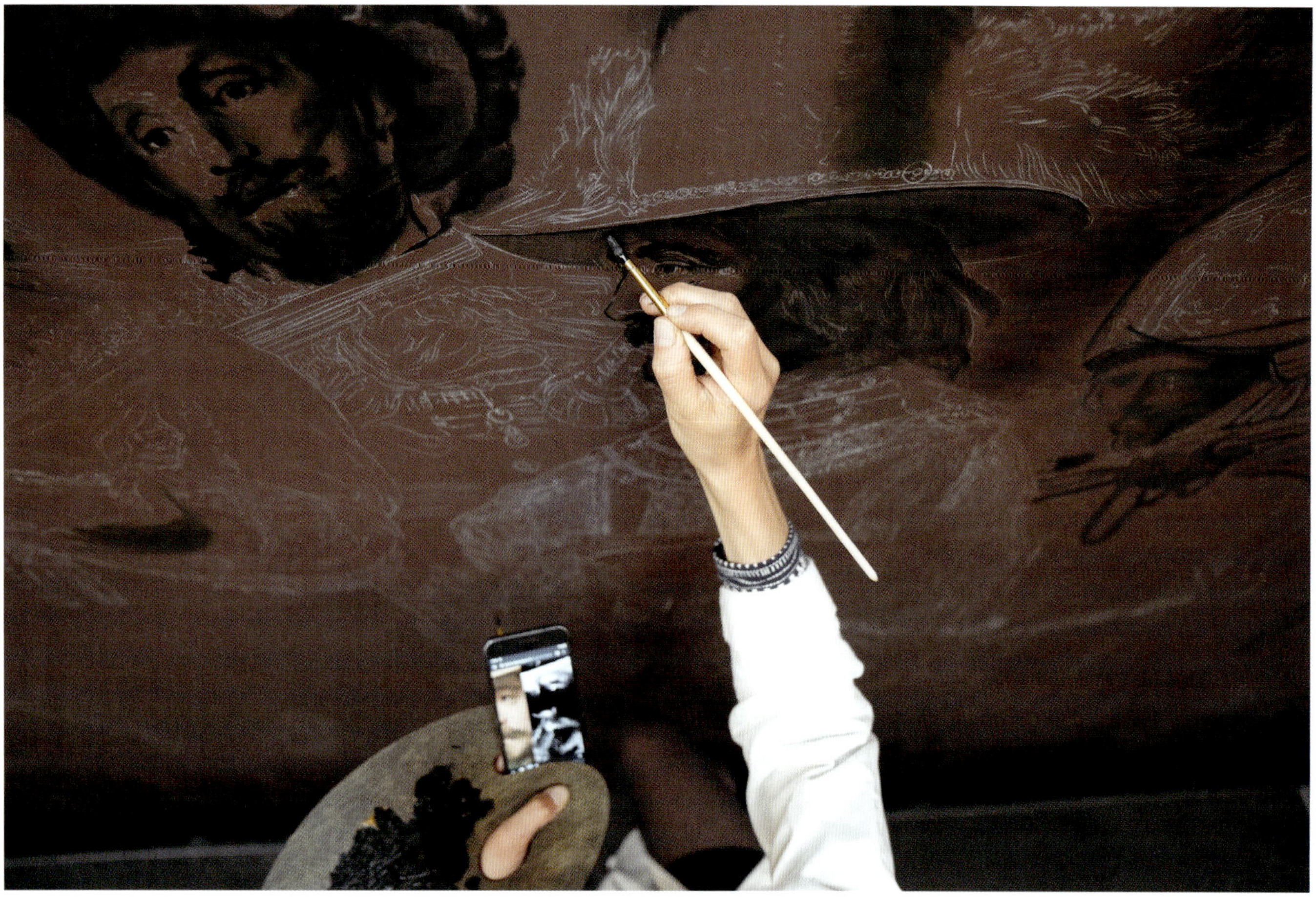

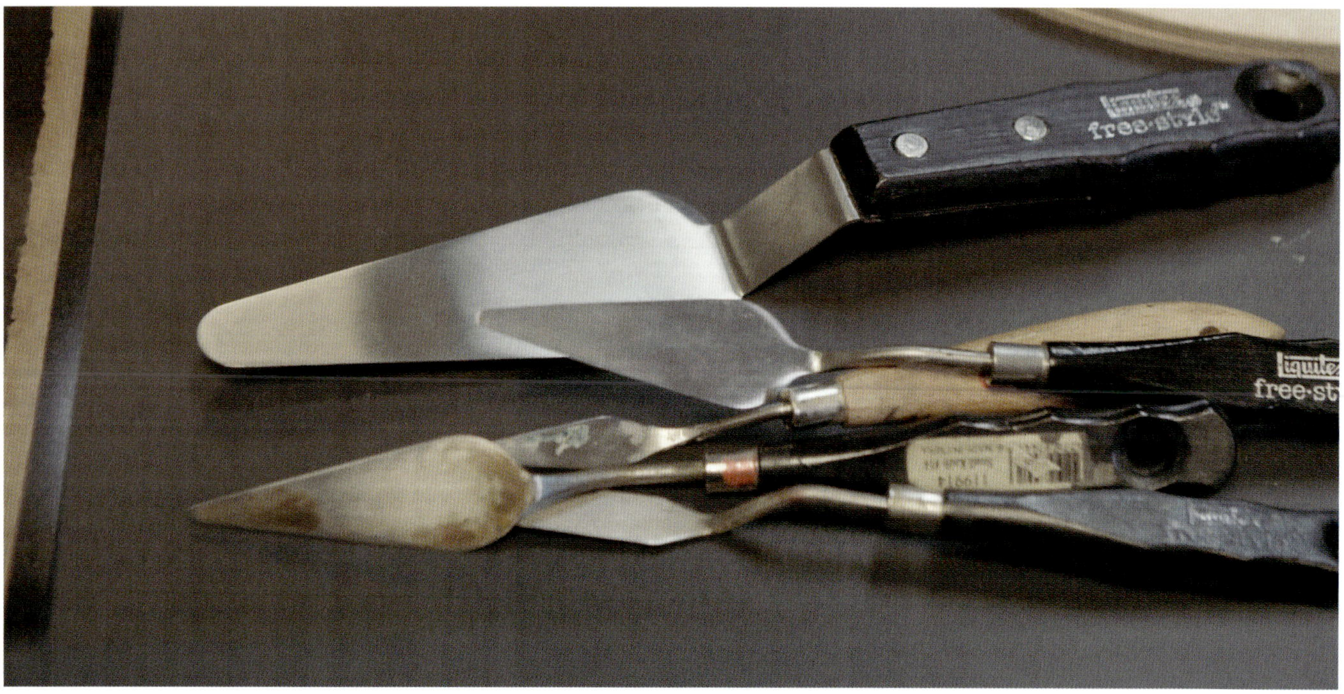
free·style

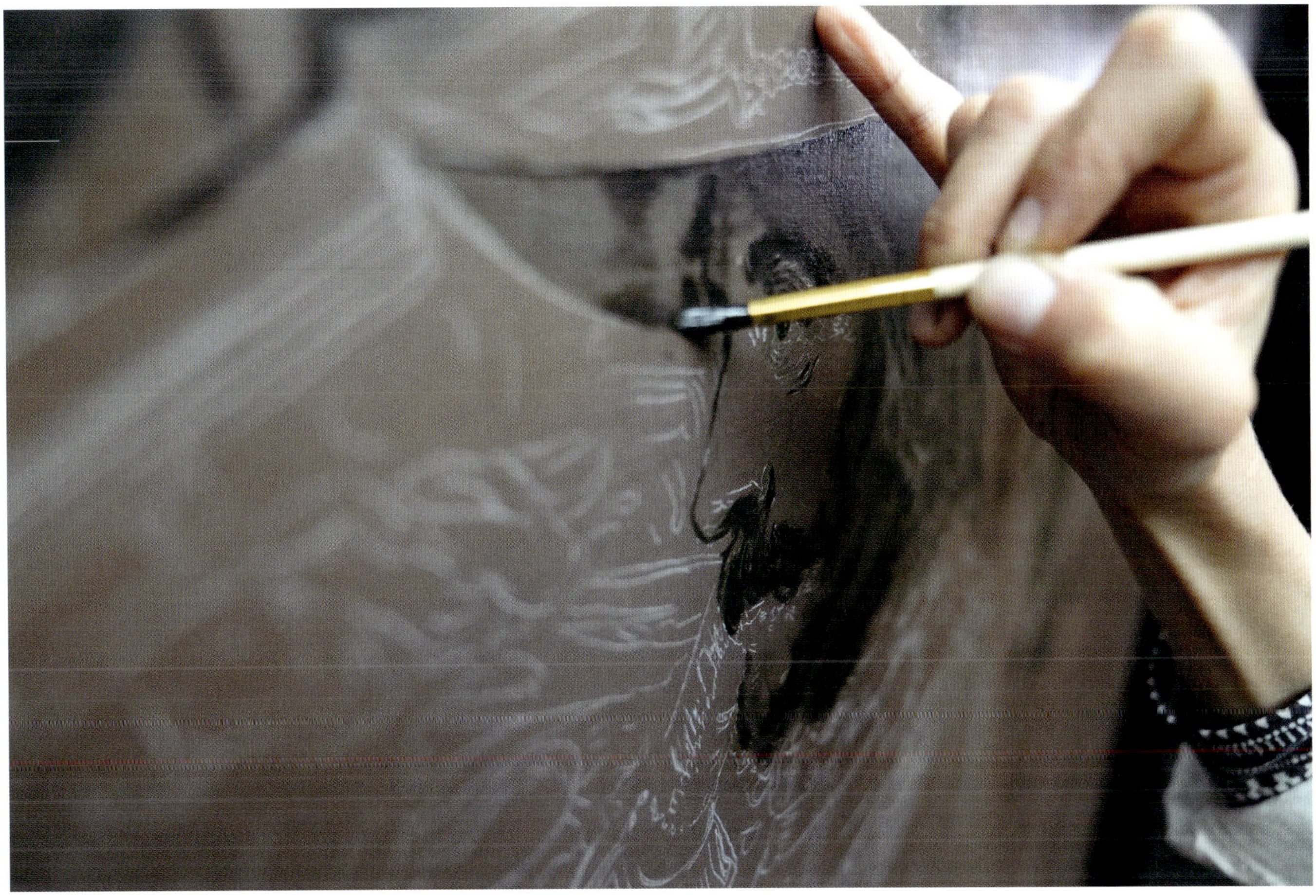

De doodverffase is in volle gang

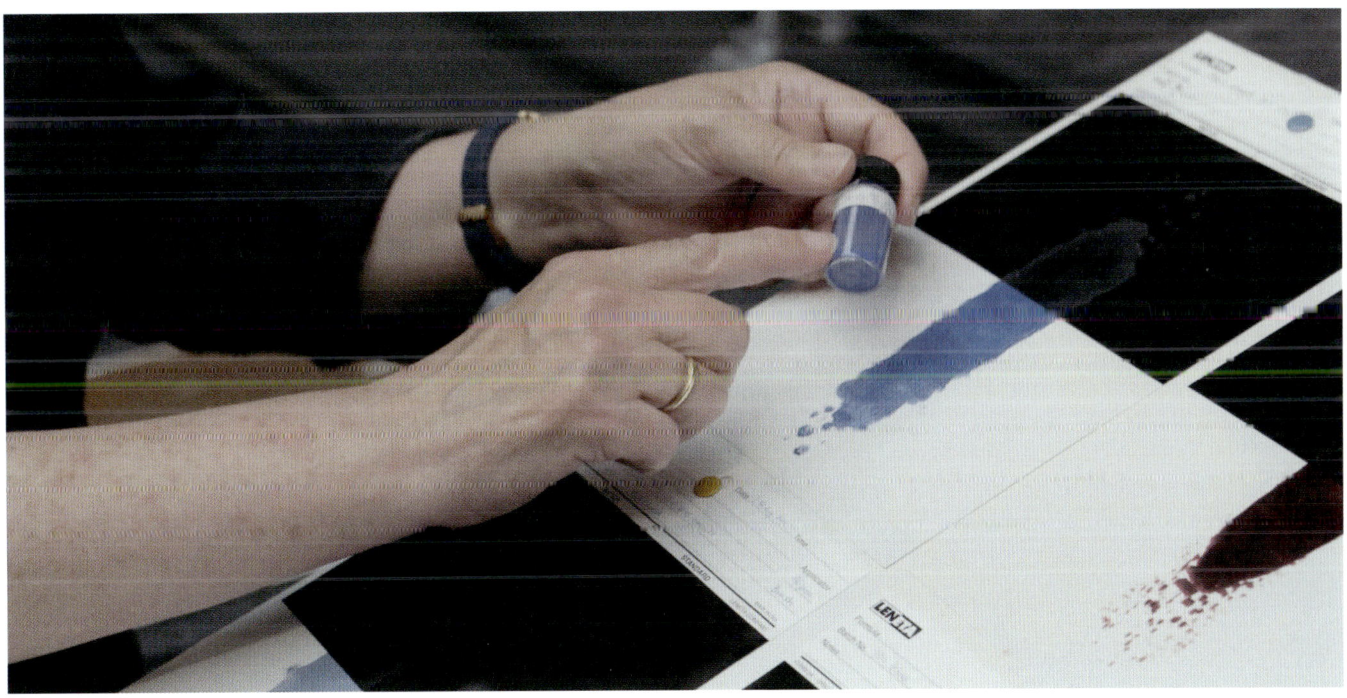

Het blauwe pigment smalt

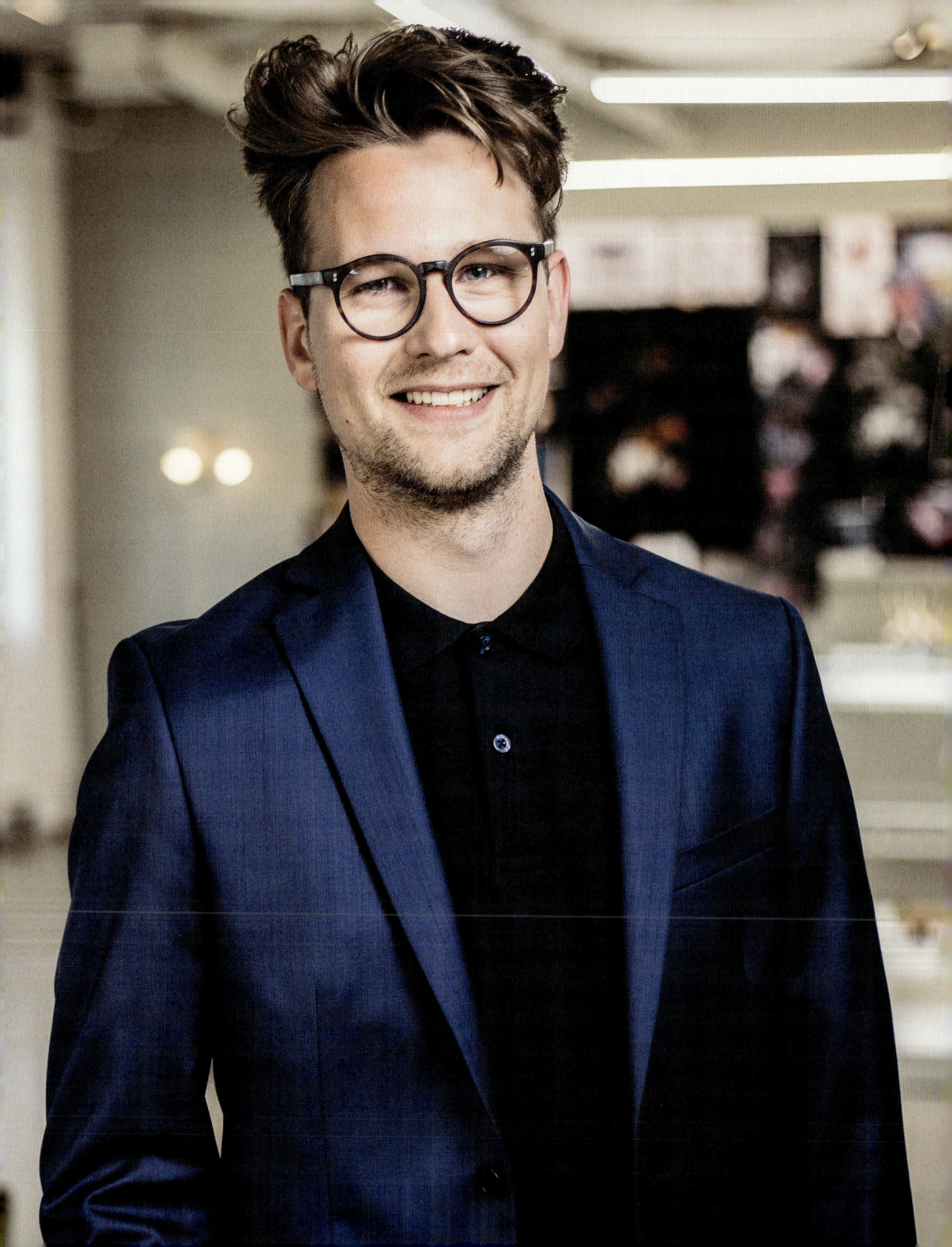

IN GESPREK MET

Thijs

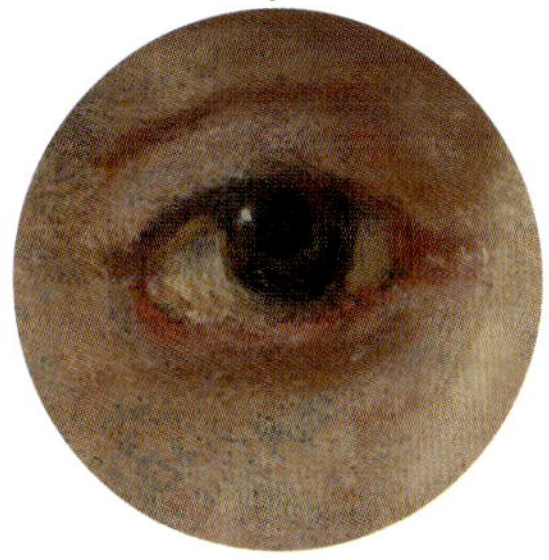

Thijs Hagendijk is materiaaldeskundige en wetenschapshistoricus. Hij onderzoekt en beschrijft de geschiedenis van de wetenschap en steekt daarvoor ook graag de handen uit de mouwen. Voor *Het Geheim van de Meester* is hij de man die uitzoekt hoe in de tijd van Rembrandt schildermaterialen gemaakt werden – en deze dan ook gaat maken. Dat resulteerde in het *Receptenboekje van Thijs*, zoals we dat in het team noemen. En nu gaat het dus om Rembrandt. Marc interviewt Thijs in het redactiekantoor van *Het Geheim van de Meester*.

We gaan *De Nachtwacht* doen. Hoe voelt dat?

Weet je, Marc, pas sinds dit project begin ik te begrijpen waarom *De Nachtwacht* zo'n Nederlandse icoon is. Ik begreep dat nooit zo goed. Het is, denk ik, moeilijk om te snappen waarom het een icoon is, juist omdat het zo'n icoon is. Daardoor kun je nooit echt lekker kijken naar *De Nachtwacht*. En nu ik echt heb kunnen kijken, begrijp ik het beter. Als Karel Appel een schilderij schilderde, ging hij daar helemaal in op. Hij gaf zich helemaal, werkte dag en en nacht. Als het schilderen klaar was, kwam hij de volgende dag terug in zijn atelier en ging voor het schilderij zitten. Hij ging er net zo lang naar kijken tot het af was. Dat gevoel heb ik met *De Nachtwacht* ook. Alleen houdt dat kijken nooit op, er is elke keer iets nieuws dat ik niet eerder had opgemerkt.

Wat betekent het werken aan *De Nachtwacht* voor je?

Door het onderzoek van Operatie Nachtwacht weten we meer dan we ooit wisten. Tot op de molecuul. En met nieuwe technieken en nieuwe inzichten zal dat in de toekomst nog meer worden. Toch blijft er die onbeantwoorde vraag: 'Wat dacht en voelde Rembrandt toen hij het maakte?' Daar komt ons project om de hoek kijken. Door het schilderij te reconstrueren open je een wereld van kennis en de mogelijkheid je te verplaatsen in een persoon. Op weg naar *De Nachtwacht* die we vandaag kennen, maakte Rembrandt duizenden kleine keuzes. Veel van die praktische overwegingen blijven vaak onzichtbaar in wetenschappelijke studies. Alleen het resultaat van die keuzes, het eindproduct, kan namelijk worden geanalyseerd. Wij kunnen echter niet om die keuzes heen omdat we het schilderij van de grond af aan opbouwen. Lisa redeneert hardop, gebruikt de kennis van Operatie Nachtwacht en krijgt ondersteuning van ons. Maar uiteindelijk komt het toch op haar aan. Zij moet die keuzes maken. Wel of geen smalt hier. De gezichten als eerste schilderen of juist als laatste. Hoe donker maken we de grondering? Is het blauw wel blauw genoeg? Al die keuzes heeft niemand anders hoeven maken dan Rembrandt en Lisa. En dan hoefde Rembrandt geen Rembrandt na te schilderen. Zij wel; kun je je voorstellen hoe lastig dat is?

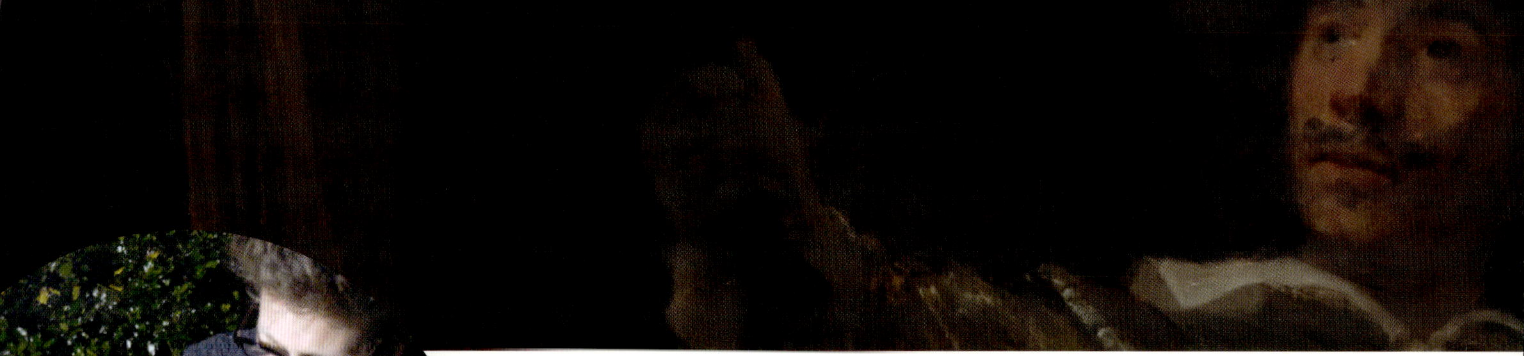

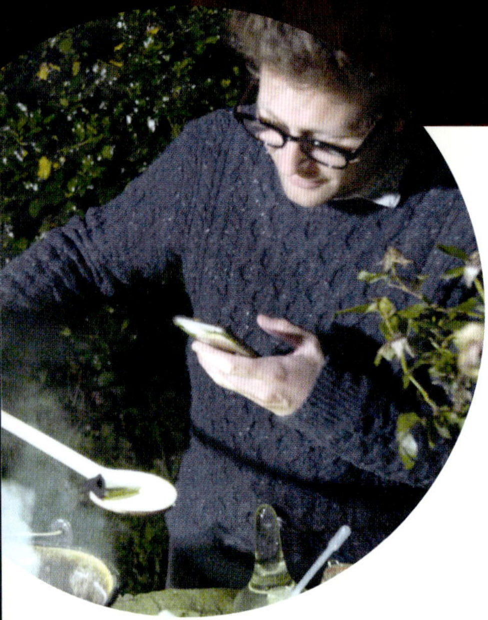

Rembrandt had een visie en daar wijkt dan alles voor. Ook zijn leven van alledag

Heb je Rembrandt beter leren kennen?

Ja. Door samen aan de reconstructie te werken kan zo'n ongrijpbaar icoon van het hoogaltaar van de Nederlandse kunstgeschiedenis tot leven komen. Moet je je voorstellen: in 1639 gaat hij in zijn nieuwe kapitale koopmanshuis wonen, een jaar later wordt zijn derde kind geboren, ze sterft een maand later, weer een jaar later wordt zijn zoon geboren en wordt zijn vrouw zo ziek dat zij een jaar later sterft. Dit gebeurt allemaal in de jaren 1640-1642, de periode waarin deze man *De Nachtwacht* schilderde. Hij was dus blijkbaar in staat om, op momenten, dit alles te ontstijgen en een schilderij te maken dat behoort tot de topstukken van de wereld. Wat voor man was dat? Dat heeft toch ook te maken met zijn gedrevenheid en eigenwijze, koppige aanpak. Rembrandt had een visie en daar wijkt dan alles voor. Ook zijn leven van alledag. Rembrandt was waarschijnlijk niet de prettigste persoon om bij in de buurt te zijn. Alles verdwijnt naar de achtergrond ten gunste van die ene missie.

Je werkt nauw samen met Michel en Joris om een zo compleet en getrouw mogelijk beeld van *De Nachtwacht* te scheppen. Hoe gaat dat?

Het is een heel logische samenwerking. Joris' analysemethode geeft veel informatie over hoe het schilderij materiaaltechnisch is opgebouwd. Ik vul die kennis aan door praktisch aan de slag te gaan en me af te vragen hoe we de terabytes aan data kunnen inzetten om een beter begrip te krijgen van het werk en de mens erachter. Rembrandt was gewoon een man in Amsterdam. Een paar generaties later lopen wij nog steeds over dezelfde straten. En we gaan aan de slag met dezelfde materialen en technieken. Je kunt lang studeren en analyseren, maar door het werk dat Lisa en haar collega's verzetten en de keuzes die ze moeten maken (de praktische onhandigheden tijdens het werk, maar juist ook de artistieke overwegingen), komen we dichter bij Rembrandt en *De Nachtwacht* dan we op basis van data alleen kunnen komen.

Met Michel werken heeft me ongelofelijk veel opgeleverd. Het belangrijkste is misschien wel het bewustzijn dat een schilderij een ding is. Ik was een beetje bang voor schilderijen. Volgens mij hebben de meeste mensen dat wel. Het is zo'n ongrijpbaar fenomeen waar je in een museum alleen van een afstandje naar mag kijken. Alsof het nog nooit is opgepakt

en aangeraakt. Nou, ga drie minuten met Michel op stap en dat gevoel is helemaal weg. Het is een verademing. Bij hem is een schilderij een ding dat je aan kunt raken, dat gemaakt is van iets. Het is geen afstandelijk en abstract teken van de Grote Kunstgeschiedenis. Nee, het is een ding in het hier en nu. En als je een beetje normaal doet met een schilderij is er niets aan de hand. Michel ziet meteen hoe een schilderij praktisch in elkaar steekt. Hij weet niet alleen hoe je het kunt restaureren, maar snapt dus ook hoe je het proces van verouderen kunt nabootsen. Daarin is hij voor mij een kunstenaar.

Wat levert het werk aan *De Nachtwacht* jou als wetenschaps-historicus op?

Laat ik het zo uitleggen: toen ik een tijdje als docent scheikunde voor de klas stond, moest ik aan vierdeklassers uitleggen wat een atoom is. Waar het uit bestaat. Wat er gebeurt als het in contact komt met andere atomen. Het probleem is dat niemand een atoom gezien heeft. Het is heel abstract allemaal. Zo'n vierdeklasser moet vanuit het niets meteen aan de slag met die abstracte, ingewikkelde materie. Terwijl we daar als mensheid al tweeduizend jaar over nadenken. We ontwikkelden er theorieën over. En zo kwamen we stapje voor stapje dichter bij dat atoom. Als je die klas kunt meenemen in dat grote historische verhaal, wordt het atoom zelf ook veel duidelijker omdat ze weten wat er allemaal aan vooraf is gegaan. Hetzelfde geldt voor *De Nachtwacht*. Door met zijn allen stapje voor stapje door het verhaal van *De Nachtwacht* te gaan komt het schilderij tot leven en ga je het begrijpen. Het geeft je middelen om het schilderij zelf te doorgronden en het je toe te eigenen. Net als bij een atoom.

Door met zijn allen stapje voor stapje door het verhaal van *De Nachtwacht* te gaan komt het schilderij tot leven en ga je het begrijpen

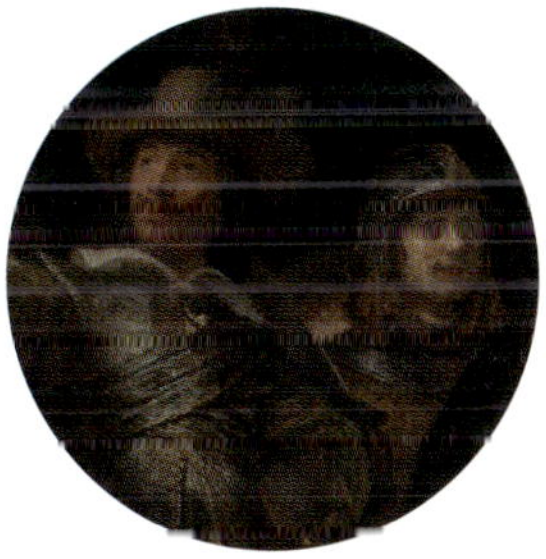

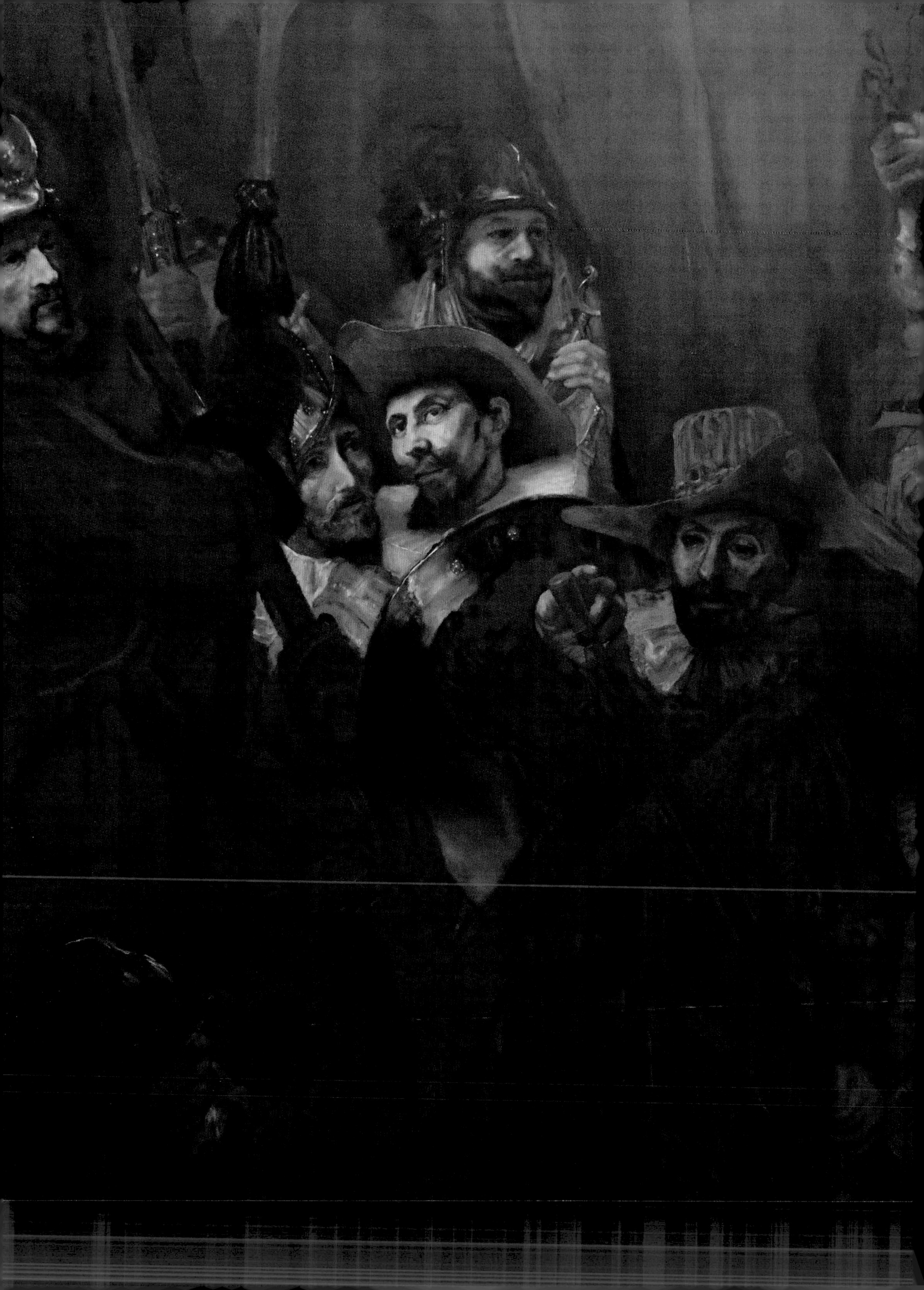

4

Wat je ziet als je naar *De Nachtwacht* kijkt

Midden in het proces van de reconstructie komt er steeds meer kleur in het schilderij en er komt licht in het werk. Bijvoorbeeld via de gezichten die met lichte kleuren worden uitgewerkt. Rembrandts opdracht was het schilderen van een groepsportret, maar het ging hem niet om die gezichten alleen. Hij wilde een dramatische levendige scène neerzetten. Maar welk verhaal wilde hij hiermee vertellen? Hoe deed hij dat met behulp van zijn penseel en verf? En wat voor effect wilde hij bereiken? Tijd om een stap naar achteren te doen en te kijken hoe het schilderij *werkt*.

Met ferme streken geschilderd

Het schilderen van de gezichten was een tijdrovende klus voor Lisa. Om de gezichten karakter en gelijkenis te geven moest het schilderen ervan gedetailleerd gebeuren. Het palet dat hiervoor gebruikt werd, bestond voornamelijk uit verschillende bruin- en wittinten. Na het afronden van deze 'gezichtenfase' komt er steeds meer kleur in het schilderij, onder andere dankzij de kleurrijke hoeden, kragen en kleding van de figuren die nu geschilderd gaan worden. Dat gebeurt in de bovenste verflaag, de meest zichtbare laag van het schilderij.

Alle onderdelen van het schilderij zijn met dezelfde trefzekerheid en schwung geschilderd. De delen op de voorgrond waarop ook het licht valt, zijn daarnaast meer uitgewerkt en hebben meer penseelslag. Hierdoor krijgt de compositie meer diepte.

Na het schilderen van de kleding is het tijd voor de volgende fase: het uitwerken van details, zoals de versieringen en ornamenten aan de kleding en attributen. In deze fase komt langzamerhand het besef dat het gaat lukken om vrijwel elk detail van het schilderij te schilderen. Het vertrouwen dat alles op tijd afkomt, groeit bij het team.

De reconstructie wordt van achter naar voren opgebouwd en tijdens het reconstrueren krijgt het team de werkwijze van Rembrandt steeds meer in de vingers. Soms zo goed dat er een uitschieter wordt gemaakt op dezelfde plek en op dezelfde manier als Rembrandt dat deed.

Detail van de reconstructie waarin steeds meer kleur verschijnt

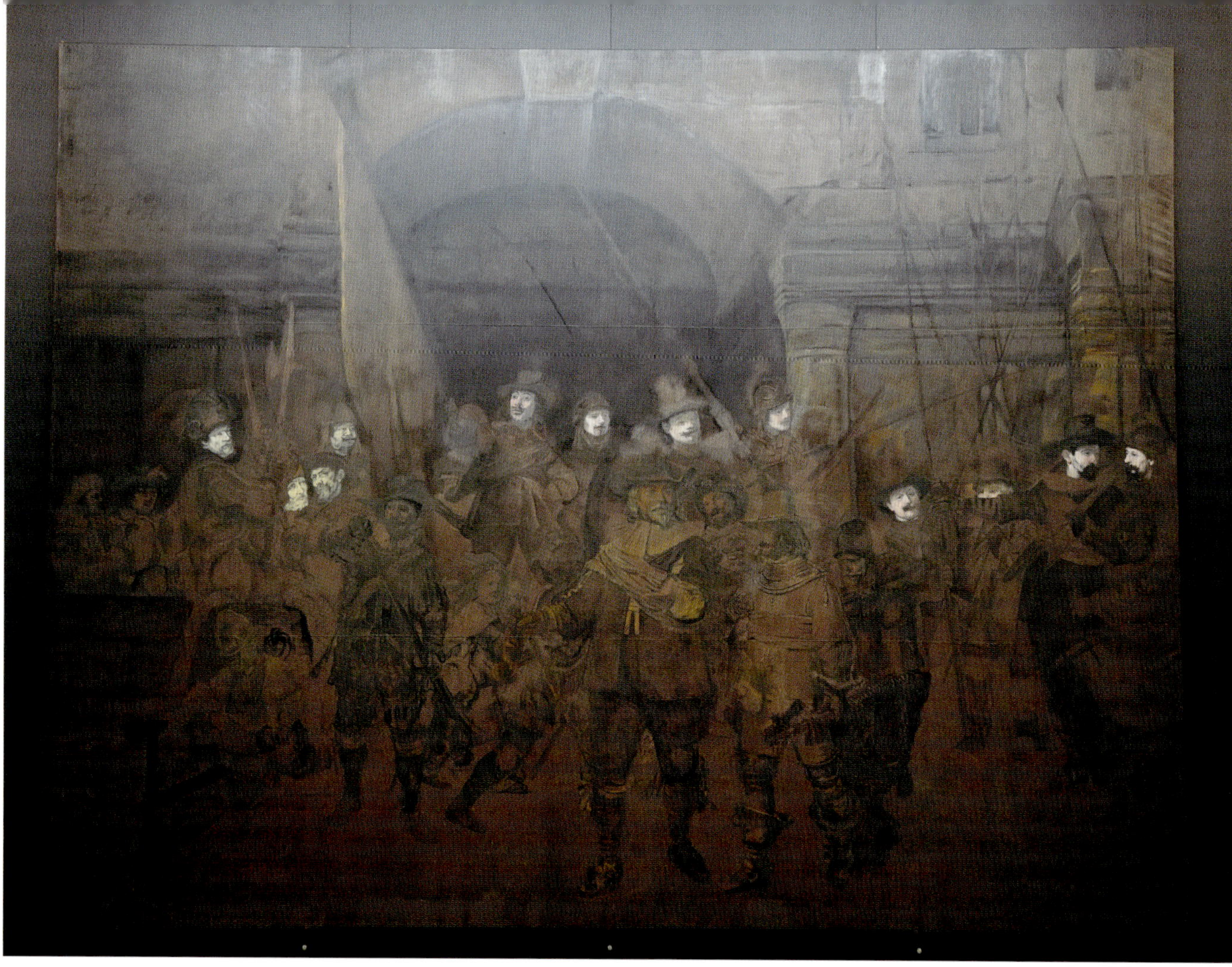

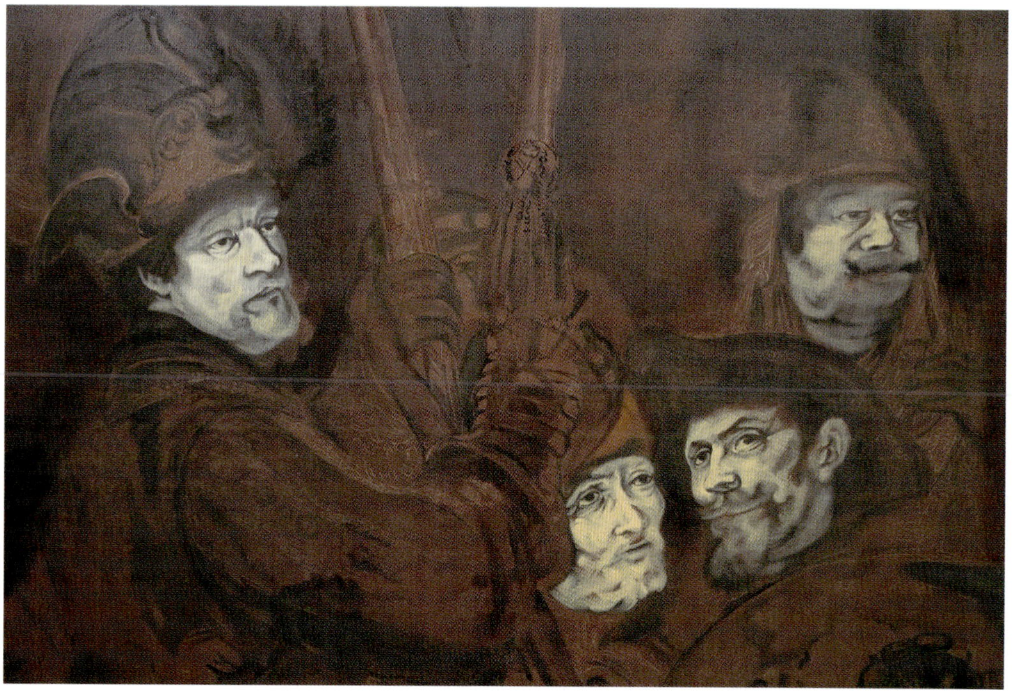

De gezichten zijn als eerste aan de beurt om geschilderd te worden

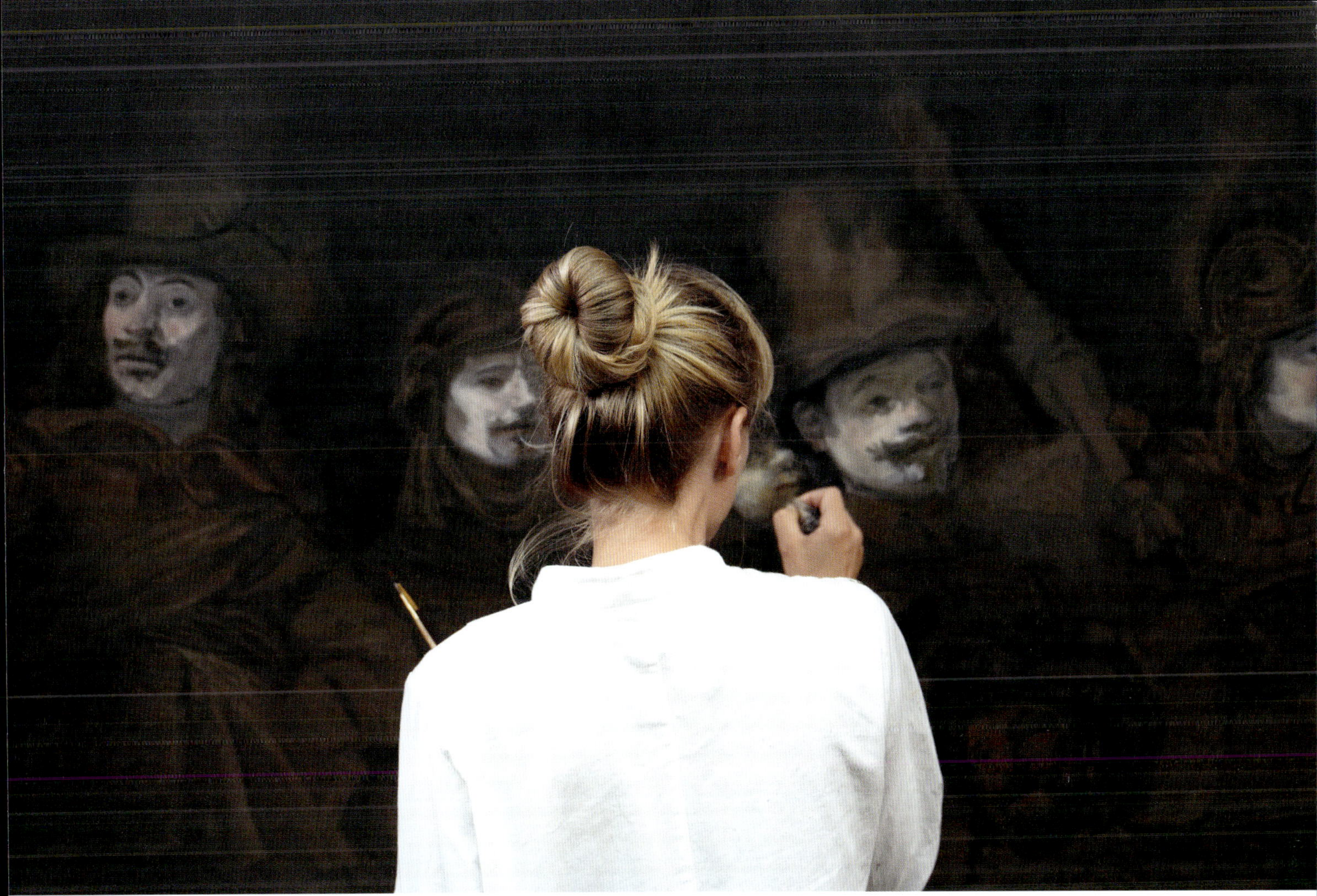

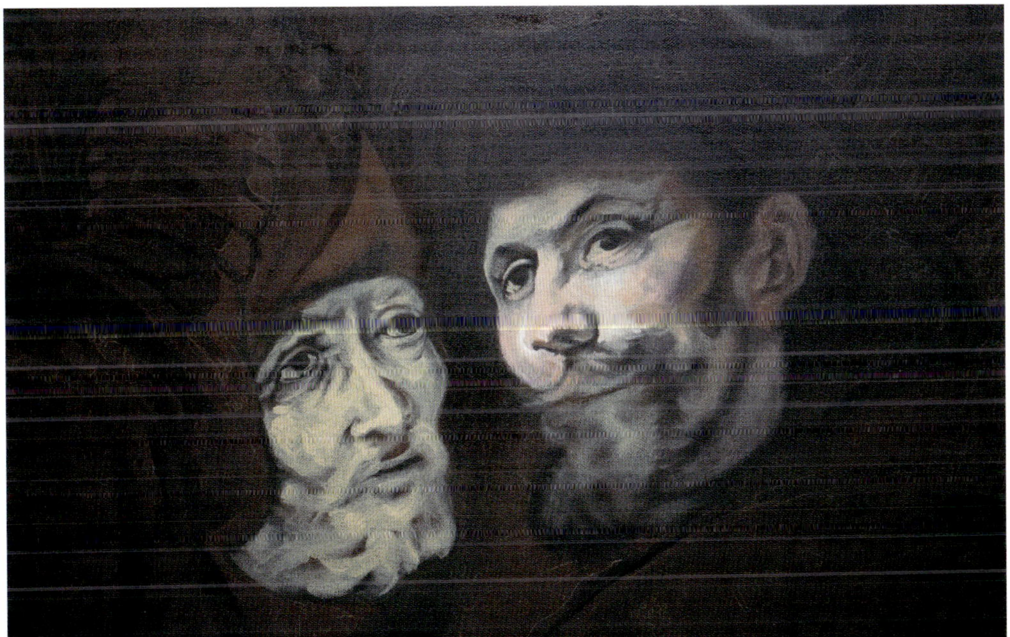

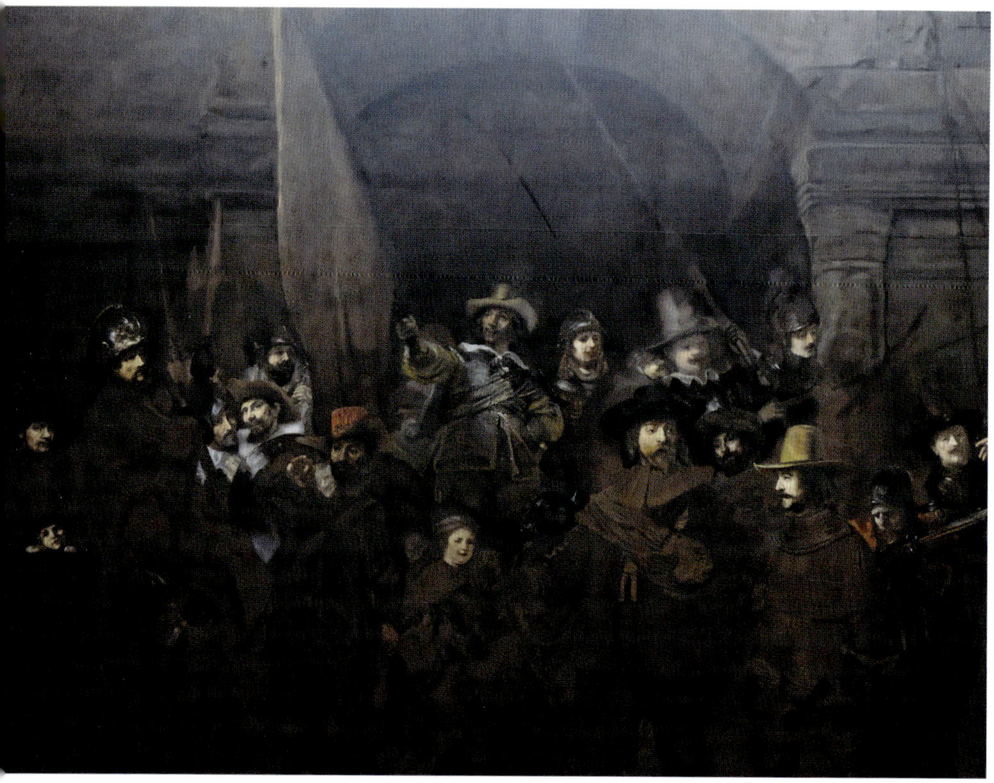

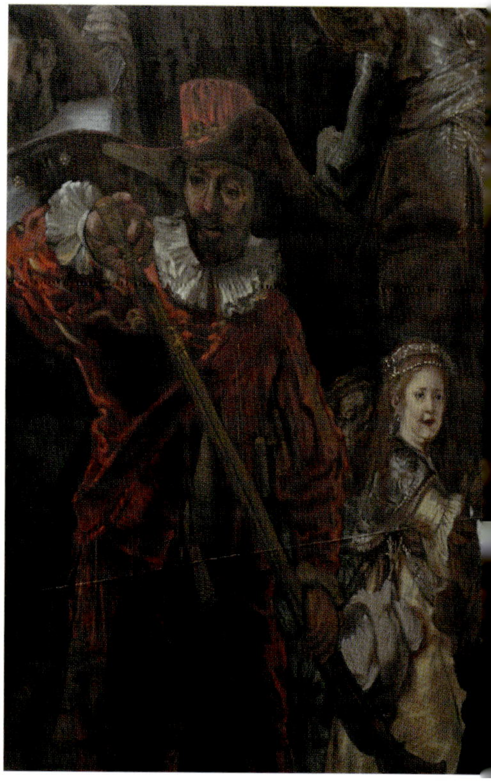

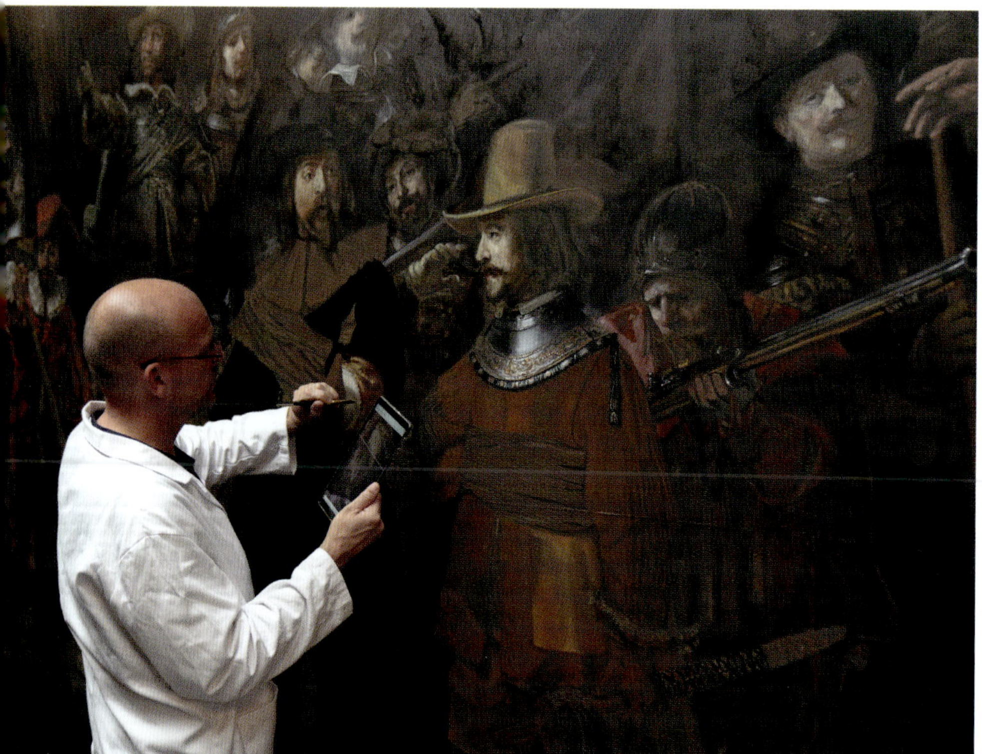

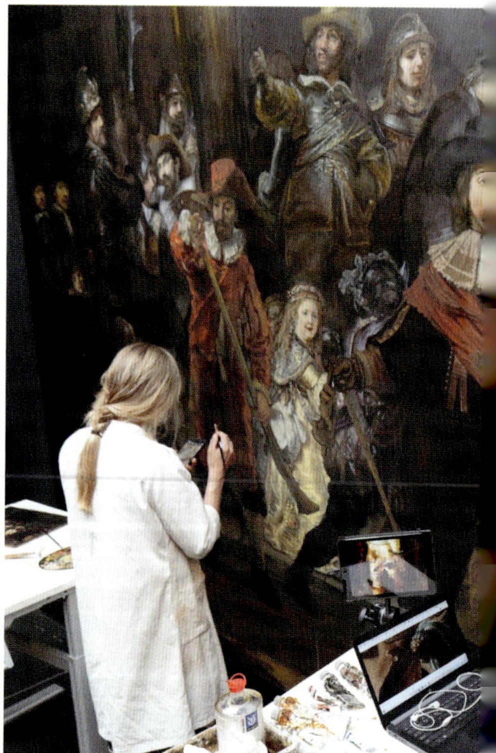

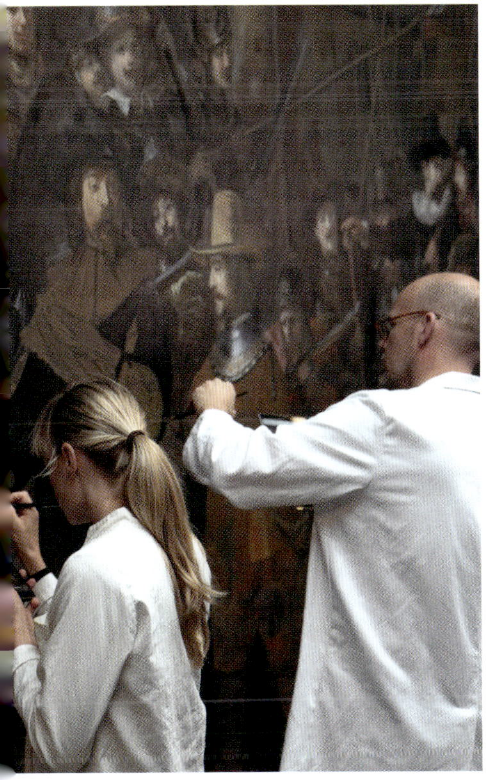

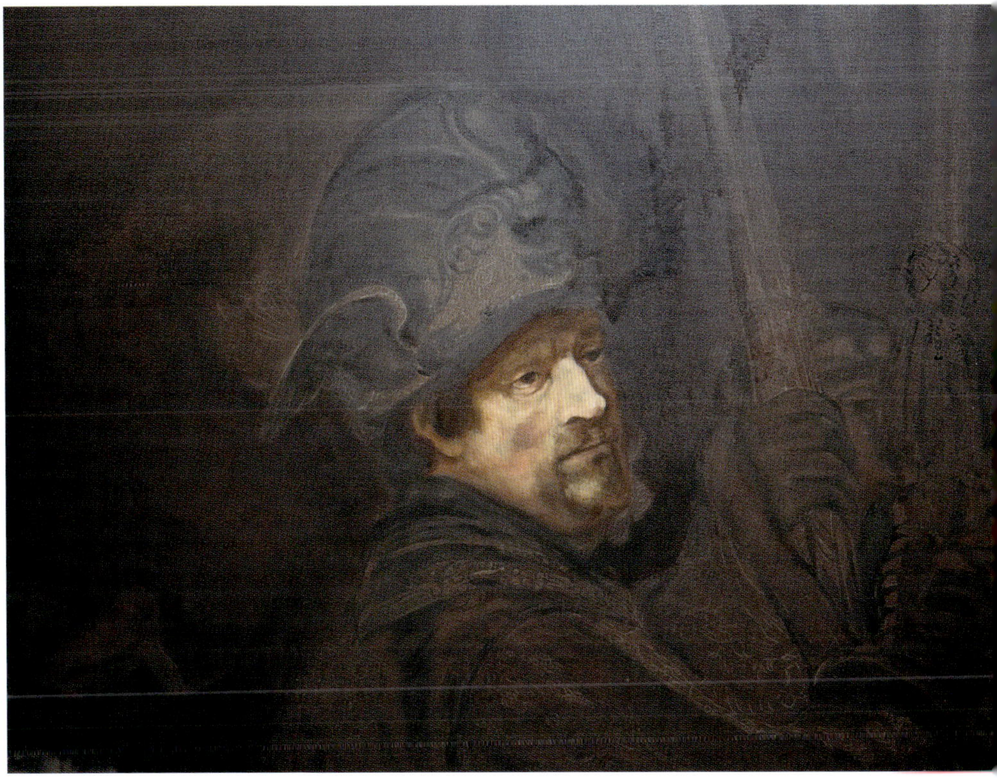

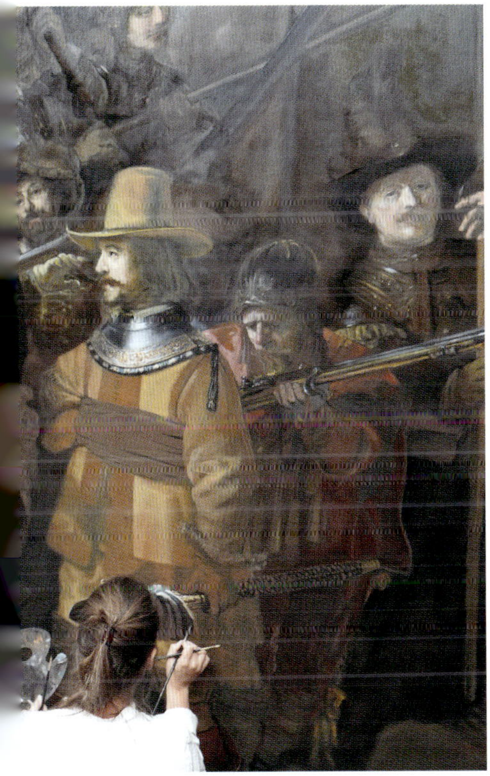

OVER DE GEZICHTEN GESPROKEN

Vaak was het portret in de 17de eeuw het belangrijkste onderdeel van een schuttersstuk; elk gezicht moest mooi vol belicht en duidelijk herkenbaar zijn. En kijk dan bij Rembrandt: de gezichten zijn soms maar half zichtbaar, staan in de schaduw of zelfs deels weggedraaid. We weten niet of de geportretteerden tevreden waren over hun portret. Aanvankelijk zal hierover zeker reuring zijn geweest binnen de groep die geld op tafel moest leggen voor de vereeuwiging van hun compagnie.

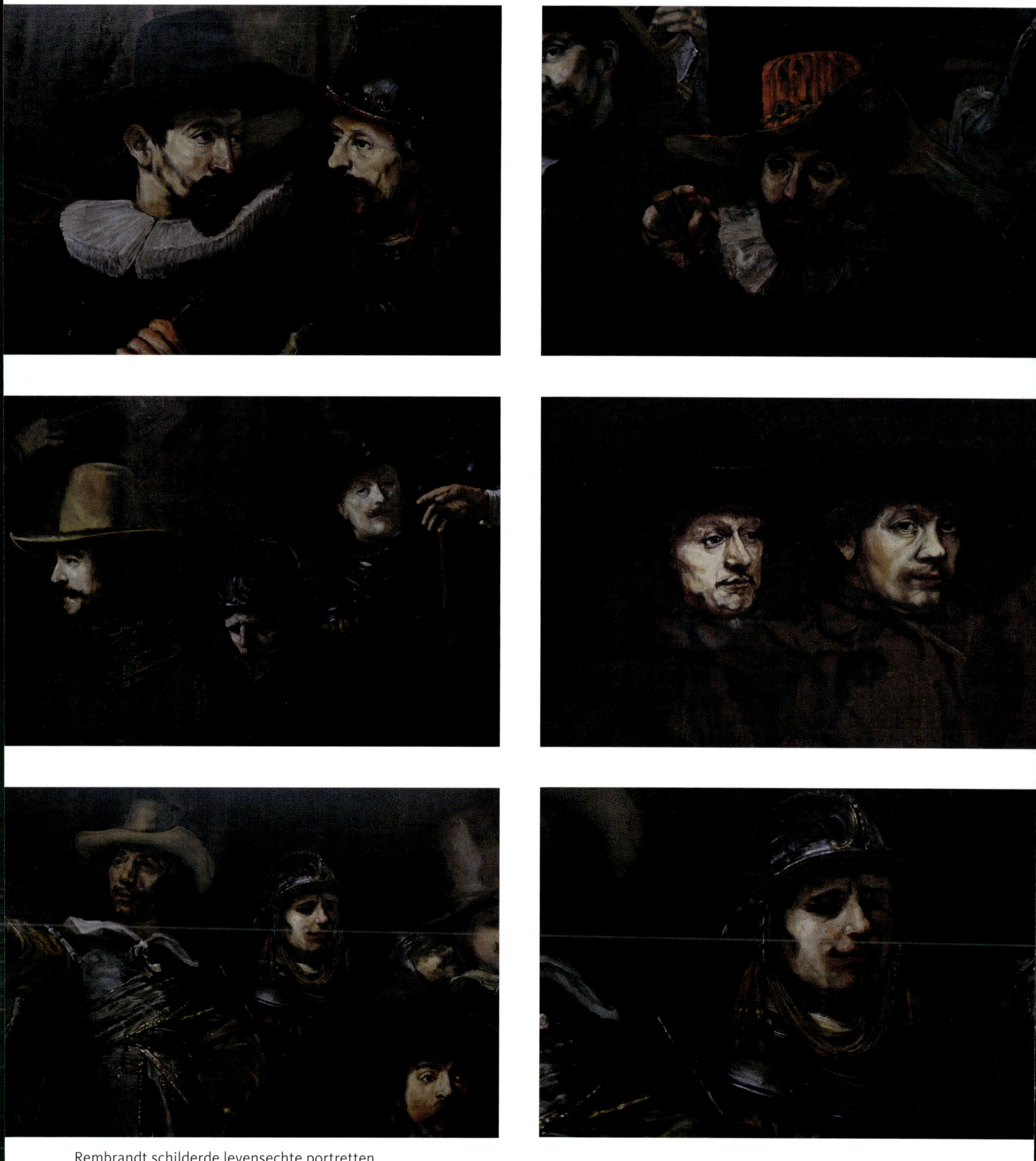

Rembrandt schilderde levensechte portretten

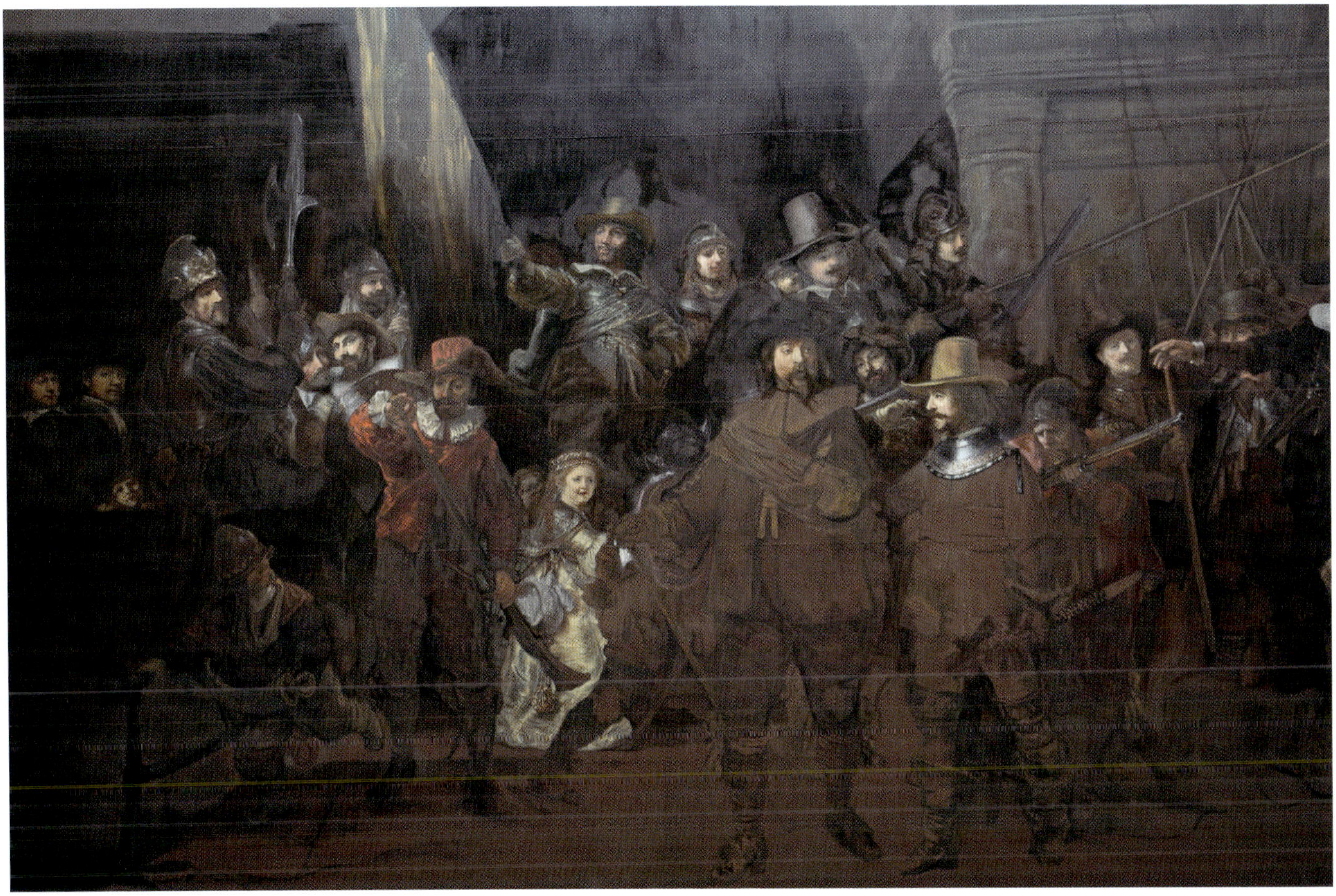

Net zoals Rembrandt dat deed wordt de reconstructie van achteren naar voren opgebouwd

Rembrandt wil iets duidelijk maken

We weten dat Rembrandt 'effect' beoogde: de vernieuwende compositie, de manier waarop hij met licht, lijnen en vlakken je aandacht over het schilderij stuurt. Zo wijzen de belangrijkste lijnen in de compositie allemaal naar de kapitein en de luitenant in het midden: links de vlag, het musket van Jan van der Heede en de wandelstok van de kapitein zelf, rechts de lans in de hand van Van Ruytenburch, de musket van Jan Claesen Leydeckers en de piek van Walich Schellingwou. Ze wijzen naar het midden waar opvallende lichtpunten in het donker de aandacht opeisen. Bovendien zijn beide mannen in beweging, wat ook de aandacht trekt. Ze lijken zo uit het platte vlak te kunnen stappen. De kapitein en de luitenant zijn de voortrekkers en geven een commando, de hele groep volgt.

De schutters van Rembrandt staan niet stijfjes op een rijtje, ze staan van voor naar achter en van links naar rechts door elkaar waarbij sommige mensen boven andere uitsteken, alsof ze op kistjes staan. Bovendien zijn de figuren voor in beeld gedetailleerd uitgewerkt. Hoe verder je naar achteren gaat, hoe minder details de schutters hebben en hoe vlakker de kleuren worden.

Rembrandt als verhalenverteller

Op *De Nachtwacht* is meer aan de hand dan alleen maar de samenkomst van een groep schutters. Rembrandt vertelt een verhaal over het musket, de 'klover' (ook wel 'schietbus' of 'vuurroer' ge-

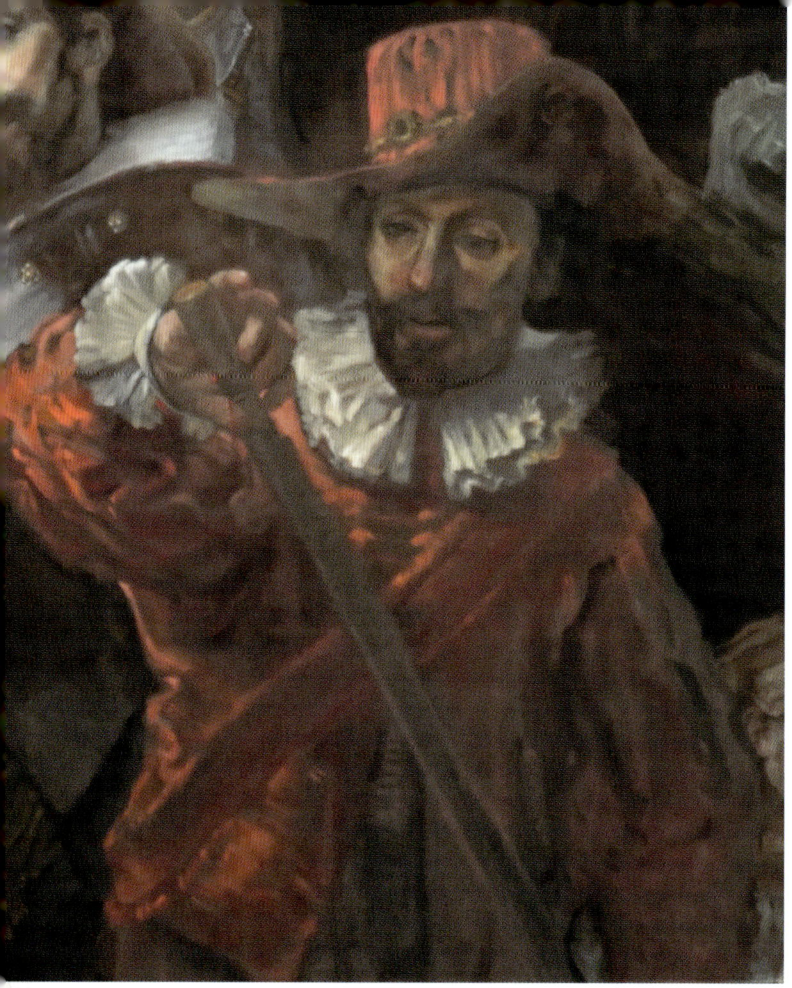

Detail van de reconstructie met het opvallende rode kostuum van Jan van der Heede

HOE ZIT HET MET DE KLEDING?

Een opvallende verschijning is de man in het rood; zou hij nog vrijgezel zijn? In de 17de eeuw was het namelijk gebruikelijk dat een getrouwde man zwarte kleding droeg en rood kon wijzen op een man die nog 'het haantje' mocht spelen. Zou dat hier ook zo zijn? Opvallend detail in de kleding van Van Ruytenburch: als je goed kijkt, zie je daar het wapen van de stad Amsterdam.

noemd), het wapen waarnaar de kloveniers, een van de drie afdelingen van de schutterij, vernoemd zijn. Je ziet die musketten, attributen en bewegingen die daarbij horen her en der opduiken. Links naast de kapitein staat, in het opvallende rood, musketier Jan van der Heede. Hij leegt een busje kruit in de loop. Rechts van hem, naast het meisje, staat een onbekende schutter met eikenbladeren op zijn helm. Zijn klover zie je precies tussen Banninck Cocq en Van Ruytenburch door. Het wapen gaat af, vlak naast het hoofd van Van Ruytenburch. Deze schutter schiet naar rechts. Rechts naast Van Ruytenburch blaast Jan Clasen Leydeckers het 'slot' van zijn wapen schoon. Laden, schieten, schoonblazen, een stripverhaal en *tutorial*. Als je goed luistert hoor je de geluiden, zo lijkt het wel.

Het zou zomaar kunnen dat Rembrandt in het bezit was van *Wapenhandelinghe van Roers Musquetten ende Spiesse*, een handleiding met illustraties van Jacob de Gheyn II uit 1607. Hierin zijn alle wapenhandelingen precies beschreven en uitgebeeld met tekeningen. Als je naar die tekeningen kijkt, zie je dat niet alleen de handelingen van Rembrandts drie stappen (laden, schieten, schoonblazen) lijken op de tekeningen van De Gheyn, ook de houding en zelfs de kleren vertonen een sterke gelijkenis. En misschien is hij ook wel gaan kijken bij schietoefeningen van de compagnie.

De werking van het licht, het lijnenspel, de beweging in het schilderij, de detaillering in de voorgrond, de vervaging in de diepte en de narratieve elementen, het zijn allemaal technieken die

Detail van *De Nachtwacht* met de geborduurde jas van Willem van Ruytenburch

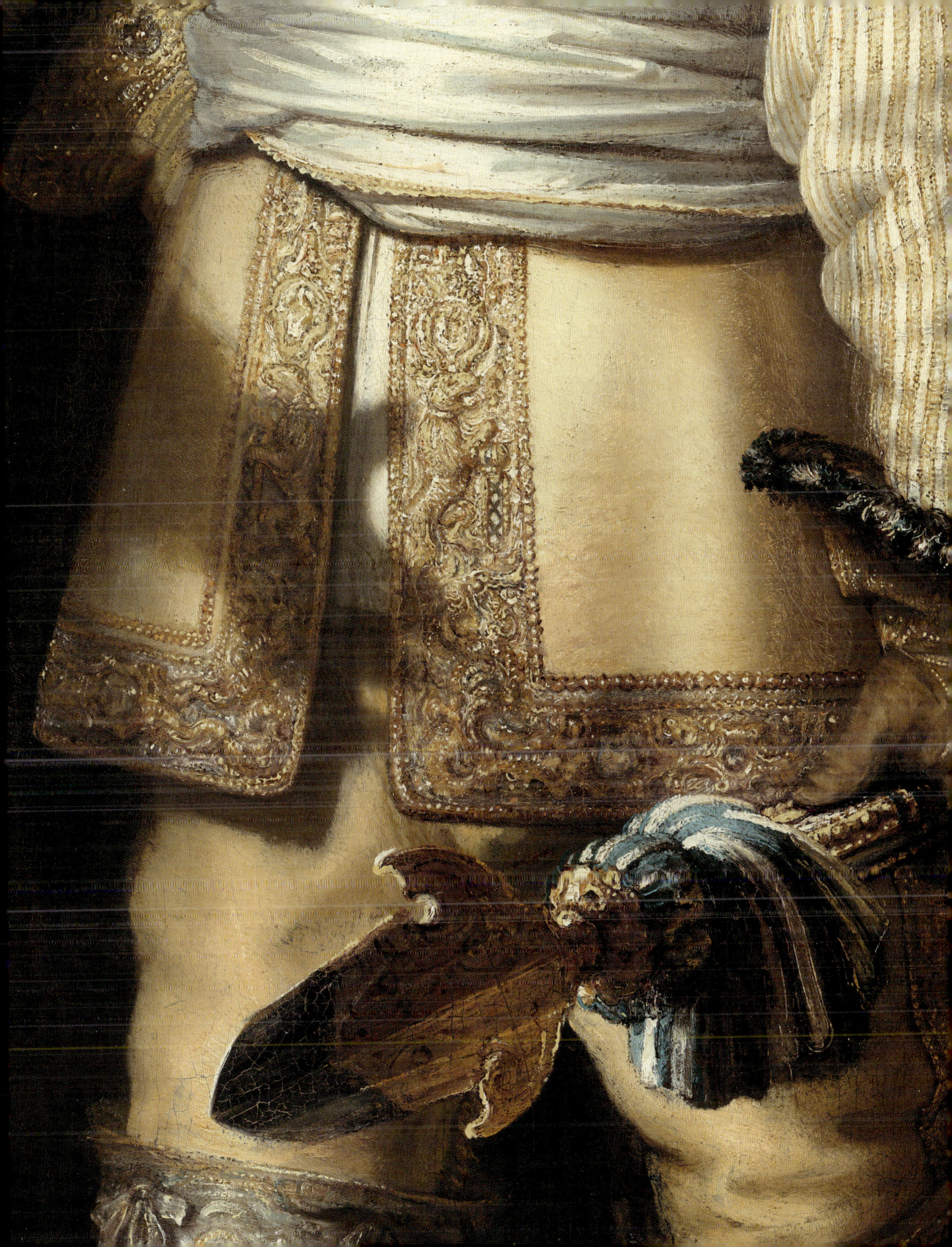

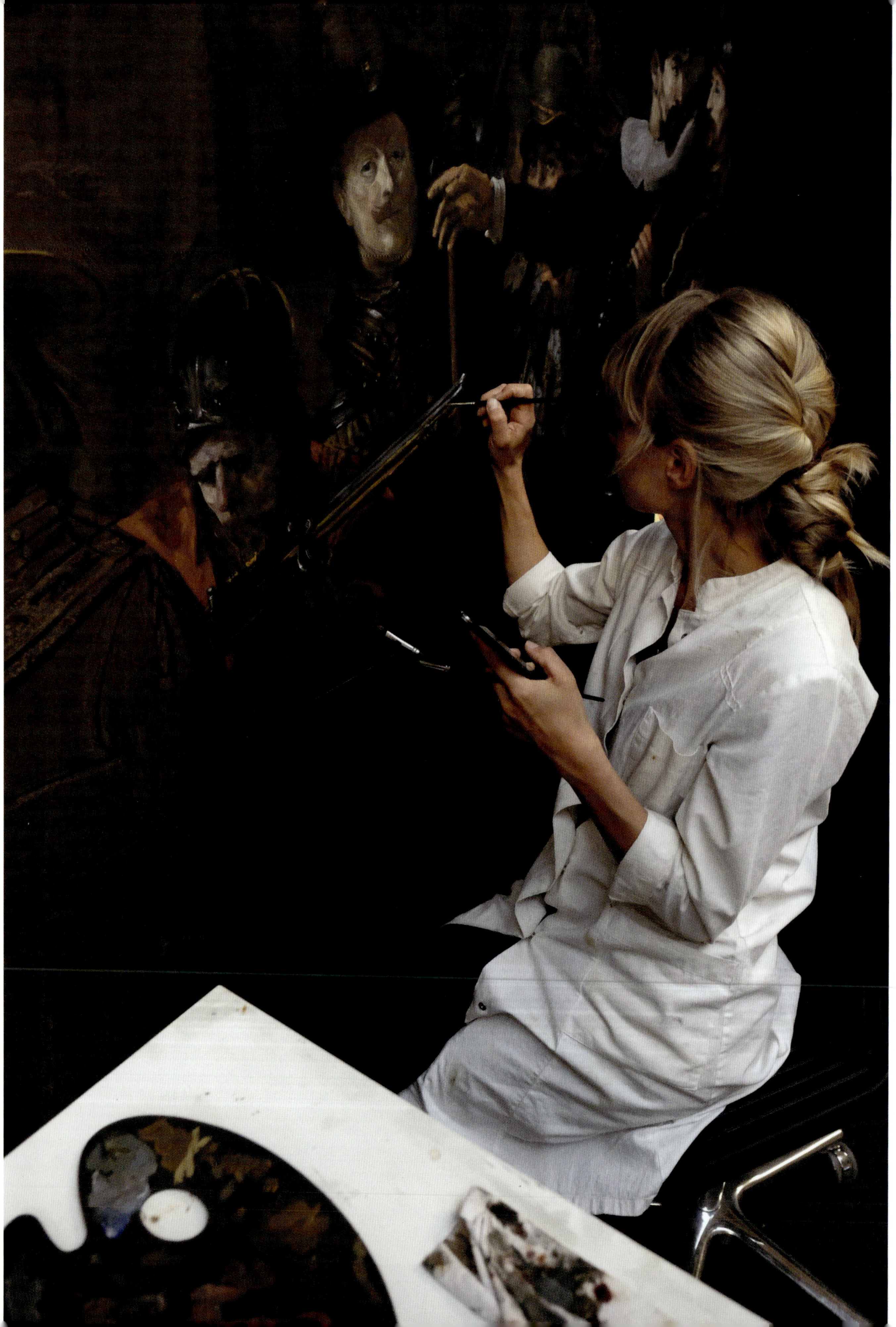

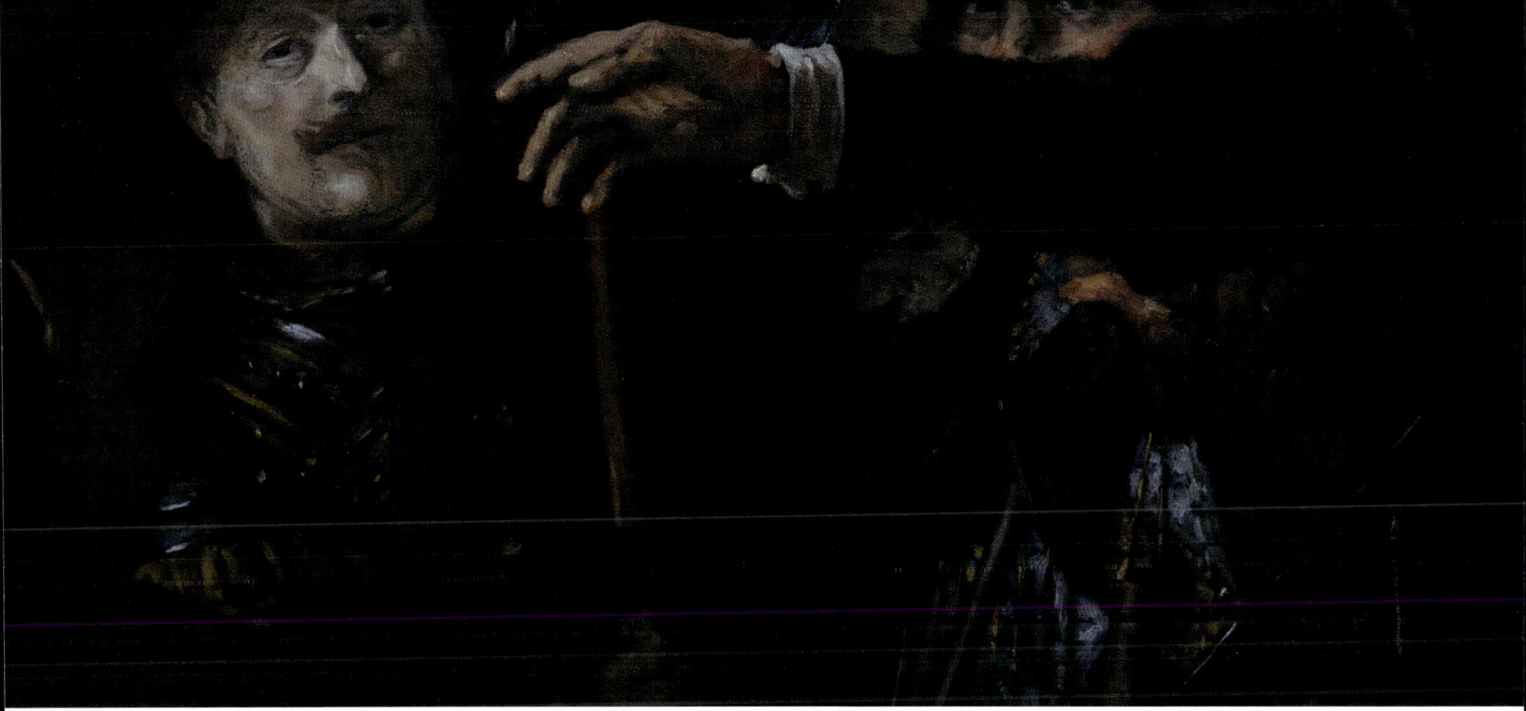

De arm van Rombout Kemp leidt de blik naar Banninck Cocq en Van Ruytenburch

je door het verhaal van Rembrandt leiden. Maar hoe werkt dat nu precies?

Wat zie je als je naar De Nachtwacht *kijkt?*

Er is heel wat te zien op het schilderij; het schilderij is echt een belevenis, een attractie. Waar begin je met kijken? Wat beleef je? En zien we allemaal hetzelfde? Onderzoeker Joost de Winter van de TU Delft werkte dit idee in de praktijk uit. Hij zette twintig mensen voor *De Nachtwacht* die ieder voor zich vijf minuten ongestoorde kijktijd kregen. Ze kregen een Eye Tracking bril op, een bril zonder enige sterkte waarbij cameraatjes in de bril kijken waar jouw ogen naar kijken. Zo kon De Winter in kaart brengen waar hun blik op viel zodra ze oog in oog met *De Nachtwacht* stonden.

De uitkomst was dat bij ieder van hen ongeveer hetzelfde gebeurde: men staat oog in oog met *De Nachtwacht*. Dat is een enorm schilderij, dus men wil om te beginnen een algemeen beeld krijgen. De ogen schieten een halve minuut lang over het doek heen en weer. Men probeert een eerste indruk te krijgen. Wat is het belangrijkste? Wat is het verhaal? Wat zit er allemaal in het schilderij verstopt?

Mensen kijken graag naar andere mensen. Voor elke soort afbeelding geldt: als er een mens in voorkomt, dan zoeken onze ogen die persoon op. Dit is ook wat je na die eerste, algemene indruk van het schilderij doet: je gaat op zoek naar gezichten. Je ziet veel gezichten op het doek, maar drie krijgen speciale aandacht. Dat zijn Banninck Cocq, Van Ruytenburch en het meisje. Ze trekken de aandacht door de sterke contrastwerking van

Lisa schildert de loop van een geweer

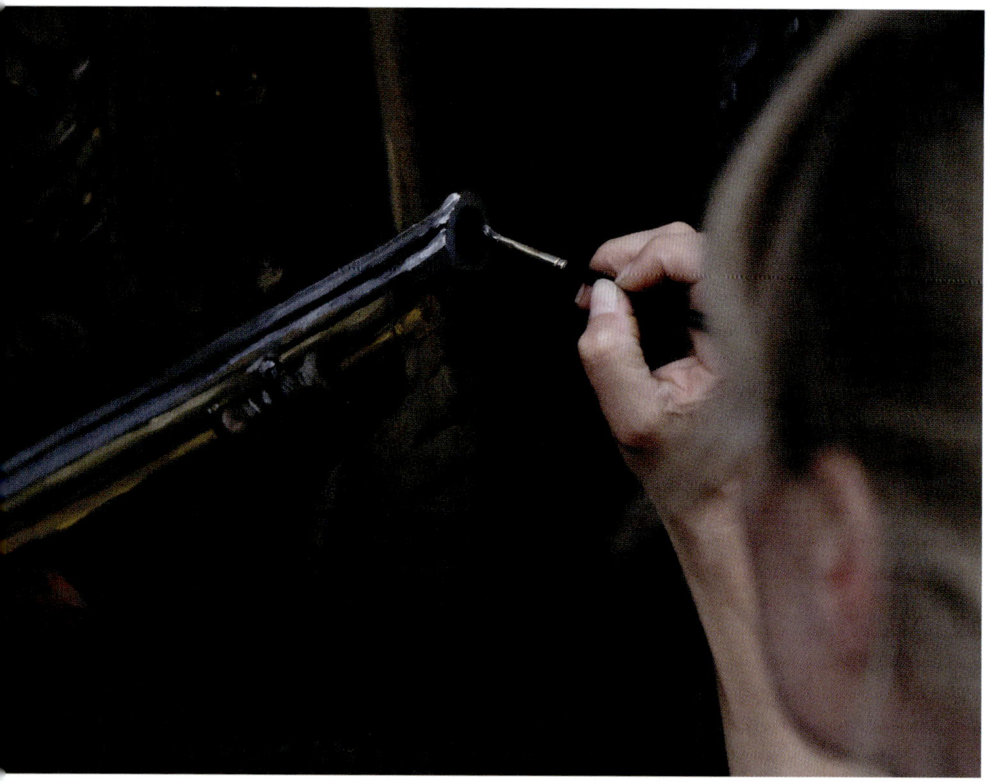

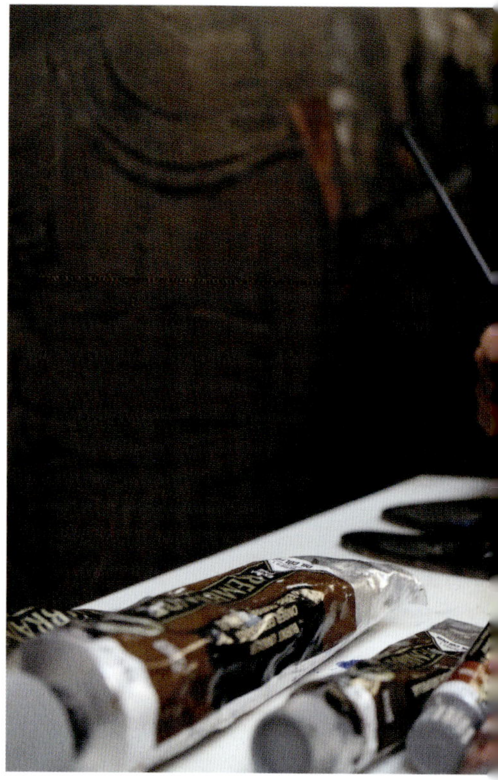

Detail van de loop van een geweer

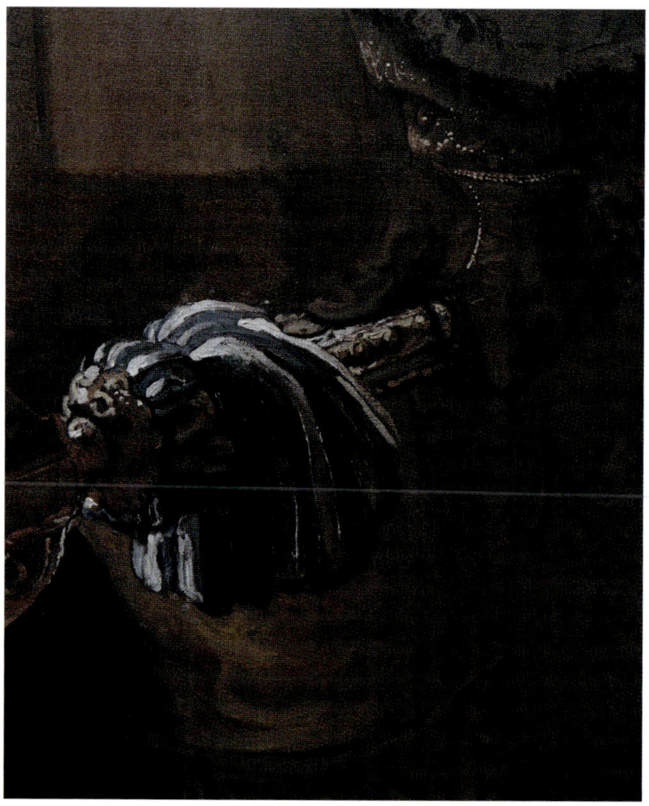

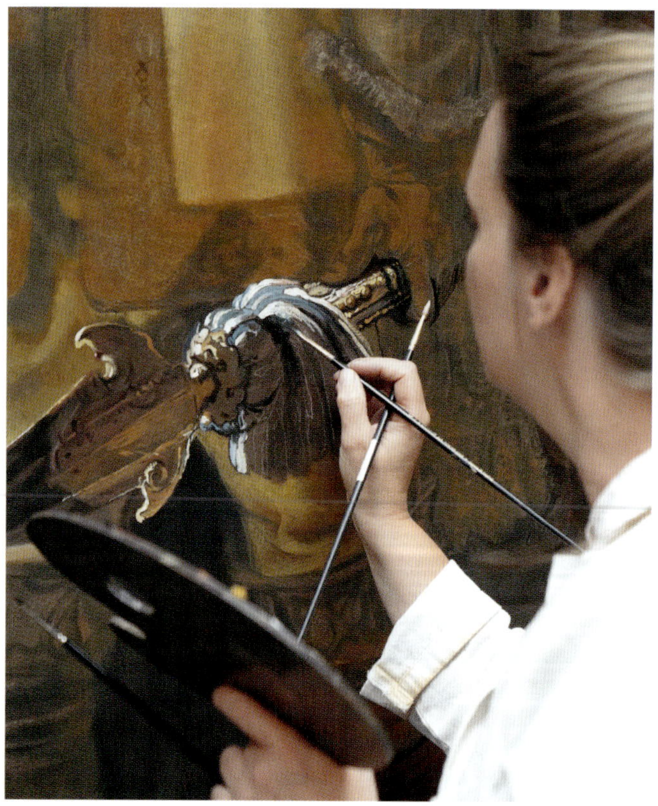

Details als de lans van Van Ruytenburch trekken de aandacht

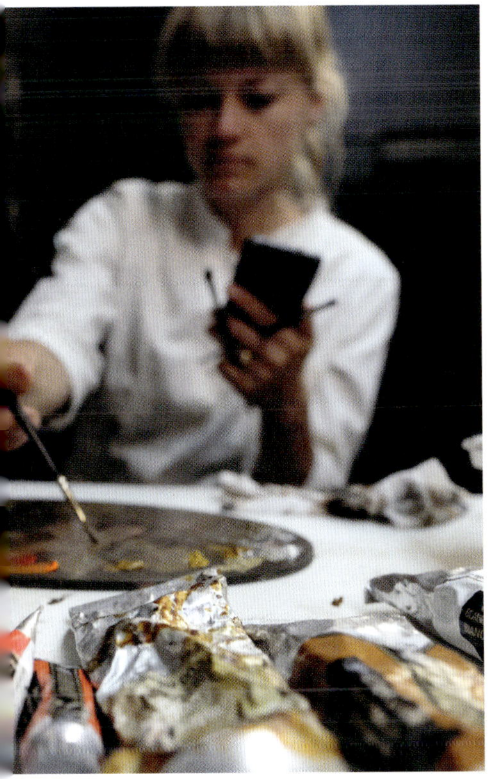

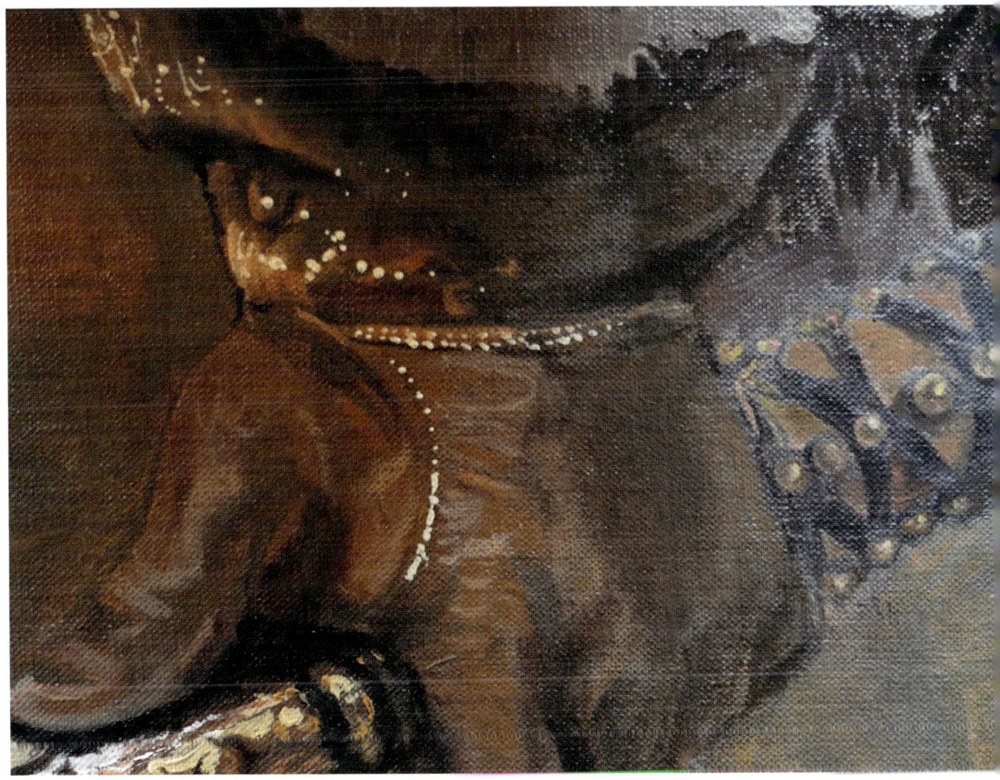

licht en donker (clair-obscur), in de 17de eeuw een veelgebruikte techniek om de aandacht te sturen.

Het is als een *still* uit een film, een beweging die is ingezet en een tel later helemaal anders zal zijn. De schutters komen op je af, aangevoerd door kapitein Frans Banninck Cocq die zijn mannen aanspoort tot actie. Overal op het schilderij is actie. Iemand heft een vlag, een schot wordt gelost, een kind rent rap naar de kant, de trom wordt geslagen. En in al dat tumult leidt Rembrandt je zorgvuldig door de actie heen. Als een camera die door het stilstaand beeld van een actiescène vliegt.

Hoogtepunten tijdens het kijken, zo bleek, zijn de hand van Banninck Cocq en de lans van Van Ruytenburch. De hand omdat ongeveer alles hiernaartoe wijst en de lans omdat die echt uit het platte vlak lijkt te komen. Een knap staaltje ruimtelijk schilderen. Op de röntgenfoto kun je zien dat Rembrandt daar wat veranderd heeft. Het zat eerst niet helemaal goed, en het was voor hem blijkbaar heel belangrijk om dit juist te doen. De ervaring van dit schilderij moet voor de 17de-eeuwse beschouwer die nog geen film kende, indrukwekkend zijn geweest.

Pas als je deze elementen goed hebt bekeken, ga je rondkijken en laat je de rest van de scène op je inwerken. Je bekijkt de andere gezichten beter, je krijgt aandacht voor objecten, kleding en wapens. Waarschijnlijk zie je nu pas de hond die rechts op het schilderij staat.

Clair-obscur (Italiaans: chiaroscuro)

Het speciale gebruik van licht en donker in *De Nachtwacht* heet clair-obscur; Rembrandt was hier een groot liefhebber van. Hierbij is er een groot contrast tussen lichte en donkere delen en wordt er minder gebruik gemaakt van middentonen. Er is bovendien vaak een duidelijke lichtbron die buiten beeld staat en van één kant komt. Dit alles heeft een dramatisch effect en zet de driedimensionale werking nog sterker aan.

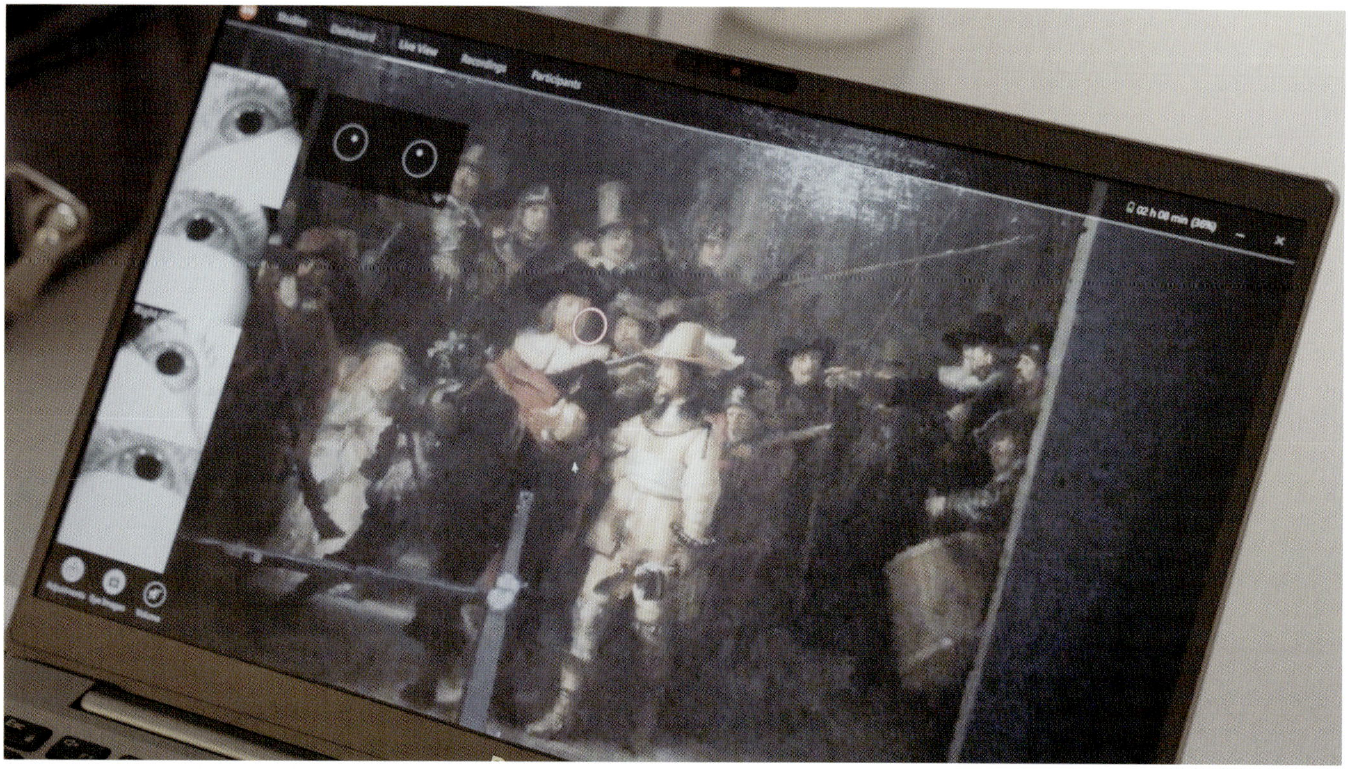

Met Eye Tracking is te zien waar we als eerste naar kijken

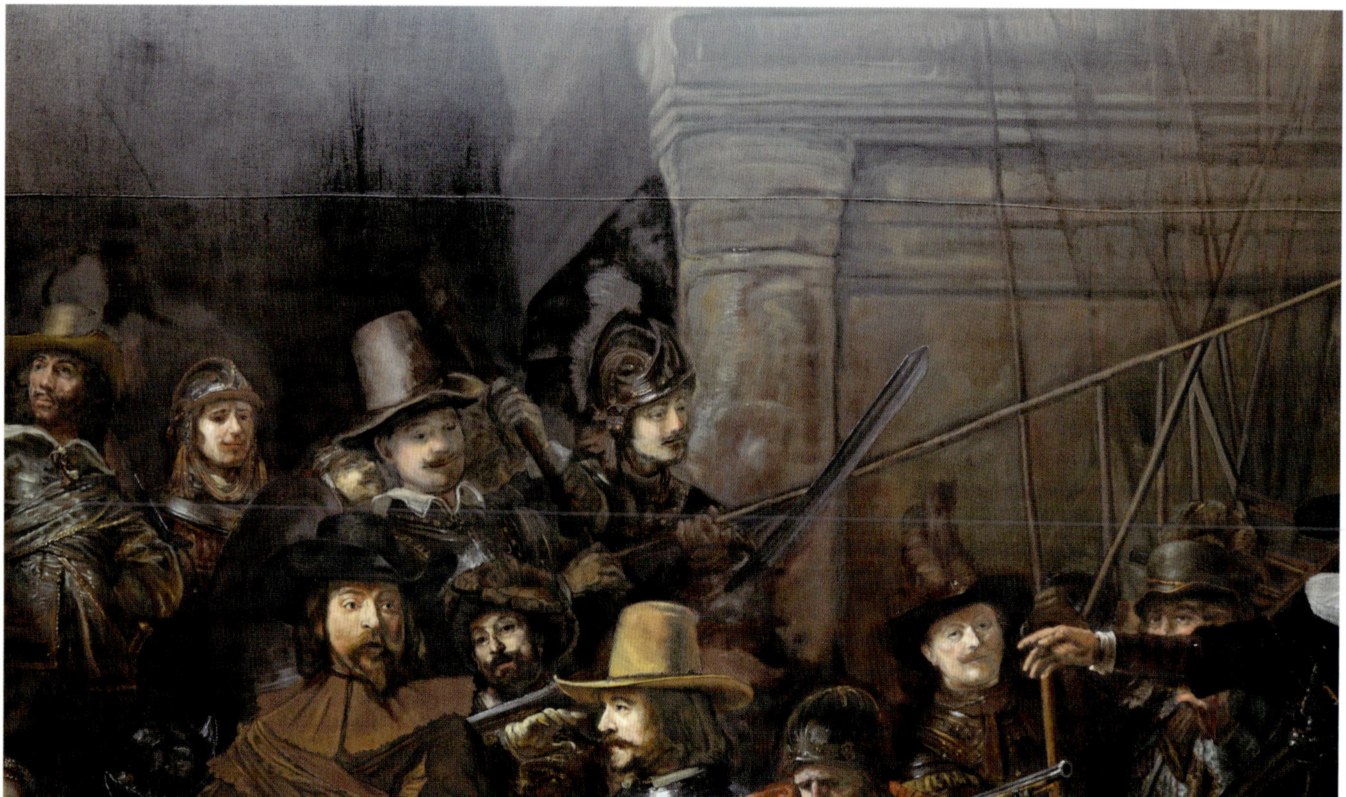

Het lijnenspel van de speren suggereert beweging

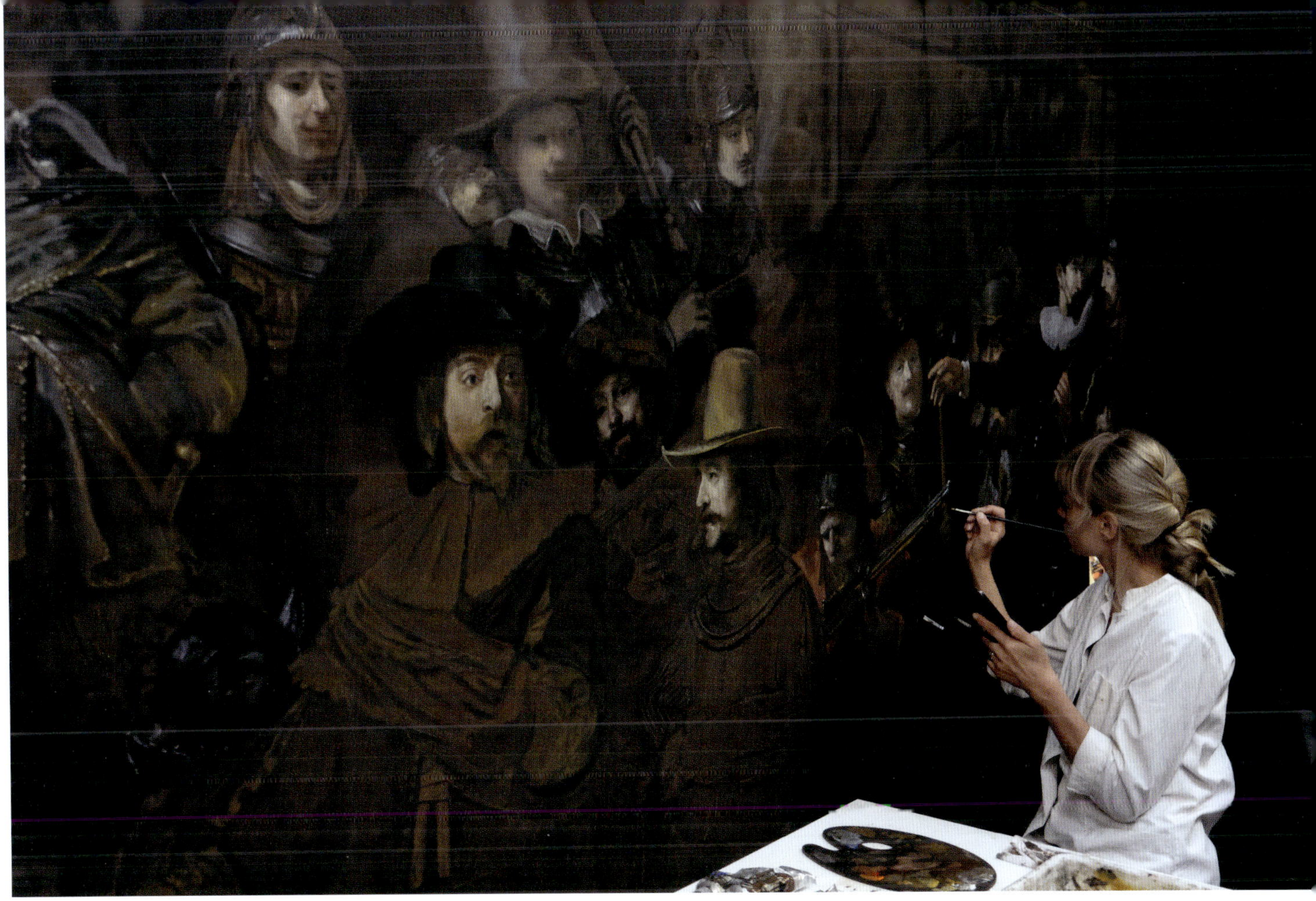

Na de gezichten is het de beurt aan de wapens en de kleding

Camera, licht en... actie!

Niets in de compositie van *De Nachtwacht* was in 1642 gebruikelijk voor een schuttersstuk. Vergelijk het met een klassenfoto. Stel je voor dat je als schoolleiding een klassenfotograaf uitnodigt om een mooie foto te maken. Dan verwacht je een plaat waarop iedereen goed te zien is, allemaal netjes op een rij, in ongeveer hetzelfde licht en iedereen even belangrijk. Dat was wat ze in de 17de eeuw ook van een schuttersstuk verwachtten.

En dan komt klassenfotograaf Van Rijn. Hij haalt het hele klaslokaal overhoop en zet iedereen in een soort actiepose neer. Hij doet het licht uit, zet wat lampjes aan de zijkant en plaatst drie flinke spots op de hoofdfiguren. Niemand is op dezelfde manier neergezet, sommige mensen staan zelfs helemaal in het donker met hun gezichten. Alles is dramatisch belicht. Dat maakt dit schilderij bijzonder, vanaf de eerste dag dat het in de Doelenzaal gezien kon worden tot aan vandaag de dag in het Rijksmuseum.

Rembrandt lijkt bijna meer een filmregisseur dan een schilder, met al die aandacht voor sfeer en verhaal. Michel en Joris zien een Steven Spielberg in hem; vanwege zijn talent voor beweging, drama en spektakel. Anderen herkennen er meer een Martin Scorsese in, die gezien wordt als een van de grootste en meest invloedrijke filmregisseurs. Net als Rembrandt is Scorsese briljant in het realiseren van drama, spanning, karaktertekening en dynamiek, terwijl hij in de details links en rechts soms steken laat vallen. Dit filmische effect zal mogelijk nog sterker naar voren komen als de reconstructie op het originele formaat gereed is. Dat is immers het doek waarvoor Rembrandt zijn *Nachtwacht* regisseerde.

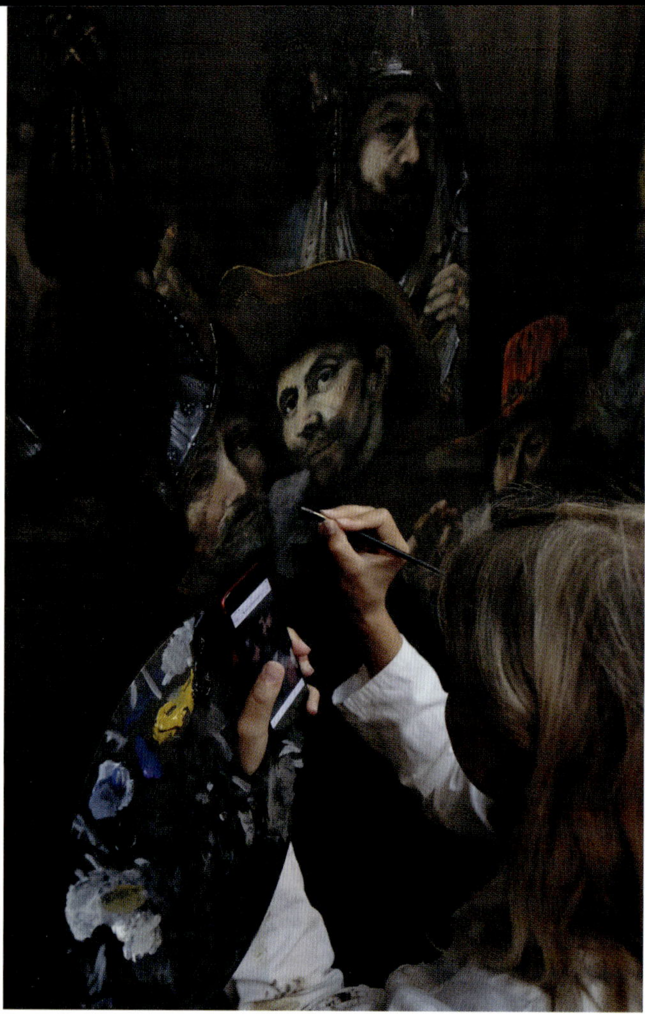
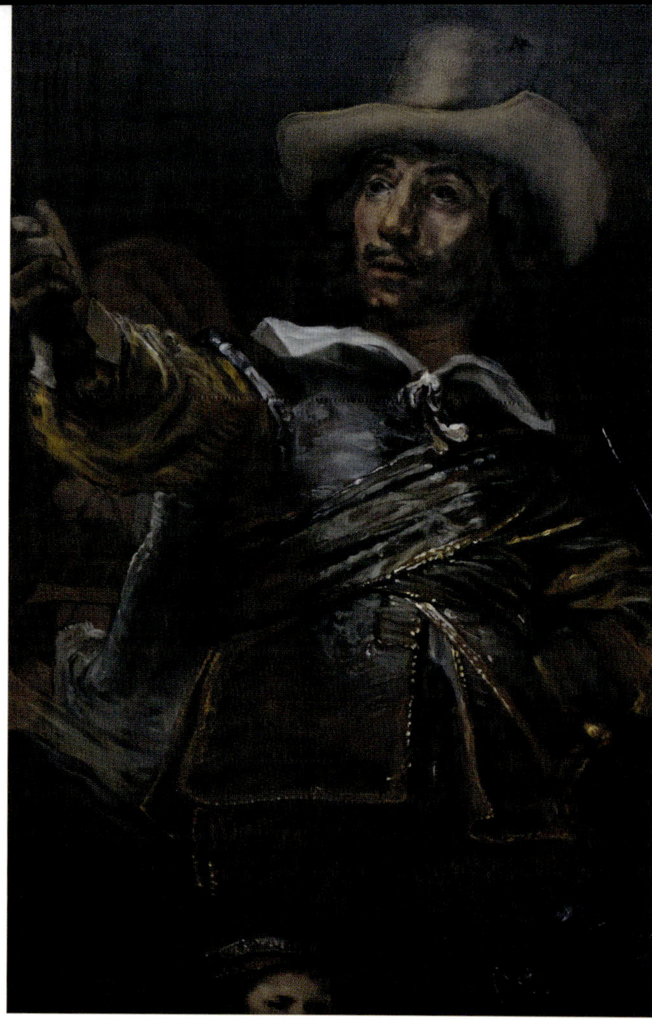
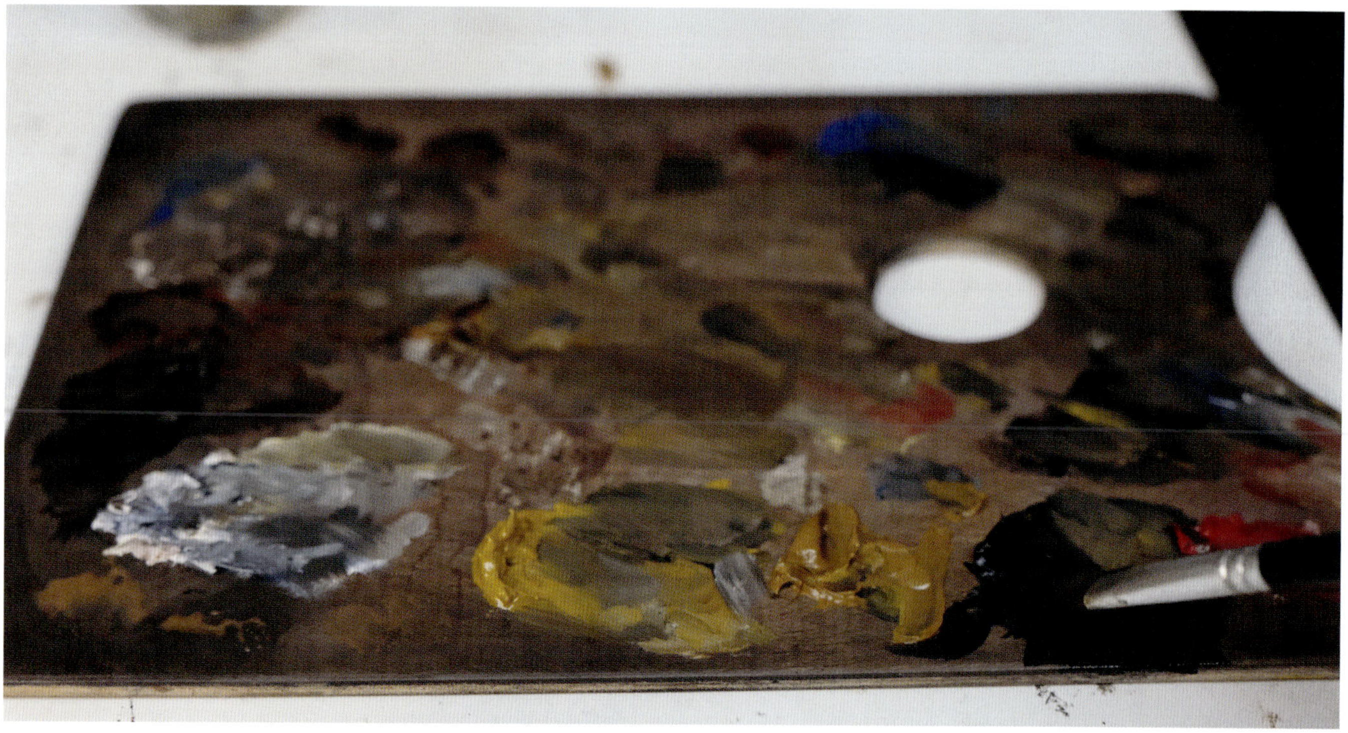

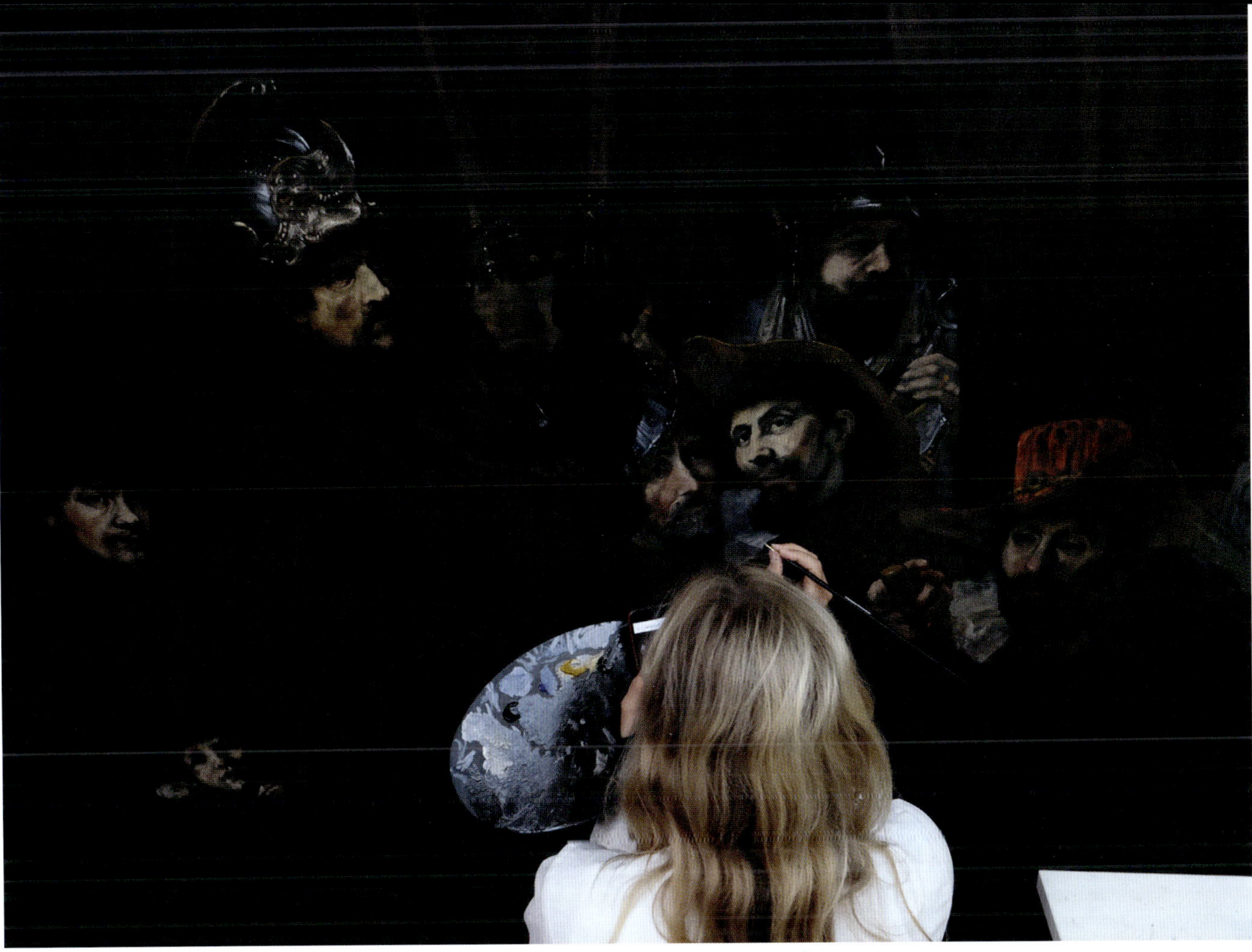

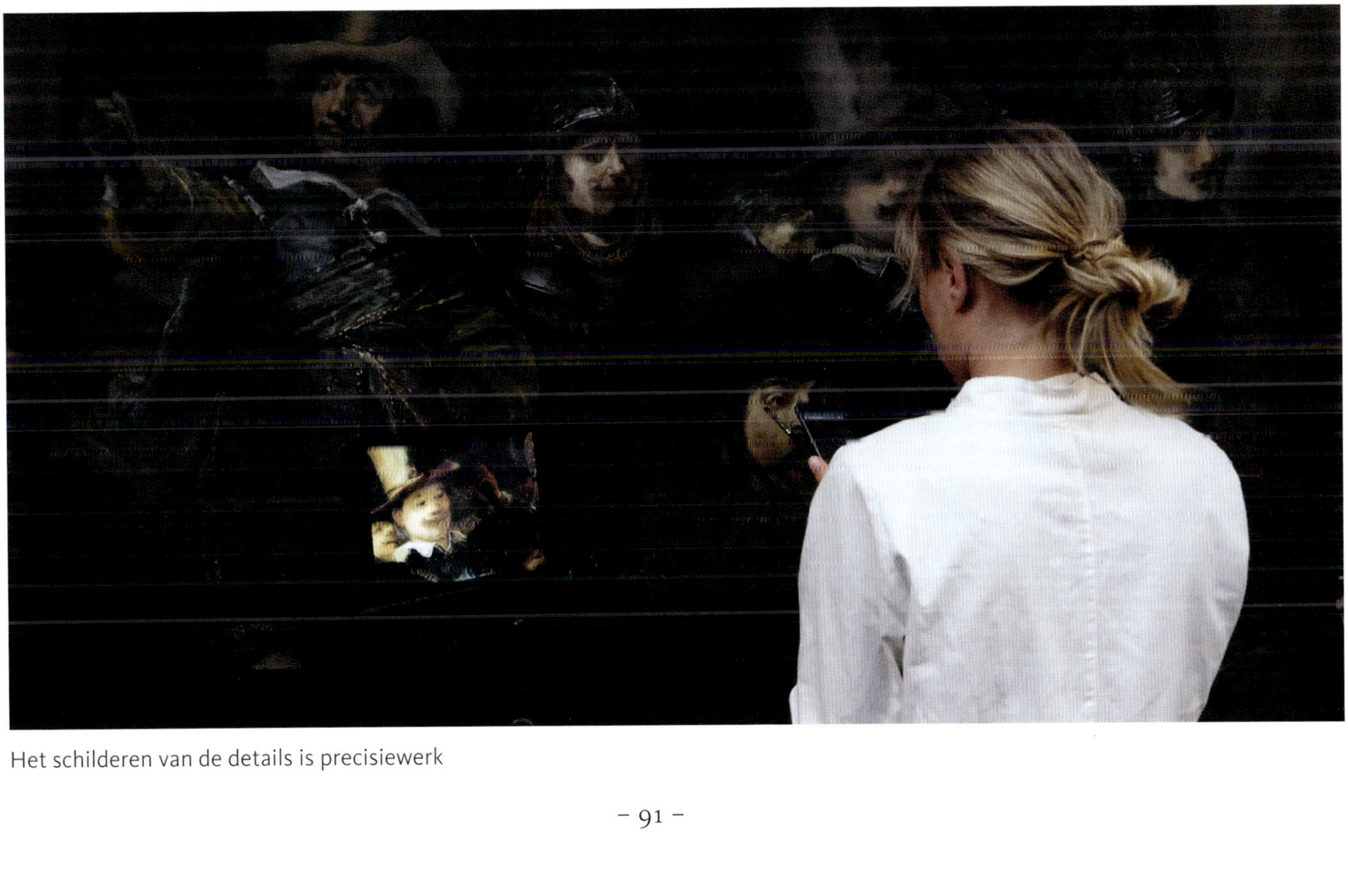

Het schilderen van de details is precisiewerk

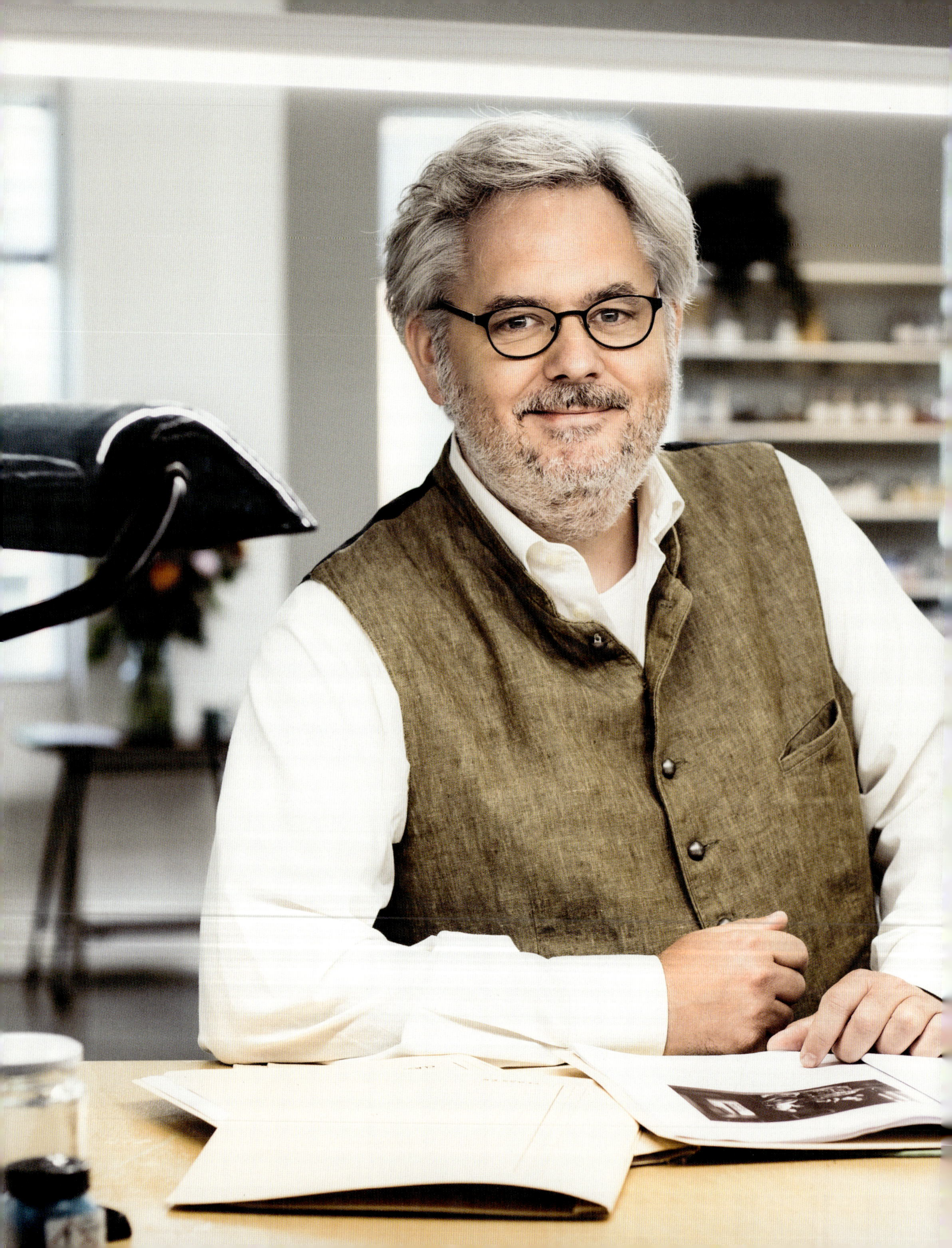

IN GESPREK MET

Joris

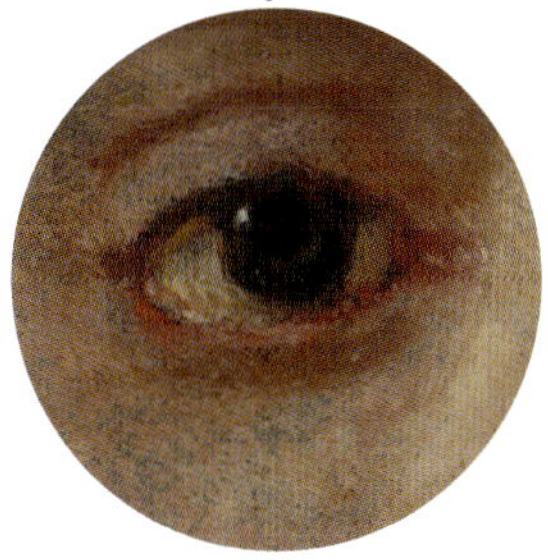

Joris Dik weet alles van materialen in de kunst. Hij is hoogleraar Materials in Art & Archaeology aan de TU Delft en doet voor *Het Geheim van de Meester* wetenschappelijk onderzoek naar wat er schuilgaat onder de lagen verf en vernis. Joris maakt voor dat onderzoek onder andere gebruik van XRF-scans, röntgenfoto's en verfmonsters. Hij ontdekt tekeningen, veranderingen in de compositie of zelfs compleet nieuwe schilderijen die nog nooit door iemand zijn gezien. Hij kan achterhalen welke elementen in de verf zitten, welke kleuren de kunstenaar heeft gebruikt en uit hoeveel verflagen een schilderij bestaat. Zijn onderzoek geeft inzicht in het creatieve proces en de keuzes van de kunstenaar en daarmee kan het team tot een perfect onderbouwde reconstructie komen. Marc spreekt Joris in zijn werkkamer aan de TU in Delft.

Toen je klein was, wilde je natuurlijk niet 'materiaaldeskundige' worden. Hoe ben je in dit vak terechtgekomen?

Ik kom uit een familie van restauratoren. Vroeger ging dat ambachtelijke vak vaak over van vader op zoon. De familie van Michel van de Laar is zo'n familie. En dat geldt ook voor de familie Dik. Het begon bij mijn overgrootvader, die zijn opleiding tot tekenaar volgde op de Teekenschool van het Rijksmuseum. Via die school en de contacten die hij opdeed, kon hij aan een loopbaan als restaurator beginnen. Hij had mooie klanten, allemaal uit de toenmalige elite. Tijdens de oorlog stopte dat, maar daarna ging hij er mee verder. Zijn zoon, mijn opa, nam het over. En vervolgens mijn oom.

Aanvankelijk wilde ik dat ook gaan doen. Ik ging kunstgeschiedenis studeren met het idee: ik ga restaureren. Ik verprutste het jammer genoeg meteen bij de toelatingsexamens. Ik had me daar toch een beetje op verkeken. Een van de opdrachten was het maken van een kleurmatch. Je krijgt als voorbeeld een vierkantje in een kleur en dan moet je daarnaast net zo'n vierkantje neerzetten en die kleur zo goed mogelijk benaderen. Hoewel ik echt de ambitie had, lukte me dat al niet. Ik kwam in de voorbereiding op het restauratievak in aanraking met de technische kant van de kunstgeschiedenis, de samenstelling van de gebruikte materialen en de scheikundige en natuurkundige aspecten van wat en hoe er geschilderd werd. Dat boeide me enorm.

Toen je afstudeerde, waren er toen al onderzoekslaboratoria?

Tijdens mijn studie, midden jaren negentig – ik was een jaar of 21 – werkte ik een tijdje in het Getty Museum in Amerika. Zij hadden een groot onderzoekslaboratorium. Tegenwoordig hebben veel musea dat, zoals het Rijksmuseum bijvoorbeeld, maar toentertijd was dat nieuw. Het Getty was en is zoals dat heet een *strong buyer*. Ze kopen veel, willen goed authenticiteitsonderzoek doen en hebben daar een eigen laboratorium voor. Ik wilde ook zoiets in Nederland opzetten, maar dan voor de commerciële kunstmarkt. Het toenmalige Centraal Laboratorium in Amsterdam had wel de apparatuur, maar mocht alleen voor de overheid werken. Dus toen ben

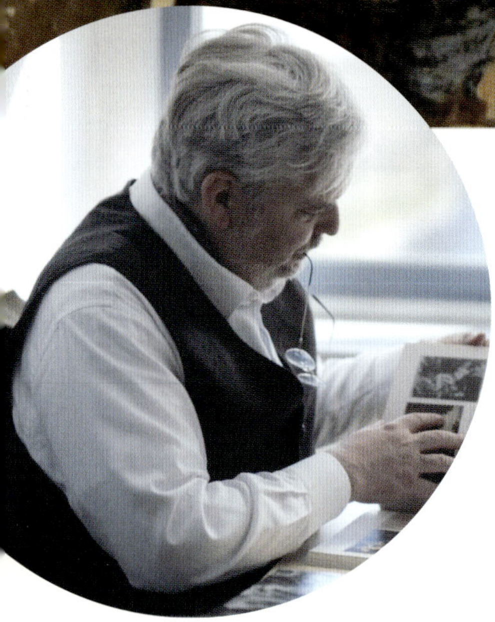

Soms gaan er ook compleet andere voorstellingen onder een schilderij verborgen (…)

ik naar veilinghuis Christie's gegaan met de vraag: 'Hebben jullie behoefte aan materiaaltechnisch onderzoek van kunstwerken?' Zij zagen het wel zitten en zodoende ging ik op zoek naar laboratoriumapparatuur. Ik vond die onder meer op de Universiteit van Amsterdam. Hier vond men het werk dat ik deed zo interessant dat ik binnen twee weken een promotieaanbod kreeg. Na die promotie kon ik in Delft terecht. En zodoende ben ik materiaaldeskundige en -onderzoeker geworden.

Je stond aan de bakermat van de XRF-methodiek die voor onze reconstructie zo belangrijk is. Hoe is dat zo gekomen?

Het begon met een goed idee en een omslachtige manier om dat te testen. Het idee is dat als je een materiaal bestraalt met röntgenstraling er ook straling terugkomt. Die straling zegt iets over de chemische samenstelling van dat materiaal. Voor schilderijen is dat interessant omdat je op die manier de aanwezigheid en de verdeling van pigmenten in kaart kunt brengen. Je kunt zichtbaar maken welke kleuren de kunstenaar op zijn palet had en waar die uiteindelijk op het schilderij terecht zijn gekomen. Aan het zichtbare oppervlak, maar ook eronder. Dat laatste is van belang, omdat er onder het oppervlak veel sporen liggen van het schilderproces. Denk aan kleine of grote veranderingen van de voorstelling. Soms gaan er ook compleet andere voorstellingen onder een schilderij verborgen, bijvoorbeeld omdat de schilder een doek of paneel hergebruikte.

Om dit idee te testen konden we vijftien jaar geleden eigenlijk alleen maar terecht bij een deeltjesversneller. Dan moet je dus met een waardevol werk naar zo'n versneller, buiten het museum, een behoorlijke operatie. We hebben het een paar keer gedaan, onder andere met werken uit het Kröller-Müller Museum. Dan moet zo'n schilderij op transport, wat een logistieke nachtmerrie is; denk aan transport, veiligheid, klimaat. Afijn, veel gedoe en geregel, maar het resultaat was het waard. Het eerste schilderij dat we onderzochten was een stilleven van Van Gogh uit zijn Parijse periode. Onder het oppervlak vonden we een onbekende studie van een boerin uit zijn Brabantse periode. Ik herinner me dat onderzoek heel goed, ineens keken we in de ogen van die boerin. Een heel bijzonder moment.

Met die bemoedigende resultaten konden we een eigen XRF-scanner bouwen. Zonder deeltjesversneller, maar met röntgenbuizen. Collega's van de Universiteit Antwerpen maakten de eerste mobiele versie. Die is langza-

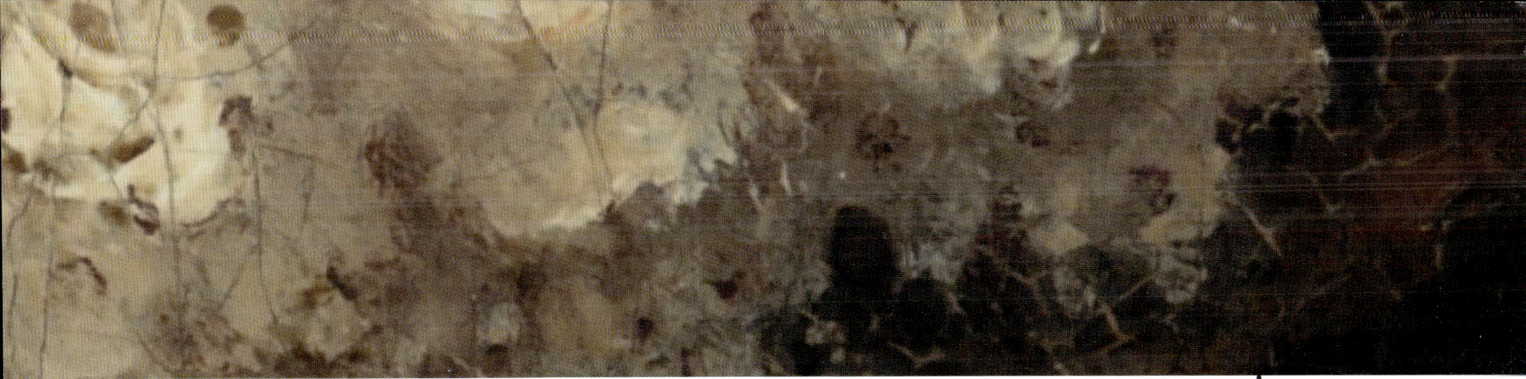

mer vergeleken met de deeltjesversneller, maar je krijgt toch goede resultaten. Dat moet je je zo voorstellen: de deeltjesversneller is een laserlicht, de röntgenbuis een waxinelichtje. Je kunt met een waxinelichtje prima een opname maken, maar dan moet je wel langer wachten. Een belangrijk voordeel is dat je met de apparatuur naar de musea kunt, in plaats van andersom.

Bij het prototype van de mobiele XRF-scanner moesten we alles apart aansturen. Je had eigenlijk twee promovendi nodig om het te bedienen. Niet gebruiksvriendelijk dus, en ook niet iets waarmee je meters kunt maken voor musea. Dus zijn we met dat prototype naar een bouwer van röntgenapparatuur gegaan. Die zagen er wel een markt in en ontwikkelden het verder. Vervolgens zijn we een rondje langs grote musea gegaan en nu heeft zo'n beetje ieder museum van naam er wel eentje. Elk modern onderzoek maakt er gebruik van en dat levert ontdekking na ontdekking op. Van de verschijning van een jonge twintiger op Ferdinand Bols *Drie regentessen van het Leprozenhuis te Amsterdam* (ca. 1668-ca. 1671) tot de ontdekking van een heel andere compositie onder Leonardo da Vinci's *Maagd op de rotsen* (ca. 1491-ca. 1508) of een landschap met heuvels onder Picasso's *De hurkende bedelaar* (1902). Naast ontdekkingen leveren de scans ongelofelijk veel data op. Al die data roepen meer vragen op dan de onderzoekscentra nu kunnen verwerken. De data van de elementen in schilderijen die we nu met al die XRF-scanners over de hele wereld verzamelen, zullen ons nog jaren bezighouden.

Naast ontdekkingen leveren de scans ongelofelijk veel data op

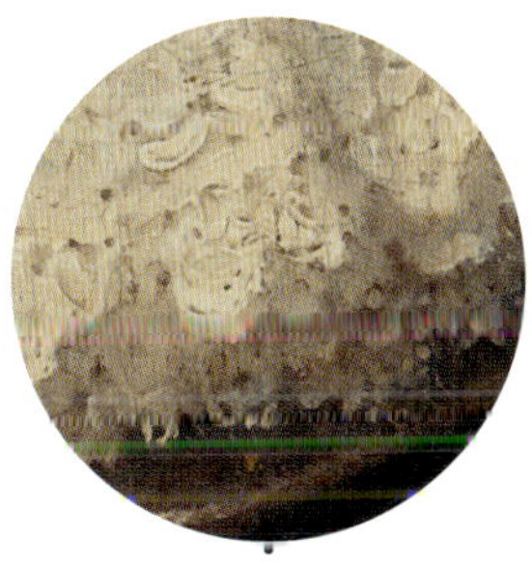

Wat betekent het onderzoek met XRF-scans voor de reconstructie?

Ten eerste kunnen we met de XRF-scan het palet van *De Nachtwacht* nauwkeurig reconstrueren. We weten welke pigmenten Rembrandt gebruikte, in welke combinatie en waar die pigmentmengsels op het schilderij terecht zijn gekomen. Ten tweede krijgen we inzicht in eventuele veranderingen van het schilderij. Is de compositie ergens aangepast in de loop van het schilderproces? Heeft Rembrandt de voorstelling ergens aangepast? Dat is natuurlijk allemaal belangrijke informatie voor de reconstructie.

Maar misschien kun je ooit nog verder gaan. In principe zou je in de data van de XRF-scans de recepten van Rembrandt terug moeten kunnen vinden. Er zijn concrete aanwijzingen dat schilders uit de 17de eeuw werkten met recepten waarin de pigmentverhoudingen voor verf zijn

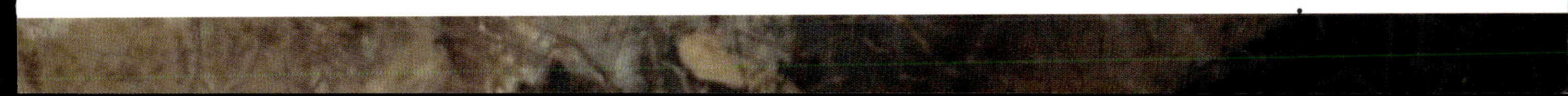

vastgelegd, bijvoorbeeld voor de blauwe lucht, een groene mantel of voor de huidstint. We zouden in de XRF-scan misschien de recepten van Rembrandt en andere schilderscholen terug kunnen vinden. Dit is de gedachte: *als* Rembrandt op een receptmatige manier verschillende pigmenten mengde, dan moeten al die verfstroken in die kleur over het hele doek dezelfde elementen in ongeveer dezelfde verhoudingen hebben. Dat zouden we misschien kunnen terugvinden in de XRF-data van de schilderijen van Rembrandt. Dat is een gigantische klus en we zijn er nog lang niet.

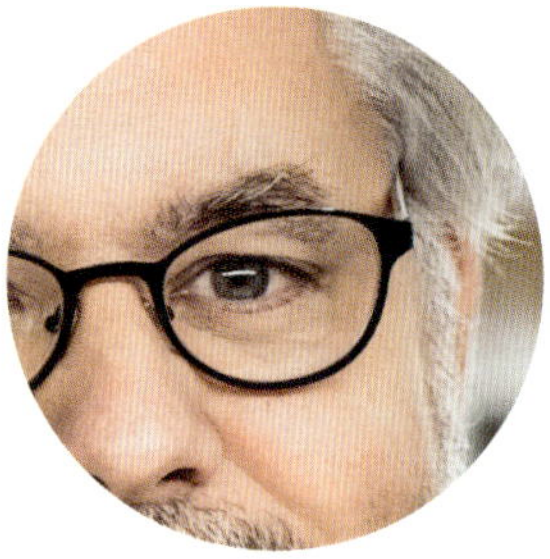

Wat vond je de grootste uitdaging?

Toen ik hoorde dat we *De Nachtwacht* zouden reconstrueren dacht ik: Dat is veel te veel en veel te groot. Krijg je dat wel logistiek voor elkaar? Gaat het lukken in samenwerking met het Rijksmuseum? Het spannendste vond ik de originele afmeting. De asymmetrie die in het oorspronkelijke werk zat en wat dat met de ruimtelijkheid en de beweging doet. Ik bedoel, dat kun je op het scherm van je computer niet simuleren. Ik denk ook dat we nu beter Rembrandts drang naar vernieuwing kennen en zijn ambitie om een groep mensen op een doek in contact te brengen met het publiek. Dat je het gevoel hebt dat je in een moment stapt, zoals hij dat ook zo goed deed in *De Staalmeesters*. Waarbij je het gevoel krijgt dat je als kijker de vergadering verstoort, alsof je komt binnenlopen en de mensen die geportretteerd zijn je aankijken met een 'en wie ben jij'-blik. Zo'n ongemakkelijk gevoel, alsof je aan de kant moet. Het is dit spel tussen de kijker en het beeld waar hij als een filmregisseur spannende nieuwe dingen mee doet. Ik verwacht dat die nog sprekender naar voren komen op het moment dat de ontbrekende delen terugkomen. Op *De Nachtwacht* die we allemaal kennen – de afgesneden versie – staat de groep stil in een pose. In de breedbeeldversie komen ze in beweging en zie je hoezeer vooral het linkerdeel ervan daaraan bijdraagt.

Ik acht het niet uitgesloten dat de originele afgesneden delen nog ergens zijn. Je gooit doek namelijk niet zomaar weg. Dat doen we nu nog steeds niet; oude schilderijen worden goedkoop opgekocht door kunstenaars en gebruikt als doek voor nieuw werk. Toentertijd was dat helemaal het geval. Dus ergens, onder een ander werk, zouden die delen – en misschien zijn ze daarna nog wel vaker in stukken verdeeld – te vinden kunnen zijn. In theorie kunnen we die met XRF-scans en röntgenfoto's vinden; de

Ik acht het niet uitgesloten dat de originele afgesneden delen nog ergens zijn

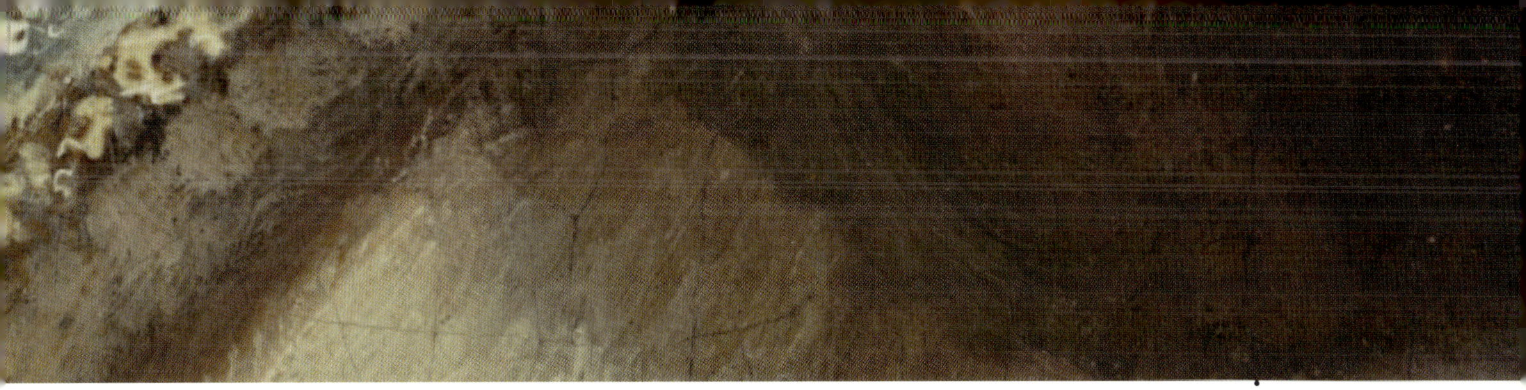

manier waarop de grondering in de doekstructuur zit, is uniek genoeg om het ene doek van het andere te onderscheiden. Als we dus met *big data* de doekstructuur van *De Nachtwacht* kunnen vergelijken met al die doeken die nu gescand worden, zou er eventueel een reepje *Nachtwacht*-doek ergens onder kunnen zitten. Dit alles met de kanttekening dat naar schatting tien procent van de in de 17de eeuw gemaakte schilderijen bewaard is gebleven.

Oh, en ik wil ook gezegd hebben dat ik het zonde vind dat we erover nadenken om de delen er weer af te snijden. Het liefst zou ik onze reconstructie een nieuw leven geven. Terug in het Paleis op de Dam of beter nog, in de Doelenzaal. Met de delen eraan, zoals het was, en dat je dan bijvoorbeeld met een VR- of AR-bril kunt zien hoe het daar toen hing. Zoals het geschilderd was, helemaal compleet.

Hoe zie je de toekomst van je werk voor je?

Er worden op dit moment veel data uit schilderijen gehaald. Zo veel dat we die nog niet goed kunnen verwerken. Om in die data dwarsverbanden te zien, heb je kunstmatige intelligentie nodig. Dat moet je zo zien: we scannen al die schilderijen bijna tot op de micrometer. Dat is een schat aan informatie, maar met te veel data die we op dit moment niet goed kunnen beheersen, laat staan met elkaar vergelijken. Als we dat wel kunnen, zouden we nieuwe verbanden kunnen leggen, patronen vinden, enzovoort.

En wat leveren al die data dan uiteindelijk op?

Zo'n 'doorkijkje' in het schilderij brengt je dichter bij de schilder. Je leert de schilder en zijn werk beter begrijpen. Waarom maakte Rembrandt bepaalde keuzes? En met welk schilderkunstig doel? Dat begrip van Rembrandt is ook van belang voor het behoud van zijn schilderijen en de vraag hoe we het werk van Rembrandt met het grote publiek delen.

In het geval van Rembrandt zie ik een man die voor het effect ging, die naar vernieuwing zocht en naar de verbinding met de kijker. Een man ook die het experiment opzoekt, een 'vakidioot' met veel liefde voor het vak en voor schildersmaterialen. En ook een man die niet altijd even handig met mensen was. Ik denk niet dat het heel leuk was om in zijn atelier als student te werken. Ik stel het me een beetje voor als in zo'n driesterrenkeuken, waar de chef-kok als een soms tierende despoot tekeergaat. Met militaire precisie, discipline en een sfeer om te snijden.

Zo'n 'doorkijkje' in het schilderij brengt je dichter bij de schilder

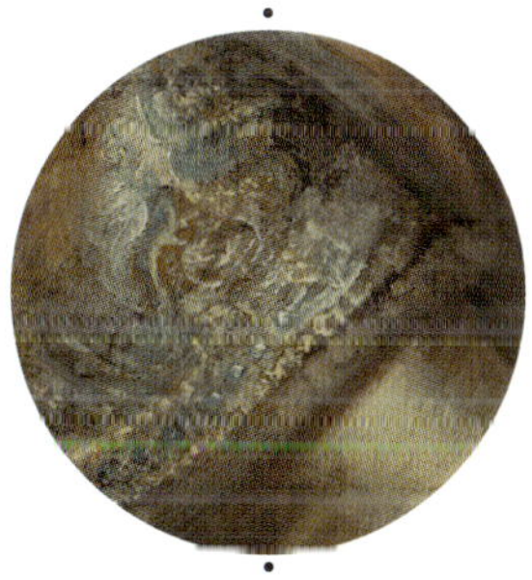

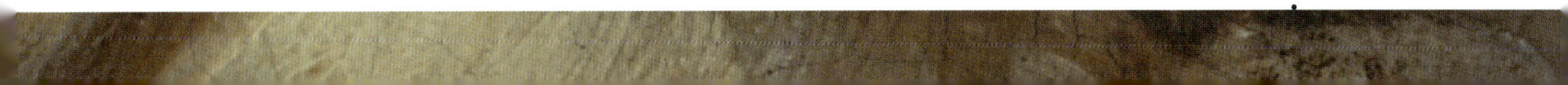

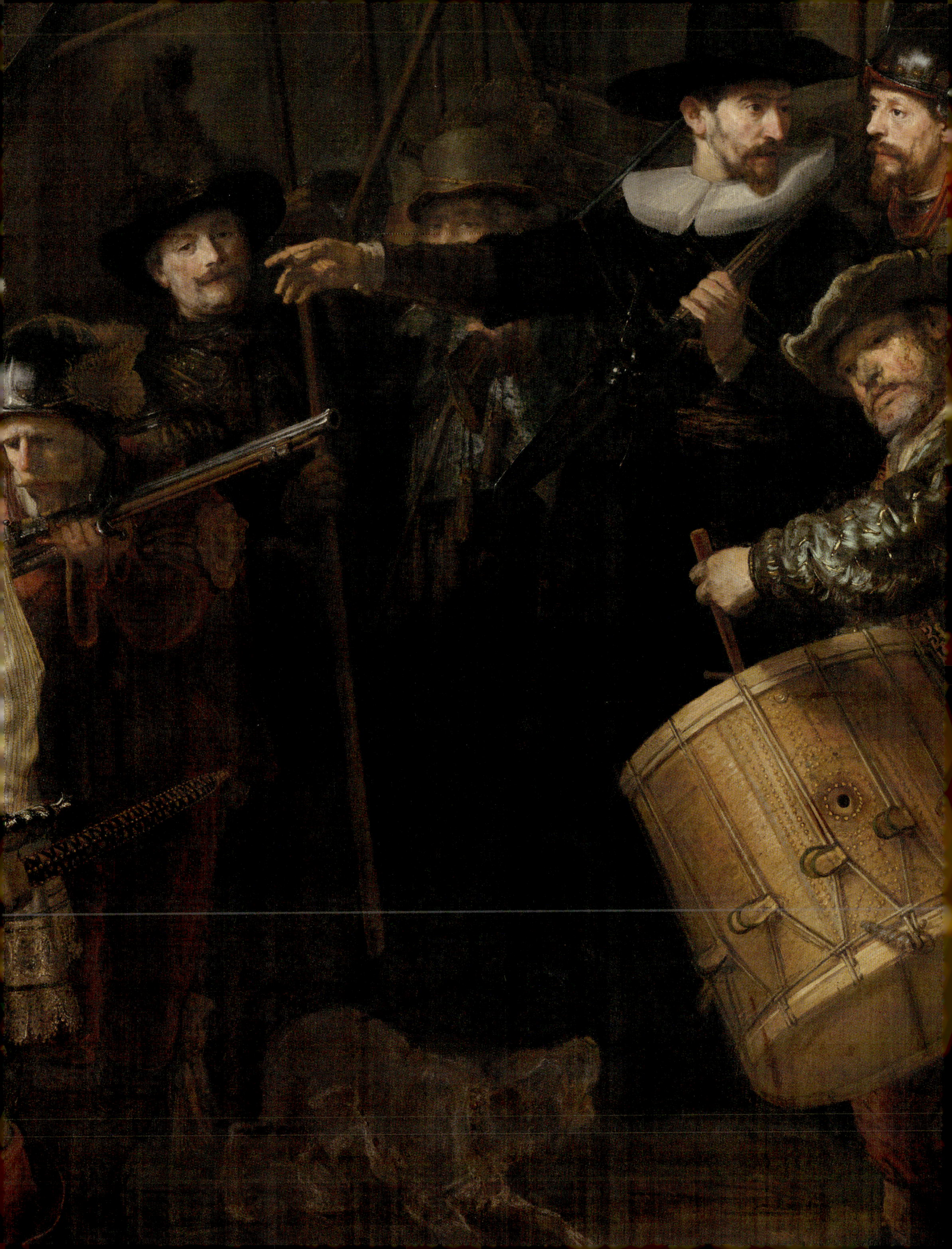

5

Wie staan er op *De Nachtwacht*?

Nu we weten hoe *De Nachtwacht* is opgebouwd en wat Rembrandt je doet beleven als je ernaar kijkt, wordt het tijd om naar het onderwerp zelf te kijken. Waar kijken we eigenlijk naar? *De Nachtwacht* is een groepsportret van een schutterij, een zogeheten schuttersstuk. Maar wie zijn die mensen die daar zo samen zijn afgebeeld?

Rembrandt en zijn schutters

De schutterij is in de 17de eeuw een soort burgerwacht die de stadsmuren van Amsterdam beschermde. Deelname aan de schutterij was verplicht voor alle mannen van 18 tot 60 jaar die een eigen uitrusting konden betalen. Rond 1642 woonden er ongeveer 200.000 mensen in Amsterdam. 10.000 waren ingeschreven als schutter en 6000 deden het werk ook echt actief. Het was iets om trots op te zijn. Je was een volwaardig lid van de samenleving, je vormde een onderdeel van de gevestigde orde en je droeg bij aan de veiligheid van je stad: militair, politie en BOA ineen.

Als er oorlog was, hielden de schutters de vijand buiten. Rembrandt leefde in een relatief vredige tijd. De schutterij had in zijn tijd vooral de verantwoordelijkheid om de openbare orde in de stad te handhaven. Bij brand bijvoorbeeld of als er relletjes waren. De schutters werden ook ingezet bij onderhoudstaken in de stad, zoals het ijsvrij maken van de grachten in de winter. En ze liepen 'de nachtwacht'. Elke nacht sloten de schutters de stadspoorten en hielden daarna de wacht in de afgesloten stad. Dat klinkt romantisch, maar het was in de praktijk een nogal saai baantje. Met lang wachten, een beetje rondlopen af en toe en veel gepraat om de tijd te doden. Alle schutters hadden naast de schutterij een baan en moesten dan na zo'n nacht de volgende dag gewoon weer aan het werk.

Op *De Nachtwacht* staan de Amsterdamse schutters van wijk II. De schutterij was opgedeeld per wijk en dit zijn de mannen van de wijk ten noorden van de Nieuwe Kerk, tussen Damrak en Singel tot aan de Onze Lieve Vrouwesteeg. Hun compagnie bestond uit 190 man. Wie herkenbaar op het schilderij vereeuwigd wilde worden, moest daarvoor betalen. De mannen die op *De Nachtwacht* afgebeeld zijn, hoorden dan ook tot de rijkere bevolking. Ze waren officier van de schutterij en werkten daarnaast veelal in de lakenhandel. De gewone manschappen die timmerman, bakker of schilder waren, kom je op dit soort schilderijen niet tegen. Om de scène te verlevendigen maakte Rembrandt ook gebruik van betaalde figuranten, zoals de tamboer aan de rechterkant van het schilderij.

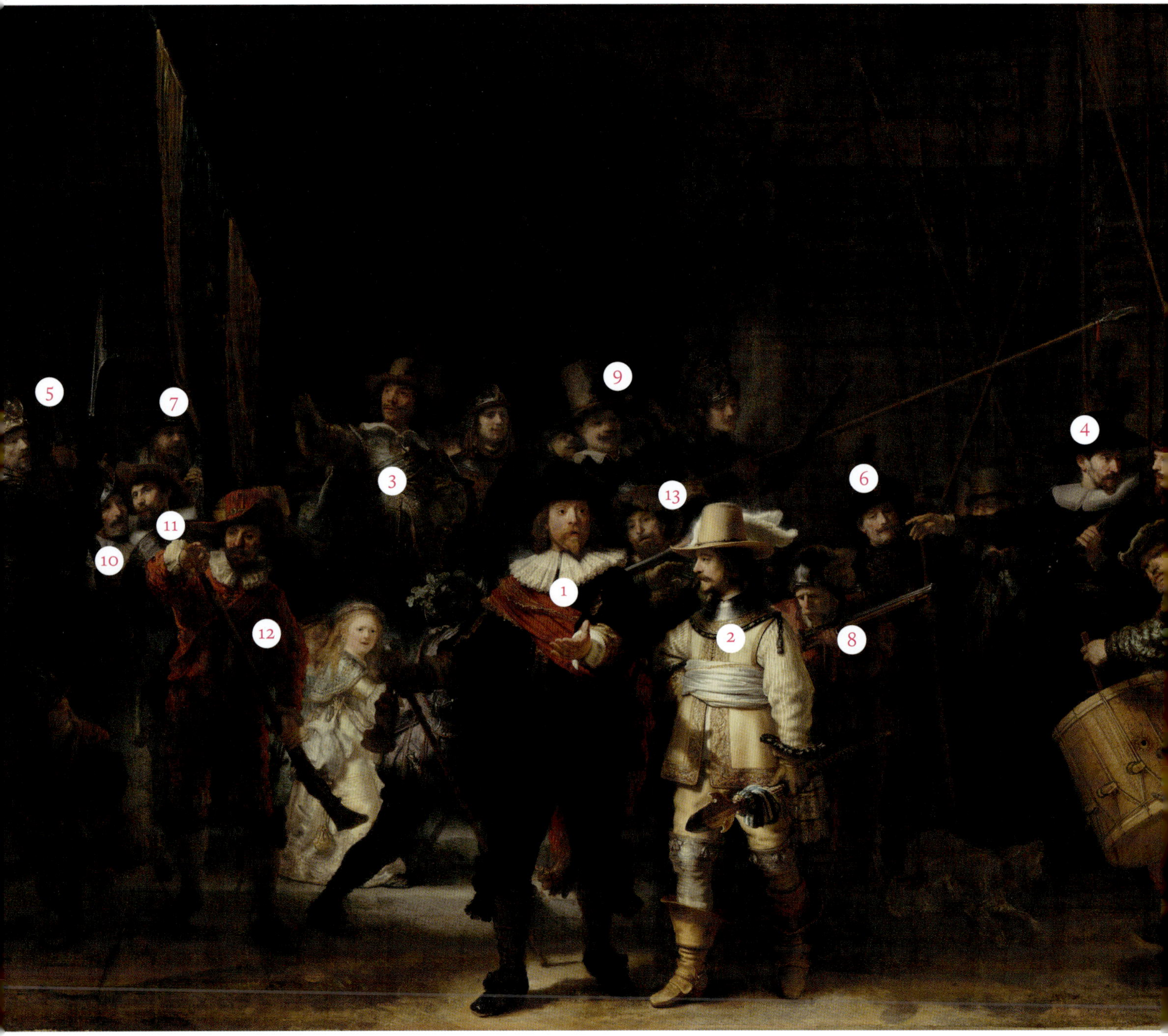
5
7
9
4
3
13
6
11
10
1
12
2
8

Wie is wie bij de schutterij van wijk II?

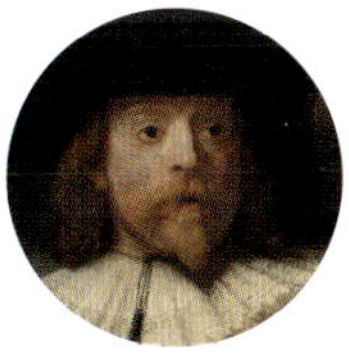

1 Frans Banninck Cocq

Frans Banninck Cocq wordt in 1575 aan de Dijkstraat in Amsterdam geboren. Zijn ouders vernoemen hem naar zijn opa van moederskant, Frans Banninck, die een bekende bestuurder in Amsterdam was. Frans volgt een studie rechten in Frankrijk en trouwt na zijn afstuderen met een dochter van de burgemeester van Amsterdam. Met dit huwelijk verzekert Frans Banninck zich van een loopbaan in de Amsterdamse bestuurselite. Hij wordt commissaris van huwelijkse zaken, wethouder en treedt later als burgemeester in de voetsporen van zijn schoonvader. Binnen de schutterij van wijk II bekleedt hij de functie van kapitein.

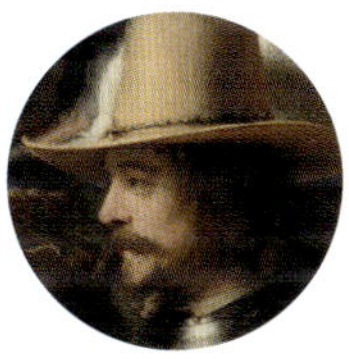

2 Willem van Ruytenburch

Willem van Ruytenburch wordt in 1600 geboren in een ambitieuze handelaarsfamilie. Het gaat de Van Ruytenburchs financieel al decennia voor de wind. Vader Pieter kan zich zo rond de geboorte van Willem een nieuw huis aan de Oudezijds Achterburgwal veroorloven. De familie is, hoe vermogend ook, van eenvoudige komaf. Generaties eerder gaf de familie zichzelf de naam 'Van Ruytenburch'; een vernoeming naar een huis in de Warmoesstraat waar ze toentertijd woonden. Zo'n naam van stand helpt, maar een echte titel is veel beter. Als Willem zes jaar oud is, koopt Pieter van Ruytenburch in 1611 voor 26.000 gulden landgoed de Buitenweide in Vlaardingen van Karel van Arenberg. Bij dat landgoed horen de rechten als ambachtsheer. Titels en aanzien, Willem zet het werk van de familie voort en beklimt de ambtelijke ladder in de hogere Amsterdamse bestuurlijke lagen. Hij wordt wethouder en in het schuttersgilde luitenant bij Frans Banninck Cock.

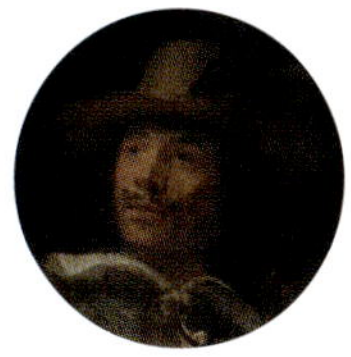

3 Jan Visscher Cornelisen

De man die het vaandel heft is Jan Visscher Cornelisen, vaandeldrager van de schutterij. Dat is niet zomaar een symbolische taak, de vaandeldrager is een van de belangrijkste functies. Goed in het zicht dient een vaandeldrager knap, jong en vrijgezel te zijn. Dat laatste klinkt misschien vreemd, maar als boegbeeld van de troepen loopt de vaandeldrager voorop, het gevaar tegemoet. Bovendien wappert hij met het vaandel en is dus een gemakkelijk doelwit. Om een stoet rouwende echtgenotes te voorkomen wordt deze '*sitting duck*'-functie ingevuld door een vrijgezel. Jan is een exemplarisch model: het is een belezen man met een gedegen opleiding en welvarend.

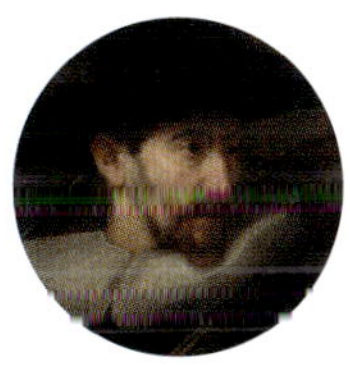

4 Rombout Kemp

Rombout Kemp is een textielhandelaar die zich via zijn huwelijk met Elsje Baersdorp een weg door het Amsterdamse bestuur baant. Hij staat bekend als een beschaafde man die een goede opleiding genoten heeft. Dat alles leidt niet tot topfuncties in het stadsbestuur. Als sergeant bij de schutterij krijgt hij misschien wel zijn hoogste functie: hij wordt luitenant als Van Ruytenburch in 1646 naar Den Haag verhuist. Ook zoon Artus krijgt een mooie functie in het gezelschap; hij volgt Jan Visscher Cornelisen na diens dood op als vaandeldrager.

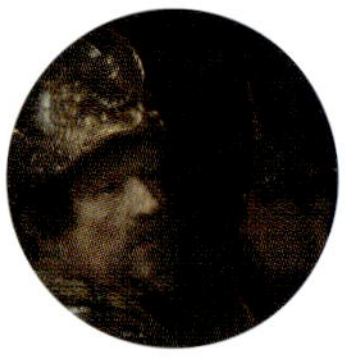

5 Reijnier Janszn Engelen

Reijnier Janszn Engelen was een stoffenhandelaar en sergeant bij de schutterij. Hij staat in *De Nachtwacht* helemaal links. Dat past wel bij de man, want hoewel hij als sergeant een belangrijke positie in de schutterij inneemt, zou hij nooit echt opvallen. Men heeft dan ook het vermoeden dat hij die functie vooral kreeg omdat hij al wat ouder was. Niet lang nadat *De Nachtwacht* onthuld werd, verhuisde hij naar wijk III en verliet de schutterij.

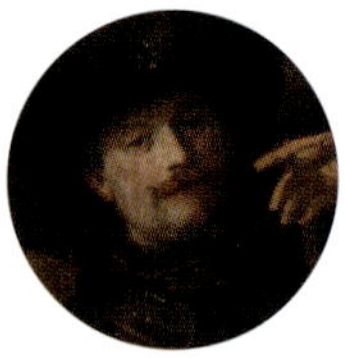

6 Barent Harmansen Bolhamer

Kruidenier Barent Harmansen Bolhamer – met die 'sorteerhoed' op – heeft een mysterieus leven. Dat begint met de aankoop van een huis op de Nieuwezijds Voorburgwal in 1616. Barent was toen niet getrouwd en zou ook nooit trouwen. Hij woont er echter niet alleen, zijn zus trekt bij hem in en het stel zou tot zijn dood samen blijven wonen. Ze verhuizen tussentijds nog een keer, maar daarmee is het verhaal wel af. Totdat na de dood van Barent ene Alida Bolhamer zich meldt en zich tot rechtmatige erfgename verklaart. Wat? Wie is zij? Onwettige dochter? Zijn zus? Niemand die het weet.

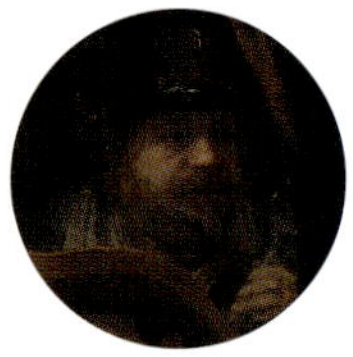

7 Elbert Willemsen

Elbert Willemsen is een succesvolle handelaar. Hij heeft het van geen vreemde; zijn familie is groot geworden in de handel en verkoop van vis. Als Elbert twee jaar na de onthulling van *De Nachtwacht* sterft, laat hij zijn kinderen een handelshuis na met de astronomische waarde van 90.000 gulden.

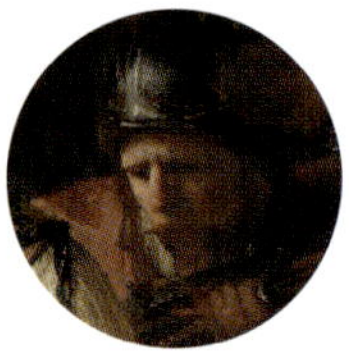

8 Jan Clasen Leydeckers

Jan Clasen Leydeckers sterft in 1640, twee jaar voordat Rembrandt *De Nachtwacht* oplevert. Hij staat op het schilderij omdat hij al wel betaald had; Rembrandt maakte voor de gelijkenis van Jans gezicht gebruik van een eerder door kunstenaar Jacob de Gheyn gemaakte prent. Een mooie hommage aan de man en hierdoor weten we wanneer Rembrandt ten laatste de opdracht moet hebben gekregen.

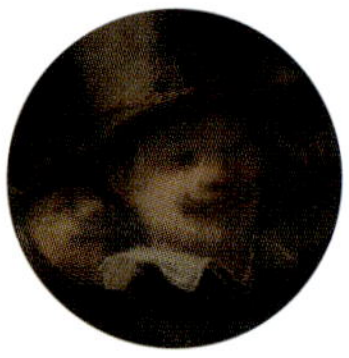

9 Jan Ockersen

Je kunt het verhaal van Jan Ockersen niet vertellen zonder de zus van Jans grootmoeder te noemen: Weijn Adriaen. Weijn was een enthousiaste deelnemer aan de Beeldenstorm. Tijdens een bestorming van de Oude Kerk gooide ze een schoen naar een Mariabeeldje en werd daarvoor gearresteerd, gemarteld en uiteindelijk publiekelijk verdronken op de Dam in een vat vol water. Het beeld van een vrouw die haar schoen naar de Heilige Maagd Maria werpt was zo shockerend dat het lang een symbool van de Beeldenstorm zou blijven. Jan zal zijn oudtante dan ook best nog eens op een prent zijn tegengekomen. Dat had overigens geen invloed op zijn loopbaan. Hij maakt naam in de stoffenhandel en sluit zich aan bij de schutterij van Banninck Cocq. Als een aantal jaren later de Amsterdamse wijken anders worden ingedeeld, wordt Jan luitenant bij de schutterij van wijk XXI.

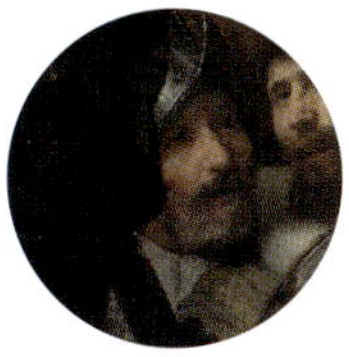

10 Jan Pietersen Bronchorst

Het is een klassiek van-de-goot-naar-de-gracht-verhaal, dat van Jan Pietersen Bronchorst. Hij begint als een nederige schapenscheerder en werkt zich op tot een stoffenhandelaar die én bij de schutterij aangesloten is én het bovendien ook nog kan betalen om op *De Nachtwacht* vereeuwigd te worden. Een niet geringe prestatie. Begrijpelijk ook dat we via hem weten wat het al met al gekost heeft om op *De Nachtwacht* geportretteerd te worden: ongeveer 100 gulden per persoon, opgeteld zo'n 1800 gulden.

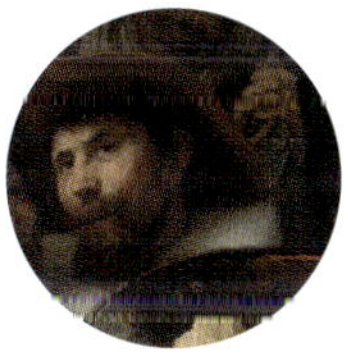

11 Harman Iacobsen Wormskerck

De Deventer stoffenhandelaar Harman Iacobsen Wormskerck is de schilddrager van de schutterij. Binnen de elite die op *De Nachtwacht* staat afgebeeld, zat hij ongetwijfeld in de top. Harman is namelijk zo welvarend dat hij op 51-jarige leeftijd met pensioen kan. Dat doet hij in 1642, precies hetzelfde jaar als de onthulling van *De Nachtwacht*.

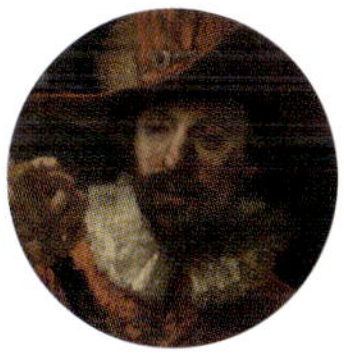

12 Jan van der Heede

Je kunt hem niet missen: musketier Van der Heede staat in opvallend rode kleding vooraan op het schilderij zijn musket te laden. Hij is het startpunt van het verhaal over het laden, schieten en uitblazen van een musket dat dwars over het schilderij loopt. Zulke prachtige rode kleren helpen bij het dirigeren van de aandacht over het schilderij, maar het klopte ook. Van der Heede is op dat moment namelijk vrijgezel en dan mag je, naar de laatste 17de-eeuwse modevoorschriften, uitbundig gekleurde kleding dragen.

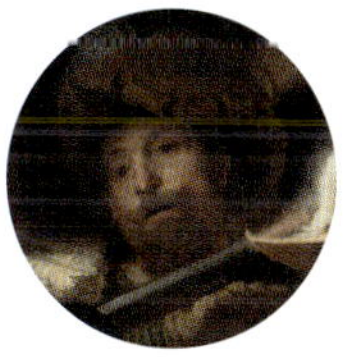

13 Jan Adriaensen Keyser

Wijnhandelaar Jan Adriaensen Keyser staat tussen de kapitein en de luitenant in en het lijkt wel alsof hij recht in de camera kijkt. Die positie op het schilderij is veelzeggend; Jan Adriaensen is als officier van bewapening een spil in de schutterij. Via zijn contact met Frans Banninck (en zijn kennis van goede wijn) wordt hij uiteindelijk benoemd tot rentmeester van de Handboogdoelen.

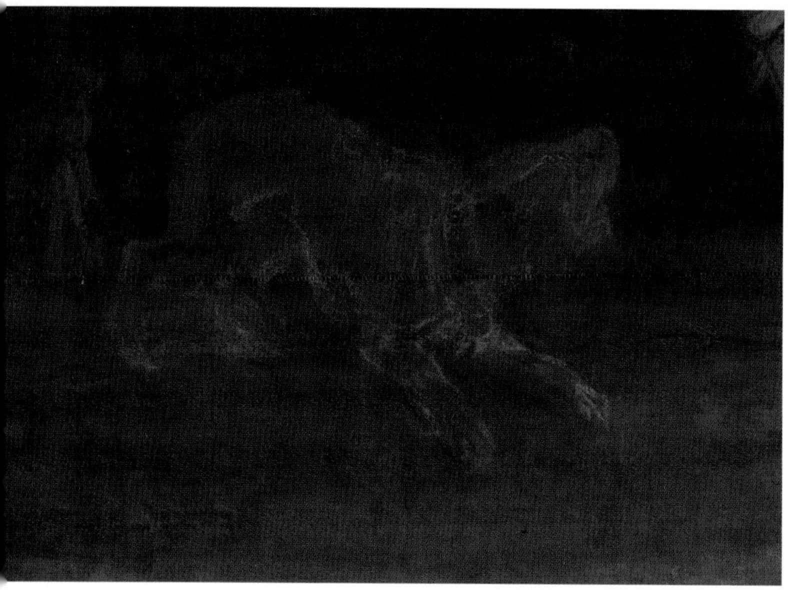

Het hondje op *De Nachtwacht*

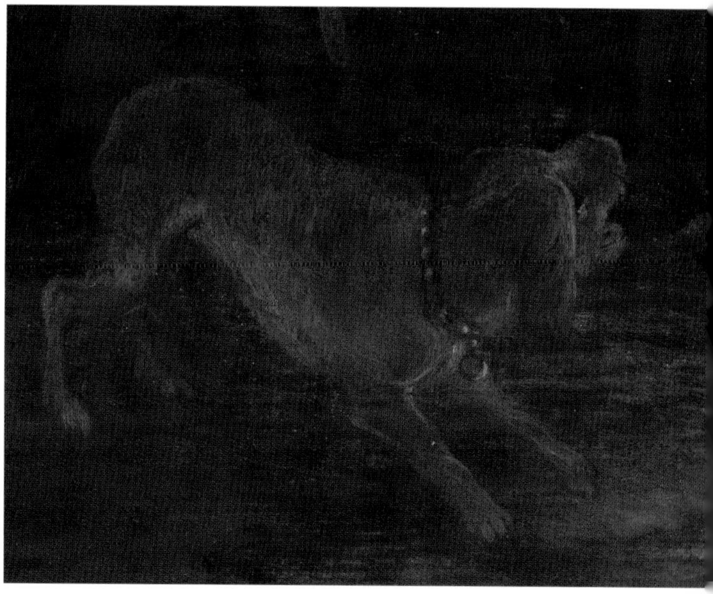

Het hondje op de Lundenskopie van *De Nachtwacht*

De figuranten

De man met de trommel, Jacob Jorisz, hebben we al genoemd. Hij was geen schutter maar was als model ingehuurd. Links van hem en aan de voeten van Barent Harmansen Bolhamer draait een hond zich om. Hij zal wel schrikken van al dat lawaai en beweging opeens. De hond is vaal. Is hij ooit verpoetst door een ondeskundige restaurator, is de verf verkleurd of heeft hij er altijd zo uitgezien? Daar moeten we achter zien te komen, want ook wij moeten hem schilderen.

De kopie van Lundens is een goed referentiepunt. Op zijn kopie is de hond minder vaal geschilderd. Maar we zijn Rembrandts *Nachtwacht* aan het reconstrueren, niet die van Lundens. Terug dus naar het origineel. Terwijl het team aan het werk is, wordt er door de onderzoekers van Operatie Nachtwacht een ontdekking gedaan die invloed heeft op hoe het team moet schilderen. De witte waas die je over de hele hond ziet en waardoor het een beetje op een spookhond lijkt, zie je soms ook in de gezichten terug (al valt het daar minder op). Het komt in verschillende andere schilderijen uit Rembrandts oeuvre ook voor. De witte waas bestaat uit witte lijnen van de onderschildering van de hond die als het ware 'doorbloeden' naar boven. Het is een bevestiging van het idee dat, als je naar *De Nachtwacht* kijkt, je dus ook kijkt naar hoe *De Nachtwacht* veranderd is. Rembrandt schetste de hond in krijtverf op de grondlaag. Daarbij hield hij voor een groot deel de grondlaag zichtbaar. Op sommige plekken schildert hij hier met bruin overheen, zoals bij de tenen van de voorpoot. Of hij schildert highlights, zoals op de neus van de hond.

Door de manier waarop Rembrandt dit deel heeft opgezet, lijkt de hond uit balans met de rest van het schilderij. Dit komt ook doordat het doek op deze specifieke plek op een bepaalde manier verouderd is. Een deel van de verflagen is weg, waardoor je direct op het doek kijkt. Daarbij is de bruine en gele verf flink vervaagd waardoor je de witte schets nu zo goed kunt zien.

Detail van de reconstructie met de attributen die het meisje bij zich draagt

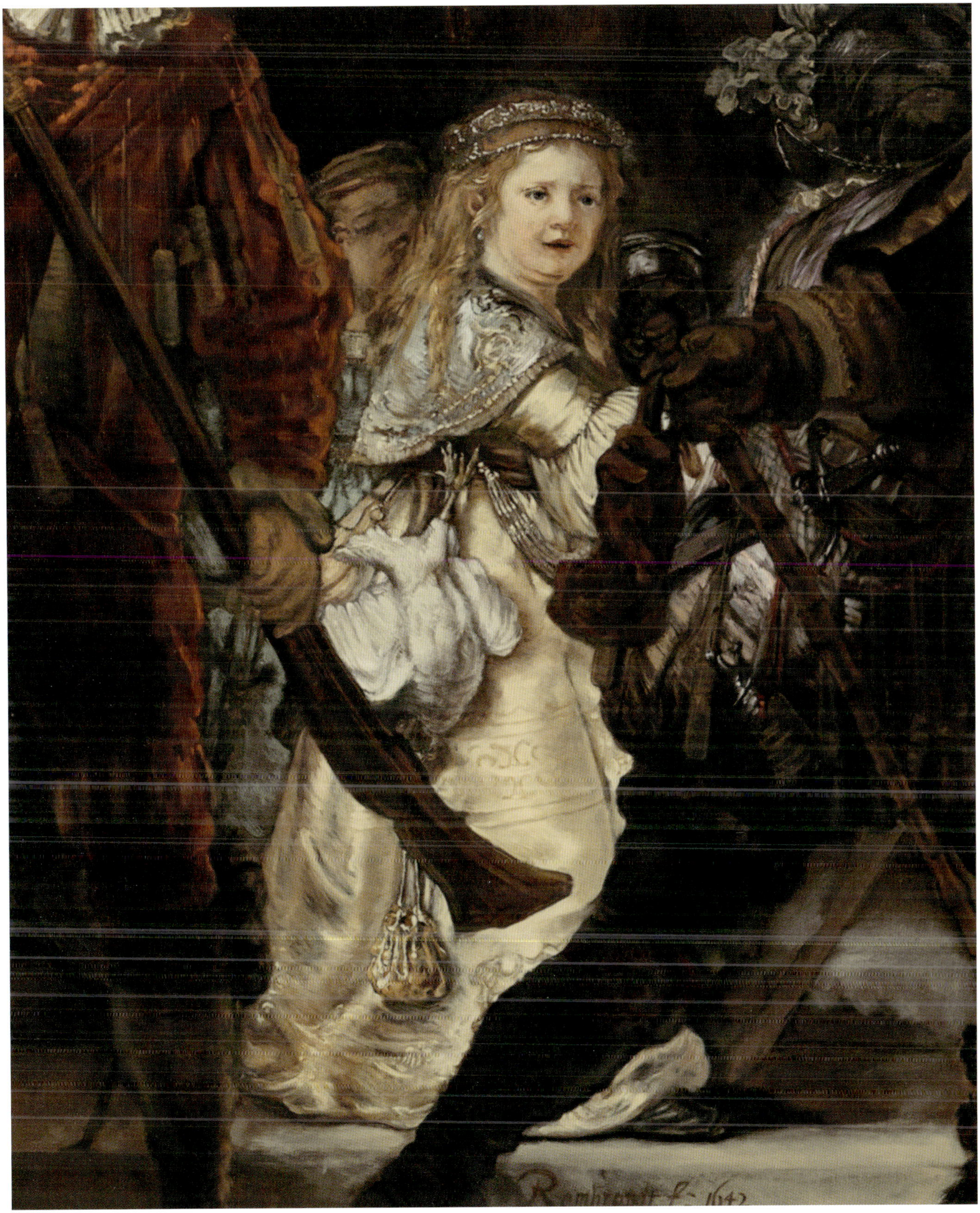

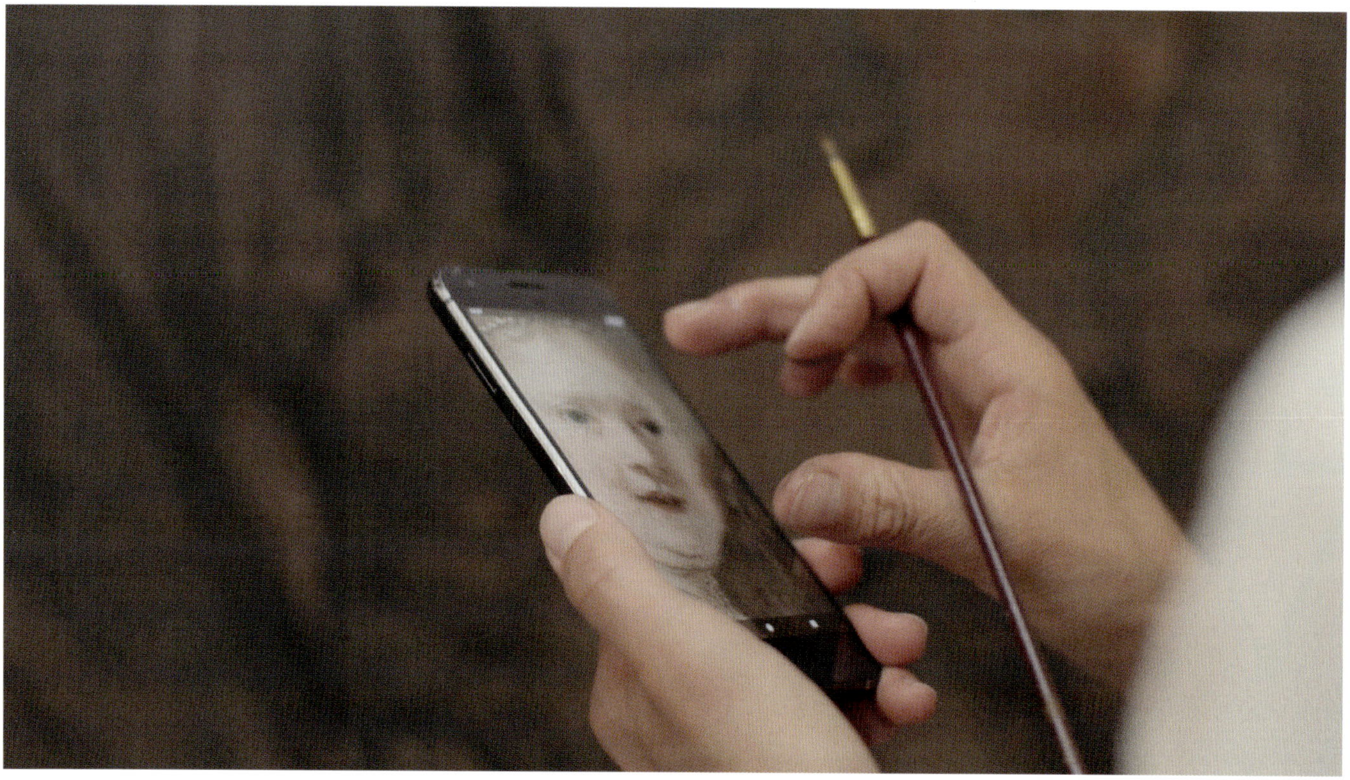

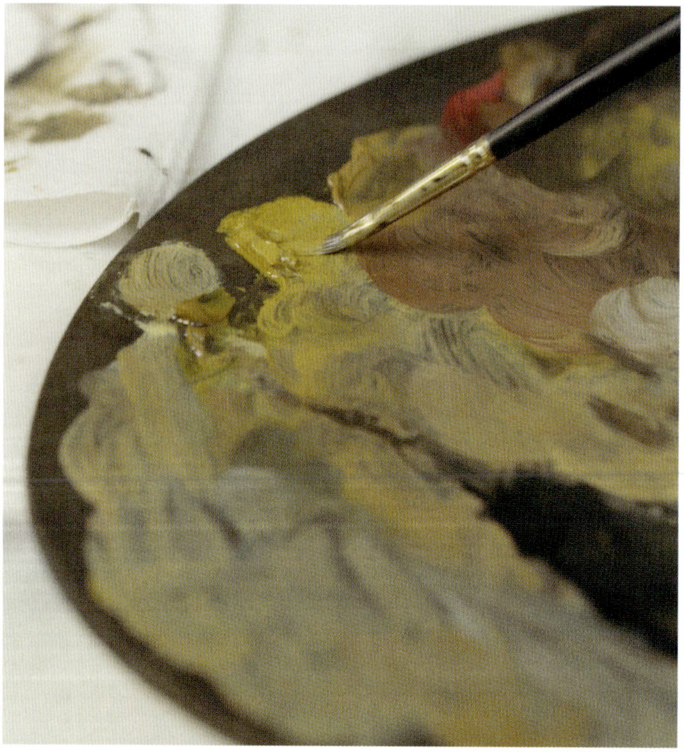

Het verlichte meisje

In het overwegend donkere groepsportret verschijnt op sommige plekken een straal licht. Zoals op de hand waarmee Frans Banninck Cocq het gezelschap aanspoort te marcheren. En op het meisje dat links naast hem in een blauw-gouden jurk staat – een kledingstijl die overigens veel ouder is dan 1642. Over wie ze is, bestaan veel geruchten. Van Rembrandts vrouw Saskia tot een dochter van een van de schutters. Wie het ook is, het afgebeelde meisje staat symbool voor het Kloveniersgilde. Ze draagt drie voorwerpen aan haar jurk: een kruittasje, een pistool en een dode kip. De eerste twee voorwerpen en de klauwen van de kip verwijzen naar de kloveniers die ook wel 'de clauweniers' werden genoemd. Er wordt gedacht dat ze mogelijk een ceremoniële drinkhoorn in haar hand heeft, van eenzelfde soort als het exemplaar dat zich in de collectie van het Rijksmuseum bevindt.

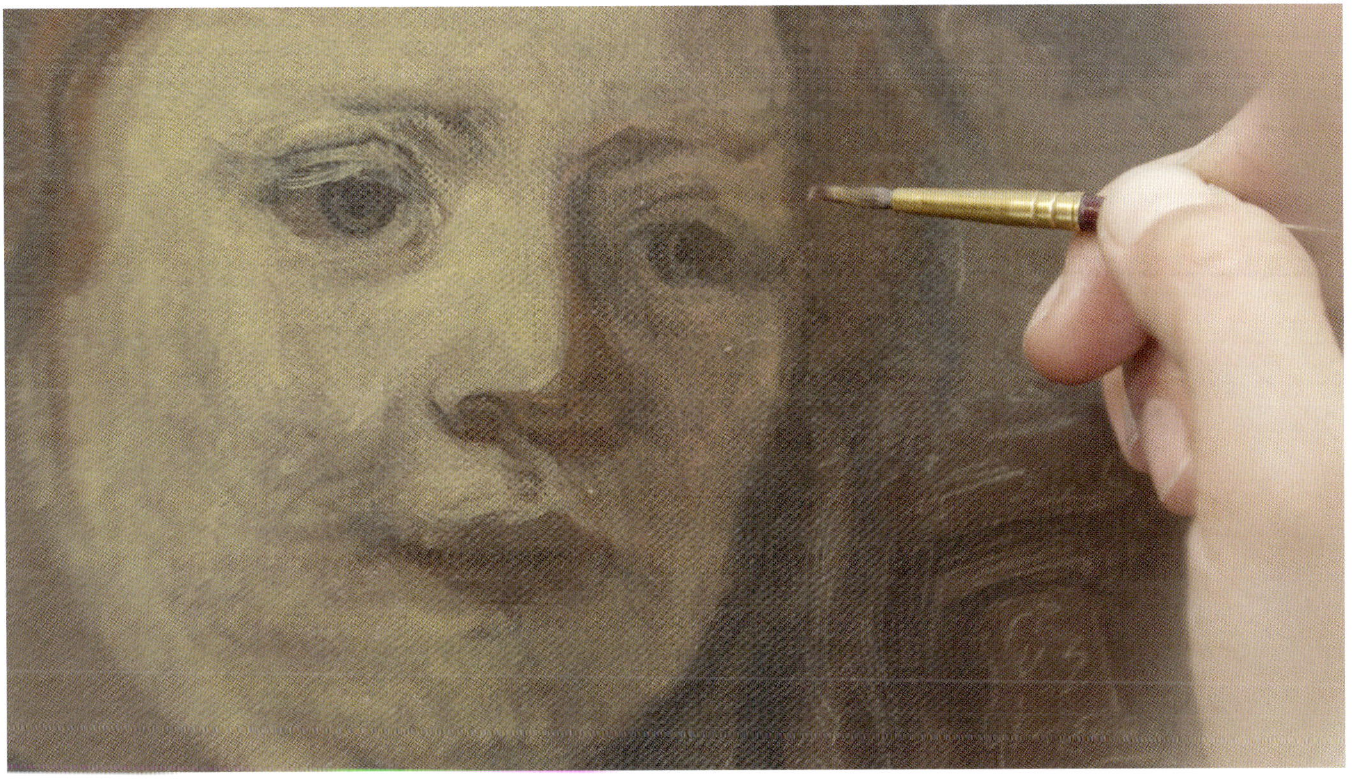

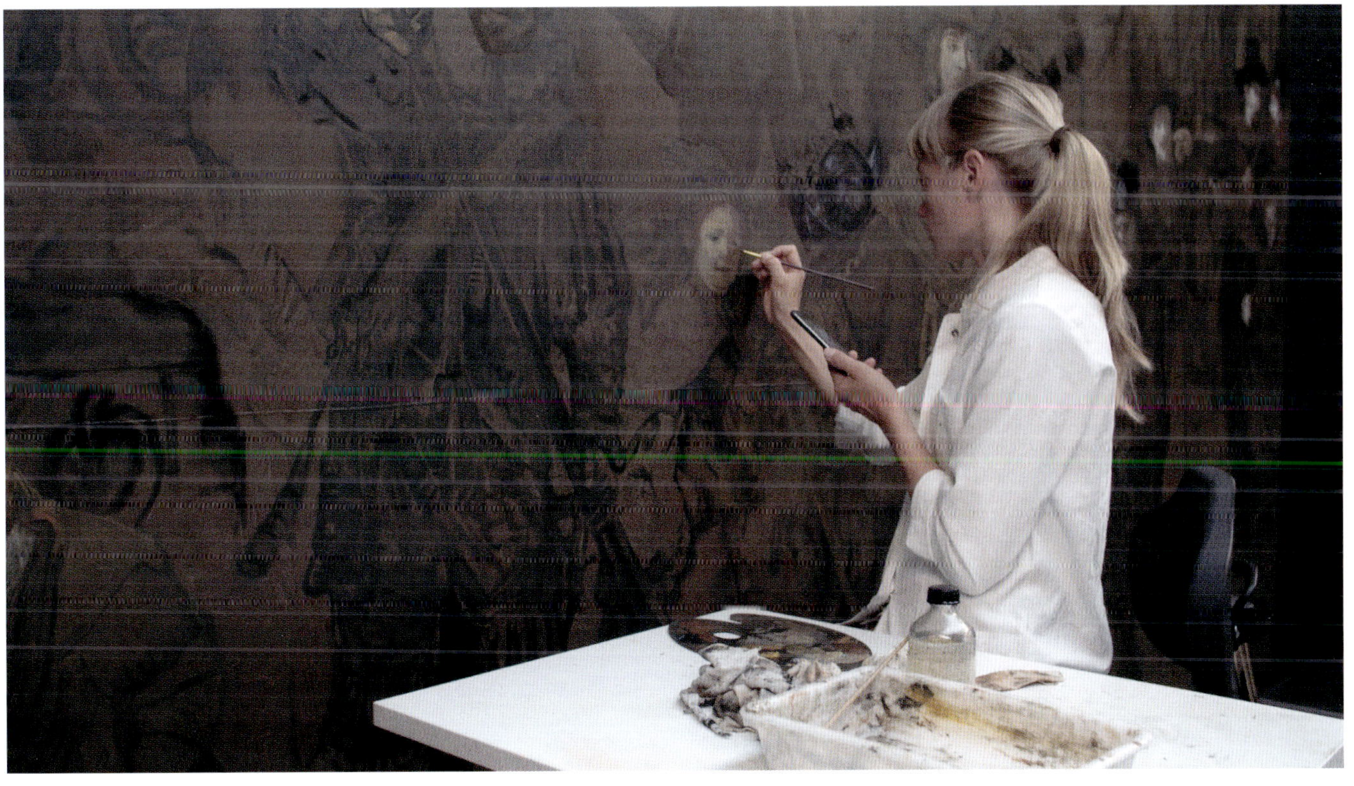

Het meisje krijgt steeds meer vorm

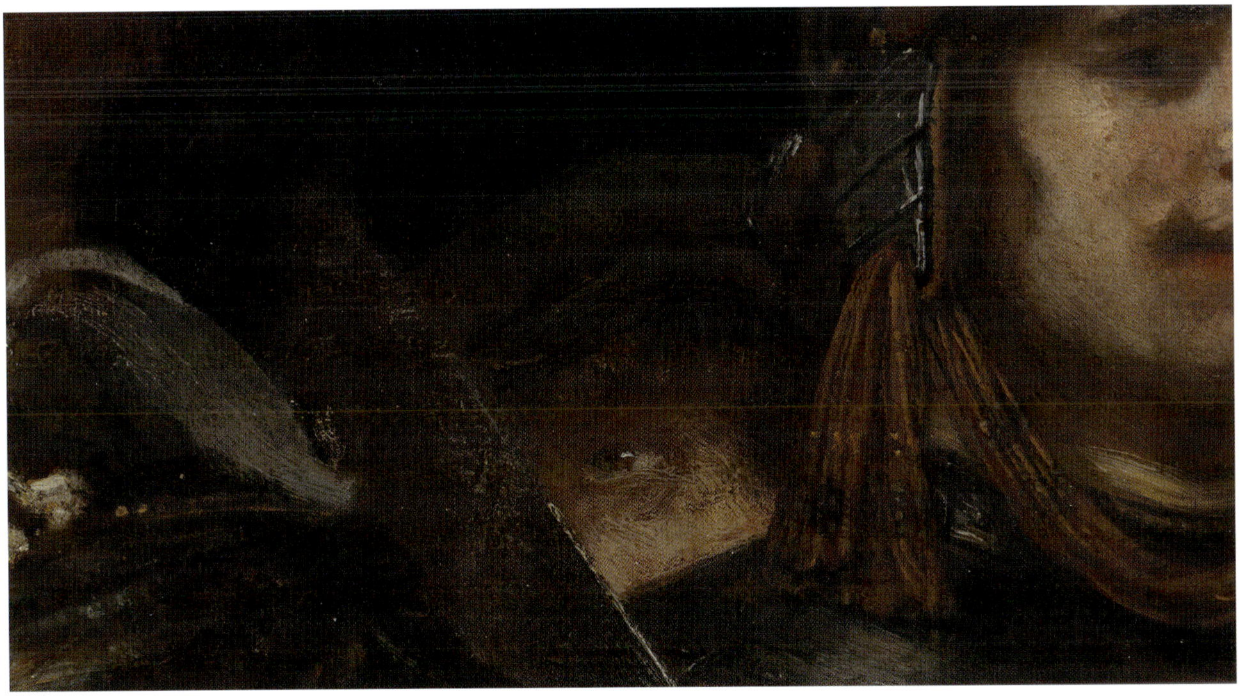

Detail van *De Nachtwacht* met het zelfportret van Rembrandt

Rembrandt zelf

Links achter Banninck Cock, tussen de vaandeldrager en schilddrager Claes van Cruysbergen (met helm), is een deel van het gezicht van een man met een baret te zien. Een van zijn ogen is goed zichtbaar en kijkt naar het vaandel. Het is waarschijnlijk de schilder zelf; Rembrandt verstopte zichzelf vaker in zijn schilderijen.

Niet alleen kan de baret een verwijzing naar Rembrandt zijn. Ook het feit dat deze kop zo goed zichtbaar is en zich daarmee onderscheidt van de andere koppen van figuranten en maar half afgebeelde koppen, zou hierop kunnen wijzen. Bovendien is het gezicht heel gedetailleerd uitgewerkt en vangt ook nog licht.

Petar Đurić deed er onderzoek naar. Uit recente XRF-scans van het schilderij blijkt dat Rembrandt speciale aandacht aan het oog besteedde, vooral aan de contouren ervan. De verf is met overtuigende streken aangebracht en bij geen enkele andere figurant heeft hij de ogen zo duidelijk geschilderd. Alsof het hier extra belangrijk is dat je ziet waar het oog naar kijkt: het vaandel van de schutterij.

De studies met de XRF-scanner laten bovendien zien dat Rembrandt dit portret als een van de laatste onderdelen ertussen heeft geplaatst. De penseelstreken volgen de contouren van al geschilderde delen. De penseelstreken van de baret van de man stoppen bijvoorbeeld precies voor de figuur met de helm. Als Rembrandt een zelfportret in een schilderij verstopte, deed hij dat vaker pas in een later stadium.

Bovendien staat in *De Nachtwacht* met de vermeende afgesneden stukken eraan – en zo wordt de reconstructie ook uitgewerkt – dat oog van Rembrandt centraal in de compositie, vlak onder de boog van de poort.

Zelfportret als de apostel Paulus,
Rembrandt van Rijn, 1661

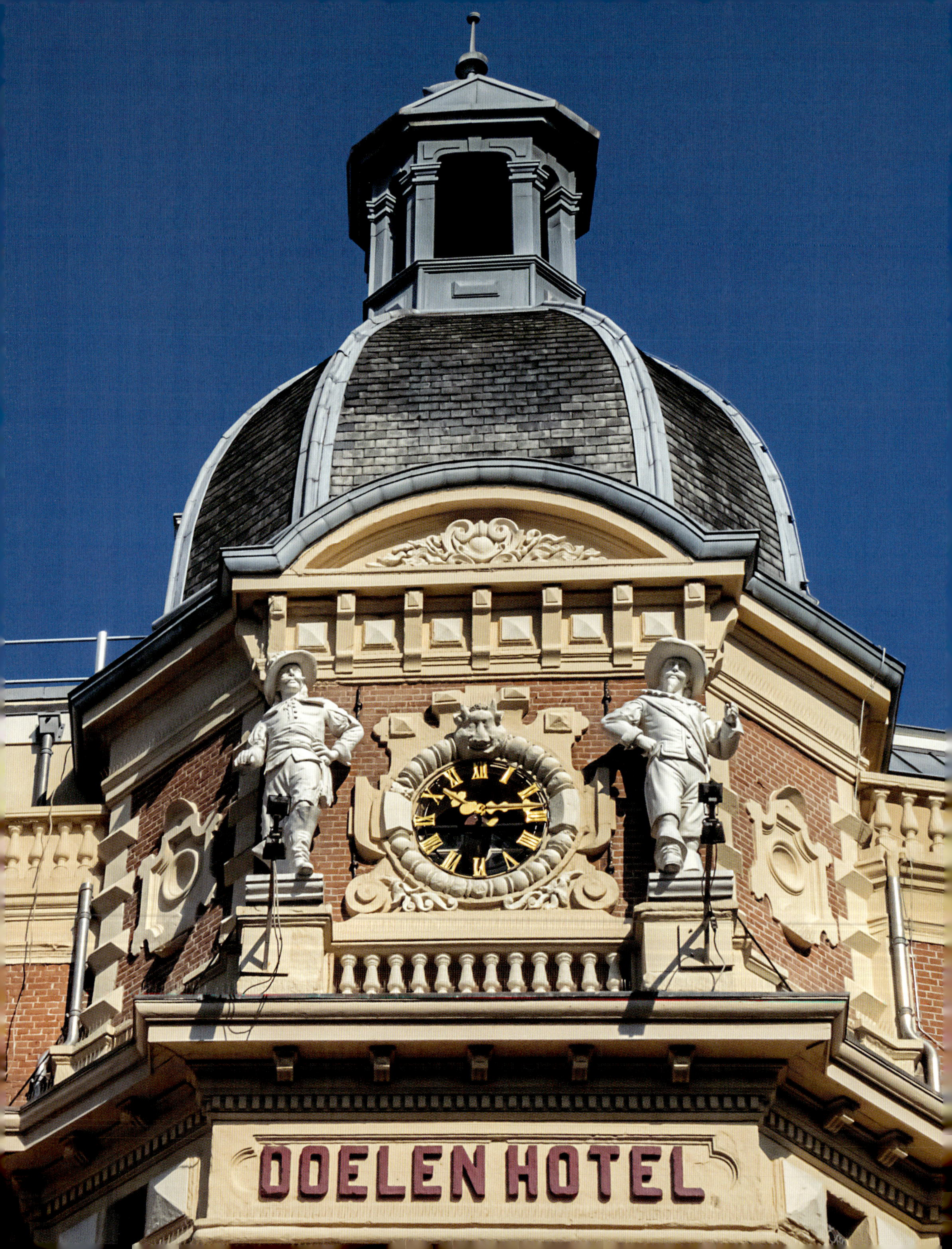
DOELEN HOTEL

6

Het bewogen leven van een schilderij

Onze reconstructie van *De Nachtwacht* houdt niet op als het schilderij klaar is. We volgen het werk vanaf 1642 tot vandaag, een reis van 379 jaar. In de loop van de tijd zijn er stukken van *De Nachtwacht* afgesneden, is het schilderij meerdere malen gerestaureerd, verhuisd, aangevallen, geëvacueerd, en opgerold opgeslagen in een bunker. Veel van deze bijzondere momenten zijn goed gedocumenteerd. We kunnen ze bestuderen, de condities herscheppen en de handelingen herhalen.

Het leven van *De Nachtwacht*

Als Rembrandt *De Nachtwacht* schildert, weet hij waar het schilderij komt te hangen: aan de muur van een grote feestzaal voor de kloveniers van het schuttersgilde. Het Amsterdamse schuttersgilde is onderverdeeld in handboogschutters, voetboogschutters en kloveniers. Elk van hen heeft een eigen verenigingsgebouw, de zogenaamde doelen. Die van de Kloveniersdoelen is sinds 1630 gevestigd aan de Nieuwe Doelenstraat in Amsterdam. De feestzaal is 18 meter lang, 9 meter breed en 5 meter hoog. Hiermee was het destijds de grootste ontvangstzaal van Amsterdam. De zaal wordt door de kloveniers, het stadsbestuur en beroepsgilden gebruikt voor feesten, ontvangsten en banketten. Als zij de zaal niet gebruiken, kunnen welgestelde Amsterdammers hier terecht voor een natje en een droogje.

In 1882/1883 wordt het gebouw gesloopt – met uitzondering van de fundering en een aantal delen van de muur – en bouwt men op dezelfde plek het huidige Doelen Hotel. De feestzaal is er niet meer, maar de muur waaraan *De Nachtwacht* de eerste 73 jaar hing, staat er nog steeds. Het hotel is hier als het ware omheen gebouwd.

Een zaal met zeven schuttersstukken

Voor de Doelenzaal bestelt de schutterij in totaal zeven wandvullende schuttersstukken, waaronder *Schutters van wijk IV onder kapitein Jan Claesz van Vlooswijck en luitenant Gerrit Hudde* (1642) van Rembrandts buurman Nicolaes Pickenoy. Naast diens schilderij komt *Schutters van wijk V onder kapitein Cornelis de Graeff en luitenant Hendrick Lauwrensz* (1642) van Jacob Backer te hangen. En daar weer naast, helemaal links in de zaal, *De Nachtwacht*.

Onderzoeker Norbert Middelkoop (conservator Oude Kunst bij het Frans Hals Museum in Haar-

Het gebouw waar *De Nachtwacht* oorspronkelijk hing. Destijds in gebruik als verenigingsgebouw van de kloveniersdoelen.

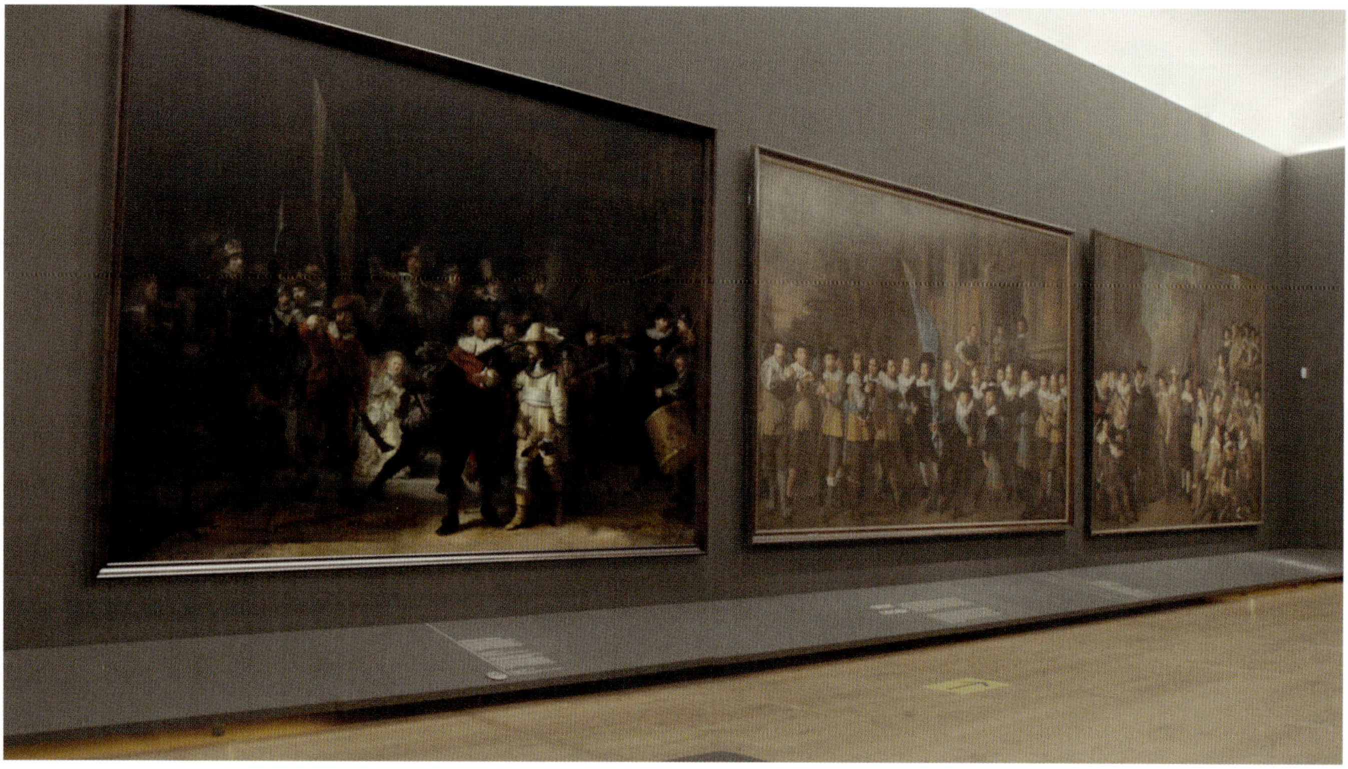

Reconstructie van de Doelenzaal met links *De Nachtwacht*

DE DOELENZAAL

Rembrandt schildert *De Nachtwacht* voor de doelen van de kloveniers. Van oorsprong zijn de doelen oefenruimtes voor de schutters; hier kunnen zij met hun wapens oefenen. Dit kunnen schietbanen zijn, maar er worden ook andere gebouwen voor gebruikt. Naarmate de schutterij een minder vooraanstaande rol krijgt, wordt de behoefte aan oefenfaciliteiten ook minder. Steeds vaker vervullen de gebouwen de functie van sociëteit, een plek waar welgestelde burgers bijeenkomen.

lem) is van mening dat de drie schilders hun schuttersstukken schilderden met deze ruimte in hun hoofd. Dat ze rekening met elkaar lijken te houden kun je bijvoorbeeld zien aan de gelijke hoogte waarop de hoofden op de afzonderlijke schilderijen zijn afgebeeld. Rembrandt schildert zijn *Nachtwacht* bovendien specifiek voor de plek in de linkerhoek. Aan de linkerkant van de compositie plaatst hij verschillende figuren met hun rug naar de muur. Hiermee beëindigt hij de lange rij van schutters die over de drie schilderijen verspreid de hele muur beslaat. Zo maakt hij van zijn *Nachtwacht* het sluitstuk aan de linkerkant.

Het schuttersstuk der schuttersstukken

Schuttersstukken hebben in de 17de eeuw vaak stijve, wat ongemakkelijk ogende opstellingen, waarbij het belangrijk is dat iedereen er goed op staat, liefst allemaal even groot en keurig op een rij. Dit is de manier waarop Pickenoy en Backer hun schuttersstukken schilderden.

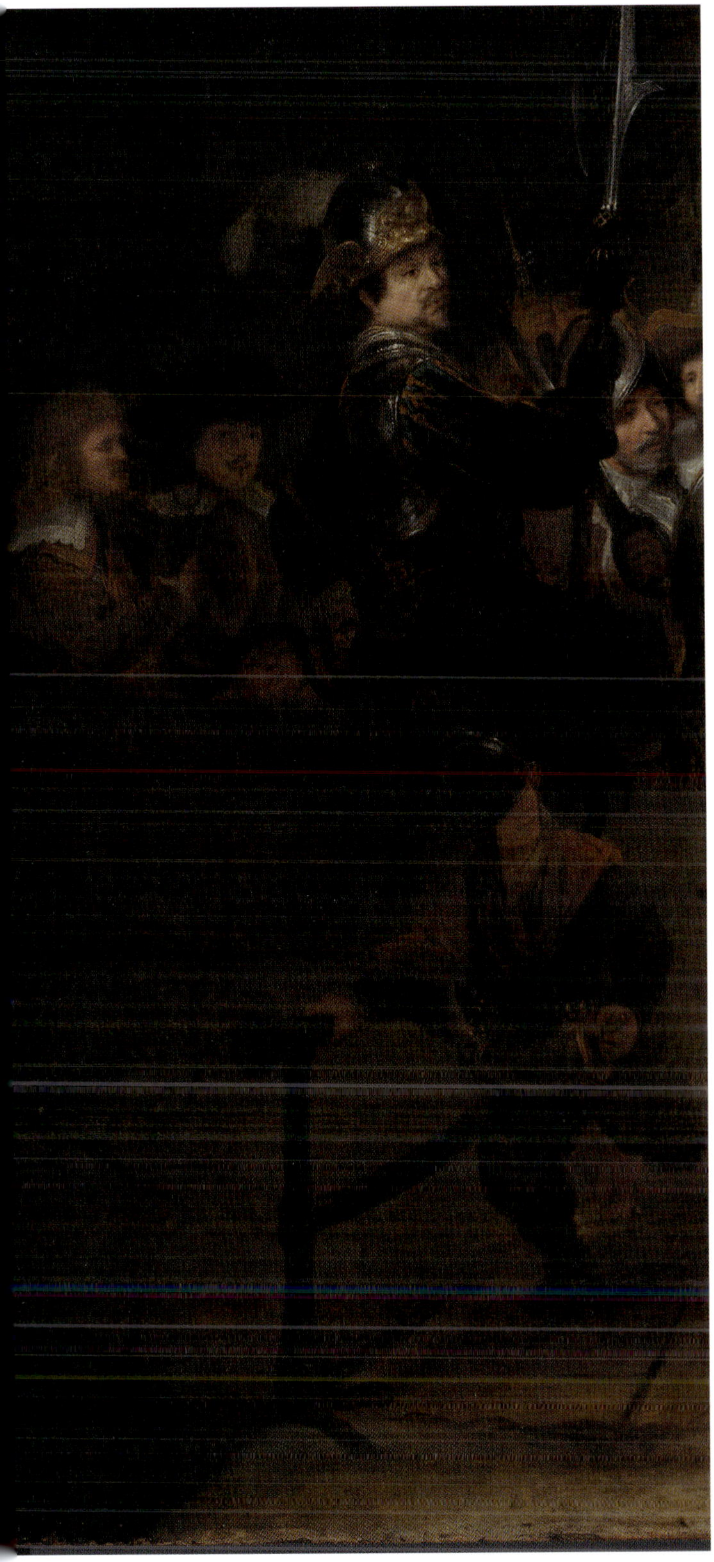

Detail van het linkergedeelte van de Lundenskopie

Met *De Nachtwacht* breekt Rembrandt met deze traditie. Door de actie en levendigheid geeft hij de kijker het gevoel dat de schutters zo de zaal in kunnen stappen. En dat trekt de aandacht. Daardoor – en Rembrandt wist dat dit zou gebeuren – trok zijn schuttersstuk in de Doelenzaal waarschijnlijk de meeste kijkers. Een van de eerste kunstcritici in Nederland en zelf ook schilder, Samuel van Hoogstraten, schrijft hierover in zijn *Inleyding tot de hooge schoole der schilderkonst: anders de zichtbaere werelt* (1678). Hij vergelijkt de schutters van Rembrandt die 'zoo schilderachtich van gedachten, zoo zwierich van sprong, en zoo krachtich' op *De Nachtwacht* staan met de schutters op de andere schilderijen. Daarin herkent hij de figuren die je op speelkaarten tegenkomt, zo stijf en saai als zij erbij staan. Hij voegt hier overigens nog aan toe: 'Schoon ik wel gewilt hadde, dat hy 'er meer lichts in ontsteeken had.'

Niet lang na het ontstaan van *De Nachtwacht* houdt het genre schuttersstuk op te bestaan. Toeval, of was het ook toen al duidelijk dat met *De Nachtwacht* dit genre zijn hoogtepunt heeft bereikt?

Van feestzaal naar stadhuis naar museum

De eerste plek waar *De Nachtwacht* de muur siert is dus de Doelenzaal van de kloveniers. Tientallen schutters hangen hier dagelijks rond met hun klovers, pieken en hellebaarden. Je kunt er donder op zeggen dat er in de meer dan zeventig jaar dat het in deze zaal hangt, ongelukjes gebeuren: ruzies waarbij iemand tegen het doek wordt gedrukt of onhandigheden met scherpe wapens. Het is nu met het blote oog niet meer te zien, maar op een aantal plekken zitten er lange krassen in de verf. Drank, dampen van de verlichting, etenswalmen, spattend bier – en dat driekwart eeuw lang – hebben allemaal hun sporen nagelaten, maar die zijn niet zo ingrijpend als wat er in 1715 gebeurde.

In 1715 verhuist het schilderij naar het stadhuis op de Dam, het huidige Paleis op de Dam. Volgens stadsrestaurator Jan van Dijk die in 1758 het schilderij beschrijft, is het bij die verhuizing verkleind om het op de muur tussen twee deuren te kunnen plaatsen in de Kleine Krijgsraadkamer. Vooral de linkerkant wordt behoorlijk ingekort. Van Dijk verwijst naar een schilderij in de verzameling Boendermaekers waarop je kunt zien hoe groot het schilderij is geweest. Van Dijk noemt dat schilderij 'het egte model' maar we weten nu dat het gaat om de Lundenskopie. Al zag Van Dijk het schilderij van vóór 1715 zelf niet, we moeten zijn opmerkingen serieus nemen. Het is daarbij opmerkelijk dat er ook aan de boven- en onderkant delen zijn afgesneden, wat voor de hoogte niet nodig was. Mogelijk was dat een poging om na het afsnijden van de linker- en rechterdelen weer evenwicht in de compositie te brengen. *De Nachtwacht* is niet het eerste schilderij dat verkleind is, noch zal het het laatste zijn, maar terugkijkend is dit staaltje kunstvandalisme de grootste misdaad tegen het schilderij geweest. Toentertijd was het gewoon een praktische noodzaak. Toch was men juist ook bezig met het behoud van het werk. Weg van die drukke Doelenzaal kwam het nu tenminste veilig in het stadhuis te hangen, maar daarvoor moest het wel passen. In 1751/1752 wordt het schilderij voor de eerste keer echt gerestaureerd door dezelfde Jan van Dijk. Uit zijn verslag weten we dat hij verschillende lagen verdonkerde vernis en gekookte olie heeft verwijderd. Dit schoont zo op dat de daarvóór onleesbare namen op het namenbord dat op het schilderij staat afgebeeld, weer leesbaar worden. In 1808 neemt Lodewijk Napoleon, de eerste koning van het Koninkrijk Holland, het stadhuis in gebruik als Koninklijk Paleis. Hiermee wordt het gebouw een nationaal symbool. Als hij er een paar dagen woont, besluit hij dat het gebouw ook het Koninklijk Museum (de voorloper van het Rijksmuseum) gaat huisvesten. En zo hangt *De Nachtwacht* voor het eerst in een museum.

In 1817 verhuist het Koninklijk Museum naar het Trippenhuis aan de Kloveniersburgwal. *De Nachtwacht* hangt daar in de grootste zaal. In 1885

ERAF OF NIET?

Voor *Het Geheim van de Meester* brengen we het volledige leven van een kunstwerk in kaart. Wat er met een schilderij gebeurt tijdens het maken en alles wat het daarna overkomt: van verval tot vandalisme en van ongelukjes tot moedwillige aanpassingen van het werk. We werken altijd toe naar het werk zoals dat nu te bewonderen is. Ook als dat anders is dan wat de kunstenaar bedoelde. We verkiezen geschiedenis boven artistieke waarde en vinden dat het verhaal na het maken hoort bij het werk zoals je dat nu kunt zien. We hebben nooit overwogen dat niet te doen. Ook bij *De Nachtwacht* zijn we vast van plan alle stappen van de geschiedenis te herhalen, dus ook dat afsnijden. Dat zal, zo blijkt, toch veel ingrijpender zijn dan het team verwacht had.

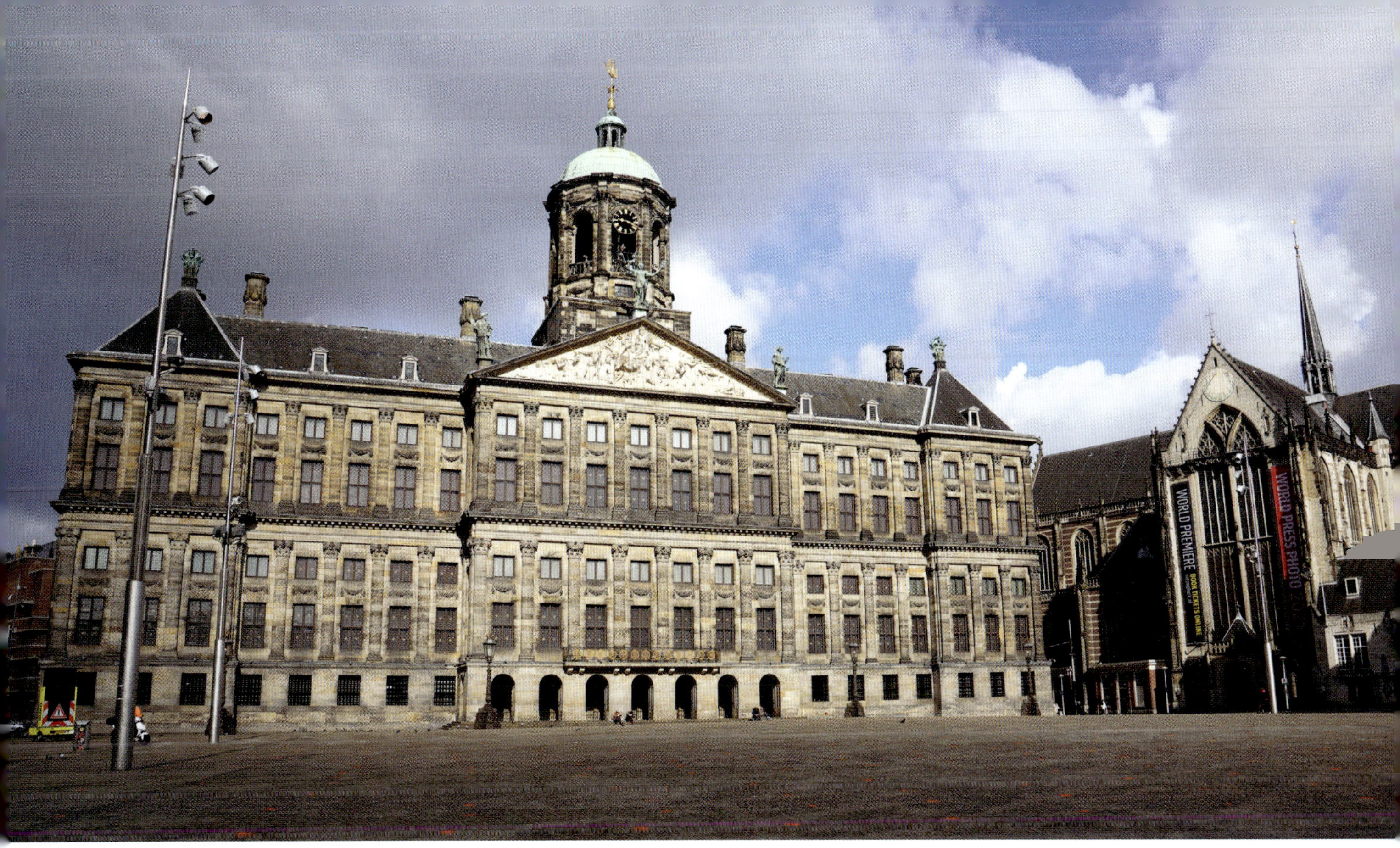

Paleis op de Dam, voorheen het stadhuis van Amsterdam

wordt er een nieuw museumgebouw gerealiseerd aan de Stadhouderskade: het Rijksmuseum. Volgens Henk van Os, oud-directeur van het Rijksmuseum, is het museum zelfs om *De Nachtwacht* heen gebouwd. Hij ziet het museum als een kathedraal, waarin *De Nachtwacht* op het hoogaltaar hangt.

De restauratiegeschiedenis

De Nachtwacht is oud en dat is te zien aan de barsten, verkleuringen en andere vormen van slijtage. Het schilderij uit 1642 heeft in de kleine vier eeuwen van zijn bestaan al heel wat meegemaakt.

Het kunstwerk ondergaat verschillende behandelingen; het is veelvuldig gevernist, gerepareerd en schoongemaakt. Elke restaurator wil het werk herstellen en behouden voor de toekomst. Maar soms pakt dit anders uit dan verwacht en doet een restauratie meer kwaad dan goed.

Daarnaast heeft *De Nachtwacht* meerdere ongelukken overleefd. Zo valt in 1843 de hamer van een timmerman door het schilderij als hij vlak in de buurt nieuwe banken installeert. Het schilderij wordt vervolgens geconfronteerd met vandalisme als het twee keer met een mes (1911 en 1975) en één keer met een zuuroplossing (1990) wordt aangevallen.

Dankzij het onderzoek van Rijksmuseumrestaurator Esther van Duijn weten we veel van de restauratiegeschiedenis van *De Nachtwacht*. Door het schilderij te zien in het licht van deze restauratiegeschiedenis kunnen we voor onze reconstructie beter bepalen welke schade door slijtage en veroudering komt en welke door een specifieke behandeling. Tijd om door het leven van dit meesterwerk te lopen.

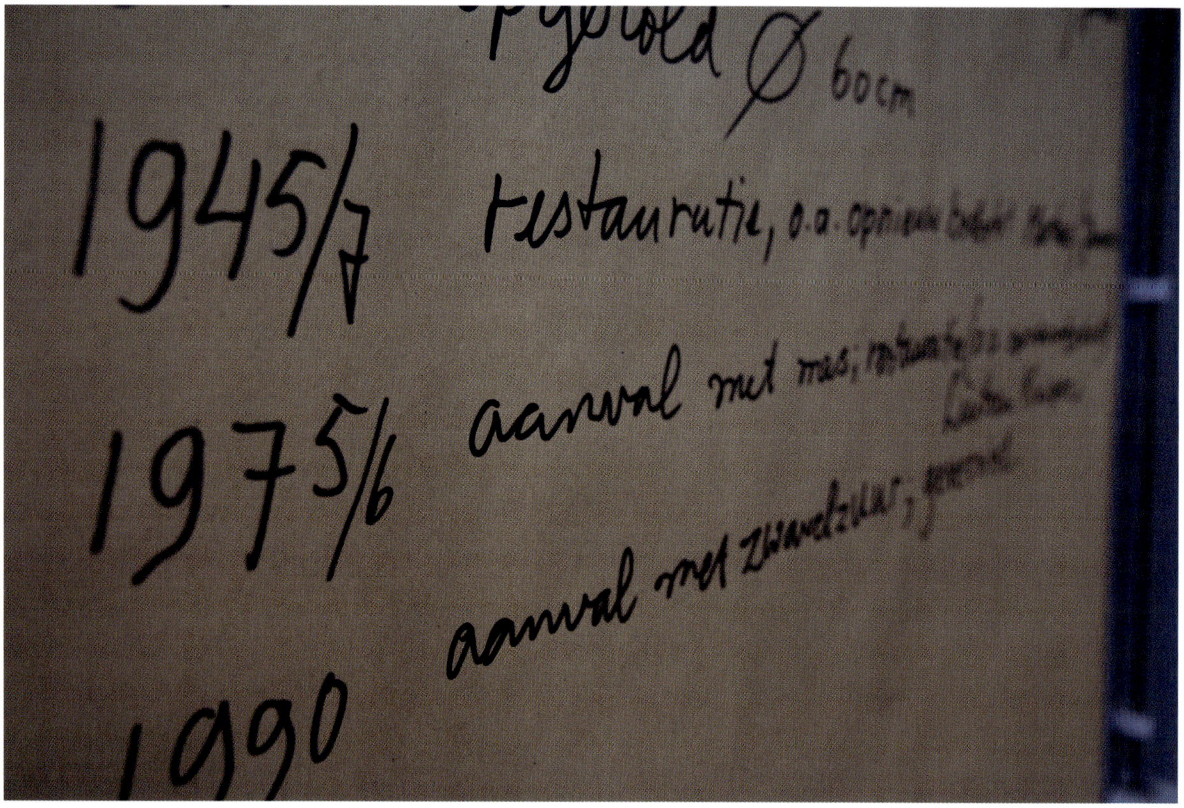

Overzicht van aanvallen en restauraties van *De Nachtwacht*

HET EFFECT VAN BEDOEKEN

Om te kunnen beoordelen wat het effect van de bedoekingen op *De Nachtwacht* is geweest en waar het team voor de reconstructie rekening mee moet houden wordt een testdoek gebruikt. Op een vierkant doek schildert Lisa de trommel die op *De Nachtwacht* te zien is. Het doek wordt met behulp van was, hars en blauw-wit gestreept bedlinnen bedoekt. Dit is precies de stof die Hopman ook altijd gebruikte, sterker nog: het was zijn *trademark*. Op het testdoek is het effect van bedoeken duidelijk zichtbaar. De verf is donkerder geworden en de impasto is op veel plekken platter geworden.

Bedoekingen

Als het originele doek van een schilderij na lange tijd verzwakt en breekbaar is geworden, kan het wel een steuntje in de rug gebruiken met behulp van een bedoeking. *De Nachtwacht* krijgt minstens vier keer zo'n behandeling. De eerste bedoeking is waarschijnlijk uitgevoerd in 1761 met lijm. Vervolgens wordt het tijdens een uitvoerige restauratie in 1851 bedoekt met een specie van was en hars. In 1946/1947 en in 1976 wordt het schilderij opnieuw bedoekt met was en hars.

Bij een was/harsbedoeking strijk je ter versteviging een nieuw doek met was en hars op de achterkant van een schilderij. Zo'n bedoeking heeft ook effect op de voorkant van het schilderij. De was en de hars kunnen doordringen in de verflagen en ook de warmte en druk die bij dit proces gebruikt worden, laten sporen na. Zo kan de penseelslag naar achteren worden gedrukt.

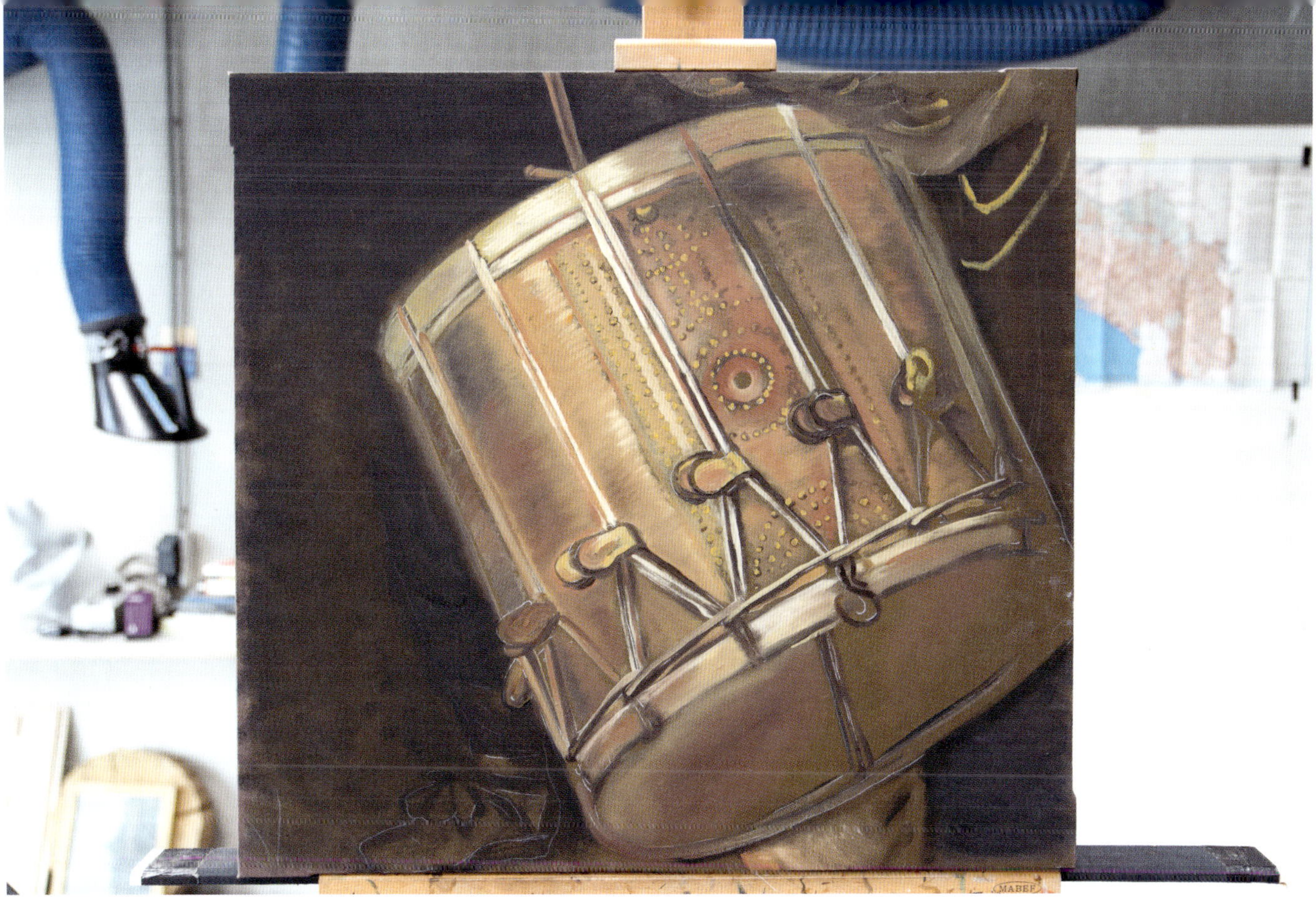

Het team werkt met een testdoek waarmee verschillende restauraties nagebootst kunnen worden

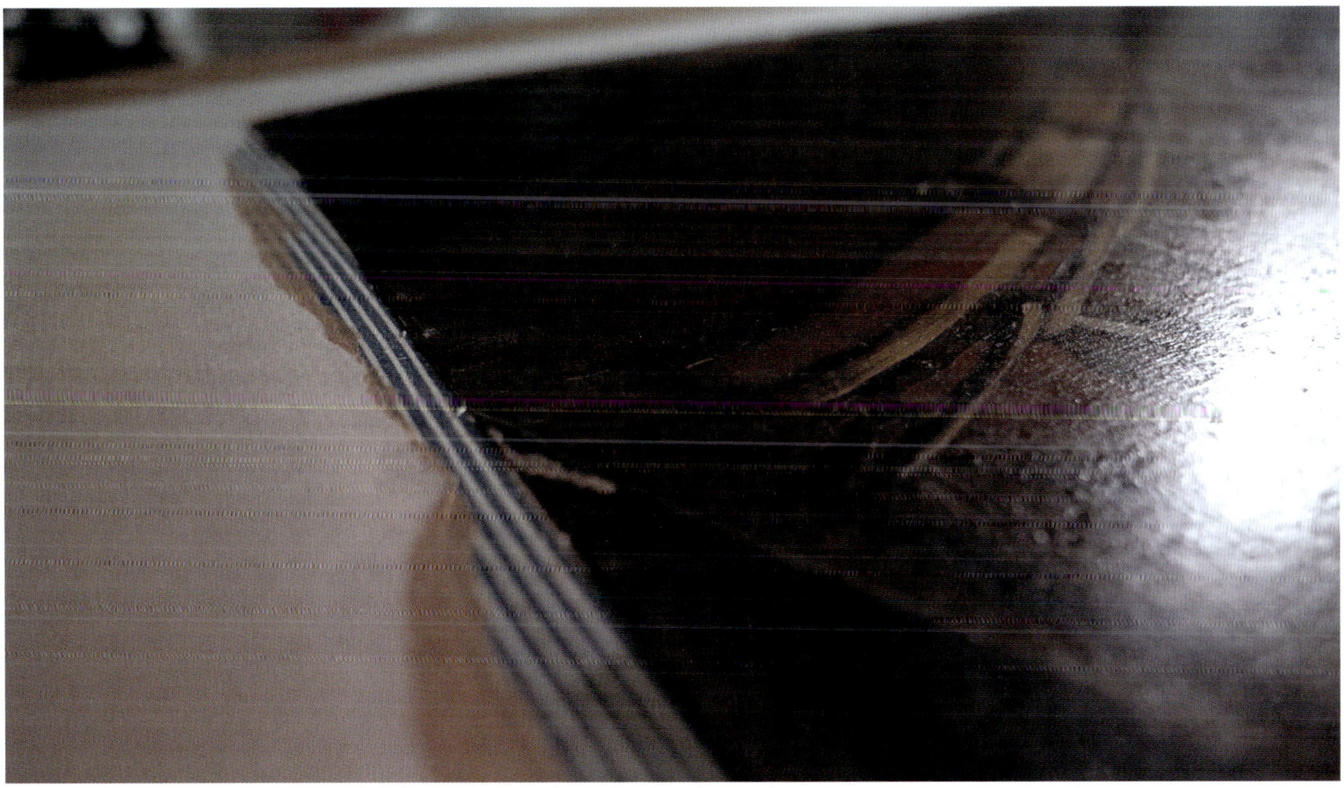

Het testdoek is op dezelfde wijze bedoekt als *De Nachtwacht* destijds

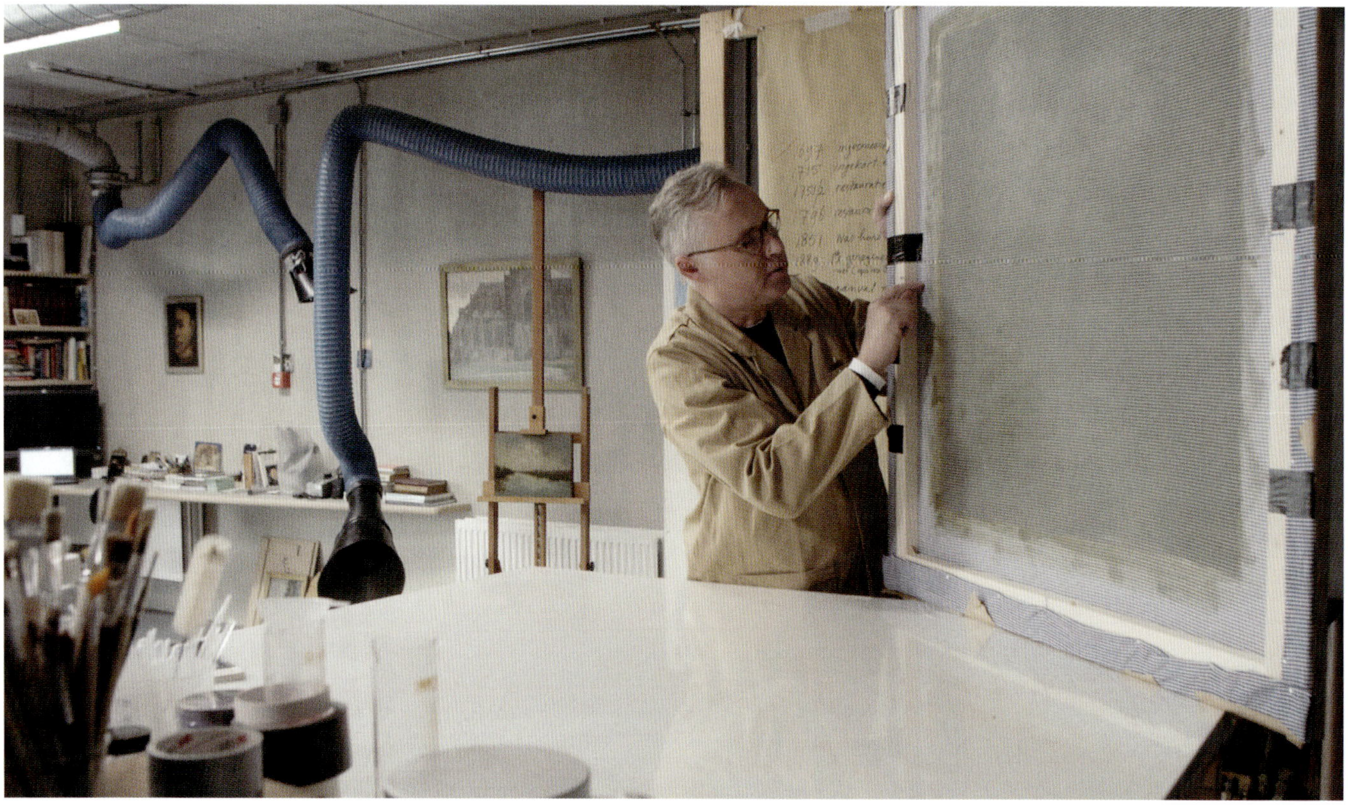

Michel controleert de bedoeking en de vernislaag van het testdoek

De bedoeking van 1851 wordt uitgevoerd door Nicolaas Hopman. In een brief meldt Hopman dat hij eerst een andere bedoeking moet verwijderen, wil hij zijn werk goed kunnen uitvoeren. De bedoeking door Hopman is een van de eerste voorbeelden van een was/harsbedoeking die gedocumenteerd is en bekendstaat als 'De Nederlandse Methode'. Nicolaas Hopman was de uitvinder van dit nieuwe procedé. Hiervóór werden bedoekingen uitgevoerd met lijm op waterbasis, minder geschikt voor het vochtige Nederlandse klimaat.

Naast de behandeling met een nieuw doek wordt *De Nachtwacht* in 1851 ook nog grondig schoongemaakt, waarbij men oude, vergeelde vernislagen reduceert en dat heeft een duidelijk effect. Schrijver en dichter Jacob van Lennep schrijft in een lovend artikel dat het schilderij '... verhelderd, verfrischt, verjeugdigd...' is.

Het probleem van vernis

Vernis is een laklaag. Vroeger was het een oplossing van hars, nu kan het ook synthetisch gemaakt worden. Vernis verzadigt de verf en laat alles duidelijk uitkomen. Het heeft vooral effect op donkere kleuren. Om met donkere kleuren te kunnen schilderen moet de schilder veel olie gebruiken en die slaat tijdens en na het schilderen mat uit. Vernis zorgt dan voor een gelijkmatige glans. Bovendien beschermt vernis als afdeklaag het schilderij enigszins tegen invloeden van buitenaf. Het nadeel van een vernis is dat deze in de loop der tijd degenereert; door oxidatie en blootstelling aan UV-straling vergeelt de vernislaag en door vocht kan deze wazig worden en blauw uitslaan.

Maar het grootste probleem van vernis is dat deze het grootste gevaar van het schilderij aantrekt: de restaurator. Vooral de eerste restaurator

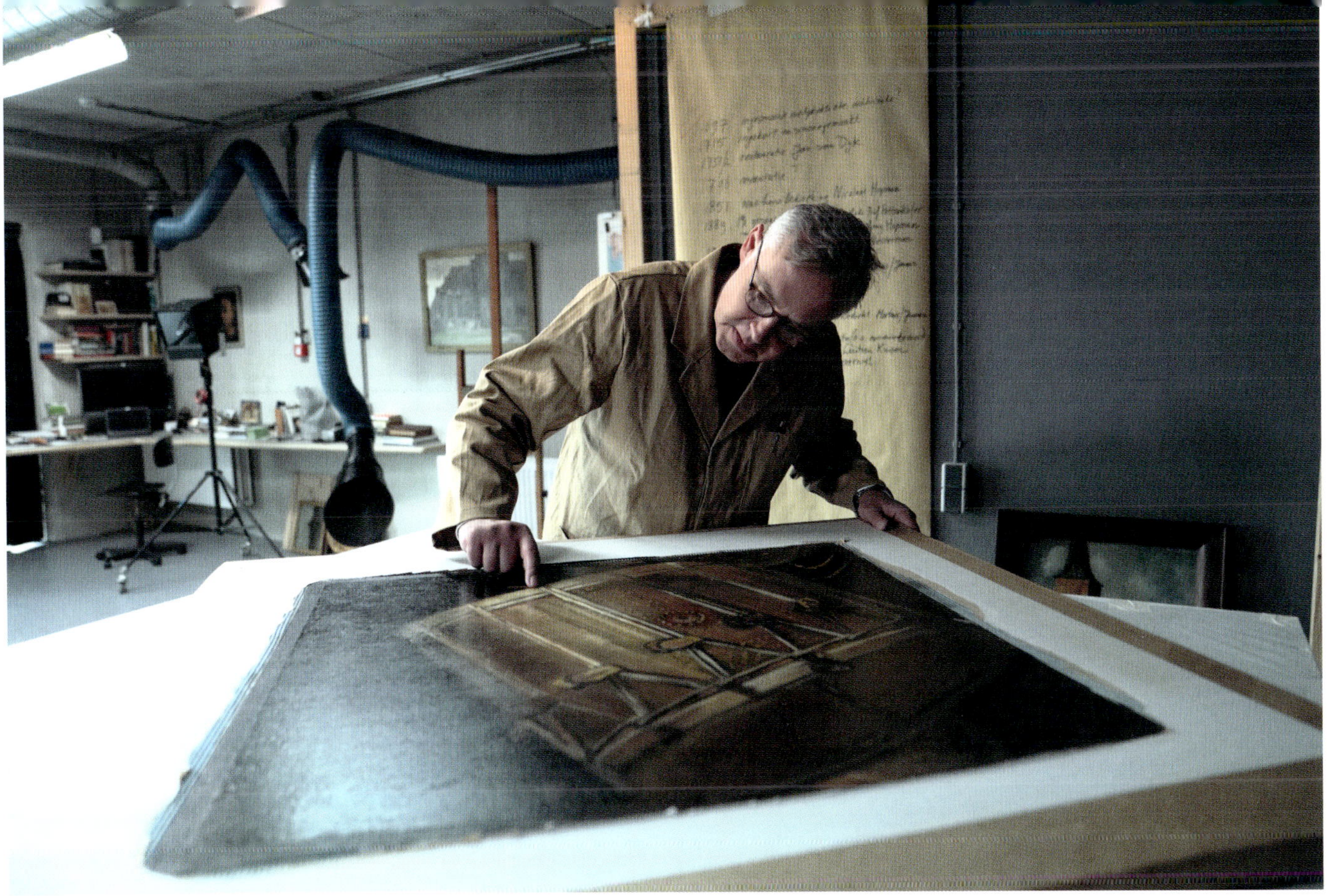

is een groot gevaar. Deze haalt met oplosmiddelen de al vergeelde vernis af van het nog niet helemaal uitgeharde schilderij. Daardoor ontstaan verpoetsingen, de verf wordt plaatselijk sleets. Ook dat gebeurt vooral in de donkere kleuren. Die sleetse plekken worden door de restaurator geretoucheerd, vroeger vaak heel grof; met olieverf die ook weer nadonkerde en er bij de volgende restauratie moest worden afgehaald. Op *De Nachtwacht* zijn ook veel verpoetsingen en restauratieretouches te zien.

De Nachtwacht is in de 18de eeuw zo vaak gevernist dat het schilderij donker en bruin is geworden. Dit is goed te zien op het schilderij *Treppenhuis* (1885) van de Duitse schilder Olof Jernberg. Op dat schilderij staat een aantal mensen voor *De Nachtwacht*, die door het vergeelde vernis op een foto in sepia lijkt. Vanaf 1808 was overigens de bijnaam *De Nachtwacht* al in gebruik bij de officiële naam van het schilderij *Officieren en andere schutters van wijk II in Amsterdam, onder leiding van kapitein Frans Banninck Cocq en luitenant Willem van Ruytenburch*; het is er donker genoeg voor.

In 1871 vertaalt restaurator Willem Anthony Hopman (de zoon van Nicolaas) een publicatie van een Duitse wetenschapper, de scheikundige Max von Pettenkofer (1818-1901). Von Pettenkofer had een regeneratietechniek ontwikkeld als methode om de transparantie van vernislagen in de werken van de oude meesters te vergroten. Zonder de vergeelde vernis te verwijderen werd deze door inwerking van alcoholdampen opnieuw geregenereerd. Deze publicatie (en de vertaling) betekent een belangrijke stap in de behandeling van vernislagen van schilderijen. Onder Nederlandse restauratoren wordt deze techniek enthousiast ontvangen en toegepast als de Pettenkofer-me-

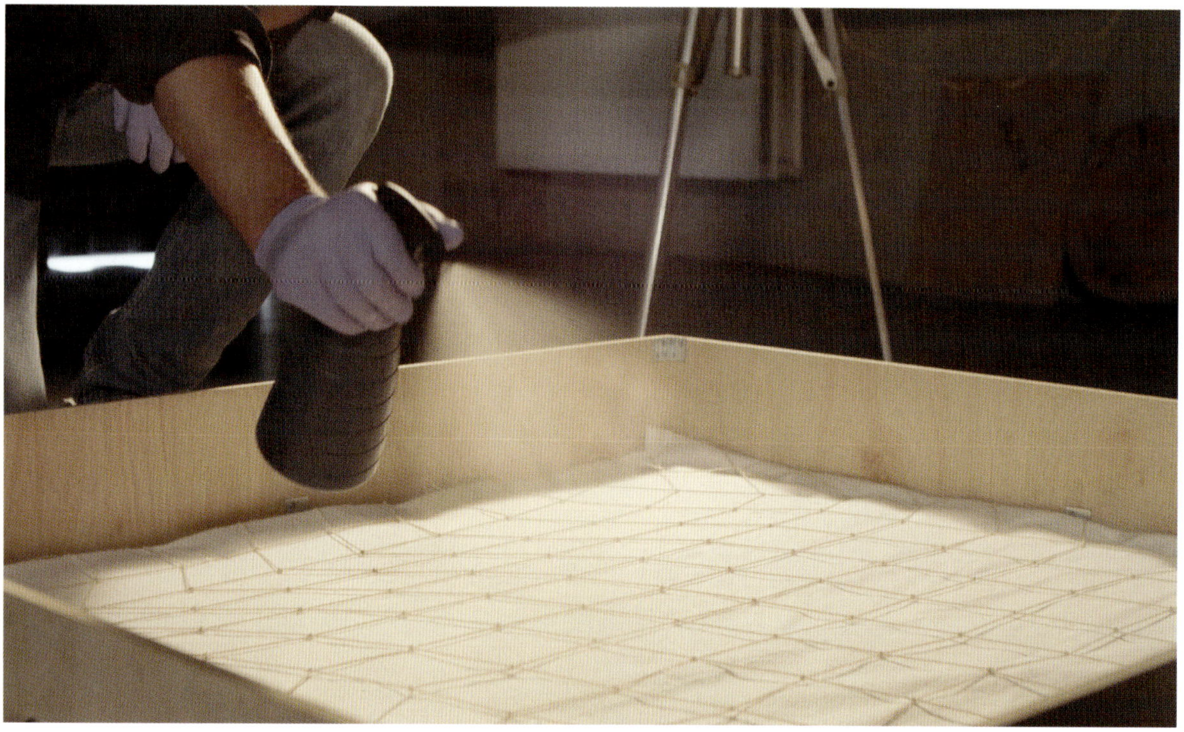

Het testen van de Pettenkofer-methode

thode. De methode is vanaf 1889 tot aan de Tweede Wereldoorlog gebruikt als oplossing voor het troebel worden van vernislagen.

De Pettenkofer-methode

Het schilderij wordt met de afbeelding naar boven op de grond of op een tafel gelegd. Over het schilderij wordt een lage kist geplaatst. In de bodem van de kist is met alcohol bevochtigde molton gespannen. De alcoholdampen regenereren zo de wazig geworden vernislagen. De vergeling van de vernislaag wordt hiermee niet opgeheven maar deze stoort wel een stuk minder. Tijdens de behandeling wordt het schilderij dus helemaal niet aangeraakt. Een subtiele, niet-invasieve behandeling. Het nadeel van deze methode is dat de problemen na verloop van tijd terugkomen. Vooral omdat men bij deze methode het schilderij ook insmeert met een balsem: Copaïva balsem. Van die balsem weten we inmiddels dat deze verweking van de verflaag veroorzaakt.

De Pettenkofer-methode is in de decennia na de ontdekking ervan geliefd als alternatief voor andere, vaak rigoureuzere ingrepen om vernis te verwijderen.

De eerste behandeling met de Pettenkofer-methode van *De Nachtwacht*, door Willem Anthony Hopman zelf in 1889 uitgevoerd, is zo'n groot succes dat de krant *Nieuws van den Dag* hier op 13 juni 1889 een artikel aan wijdt: '...De kleuren vertoonen zich thans in hare volle kracht en frischheid, 't is alsof uit de schilderij letterlijk licht straalt in plaats van dit van buiten te ontvangen, en meer en meer wordt het onbegrijpelijk, hoe men aan deze schilderij, gloeiend van zonlicht, ooit den naam van "nachtwacht" heeft kunnen geven...'

Uiteindelijk zal *De Nachtwacht*, van 1889 tot 1936, acht keer een Pettenkofer-behandeling ondergaan. Ook bij *De Nachtwacht* wordt het effect van de regeneratie minder; bij de laatste Pettenkofer-behandeling in 1936 is er zelfs helemaal geen verbetering meer te zien.

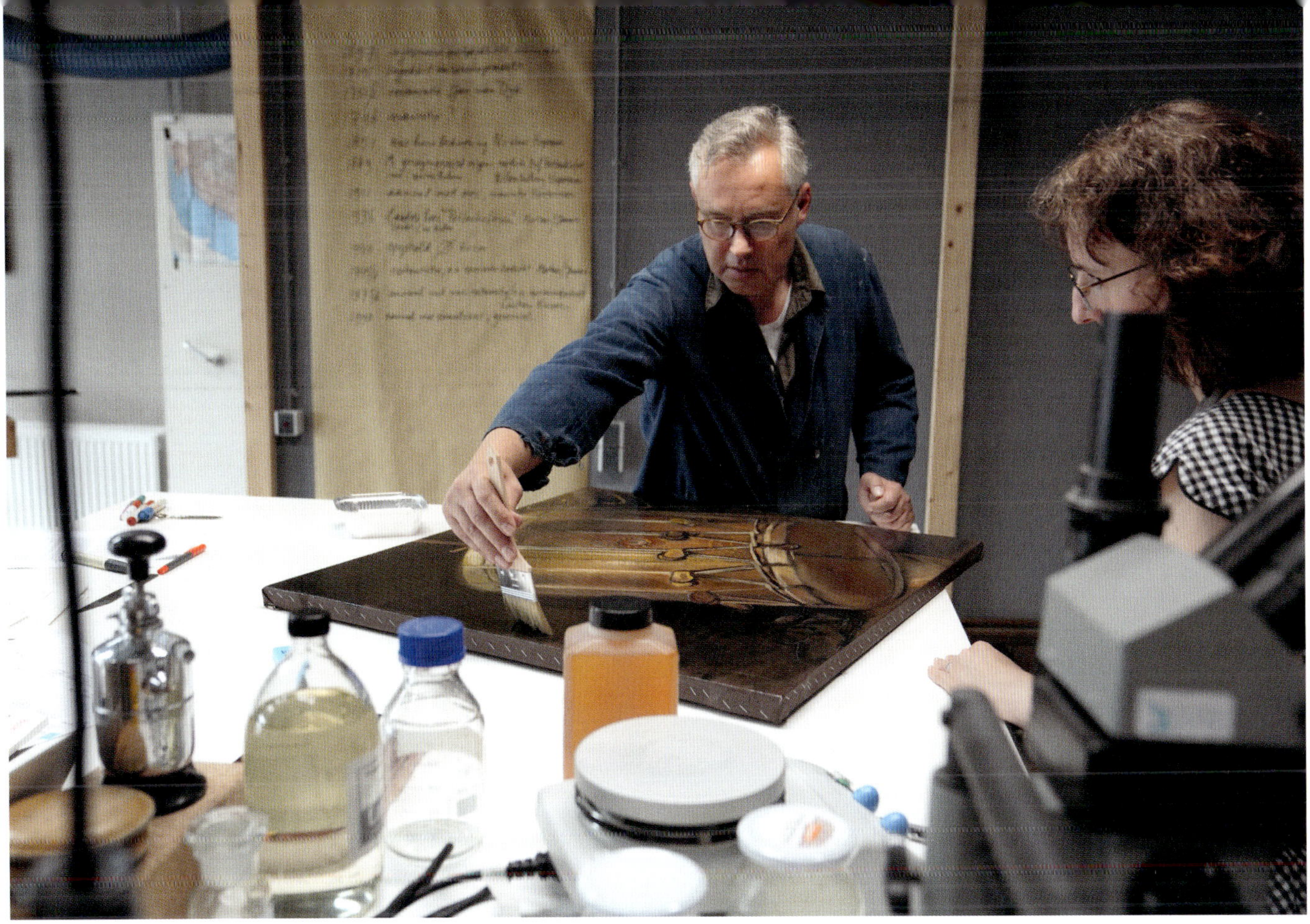

Het aanbrengen van een extra vernislaag

Om inzicht te krijgen in de veroudering van het schilderij smeert Michel de achterkant van het testdoek met de trommel eerst in met gekookte olie, precies zoals in 1697 is gebeurd. Hij vernist het schilderij met een oplossing van harsen die ook in de 17de eeuw voorhanden en gangbaar waren voor vernissen: mastiek, colophomium en sandarac, opgelost in terpentijn met een kleine toevoeging van standolie. Na voldoende droogtijd volgt telkens weer een vernis, mastiek- en damarharsoplossingen in terpentijn. Omdat we de tijd noch de conditie hebben om deze lagen te laten vergelen, wordt met plaatselijke blootstelling aan ammoniakdamp een waas veroorzaakt. Michel maakt en plaatst een Pettenkofer-kist en na blootstelling van slechts een half uur is niet alleen de waas weg maar zijn de op elkaar gestapelde vernislagen, en dus het schilderij, veel helderder geworden.

Michel laat de Copaïva balsem achterwege; dat wil hij het schilderij met de trommel van Lisa niet aandoen, ook al zouden de nadelige effecten daarvan pas veel later optreden. Rijksmuseumdirecteur Schmidt Degener zei eens dat de trommel op *De Nachtwacht* de mooiste is die in de kunstgeschiedenis voorkomt. Lisa is er goed in geslaagd om die te reconstrueren. Op dit testdoek, maar op de reconstructie nog beter.

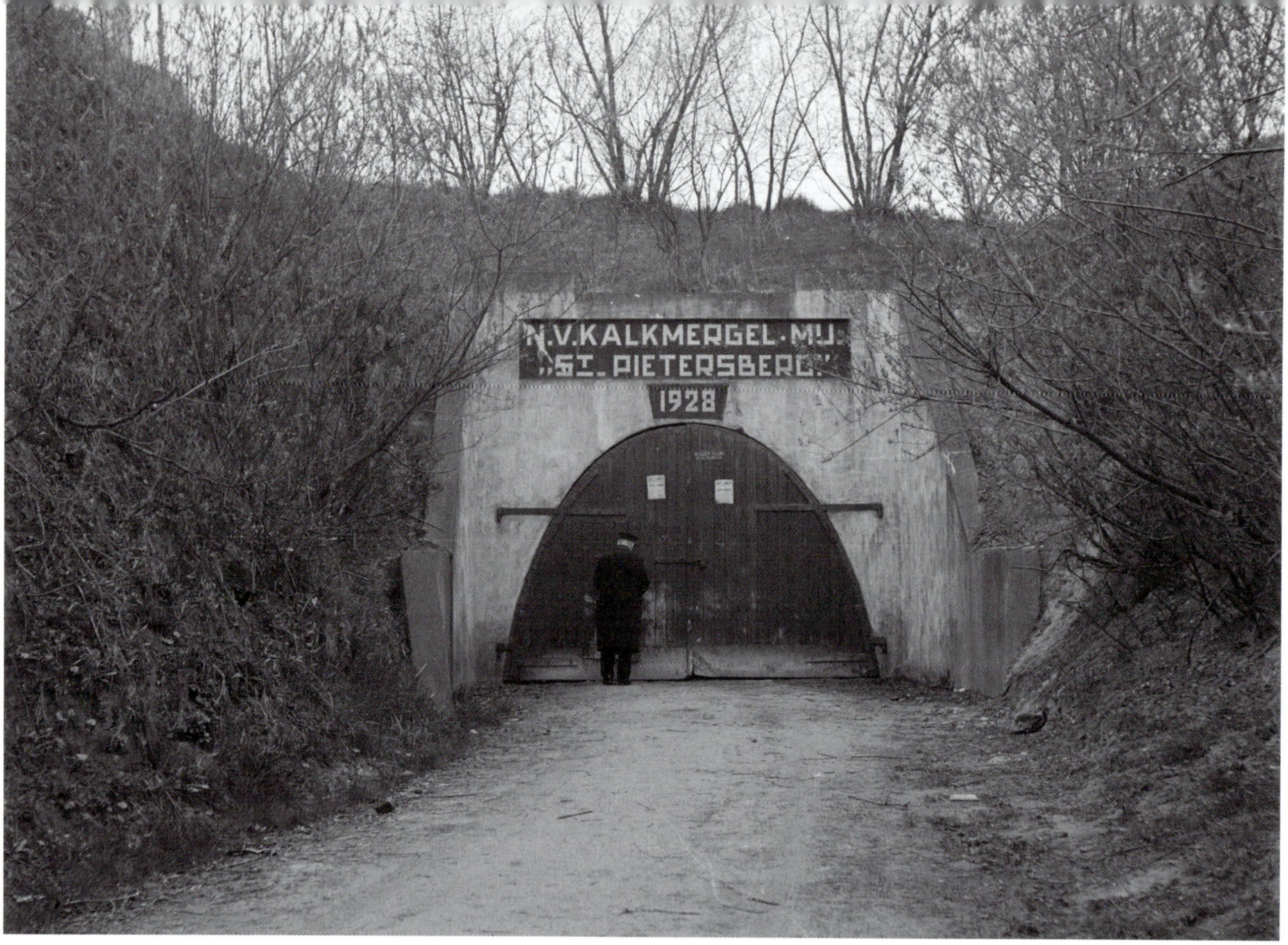

Tijdens de Tweede Wereldoorlog is *De Nachtwacht* verborgen in de grotten bij Maastricht

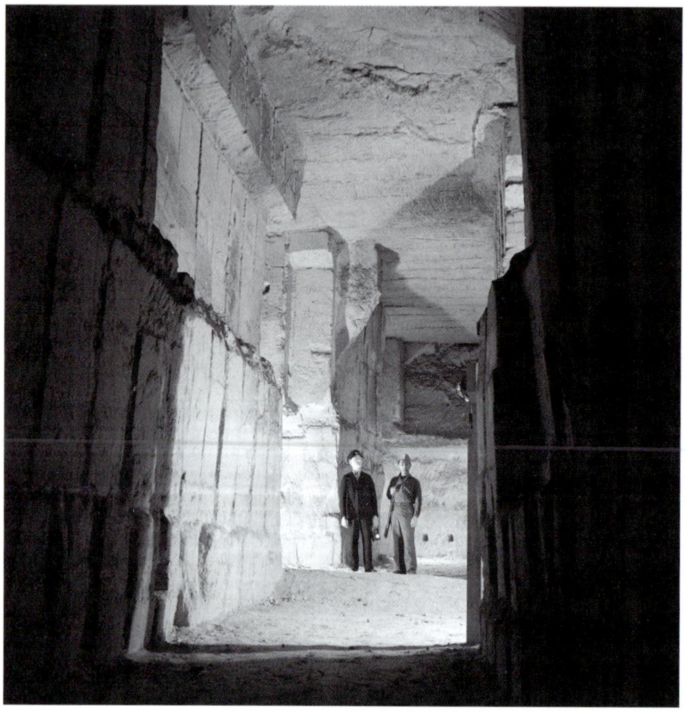

Suppoost en bewaker in de mergelgrotten, 1945

Het schilderij onder vuur

Als in 1885 het nieuwe gebouw van het Rijksmuseum klaar is, verhuist *De Nachtwacht* hiernaartoe. Het schilderij krijgt de meest centrale plek in het museum: aan het eind van de Eregalerij.

Schilderij in oorlogstijd

In de aanloop naar de Tweede Wereldoorlog worden verschillende plannen bedacht om kunstwerken te beschermen tegen (bom)aanvallen en kunstroof. Zo ook voor *De Nachtwacht*. Om het schilderij veilig te stellen besluit men het op een andere locatie onder te brengen. Via een in 1885 speciaal voor zo'n omstandigheid bedachte gleuf verlaat het schilderij het Rijksmuseum en wordt het overgebracht naar kasteel Radboud. Het Rijksmuseum gaat acht maanden vóór de Duitse inval

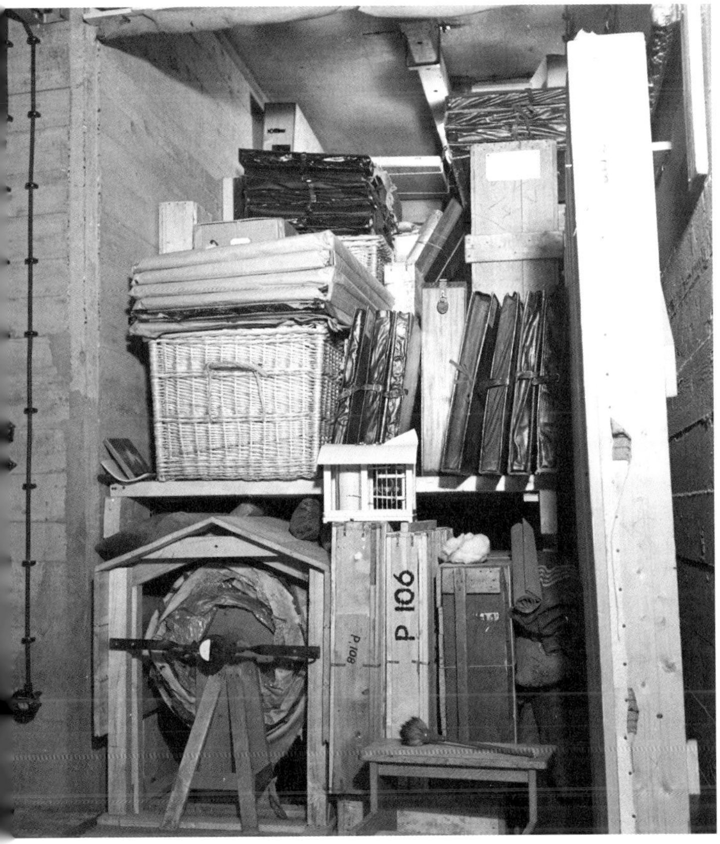

De Nachtwacht wordt opgerold opgeborgen, 1945

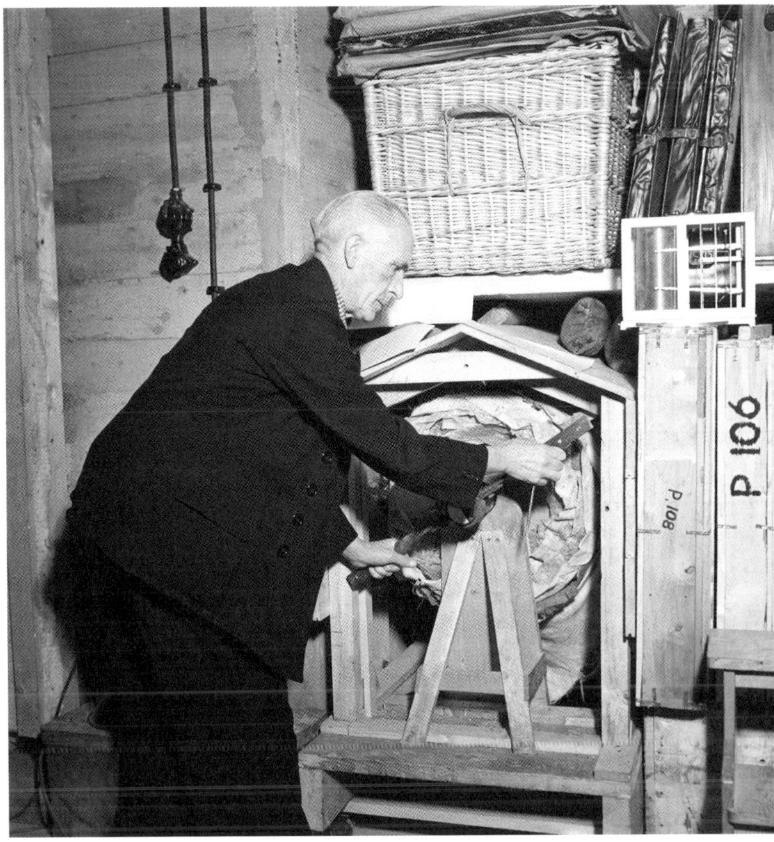

Om de zoveel tijd draait een suppoost het schilderij, 1945

dicht, op 25 augustus 1939. En als de bezetter het museum daadwerkelijk overneemt, zijn de schilderijen uit de collectie al verspreid over verschillende locaties in Nederland waaronder kerken, scholen en ook kastelen.

Men is zenuwachtig over de schuilplaats in kasteel Radboud. Er ligt een mijnenveger in de haven van Medemblik, vlak bij het kasteel, die zomaar doel van een Duits bombardement kan zijn. De directeur van het Rijksmuseum, Schmidt Degener, besluit daarom om *De Nachtwacht* te verplaatsen naar de gemeentekluis in de duinen bij Castricum. Maar daar kan het schilderij niet door de deur. Het werk wordt van het spieraam afgespannen en opgerold op een rol met een diameter van 60 centimeter.

Uiteindelijk komt het werk in een van de speciaal hiervoor aan de kust gebouwde bunkers terecht. Maar ook daar houdt *De Nachtwacht* het niet lang vol. Het gebied is inmiddels onderdeel van de Atlantikwall en er is angst voor een aanval van de geallieerden. Nu zijn het de bezetters die *De Nachtwacht* evacueren. In een door de Duitse troepen aangelegde bunker in de Sint-Pietersberg bij Maastricht wordt *De Nachtwacht* veiliggesteld. De Duitsers hadden grootse plannen met *De Nachtwacht* en Rembrandt. Na het wegvallen van het Huis van Oranje zagen ze in Rembrandt een mooi nationaal symbool. Terwijl heel Europa te maken had met de vernietigende oorlogsagressie van de nazi's, werd er een bioscoopfilm met beroemde Duitse acteurs over het leven van Rembrandt gemaakt en speelde men zelfs met het idee om 15 juli (Rembrandts geboortedag) als nationale feestdag voor het bezette Nederland in te stellen.

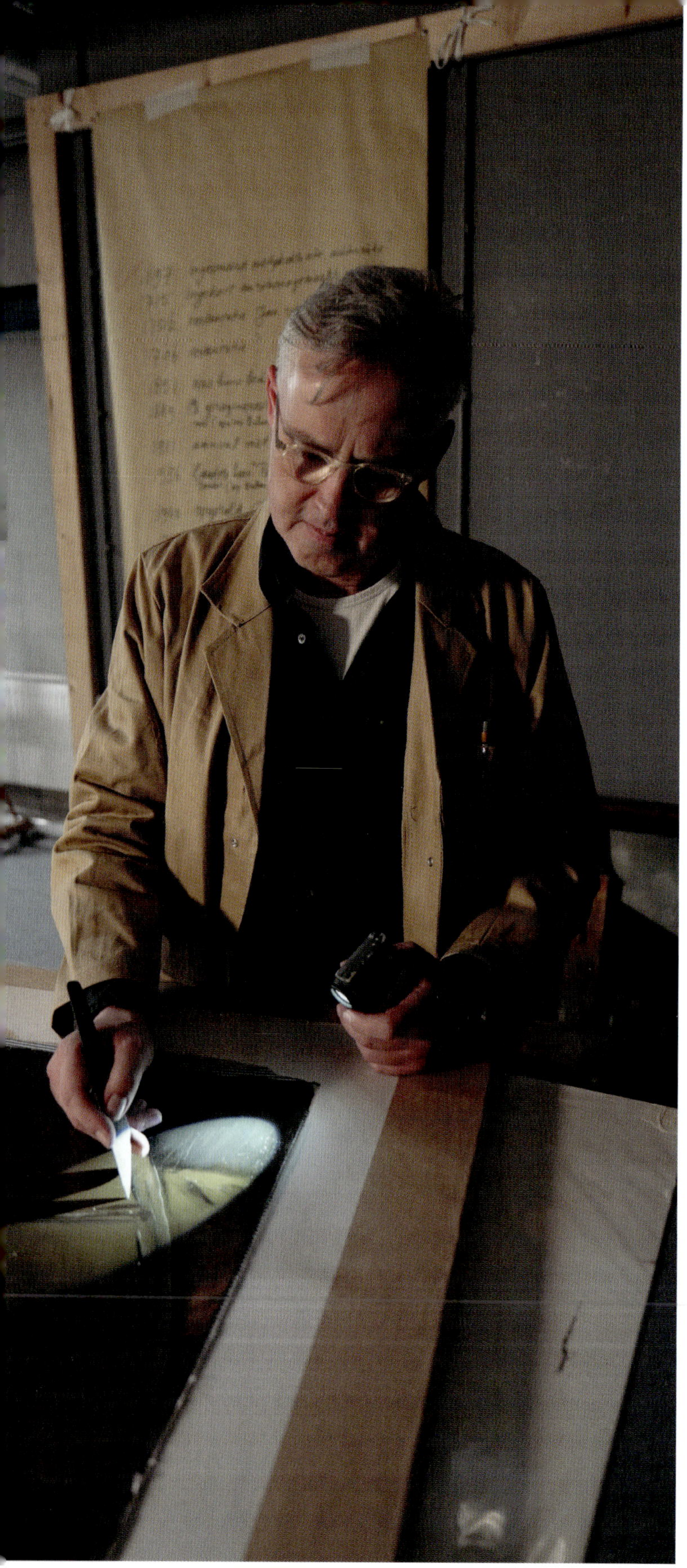

Pas in 1945, als ook het westen van het land is bevrijd, wordt de rol in Maastricht op een binnenvaartschip geladen en naar Amsterdam teruggebracht. Op 25 juni 1945 wordt *De Nachtwacht* uitgerold, opnieuw opgespannen, schoongemaakt en al snel tentoongesteld in de tentoonstelling *Weerzien der Meesters*. Op een paar plekken blijkt dat de bedoeking is losgeraakt. Opvallend genoeg heeft de verf bij het op- en uitrollen geen schade opgelopen. Wellicht is dit te danken aan de soepele kwartsgrondering van Rembrandt.

Confrontatie met vandalen

De Nachtwacht is twee keer aangevallen met een mes en één keer met een zuuroplossing. Hoewel de beschadigingen vakkundig zijn gerestaureerd, zie je daar toch de sporen van. Om inzicht te krijgen in de effecten hiervan op het doek, de verf en de impasto bootst het team de verschillende aanvallen en behandelingen na.

De eerste aanval, op 13 januari 1911, loopt met een sisser af. De dader is een matroos die is afgekeurd. Hij is daar zo boos over dat hij wraak wil nemen op het Rijk. Hij kiest als doelwit het schilderij dat in zijn ogen het Rijk vertegenwoordigt en krast met een schoenmakersmes op *De Nachtwacht*. Gelukkig beschadigt hij hierbij alleen de vernislaag.

Dat is heel wat anders dan de verwarde man die op 14 september 1975 met twaalf steken *De Nachtwacht* aanvalt, waarbij er zeven helemaal door het canvas gaan. Het is een nachtmerrie voor het museum. De lengte van de beschadigingen varieert van een snede van 39 centimeter tot één van 1 meter. Uit het pak van Frans Banninck Cocq wordt een driehoek van 28 bij 6 centimeter losgesneden. Het schilderij moet worden gerestaureerd. De enige gelukkige omstandigheid was dat het schilderij daar inmiddels ook al weer aan toe was.

Het nabootsen van een beschadiging

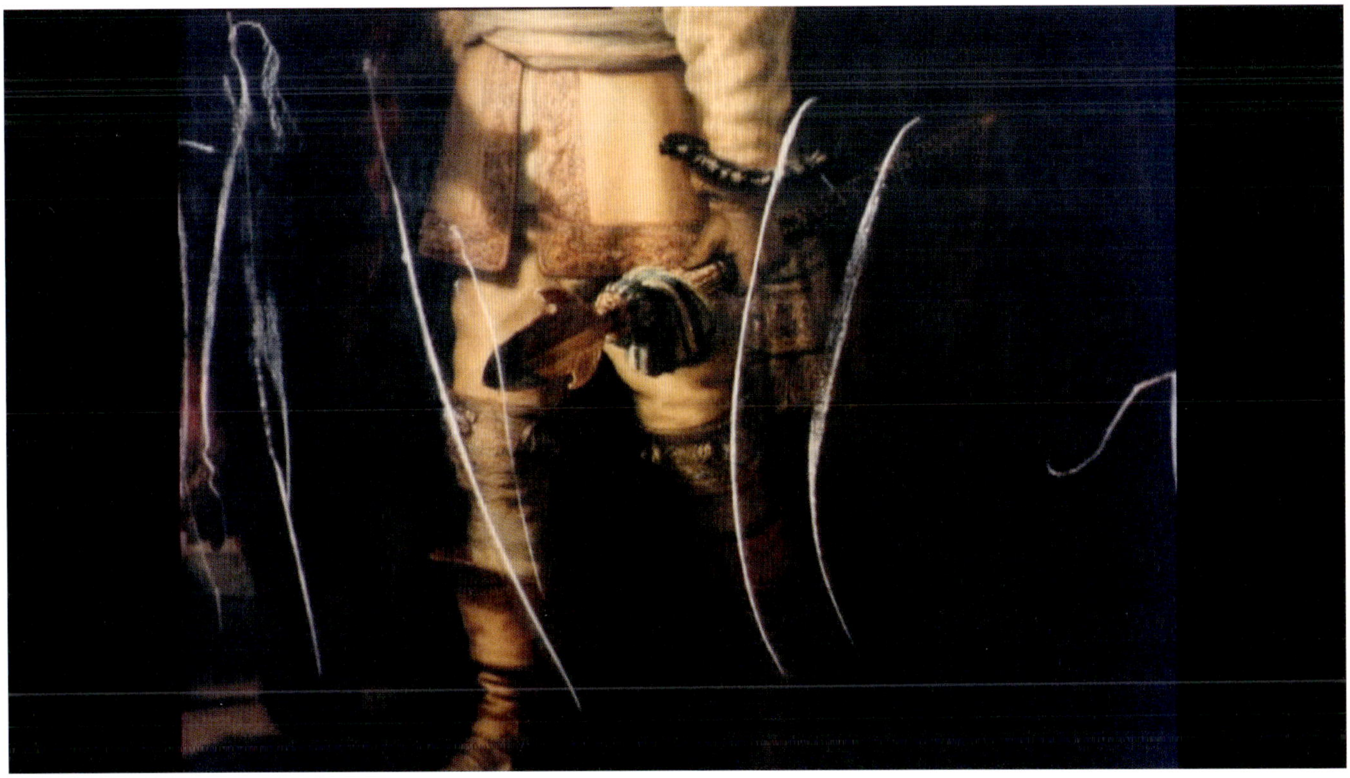

De Nachtwacht na de vernieling in 1975

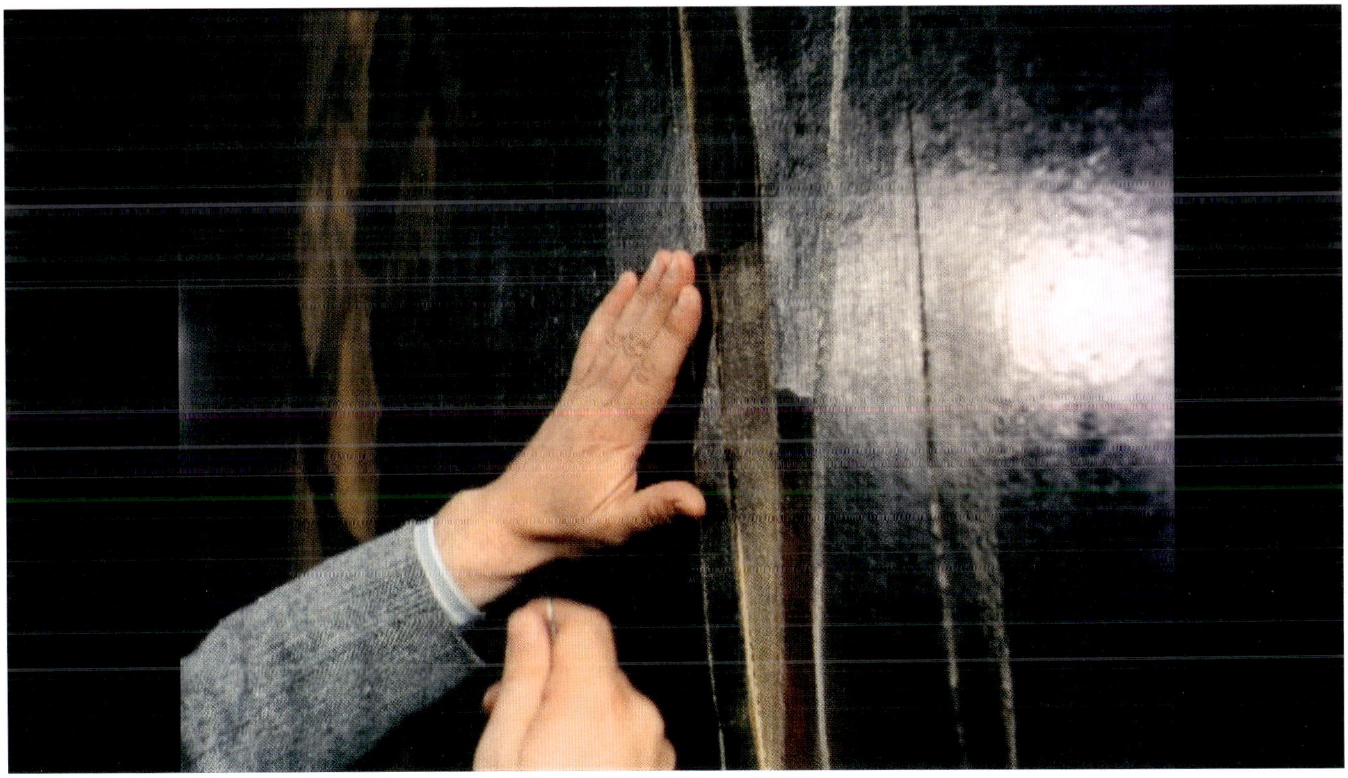

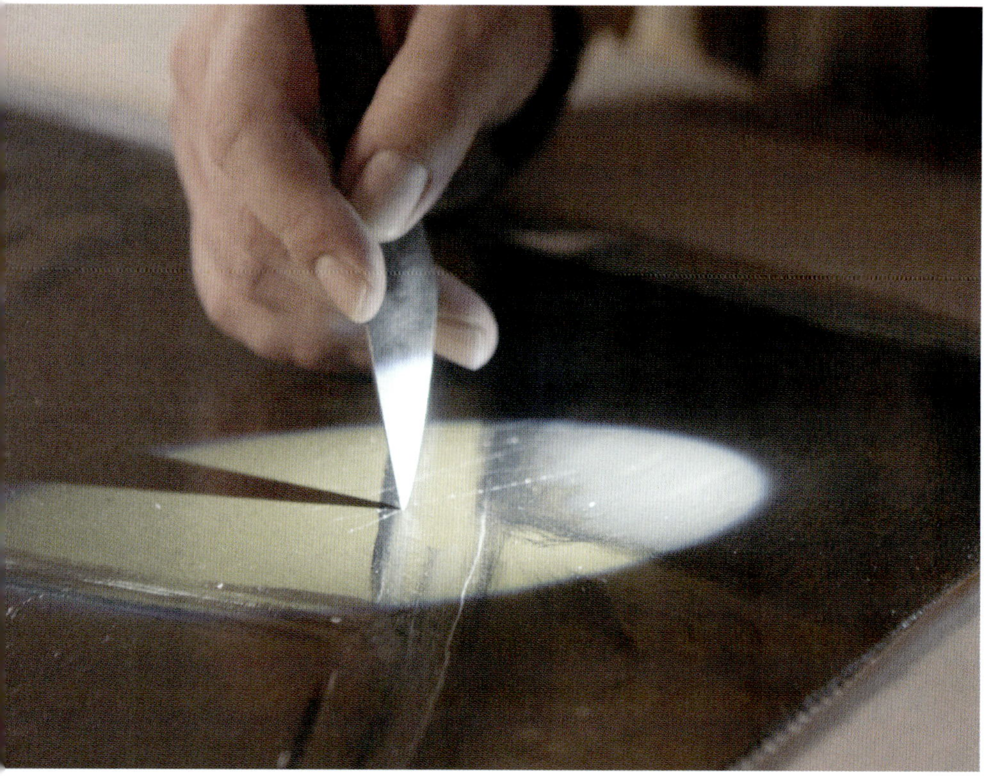

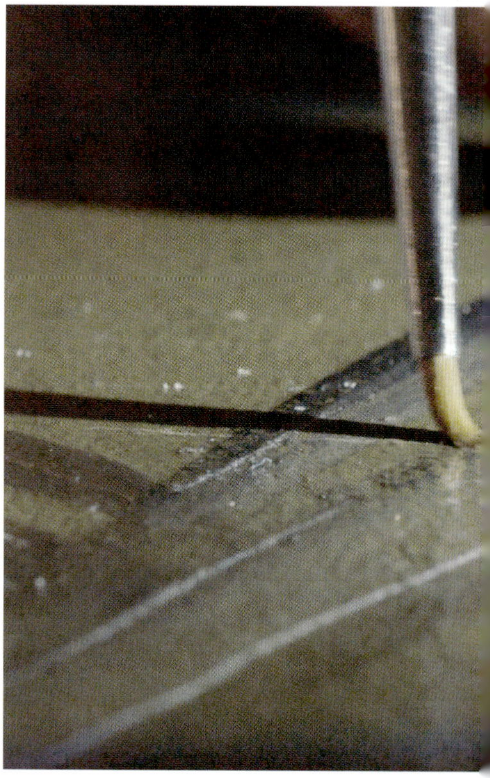

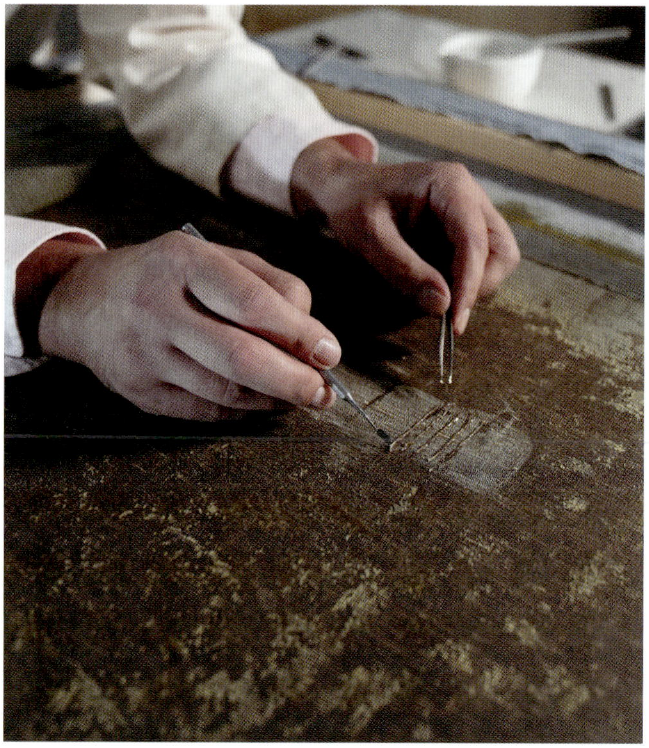

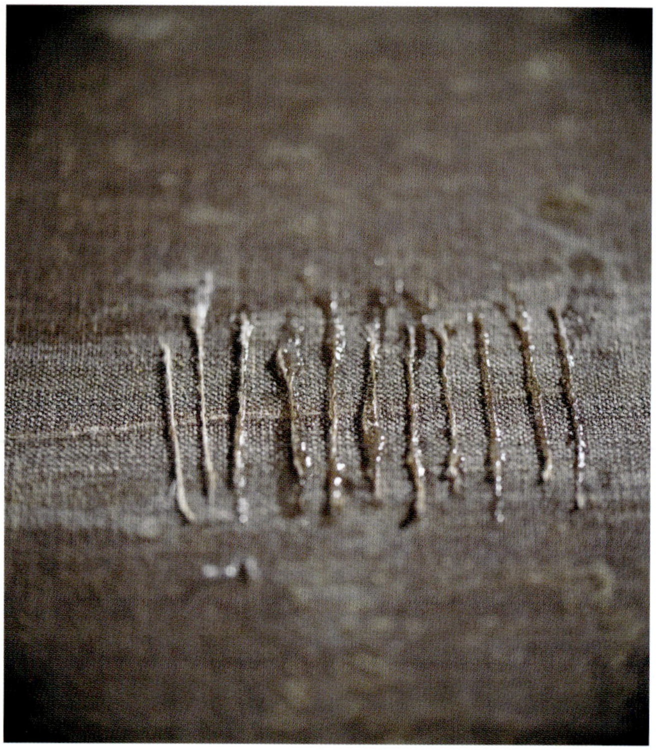

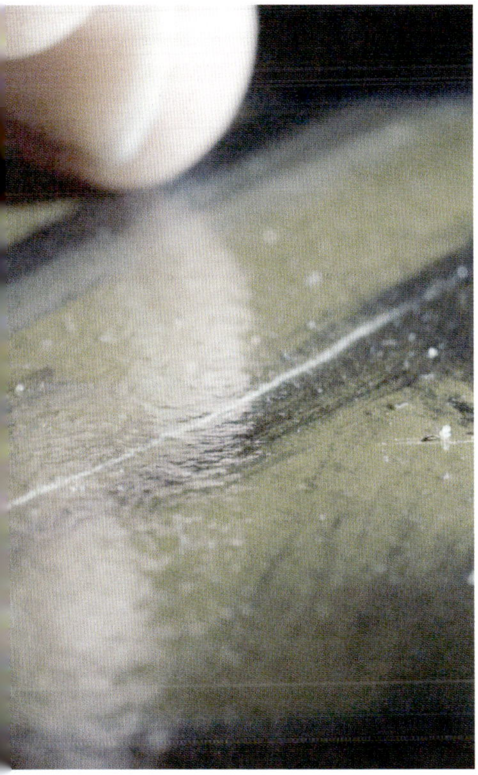
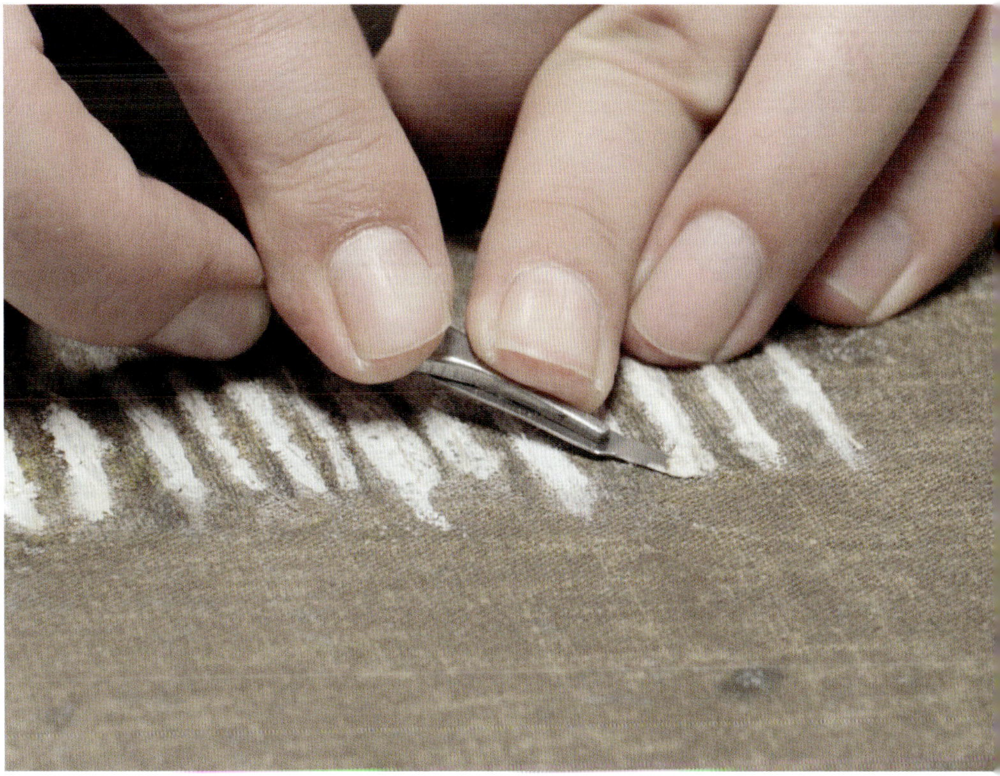

Het restaureren van het testdoek

Voordat de sneden gerestaureerd kunnen worden moet de bedoeking aan de achterzijde worden weggehaald. Langs de sneden wordt de oude verdoekingsspecie met een mesje verwijderd, elders wordt deze met xyleen zoveel mogelijk afgedund. Daarna kan men de sneden hechten; dit gebeurt met draadjes linnen die gedrenkt zijn in een synthetische lijm. Hierna wordt het werk opnieuw bedoekt met was en hars. De sneden worden gevuld en het hele schilderij ontdaan van vergeelde vernis en restauratieretouches. Op een nieuwe vernis worden de vullingen, beschadigingen en de plaatselijke sleetsheid van de verf geretoucheerd.

De restauratie wordt op zaal uitgevoerd onder leiding van Luitsen Kuiper. Het publiek kan op gezette tijden meekijken.

Al met al duurt het meer dan acht maanden voordat *De Nachtwacht* weer op zijn plek hangt. Na de restauratie is *De Nachtwacht* volledig hersteld. Inmiddels kun je als je goed kijkt de retouches op de sneden toch herkennen. Kuiper en zijn team retoucheerde met olieverf (weliswaar eerst uitgezet op vloeipapier en met vernis in plaats van olie als medium) en olieverf donkert na.

De laatste aanval is op 6 april 1990. Een eveneens verwarde man spuit verdund zwavelzuur op het schilderij. Gelukkig had het Rijksmuseum een beleid om in zo'n geval direct met water het zuur af te spoelen. Op de zalen staan containers met gedemineraliseerd water die door de beveiligingsmedewerkers moeten worden gebruikt. Water is ook een vijand van het schilderij maar neutraliseert het zuur en laat het wegstromen. Omdat veel schilderijen op doek met was en hars zijn bedoekt, kunnen ze ook wel wat water verdragen. Door snel ingrijpen van de beveiligingsmedewerkers ter plaatse blijft de aantasting door het zuur beperkt tot de vernislaag.

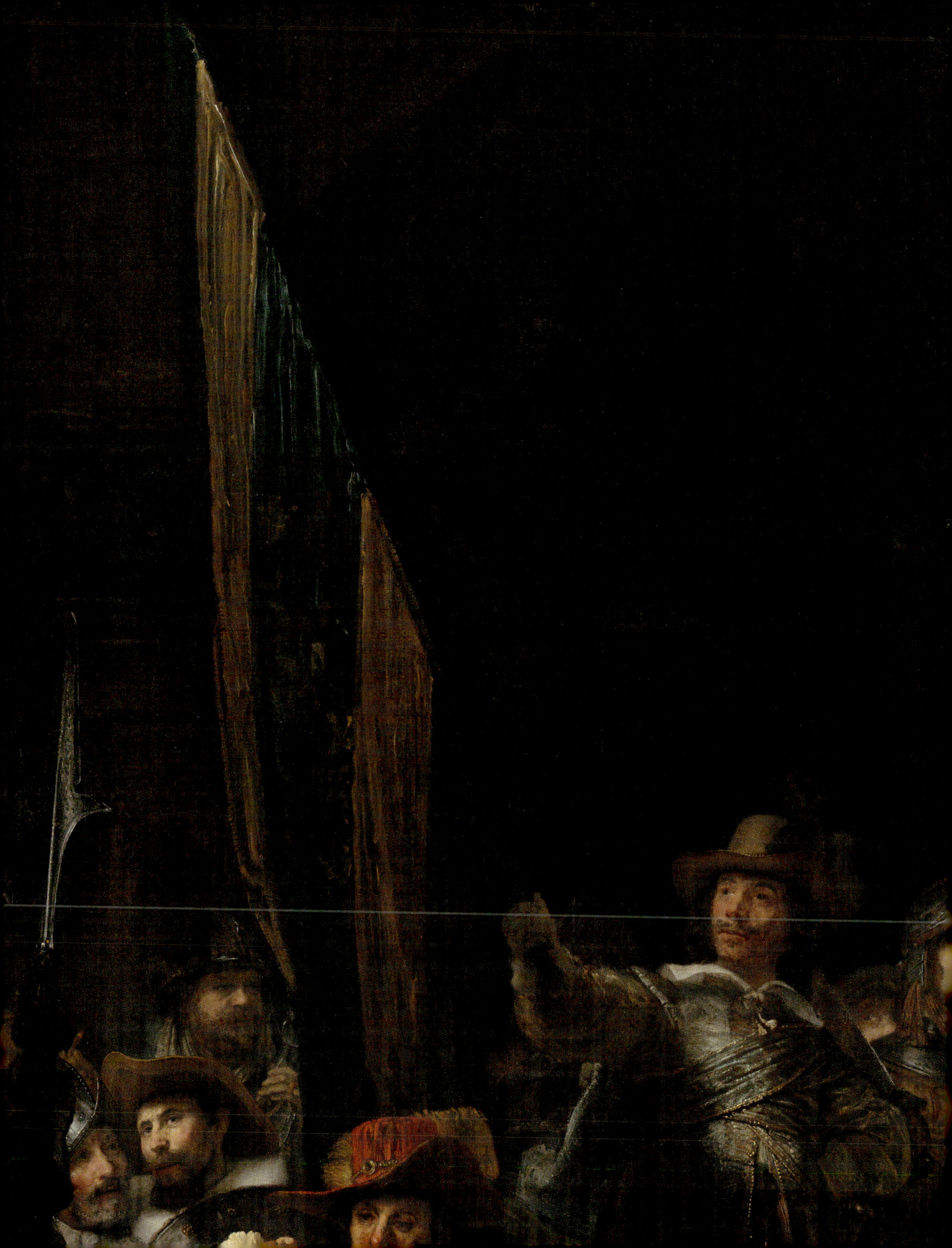

De Nachtwacht als nationaal symbool

De Nachtwacht is een uniek kunstwerk dat behoort tot de topstukken in de wereld. Maar waarom wordt nu juist dit schilderij een symbool voor Nederland?

Afgezien van de intrinsieke kwaliteiten van het schilderij zelf is dat een verhaal van nationale trots en marketing. Na de hoogtijdagen van Rembrandts roem in de 17de eeuw neemt zijn faam af in de eeuw die erop volgt. Het schilderij blijft ontegenzeggelijk belangrijk en houdt een voorname plek in het Koninklijk Museum, maar een kandidaat voor een nationaal symbool kun je *De Nachtwacht* aan het begin van de 19de eeuw niet noemen. In deze eeuw echter zal dat allemaal veranderen. In 1885 belanden *De Nachtwacht* en Rembrandt op het hoogaltaar van de Nederlandse kunst; nationale symbolen waaronder een Rijk zich verenigd ziet.

Nadat België zich in 1830 van Nederland afscheidt, ontstaat er een kleine wedloop tussen de twee landen. Beide zoeken naar symbolen en verhalen die bijdragen aan een gevoel van nationale trots. Kunst speelt daar een sleutelrol in. De Belgen zetten Peter Paul Rubens op een voetstuk. Op initiatief van de Société de sciences, lettres et arts d'Anvers krijgt de kunstenaar een standbeeld in Antwerpen. Nederland zoekt naarstig naar een Hollandse meester die met Rubens kan wedijveren. Rembrandt is een goede kandidaat, maar zijn imago liep in de 18de eeuw schade op. Arnold Houbraken schreef aan het begin van die eeuw *De groote schouburgh der Nederlantsche konstschilders en schilderessen* (1718-1721). In de passages over Rembrandt komt dat imago goed naar voren. Hij tekent Rembrandt als een onbeschaafde vlek van eenvoudige komaf die rondhangt met het gepeupel en wars is van academische regels. Een bekwaam kunstenaar, dat wel, maar zo wispelturig dat hij te veel werk dat hij begint maar half afmaakt. 'En dus ging het ook met zyne schilderyen, waar van ik 'er gezien heb, daar dingen ten uitersten in uitgevoert waren, en de rest als met een ruwe teerkwast zonder agt op teekenen te geven was aangesmeert. En in zulk doen was hy niet te verzetten, nemende tot verantwoording dat een stuk voldaan is als de meester zyn voornemen daar in bereikt heeft.' Een gevoel overigens dat het team ook wel eens had tijdens de reconstructie.

Voordat Rembrandt en *De Nachtwacht* hun huidige status bereiken, moest er wat aan dat imago gedaan worden. In de eerste helft van de 19de eeuw voeren voorstanders van Rembrandt-als-nationale-held een marketingcampagne die succesvol zal blijken. Met onder meer nieuw onderzoek en lofredes is het sentiment in vijftig jaar voldoende bijgestuurd. Rembrandt krijgt, onder toeziend oog van koning Willem III, op 27 mei 1852 een eigen standbeeld op de Amsterdamse Botermarkt, die later officieel het Rembrandtplein zal gaan heten. Met dit beeld start ook de ongekende faam van Rembrandt, die in de loop der jaren eigenlijk alleen maar groter is geworden.

Het kunstminnend tij zit in het midden van de 19de eeuw ook mee. Die eigenwijze houding van Rembrandt ten opzicht van de academische principes van de schilderkunst was kenmerkend voor de Nederlandse 17de-eeuwse schilderkunst. In plaats van verheffende taferelen schilderden Nederlandse kunstenaars – met Rembrandt voorop – juist het alledaagse leven van gewone mensen. Na daar een eeuw op te hebben neergekeken zijn het de Fransen die, in het kielzog van Napoleon, de Nederlandse 17de-eeuwse kunst herwaarderen.

De Nachtwacht wint razendsnel aan populariteit en verwerft een bijna mythische uitstraling. In 1851 krijgt *De Nachtwacht* een nieuwe lijst met Rembrandts naam erop, een illustratie van de toegenomen betekenis van de schilder: dit is niet zomaar een groepsportret, maar een monumentaal schilderij van een groot kunstenaar. Bij de opening van het nieuwe Rijksmuseum in 1885 is *De Nachtwacht* en daarmee Rembrandt de grote ster, met een eigen zaal aan het eind van de Eregalerij.

Detail van *De Nachtwacht* met de vaandeldrager

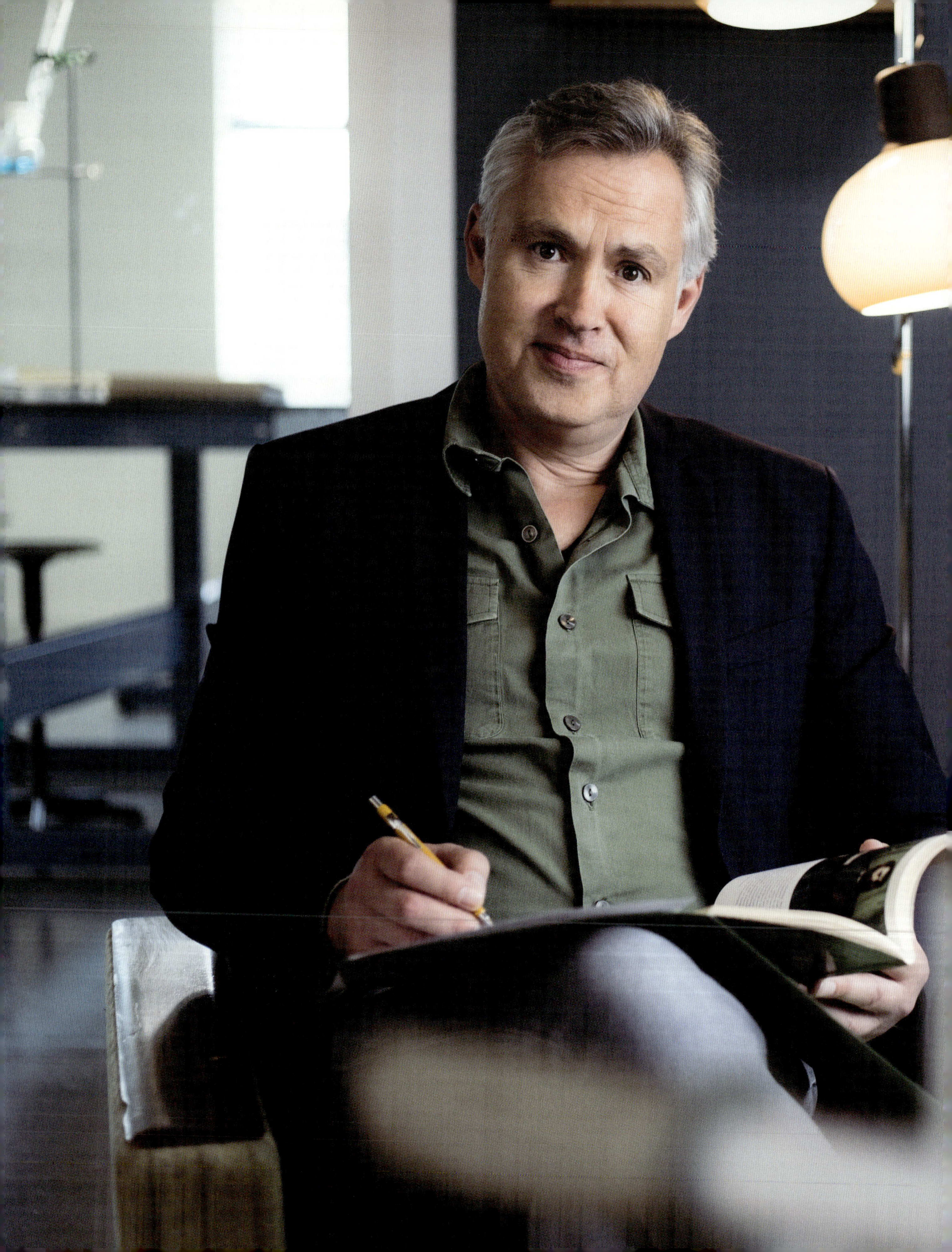

IN GESPREK MET

Michel

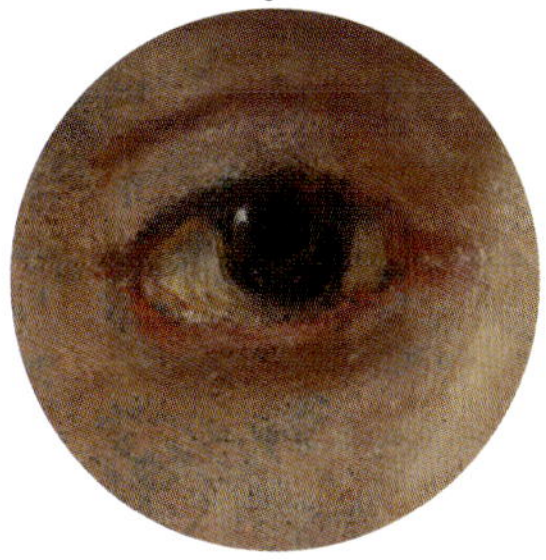

Marc kent Michel van de Laar al 45 jaar. Hij was de oudere broer van zijn beste vriend. Na een jeugd in Den Bosch zouden ze elkaar vaak tegenkomen. Bijvoorbeeld in de jaren 1990 als de twee 'jongetjes van de Pettelaarseweg', als Michel in het restauratieatelier in een van de grote torens van het Rijksmuseum een Jan Steen restaureert en Marc daar een item over regisseert. Marc weet nog dat hij, toen hij de eerste gedachte voor *Het Geheim van de Meester* had, Michel belde met de vraag: 'Hoe ga ik dit doen?' Nu staan ze, ruim zeven jaar later, met eenzelfde soort vraag voor *De Nachtwacht*.

Wat dacht je, toen ik jullie vroeg om *De Nachtwacht* te reconstrueren?

Ik vond het meteen een fantastisch idee om te doen. Uitdagend. Het is wel heel groot, veel vierkante meters. En er komt veel bij kijken. Maar het is niet onrealistisch. Ik ging natuurlijk direct over de veroudering nadenken. De restauratiegeschiedenis van *De Nachtwacht* is interessant, goed gedocumenteerd en ik ben er zelf ook onderdeel van. Ik was er namelijk zo'n beetje bij toen een gestoorde man het werk aanviel met zwavelzuur. Afijn, ik wil maar zeggen; we weten meer van dit schilderij dan van elk ander. Dus ja, dit kunnen we reconstrueren.

Toen we begonnen met het maken van de kopie, kwamen we erachter hoeveel we nog niet weten. Zonder overdrijving kan ik zeggen dat ik door dit project meer heb geleerd over *De Nachtwacht* dan in 25 jaar werken als restaurator in het museum. Omdat je nu het schilderij gaat reconstrueren moet je je afvragen of dingen zijn zoals ze omschreven staan. Je moet ze herscheppen. En dan blijkt die ene voetnoot waar een hele theorie op is gebouwd ineens een punt van twijfel. Normaliter lees je er overheen en nu moet je je afvragen: 'Wat staat daar nu eigenlijk?' We moeten het precies snappen om het te kunnen doen en dan zwem je tegen de stroom in, in een rivier van keuzes die je stuk voor stuk moet oplossen. Zoals Rembrandt het deed. Dat je er niet onderuit komt om zo'n keuze te maken, dat is waardevol.

Hoe verhoud jij je tot Rembrandt?

Luister, Rembrandt is mijn vriend niet. Ik restaureerde in mijn atelier hier drie Rembrandts. Een daarvan was de moeilijkste restauratie die ik ooit deed. Als je aan een Rembrandt werkt, word je een beetje bang van de man. Zijn werk is een puzzel die je maar op één manier kunt leggen. Het is heel moeilijk om, als een schilderij kapot is, te achterhalen wat die ene manier is. Onderzoek kan helpen, je kunt met röntgen en infraroodreflectografie zien hoe Rembrandt onder-

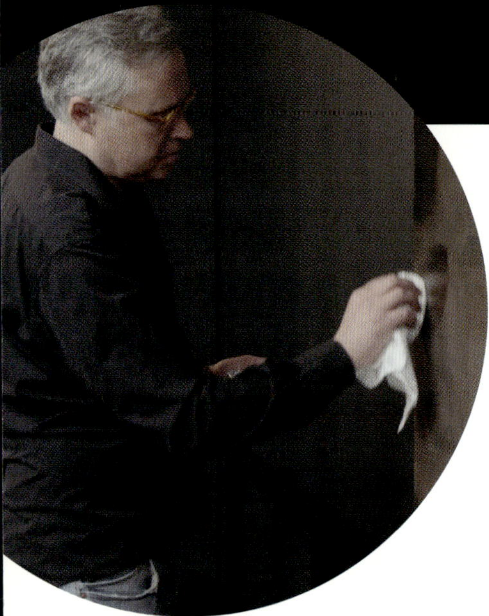

Er zit ook veel romantiek rondom Rembrandt; de armlastige man die niet begrepen werd en failliet ging

delen van het schilderij verandert, je ziet hem toewerken naar die ene manier. In die aanpassingen merk je ook hoe experimenteel hij is. Hij vraagt zich doorlopend af of het niet op een andere, nog betere manier kan. En als hij een andere manier weet, dan gaat hij dat doen.

Er zit ook veel romantiek rondom Rembrandt; de armlastige man die niet begrepen werd en failliet ging. Ik groeide op met die romantiek. Mijn vader was restaurator, net als mijn twee tantes en mijn opa, die kunstschilder was en schilderijen kopieerde. Een vriend van mijn vader, Henk de Laat (een grote kunstschilder), was zeer geïnteresseerd in de Vlaamse Primitieven. Hij vond Rembrandt maar een knoeier, een modderschilder, een sloddervos. Wat hij natuurlijk ergens ook was. Maar mijn vader was heel erg voor Rembrandt. En als hij dan op een feestje een borreltje ophad, dan lokte De Laat enorme discussies uit. Mijn vader trapte daarin. Dat waren avondlange debatten. Ik stond natuurlijk aan de kant van mijn vader, al had ik toen het overzicht nog niet om er echt iets van te vinden.

En welke rol speelt *De Nachtwacht* in je carrière?

Diezelfde De Laat zei, nadat mijn vader op mijn veertiende overleden was, tegen mijn moeder: 'Ik wil Michel een beetje op dat kunstpad houden, want hij heeft toch wel wat bagage meegekregen. Hij kan iedere zaterdag bij mij gratis op schilderles.' Dat deed ik tot mijn achttiende. Omdat er in Nederland geen opleiding tot restaurator was, ging ik naar België.

Een van mijn restaurator-tantes nam ons in die tijd soms mee op een reisje van De Jong Intratours, met een bus. Overal naartoe op korte, geweldige vakanties. Op een van die reisjes zat een zekere mevrouw Kind uit Bussum in de bus. Ik raakte met haar aan de praat over mijn studie en wat ik dan zou willen doen. Zij zei: 'Je moet een brief schrijven naar het Rijksmuseum.' Geen haar op mijn hoofd die daaraan dacht. Het Rijksmuseum, dat was een divisie te hoog. Ze drong aan: 'Noem mijn naam maar, ik heb daar ooit stage gelopen.' Dus na de vakantie stuurde ik een brief. Ik kreeg ook meteen antwoord: 'We nemen nu geen stagiairs aan.' Na een aantal weken kreeg ik toch nog een brief van Luitsen Kuiper, hoofdrestaurator van het Rijksmuseum

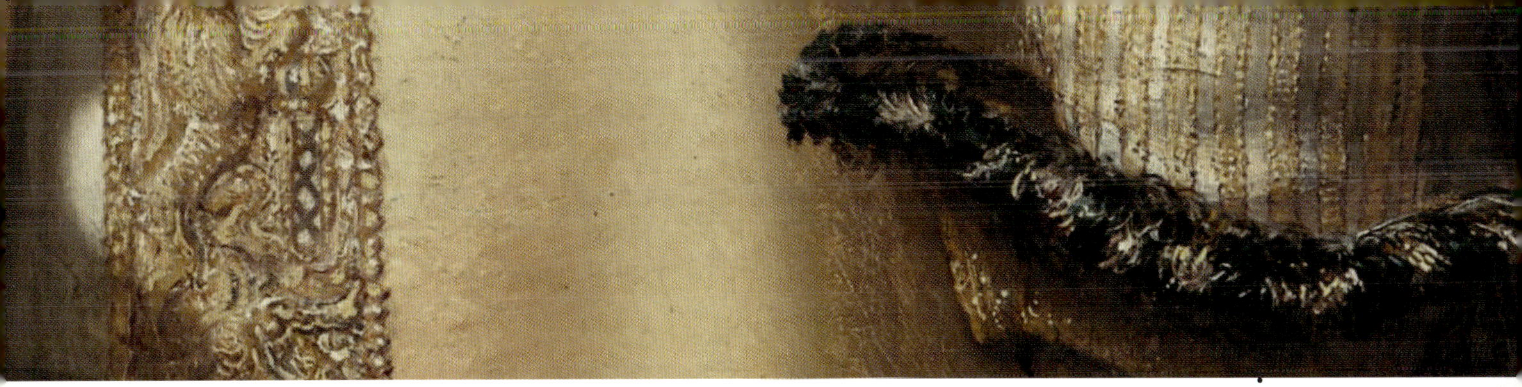

toen, die *De Nachtwacht* in 1975 restaureerde: 'Kom toch maar eens langs om kennis te maken.'

Ik naar het Rijksmuseum. We hadden ons gesprek in de toren waar het schilderijenrestauratieatelier toen zat. Het was, vanaf de dienstingang aan de andere kant van het gebouw, een heel gedoe om er te komen en ik raakte totaal gedesoriënteerd. Toen we na het gesprek, waarin ik werd aangenomen als voluntair, naar buiten liepen zei Kuiper: 'Kom, dan lopen we nog even over de Eregalerij.' We liepen via de voorhal, waar Lisa nu schildert. De grote deuren gaan open en ik zie opeens *De Nachtwacht*. Prachtig natuurlijk, maar ik schaamde me vooral dood dat ik het niet aan had zien komen, dat ik niet wist waar *De Nachtwacht* hing. Dat was mijn eerste professionele contact met *De Nachtwacht*. Nog geen tien jaar voordat ik daar zo stond, in 1975, restaureerde Kuiper *De Nachtwacht*. Dus als hij ons iets uitlegde was dat vaak ook aan de hand van die restauratie.

Het is een soort theater waar de gordijnen op het podium opengaan en er een heel gezelschap op je afkomt

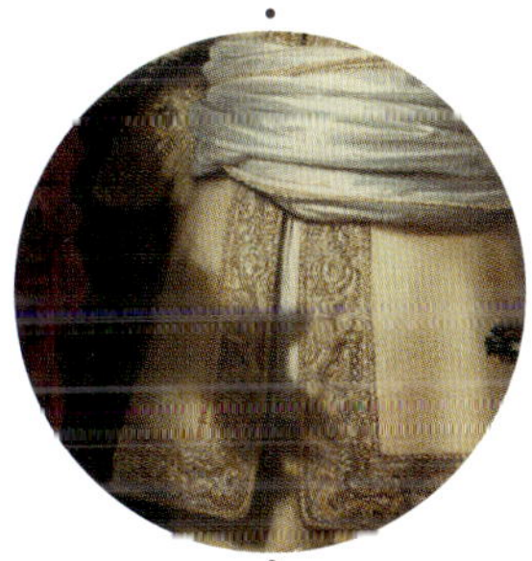

Wat denk je dat Rembrandt met *De Nachtwacht* wilde bereiken?

Ik heb in mijn leven ongelofelijk veel uren voor *De Nachtwacht* gestaan. Als je in het Rijksmuseum werkt, kun je iedere dag vóór tien uur in de ochtend zonder publiek door de zalen lopen. Alleen en oog in oog met kapitein Frans Banninck Cocq en luitenant Willem van Ruytenburch. Wat je dan beleeft; dat schilderij is amusement, er gebeurt iets. Het is een soort theater waar de gordijnen op het podium opengaan en er een heel gezelschap op je afkomt. Die twee mannen lopen vooraan. Je hebt het gevoel dat je in de weg staat. Je moet opzij want ze komen eraan! Met vaandels en geweren. Da's een feest.

Ik heb het al vaker gezegd, ik denk dat, als Rembrandt terug zou komen in onze wereld, hij Amsterdam heel leuk zou vinden. Hij zou de Efteling te gek vinden, zo mooi oud als alles daar gemaakt is, en ingericht op effect. Maar vervolgens zou hij een one-way ticket hebben gekocht naar Hollywood. Want film maken is zijn vak. Er zitten beweging en drama, leven in een schilderij als *De Nachtwacht*, een verhaal. Leven dat er eigenlijk helemaal niet in hoort. Het is gewoon een groepsfoto van een herenclub. Maar omdat Rembrandt een streber is, maakt hij er een enorme theatervoorstelling van. We hebben voor ons project nu ook gekeken naar de twee schilderijen die ernaast hingen in

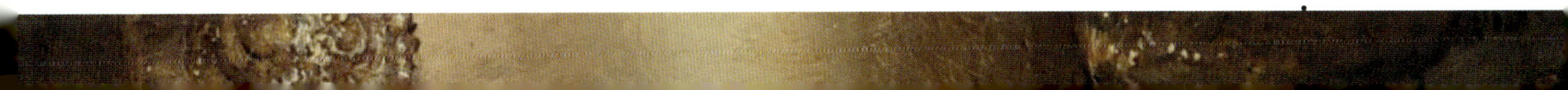

de Doelenzaal. Da's twee keer de teamfoto van Ajax. Met de keeper in het midden. De kapitein van dat clubje zit letterlijk op een stoel! En wat doet Rembrandt, die donders goed weet hoe zijn werk hangt? Kunsthistoricus Norbert Middelkoop legde het me uit: 'Hij laat een van de mannen op *De Nachtwacht* letterlijk wuiven naar het andere schilderij: "Hee jullie daar! Hier moet je zijn. Mijn kapitein, Banninck Cock, die moet je volgen!"'

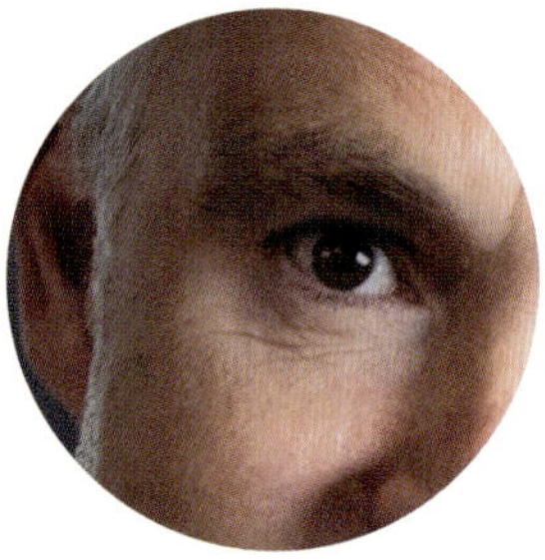

Hebben die uren voor het werk je dichter bij Rembrandt gebracht?
Na dat romantische beeld van Rembrandt via mijn vader in mijn jeugd ben ik Rembrandt vooral tegengekomen als iemand die zichzelf steeds wilde verbeteren en die, denk ik, niet zo'n sociaal mens is geweest. Dat kan haast niet. Ik heb het gevoel dat hij een vrek was, met al die leerlingen die steeds maar moesten betalen. En zoals hij met zijn klanten omgaat. Hij laat ze betalen en doet vervolgens wat hij zelf wil en wanneer hij het zelf wil. Ik vind Rembrandt de beste kunstenaar, samen met Peter Paul Rubens en Diego Velázquez, maar als persoon blijft hij een raadsel. Het was zeker geen gezellige vriend van iemand. Daar lees je ook nooit wat over. Dat hij als peetoom ergens was of naar een huwelijk kwam. Het was geen man van emoties. Ik denk dat hij een slimme, belezen man was. Met een hoog IQ en een nog hoger CQ. Zijn Curiosity Quotiënt moet enorm hoog geweest zijn. Hij wil weten hoe dingen eruitzien. Verhalen uit de Bijbel bijvoorbeeld. Hij wilde die in beeld brengen en hij wilde dat dan ook nog eens steeds weer anders en beter doen.

Om dat goed te begrijpen is het maken van een kopie zo belangrijk. De waarde van dat kopiëren is ergens verloren gegaan, terwijl het een vast onderdeel van de opleiding tot kunstschilder is. Neem mijn opa, hij werd kunstschilder aan het begin van de vorige eeuw. Onderdeel van zijn werk op de academie was kopiëren: 'Je moet eerst stelen van de grote meesters'. Mensen zagen die kopieën van hem en wilden er ook een hebben. Dus mijn opa maakte ze voor iedereen. Ze hingen in particuliere verzamelingen tussen echte 17de-eeuwse en zelfs moderne werken. Dat stopte na 1945, vanwege de zaak Van Meegeren, de grote Vermeervervalser. Kopieën werden opeens gezien als wansmaak. Pas vanaf de jaren 1990 zie je veilingen van kopieën terugkomen en we zijn nu pas weer in een periode waarin we dat kopiëren ten volste waarderen. Vandaar dat *Het Geheim van de Meester* zo fantastisch is.

De waarde van dat kopiëren is ergens verloren gegaan, terwijl het een vast onderdeel van de opleiding tot kunstschilder is

Rembrandtkenner Ernst van de Wetering zei ooit tegen me bij de vergelijking van een zelfportretje van de jonge Rembrandt: 'Michel, het is zo interessant. Want om de technologie van het schilderij te beschrijven heb ik veel dingen die jullie moeten doorleven, niet nodig. Hoe lang het duurt voor zo'n laagje droogt. Wat het contrast is van de kleur waar die haartjes op uitkomen. Hoe lang hij de tijd heeft om bepaalde dingen te doen.' En dat leer je dus alleen bij het maken van een kopie. Of zoals wij het noemen: een reconstructie. Het gaat daarbij niet zozeer om het resultaat maar om het proces.

Wat betekent meewerken aan *Het Geheim van de Meester* voor jou?

Ik vind het fantastisch om te merken dat je met een televisieprogramma zoals dit bij zoveel verschillende mensen interesse in kunst kunt wekken. Het is mooi om te zien dat de kijker, net als wij, nieuwsgierig is naar hoe een kunstwerk ontstaat en wat voor verhalen hier allemaal omheen zitten. Je hebt fans van *Het Geheim van de Meester* die naar iedere aflevering kijken en hier ook echt wat van opsteken. Kijk, ik vind het altijd leuk om over mijn vak te praten en dit met anderen te delen, en dat kan in dit programma. Mensen hebben soms een beeld van een restaurator als een soort monnik die stilletjes in een hoekje geconcentreerd zijn werk zit te doen. Natuurlijk zit ik heel veel alleen te werken, maar ik heb ook vaak overleg met collega's, opdrachtgevers en specialisten nodig om tot bepaalde beslissingen te komen. En zo is dat bij *Het Geheim van de Meester* niet anders. Ook Lisa kan niet zonder samenwerking met vakgenoten en specialisten. Alles wat in samenwerking tot stand komt heeft meerwaarde. En dat zie je in dit programma terug.

Ik vind Rembrandt de beste kunstenaar, samen met Peter Paul Rubens en Diego Velázquez, maar als persoon blijft hij een raadsel

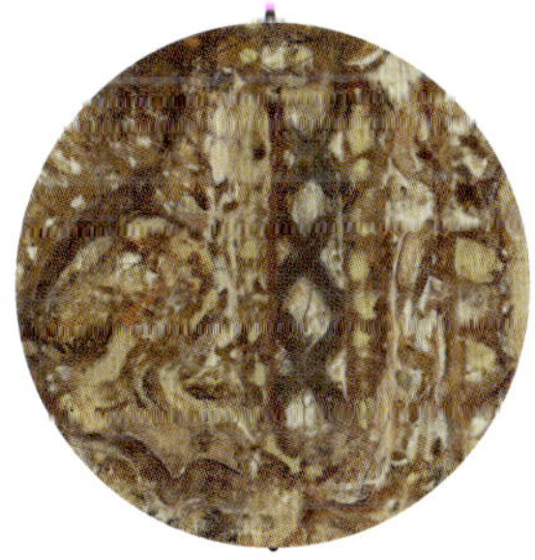

WERK IN UITVOERING

De Nachtwacht *op carbon*

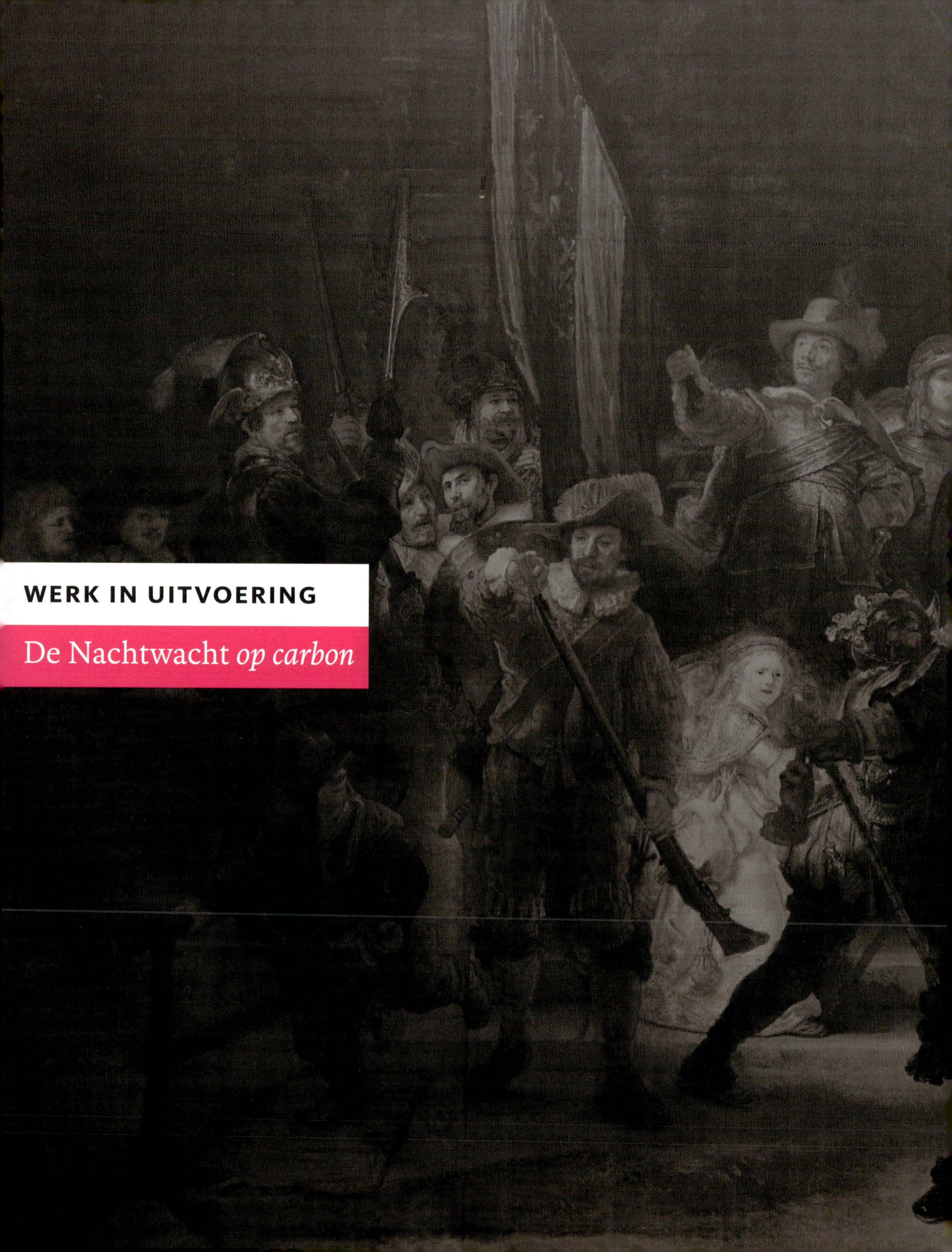

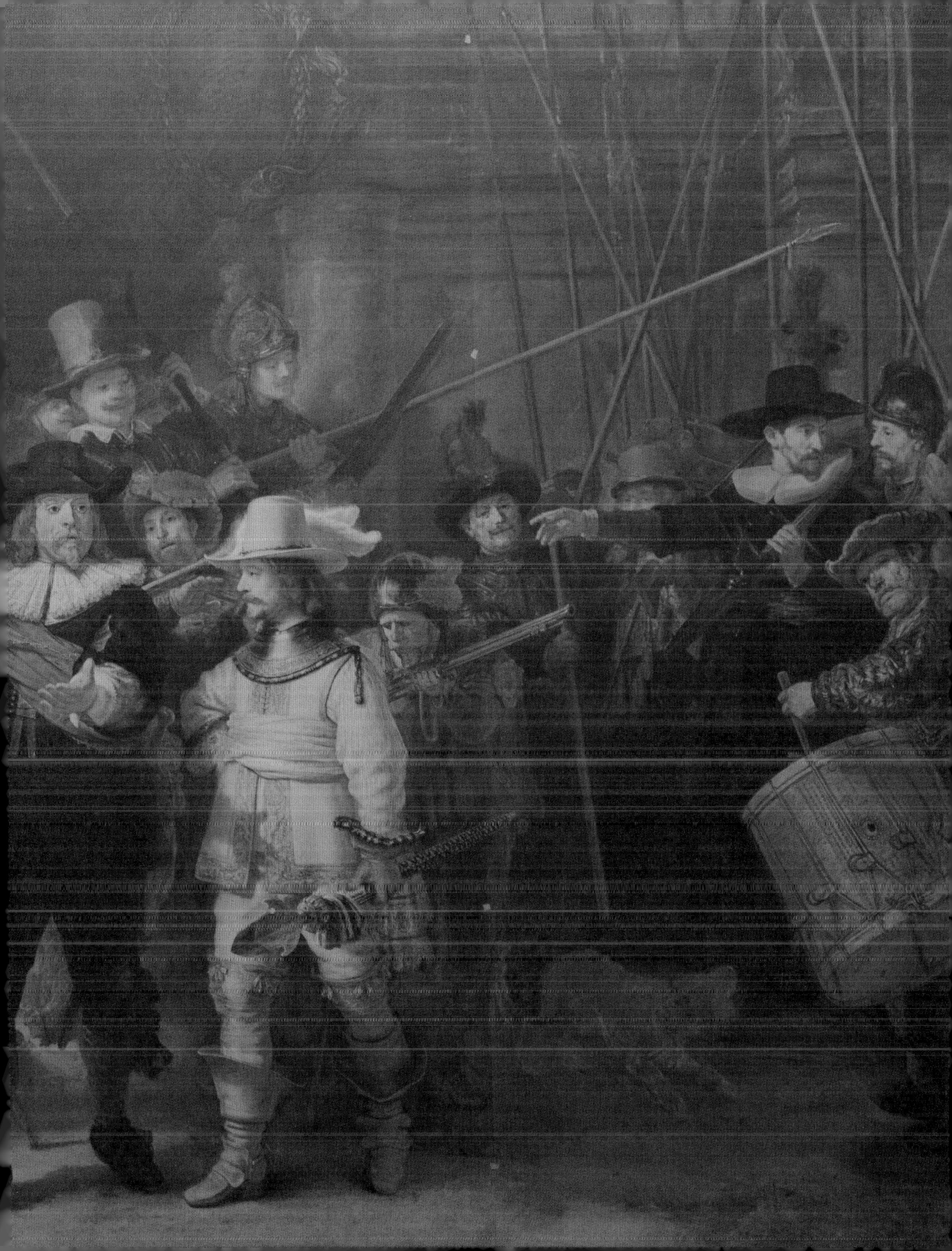

WERK IN UITVOERING

Doodverffase

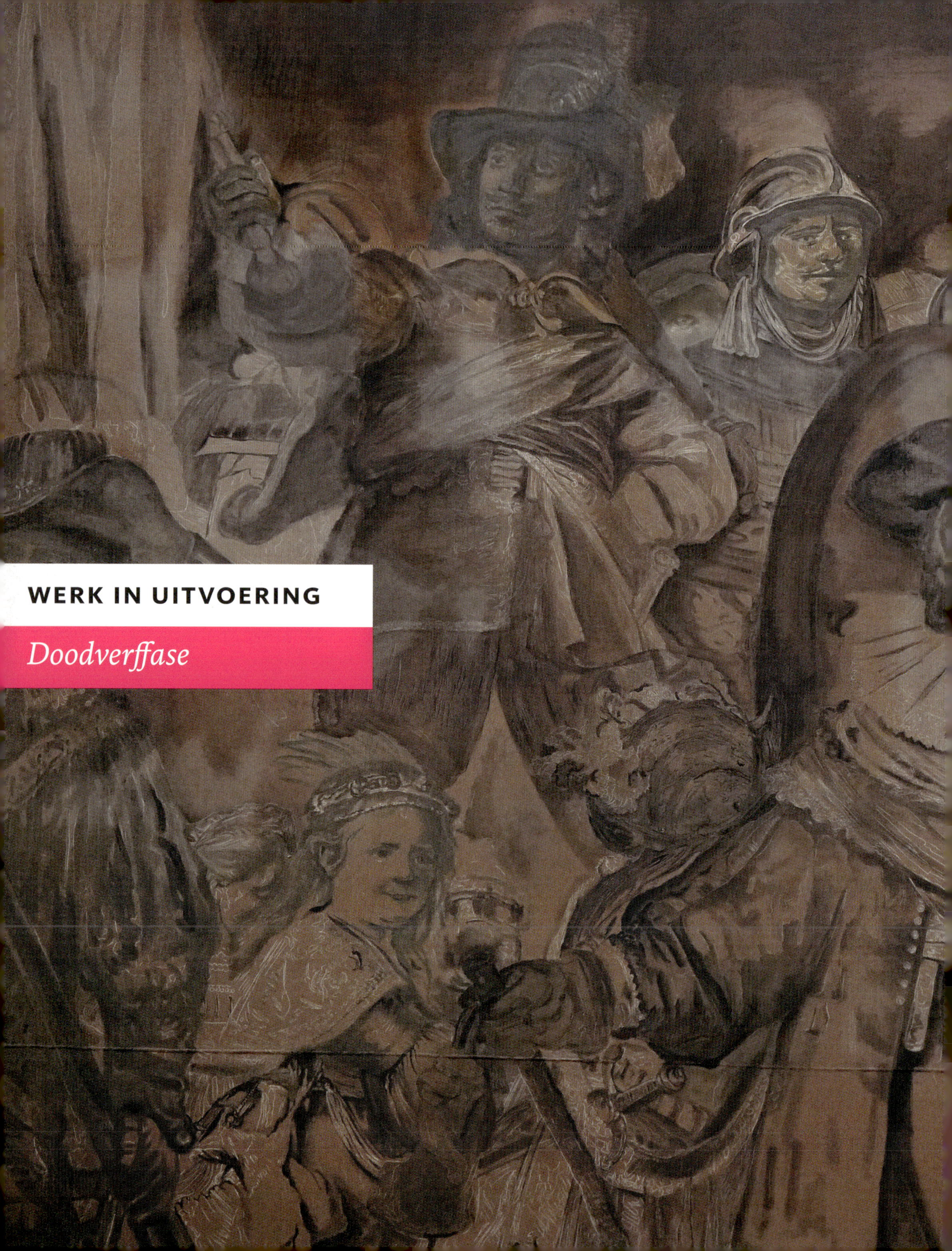

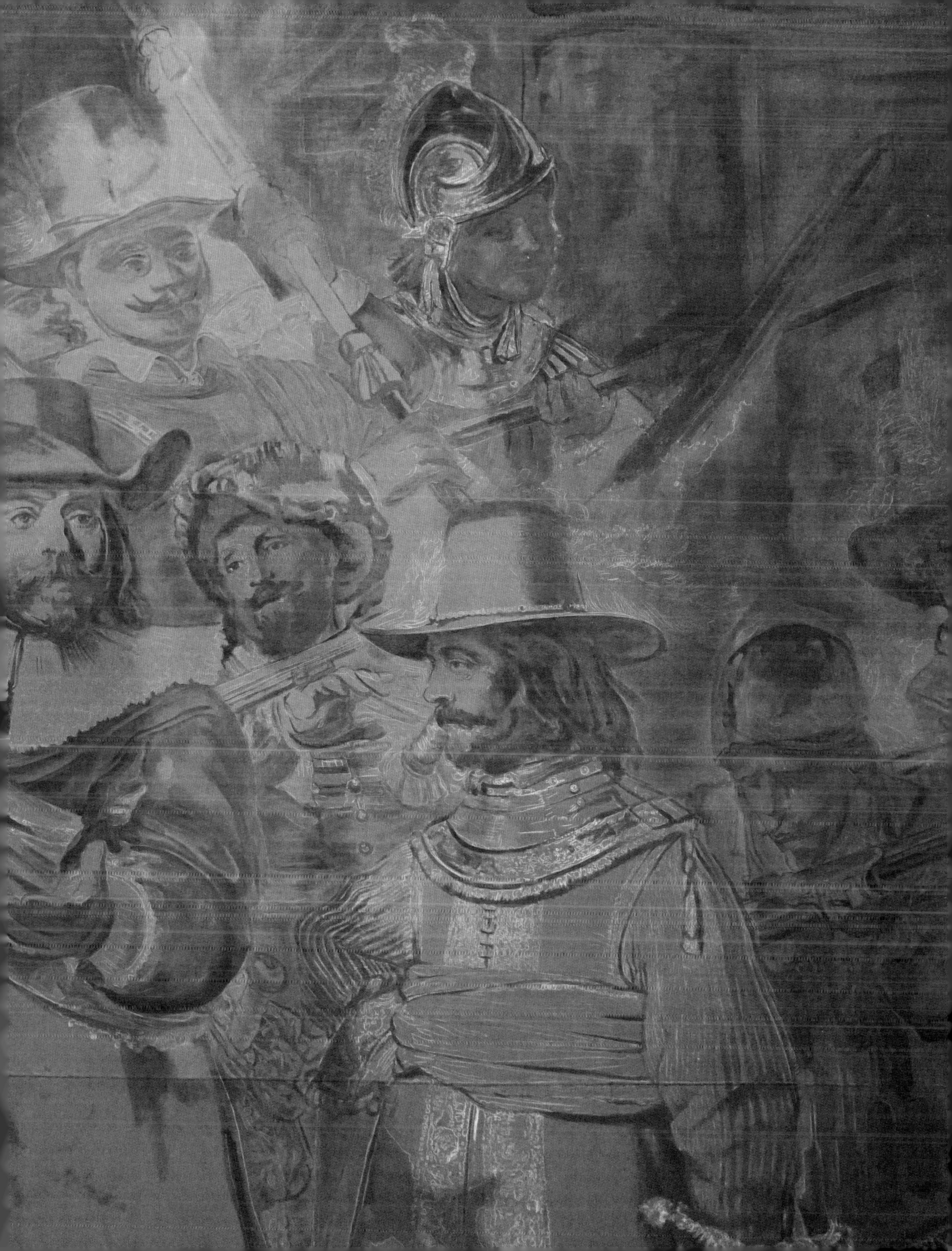

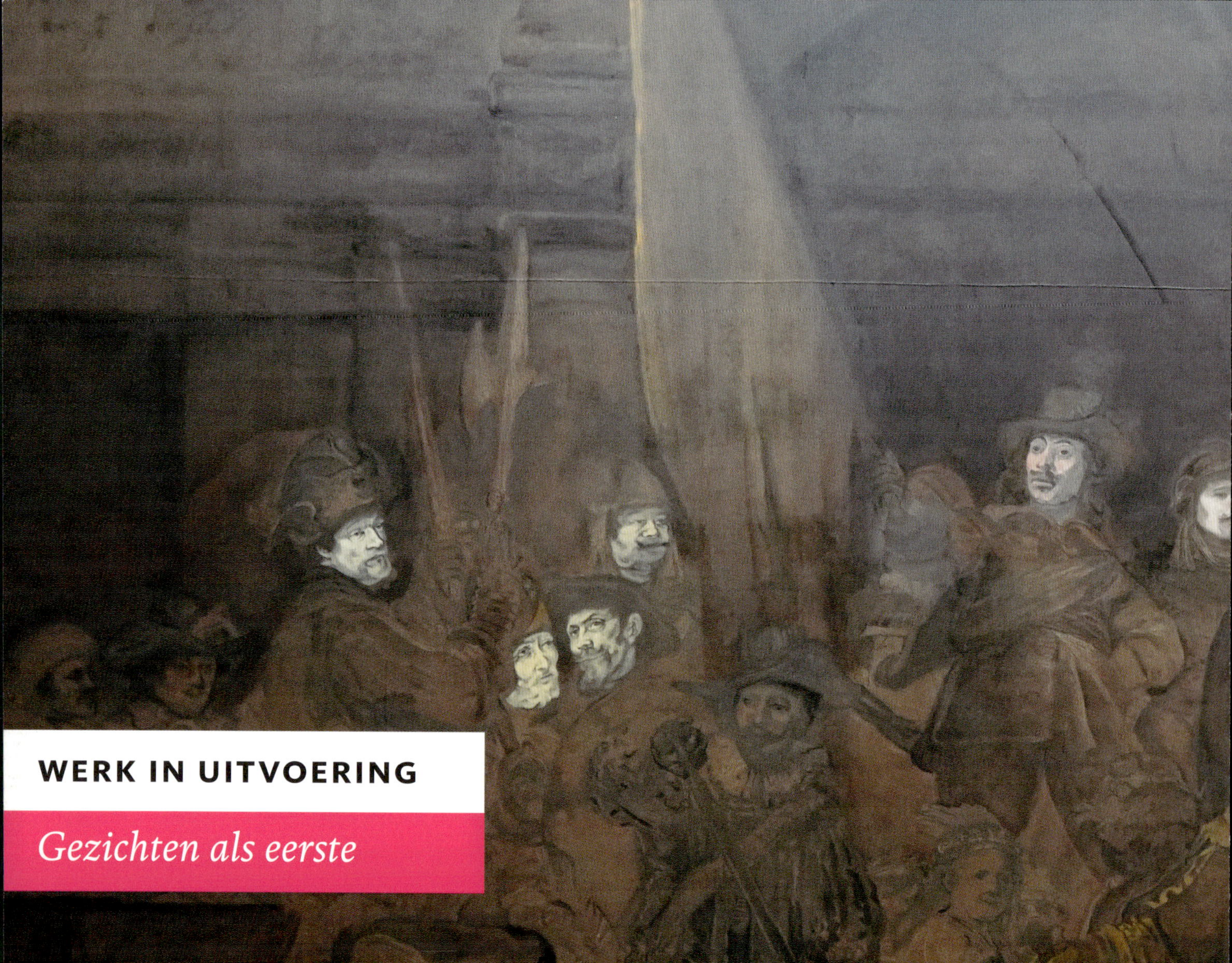

WERK IN UITVOERING

Gezichten als eerste

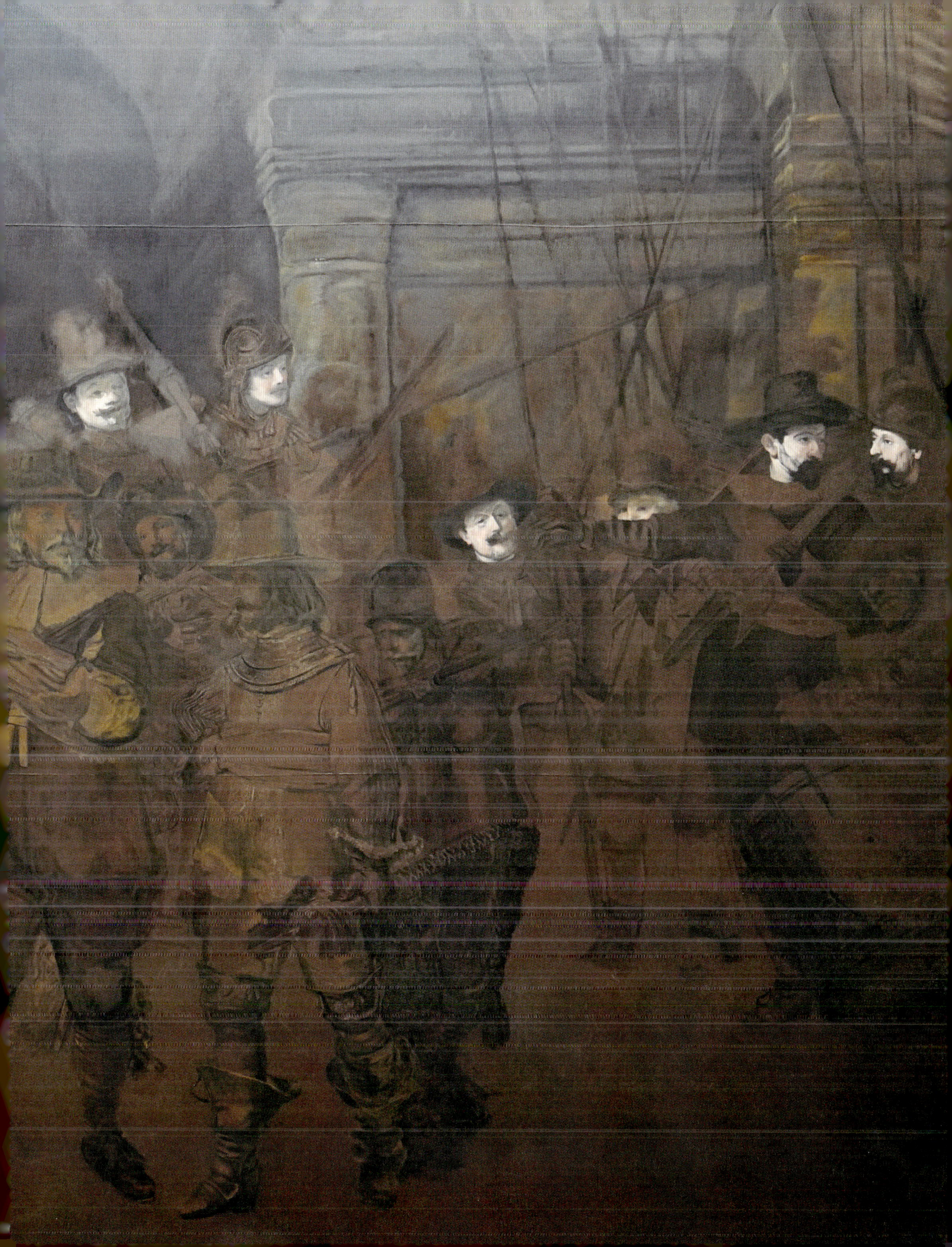

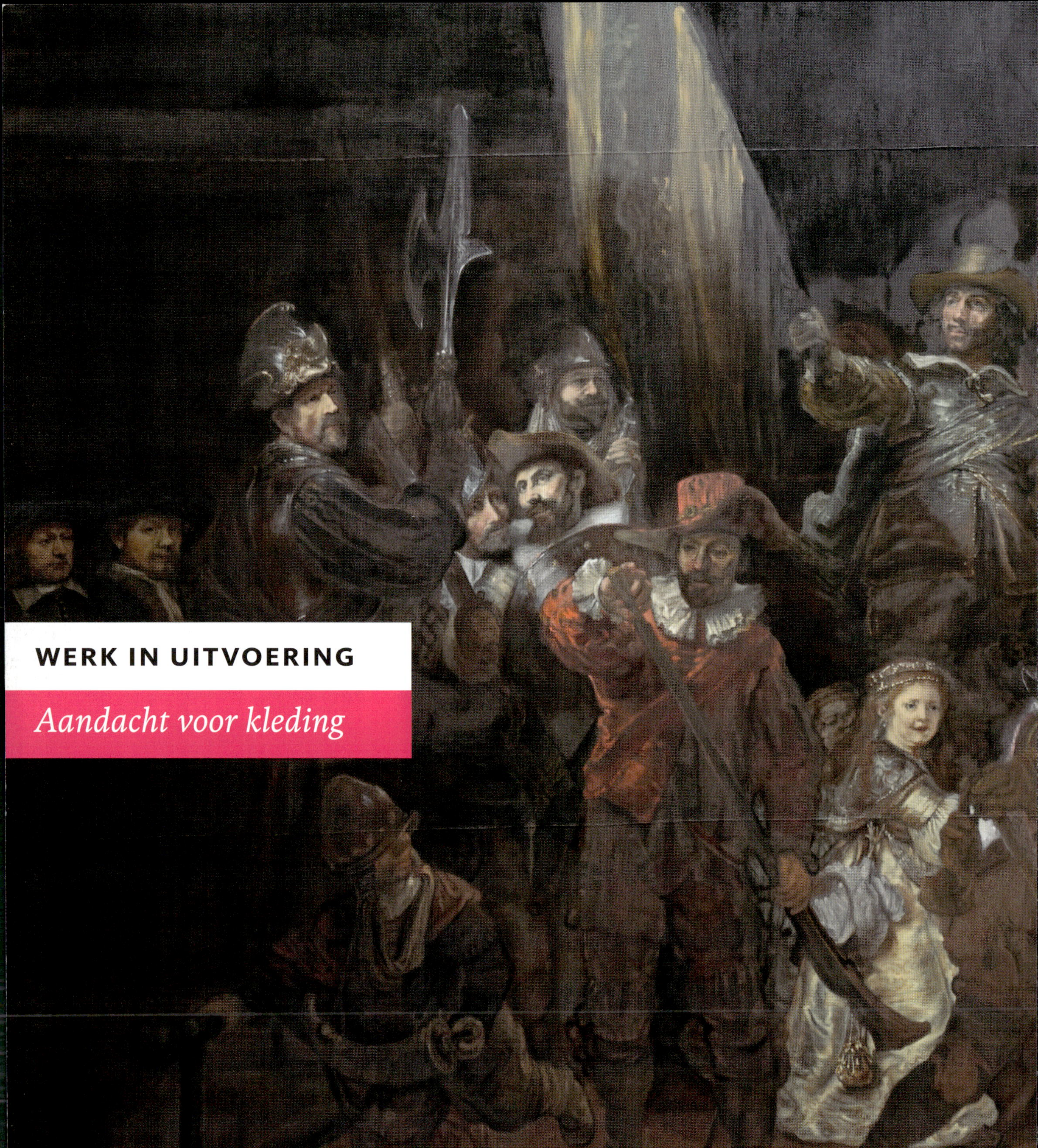

WERK IN UITVOERING

Aandacht voor kleding

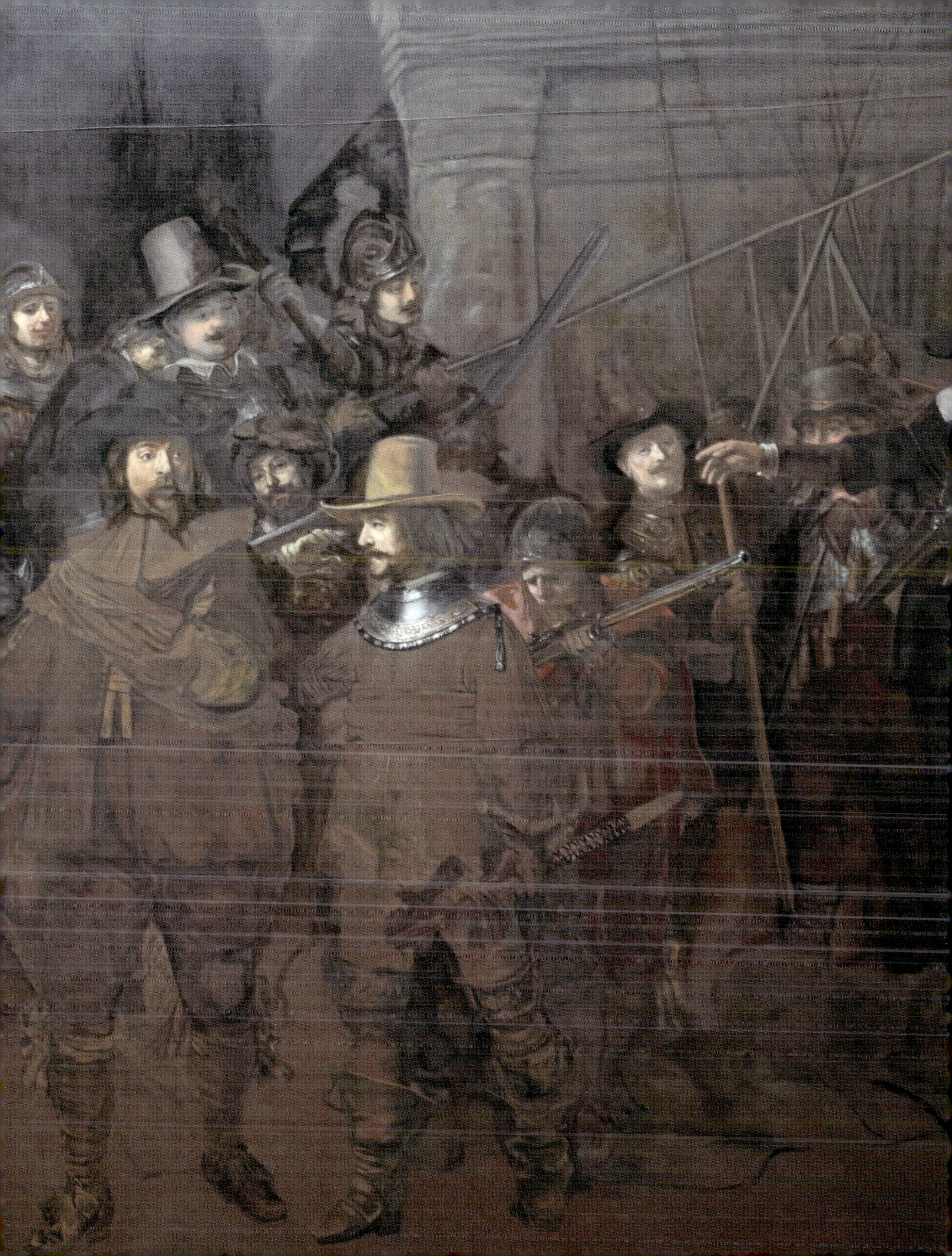

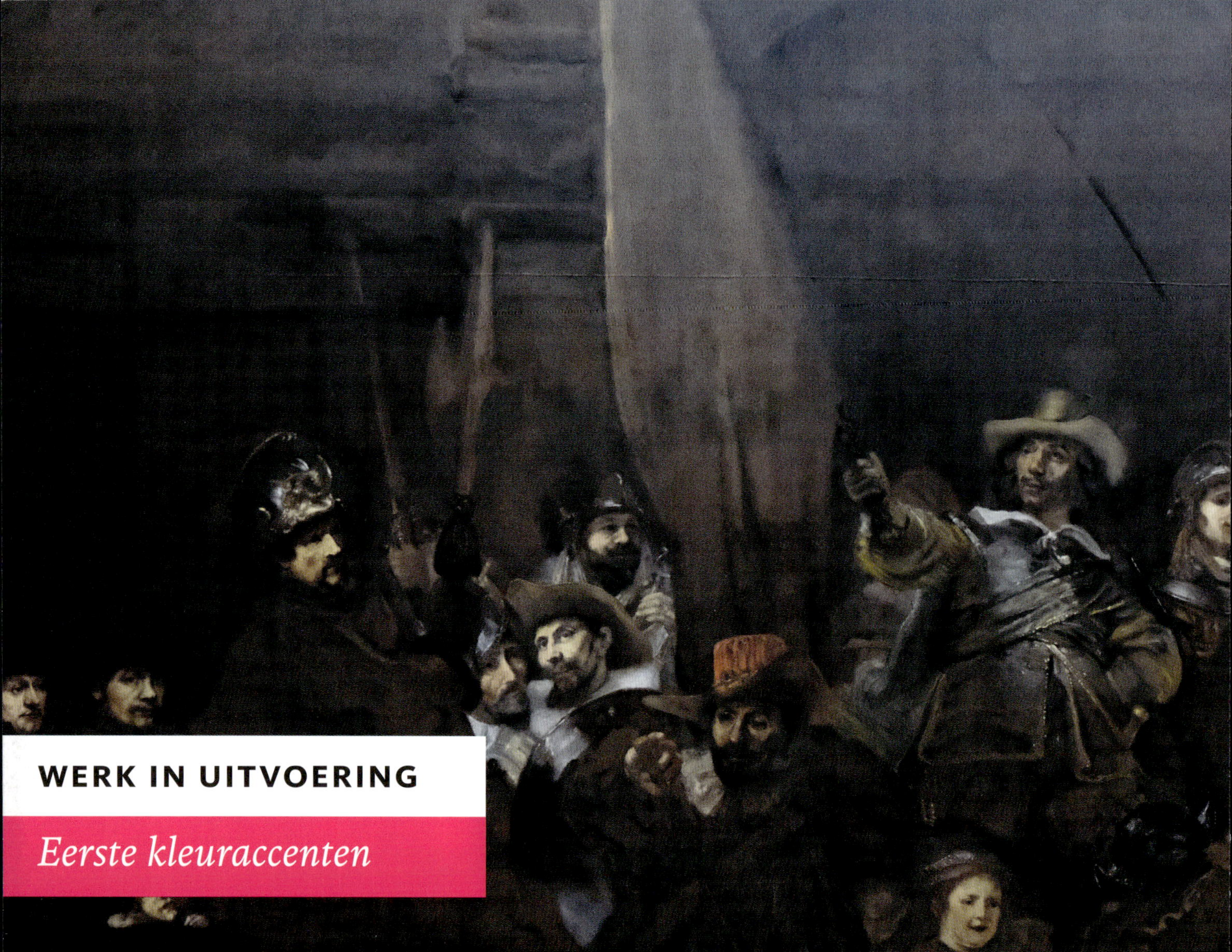

WERK IN UITVOERING

Eerste kleuraccenten

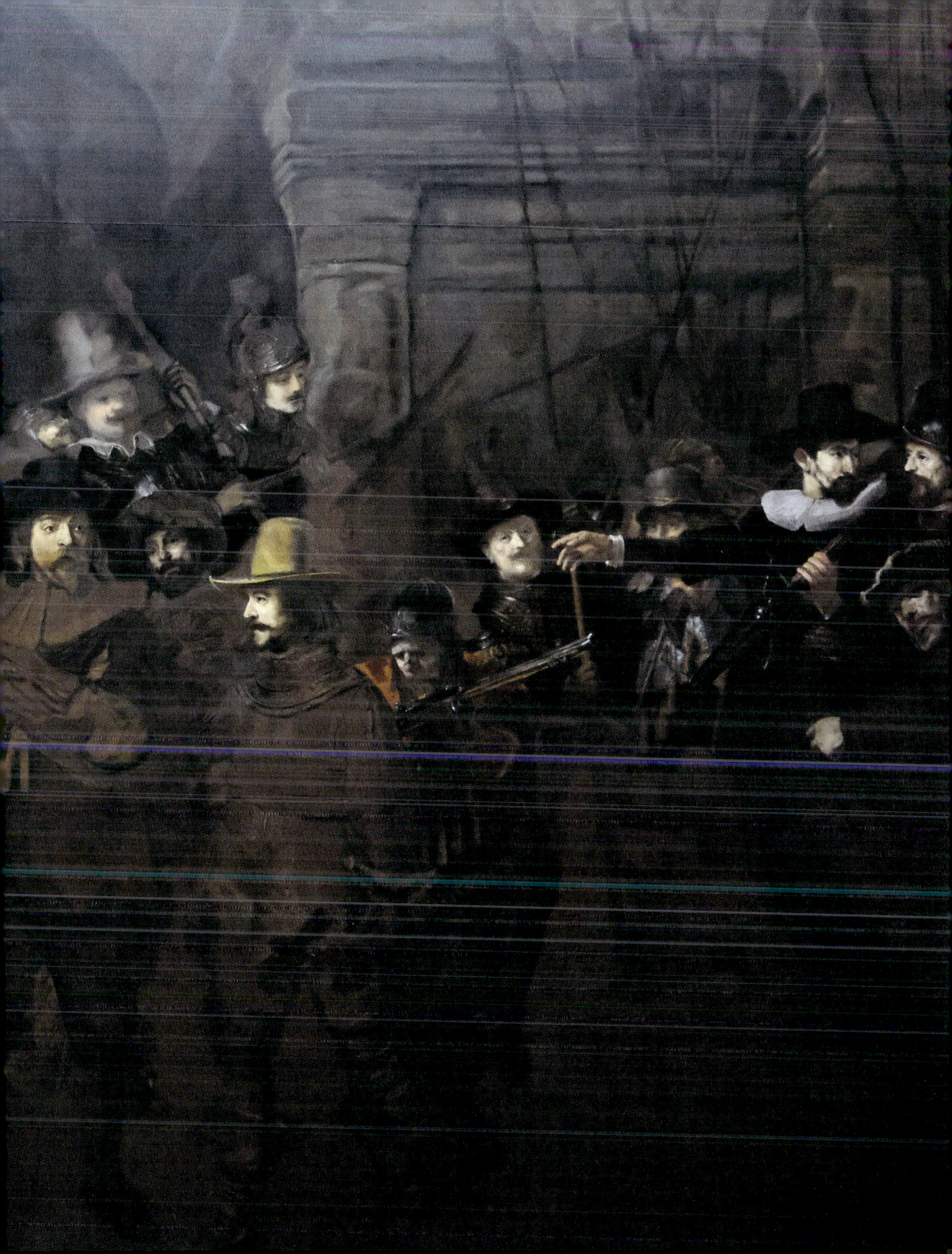

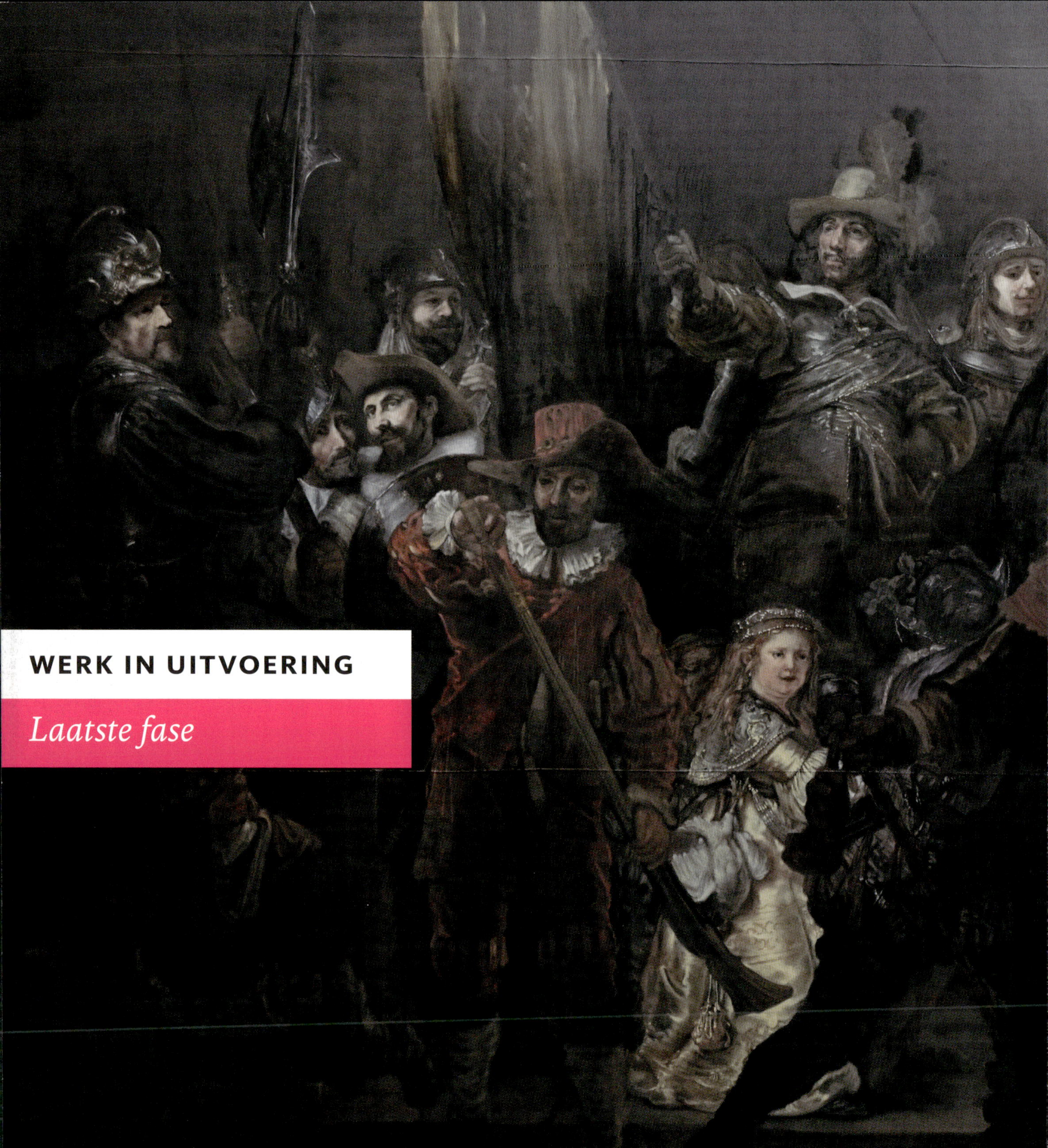

WERK IN UITVOERING

Laatste fase

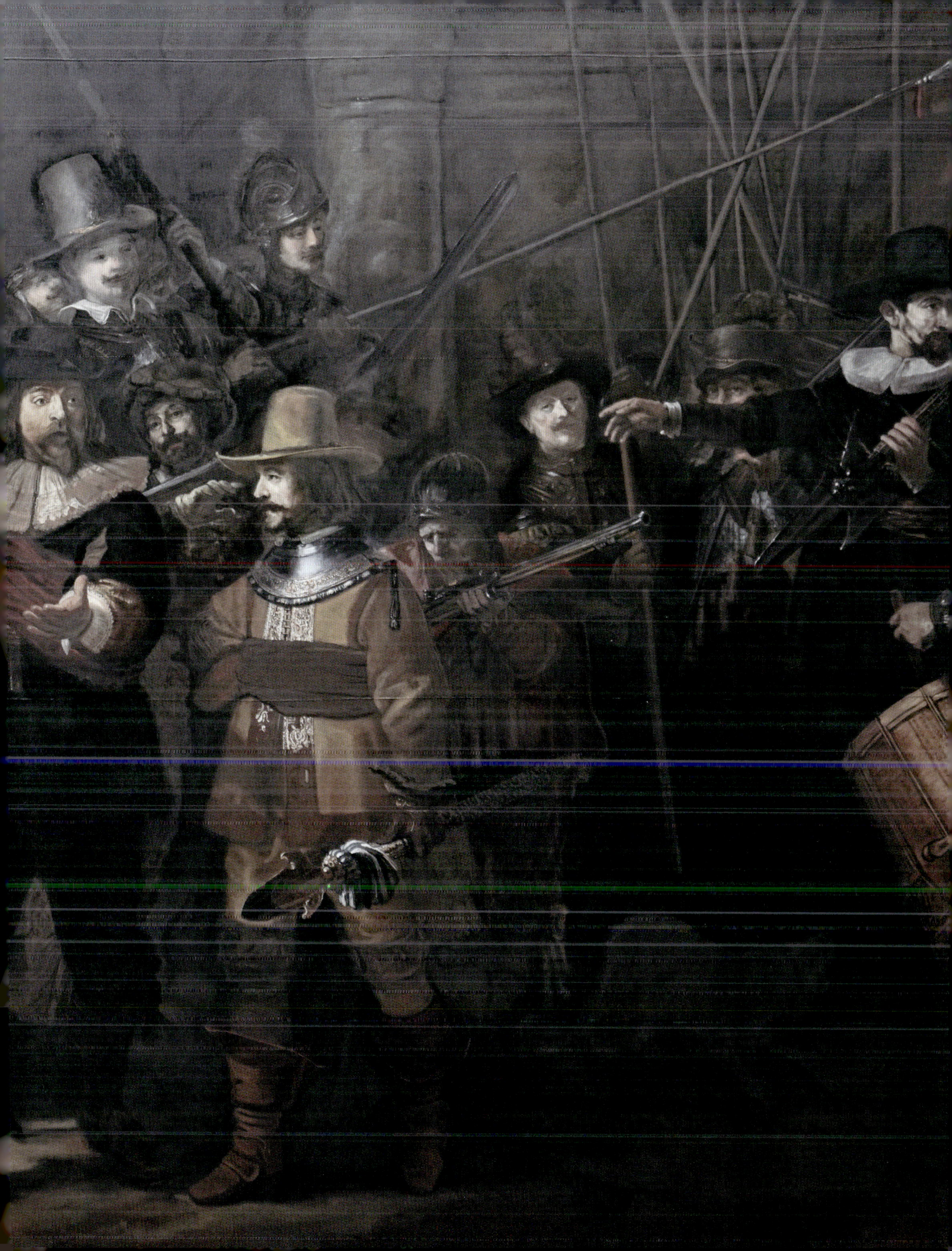

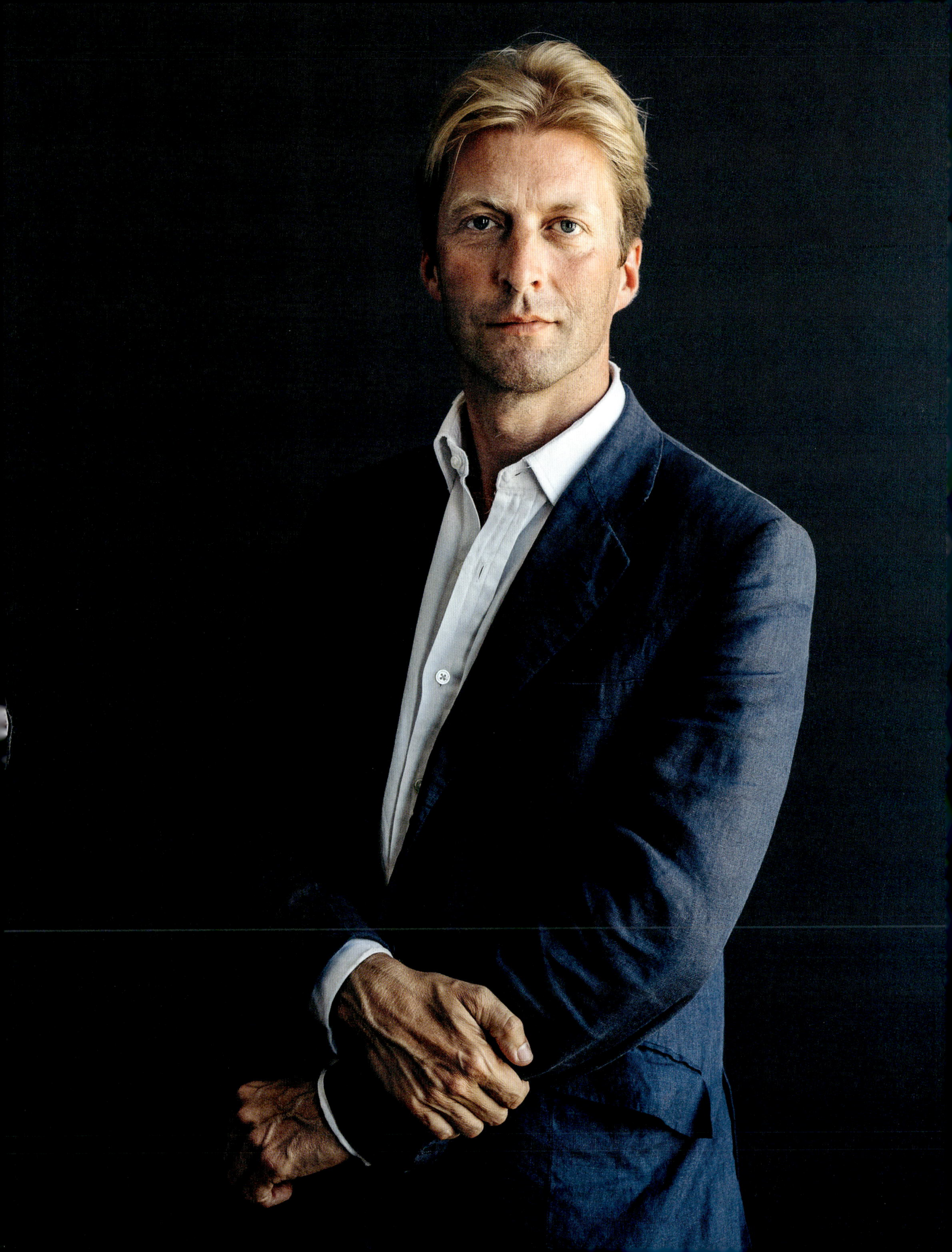

IN GESPREK MET

Taco Dibbits

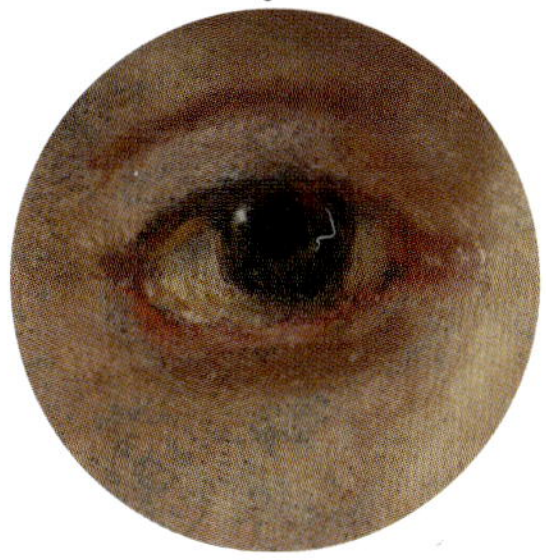

Taco Dibbits is hoofddirecteur van het Rijksmuseum. Marc spreekt hem in zijn werkkamer, vroeg in de ochtend.

Wat is jouw eerste herinnering aan *De Nachtwacht*?
Toen ik zeven jaar oud was, zag ik *De Nachtwacht* voor het eerst; vanachter een gordijn. Het was 1975, het schilderij was met een mes aangevallen en mijn ouders namen me mee naar de publiekelijke restauratie in het Rijksmuseum. Er was daar een tribune gemaakt en een lange glazen wand met een gordijn. Dat gordijn was gesloten als de restauratoren aan het werk waren. Op gezette tijden ging het open. De restauratoren waren weg en daar was dan *De Nachtwacht*, met hoofdletters; het schilderij maakte grote indruk op me.

Overigens hing het werk toen niet monumentaal aan het einde van de Eregalerij maar aan een zijwand in dezelfde zaal. *De Nachtwacht* heeft door het museum gezworven. Om te beginnen is het Rijksmuseum gebouwd om *De Nachtwacht* heen; een grotere marketingcampagne voor een schilderij kun je niet bedenken. Het schilderij zou komen te hangen waar het nu ook weer hangt, op het hoogaltaar aan het einde van de Eregalerij. Binnen twintig jaar zou *De Nachtwacht* al van plek veranderen. Het werd tijdelijk uitgeleend aan het Stedelijk Museum waar het zo hing dat het strijklicht van de zijkant kreeg. Dat vond iedereen zo mooi dat men zich afvroeg of de wand waar hij in het Rijksmuseum hing wel de juiste was. Omdat het om *De Nachtwacht* ging, werd er een Kamercommissie ingesteld om te adviseren over deze belichting. Op basis daarvan besloot men een hele uitbouw te maken (de Vermeeruitbouw) en daar het schilderij te plaatsen, met meer zijlicht. Daar kwam bijna onmiddellijk zo veel kritiek op dat hij verhangen werd. Nog wel in dezelfde zaal, maar aan een andere wand waar het schilderij bovenlicht kreeg. Dat was het toch ook niet, dus werd het schilderij weer teruggeplaatst in de Rembrandtzaal waar het nu te zien is, maar dan op een zijwand.

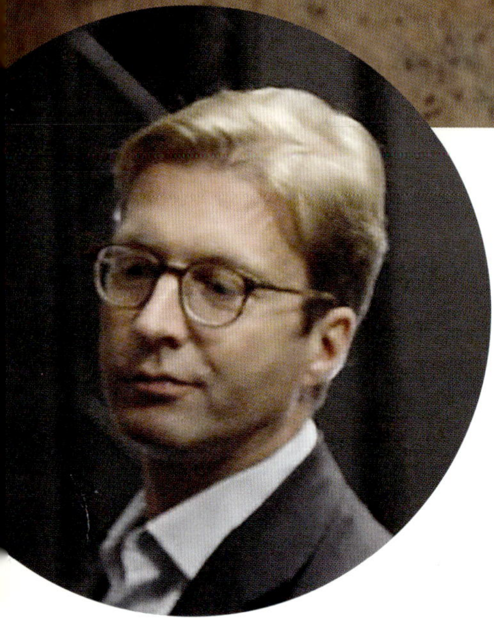

En ik, ik hield niet echt van *De Nachtwacht*

Dat het daar aan de zijkant hing heeft ook te maken met de geschiedenis van Nederland op dat moment. Het schilderij is verbonden aan die geschiedenis. Als na de Tweede Wereldoorlog Nederland heropgebouwd wordt, ondergaat *De Nachtwacht* ook een grote restauratie. En als in de democratisering in de jaren zestig en zeventig alles wordt teruggebracht tot menselijke schaal, dan past daar geen glorie of hoogaltaar van de kunst in. Simon Levie, de toenmalige directeur van het Rijksmuseum, vertelde me dat, als hij in die jaren alleen maar Nederlandse kunst in de Eregalerij had getoond, er dan demonstraties zouden zijn geweest. Dat soort nationalisme kon gewoonweg niet. Het museum werd aan dit sentiment aangepast; de grote zalen werden opgedeeld in kleinere ruimtes waarvan de deuren zo geplaatst werden dat ze niet in één lijn stonden waar je doorheen kon kijken en wat de suggestie van iets groots zou wekken. Het moest kleiner en menselijker. En daar past zo'n indrukwekkend werk aan het einde van de Eregalerij niet bij. Aan een zijwand dus, waar ik het als jongen van zeven voor het eerst zag.

Toen het nieuwe Rijksmuseum in 2013 openging, presenteerden wij de glorie van de 17de eeuw in de Eregalerij. Dat kon toen weer.

Wat betekent *De Nachtwacht* voor jou?

Het heeft lang geduurd voor ik hier een antwoord op had. Ik kwam in 1992 als stagiair in het Rijksmuseum te werken en sinds die tijd heb ik heel regelmatig langs het schilderij gelopen dat over de hele wereld geroemd wordt. En ik, ik hield niet echt van *De Nachtwacht*. Dat begreep ik niet van mezelf, en, eerlijk gezegd, ik schaamde me er een beetje voor, 'de Directeur Collecties van het Rijksmuseum die niet van het allerbelangrijkste schilderij uit die collectie houdt'. Het hield me lang bezig, tot ik me realiseerde dat het schilderij helemaal niet gemaakt is om van te houden en ik dus tegen de klippen op iets wilde voelen wat er niet in zat.

Rembrandt maakte met *De Nachtwacht* geen werk om van te houden, maar om van onder de indruk te zijn. Precies het gevoel dat ik als jongen van zeven had. Ik was onder de indruk van de macht en kracht van die sterke mannen die de stad beschermen. Ontzag en trots, dat zijn de emoties van *De Nachtwacht*, niet 'houden van'. Dat was voor

mij even wennen, want meestal hou ik van een schilderij. Het *Joodse Bruidje*, het *Melkmeisje*, dat zijn schilderijen waar je verliefd op bent, daar hou je van. Bij *De Nachtwacht* is dat helemaal niet de bedoeling. Ik vergelijk het wel met het gevoel dat ik soms krijg bij een symfonie, van Mahler bijvoorbeeld, ontzagwekkend in alle opzichten, maar toch een heel andere emotie dan wanneer je een prachtige aria in een opera hoort.

Daarom heeft het schilderij ook die plek in de kunstgeschiedenis. Het slaagt er perfect in om de emoties van ontzag en trots bij je op te wekken. Dat doet het op veel niveaus: de perfectie in realisme, de complexe compositie, de bravoure waarmee het geschilderd is. En ook omdat Rembrandt gevraagd werd om een groepsportret te schilderen en als antwoord komt met een narratief, een verhaal. Het schilderen van het portret van een groep bestond al in de tijd van de oude Egyptenaren. Daar is door de eeuwen heen een formule voor ontstaan. Dat hij daar dan helemaal van afwijkt en een verhaal gaat schilderen, dat is geniaal.

Dan komt de reconstructie, wat heeft die voor je betekend?
De reconstructie heeft me nieuw inzicht gegeven in de manier waarop we kennis vergaren over kunst. Deze heeft me geholpen vragen te stellen die anders nooit in me opgekomen zouden zijn. Normaliter volgen we de academische wetenschap om naar werken in het museum te kijken. Naar de conservering ervan, hoe ze gemaakt zijn, in welke historische context, enzovoort. Dat is een eeuwenoude wetenschappelijke methode die vaste stappen volgt.

Maar dat is niet de enige manier om kennis op te doen. Het maken van kunst is er ook een. Bij de reconstructie zie je Lisa, een kunstenaar (die zeker ook wetenschapper is), aan het werk gaan, tegen problemen aanlopen en keuzes maken. Ze zegt het zelf mooi: dat ze erachter is gekomen hoe Rembrandt het in ieder geval *niet* heeft gedaan. Waarmee ze wil zeggen dat ze iets uitprobeert en dan merkt dat het op die manier echt niet lukt. Ze doet een stap terug en slaat een andere weg in. Dat vind ik fascinerend en het zet me aan het denken. Een voorbeeld is Rembrandts gebruik van enorm dikke grondering. Lisa heeft dat niet gedaan en zegt daarvan achteraf dat ze dat eigenlijk wel had

De reconstructie heeft me nieuw inzicht gegeven in de manier waarop we kennis vergaren over kunst

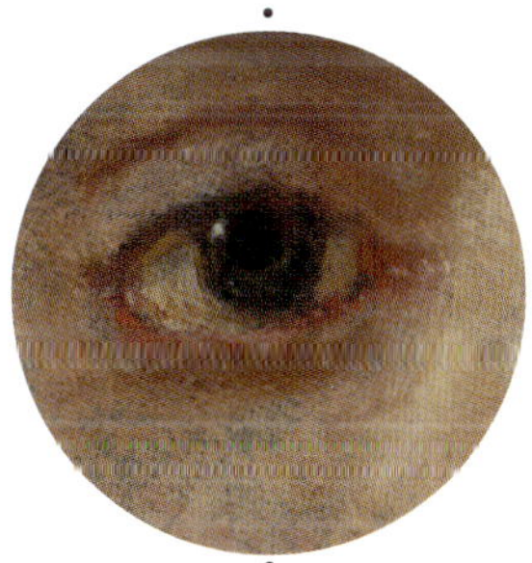

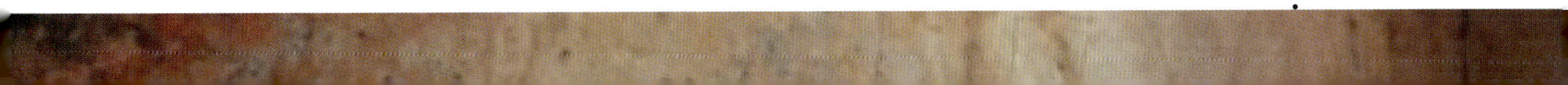

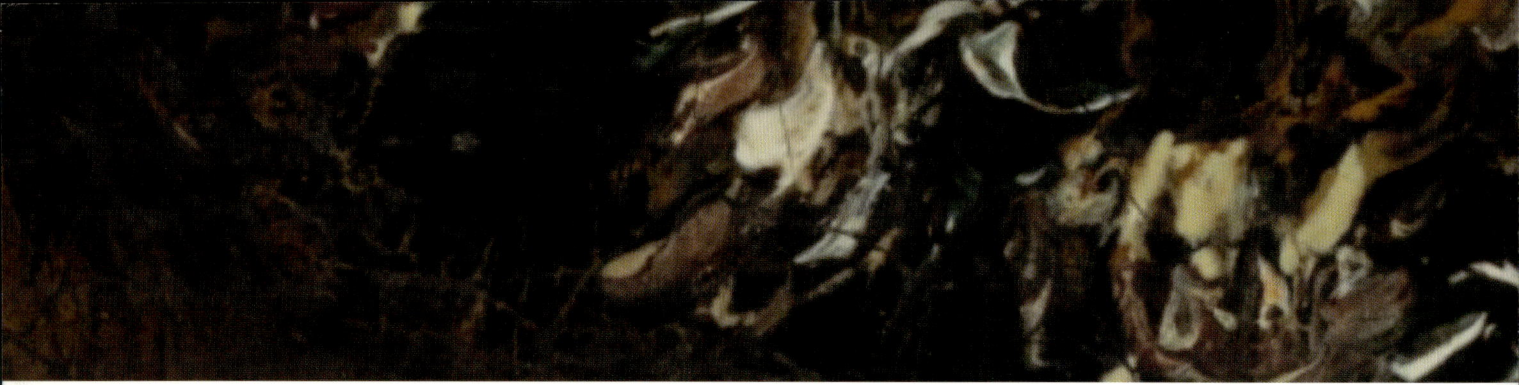

moeten doen. En dan is de vraag: hoe gaat Lisa daar tijdens het maken van het werk mee om? Hoe lost ze dat soort constateringen achteraf op, zodanig dat je het in het schilderij niet ziet. Dat moet Rembrandt ook overkomen zijn. Dat hij stappen zette waarvan hij later dacht: dat had ik anders moeten doen.

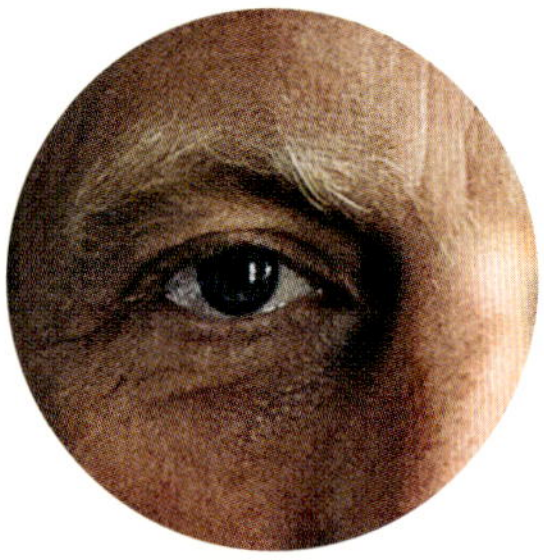

We weten nog steeds niet goed hoe Rembrandt *De Nachtwacht* schilderde

We weten nog steeds niet goed hoe Rembrandt *De Nachtwacht* schilderde. Het zien ontstaan van de reconstructie levert zo veel nieuwe vragen en ideeën op. Bijvoorbeeld over hoe hij afstand van het doek nam. Of er tekeningen waren of dat alles in zijn hoofd zat. En hoe maakte hij de portretten? Heeft hij die eerst een beetje opgezet en later de portretten ingevuld, zoals Lisa het deed? Die mensen kwamen toch langs; hij moet de portretten naar het leven geschilderd hebben. Zij waren zijn betalende klanten en zagen dus dat ze niet op een standaard schuttersstuk terechtkwamen. Ze hebben verschillende keren geposeerd, ze zagen het schilderij ontstaan en hebben het goedgevonden. Dat is toch ook vreemd. Het was echt heel afwijkend wat Rembrandt aan het doen was. Hoe ging dat? Waren ze een beetje betoverd door Rembrandts sterkwaliteit op dat moment? Hadden ze alles wat de kunstenaar deed goedgevonden?

Al met al heeft de reconstructie me laten inzien dat je ook van de gebaande paden van de wetenschap moet durven afwijken om nieuwe inzichten te krijgen. Er zijn, naast de academische, andere vormen van kennis, zoals de kunst en het ambacht. Door het ‘doen’ komen vragen naar boven. Die zijn waardevol en moet je meenemen. De reconstructie heeft het hele onderzoek naar *De Nachtwacht* completer gemaakt.

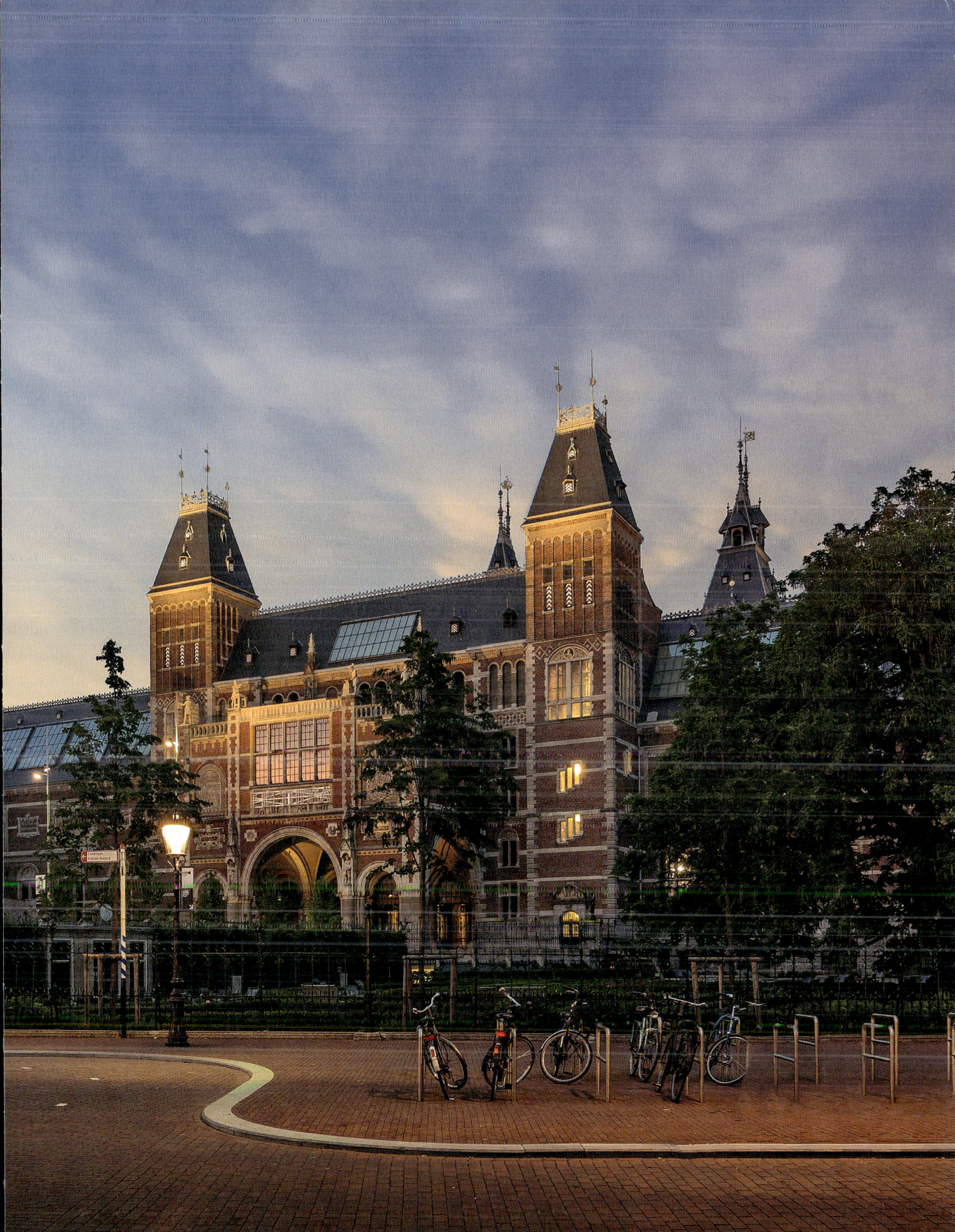

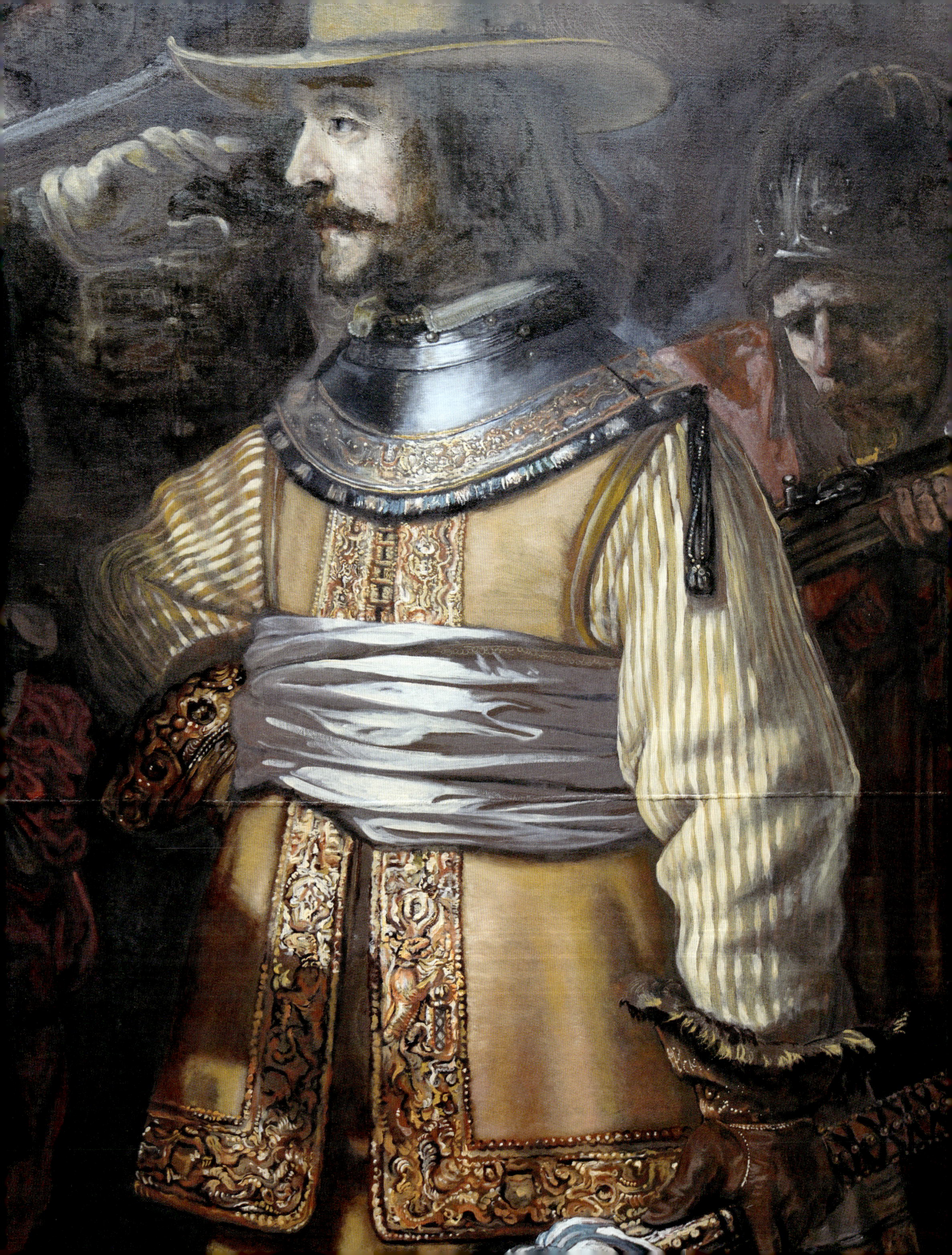

7

De onthulling

Na een jaar van voorbereiding, verdieping, bestuderen en schilderen nadert het einde van de reconstructie. We volgden Rembrandt, laag voor laag, en leerden zijn leven, zijn tijd, zijn vakmanschap, zijn persoonlijkheid en zijn artistieke opvattingen kennen. In deze laatste fase wint het schilderij aan waarde. Voor ons en voor het verhaal dat wij ermee willen vertellen, maar ook als nieuw document van een nationaal icoon. En dat zal nog flink wat discussie opleveren.

De laatste streken van de meester

Tijdens de eindsprint verzorgt Lisa samen met haar collega's vooral de details op het schilderij. Het is een precisiewerkje waar ze uren en dagen aan kan blijven werken. Tegelijkertijd brengt Lisa zwart en bruin aan op het doek, gemengd met lakgeel. Hierdoor worden partijen warmer en donkerder. Ze doet dit om het licht-donkereffect te vergroten. Het resultaat is enorm, met flinke halen verandert de aanblik van het hele werk.

In deze laatste fase maakt Lisa nog behoorlijk wat meters. Ze brengt de laag verf ook aan over de figuren die staan afgebeeld in de achterste rijen. Die worden hierdoor wat meer naar de achtergrond geduwd en de anderen komen naar voren. Er komt meer diepte tussen de verschillende groepen personen. De details vragen natuurlijk veel aandacht in dit stadium, veren op hoeden worden aangezet en kleding krijgt detail in licht en textuur. Maar het effect van het schilderij als geheel is waar het allemaal om te doen is – en daar zou Rembrandt het roerend mee eens zijn geweest.

Laag voor laag

Rembrandts werk is heel gecontroleerd en in lagen opgezet. Hij wist wat de ene laag met de volgende deed en werkte aan een optelsom – als een schaakgrootmeester die twintig stappen vooruit kan denken. Op de röntgenbeelden van *De Nachtwacht* is te zien hoe Rembrandt met grove penseelstreken lichtere delen heeft geschilderd; niet alleen in de gezichten maar ook elders in de figuren deed hij dat. Op de mouw van Van Ruytenburch bijvoorbeeld. Hier heeft hij met een dik penseel en grove streek het licht in de mouw gezet. Dat laat zien dat Rembrandt in het begin al heel goed in zijn hoofd had hoe hij het schilderij wilde opbouwen. Hij zet trefzeker de eerste, vaak grove verfstreken op. In de mouw zet hij de eerste plooien met een penseelstreek neer, in één keer raak, precies zoals hij het wil hebben. Hij weet met die ene penseelstreek al waar het heen moet gaan en daar bouwt hij dan in lagen naartoe. Vervolgens werkt hij dit heel verfijnd uit en wordt die snelle streek uiteindelijk een heel

Op het schilderij zijn veel gedetailleerde kostuums afgebeeld

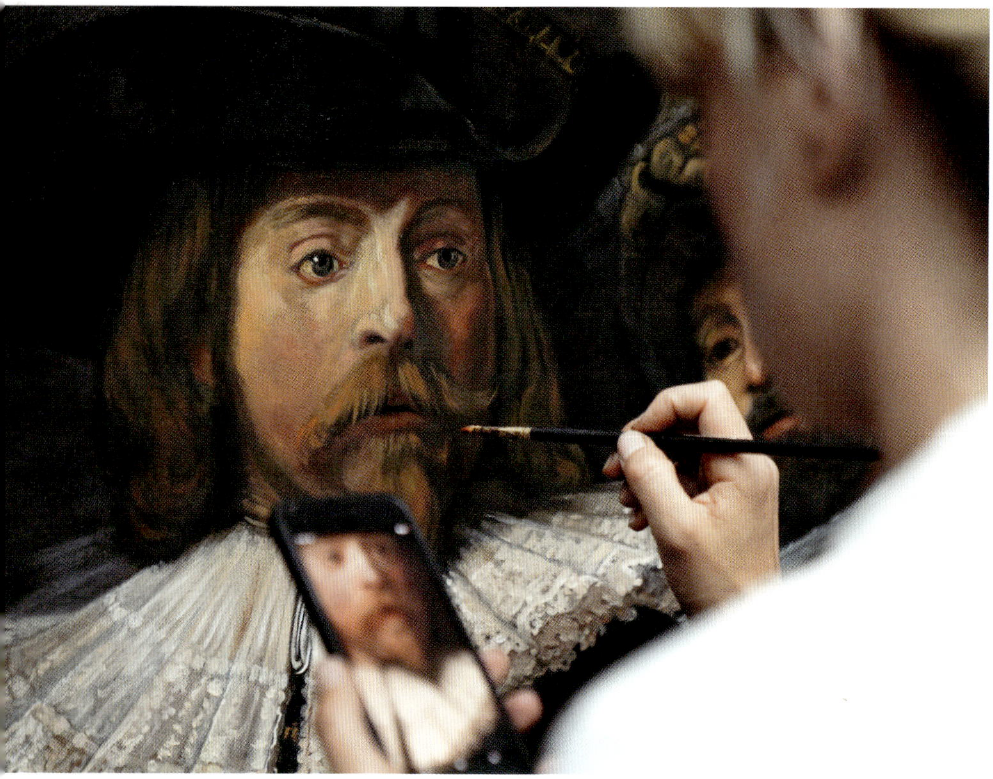

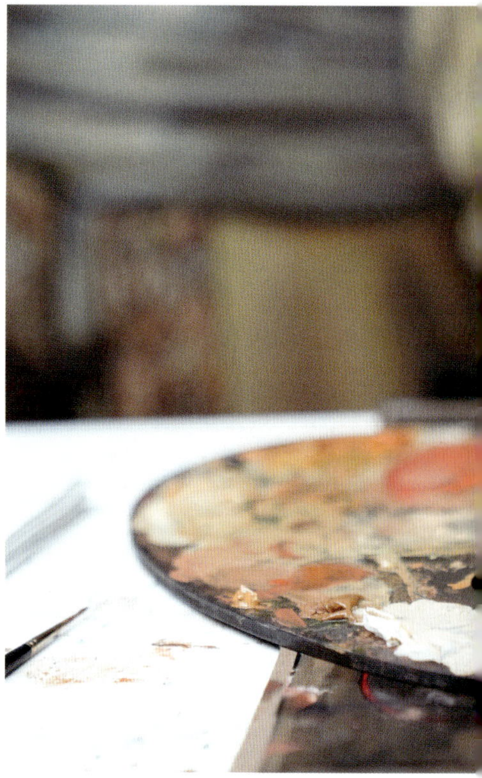

HET WAPEN VAN AMSTERDAM

Frans Banninck Cocq werd in 1650 burgemeester van Amsterdam. En nu verwelkomen we de huidige burgemeester, mevrouw Femke Halsema. Op uitnodiging van Lisa schildert zij drie kruisen op de jas van Willem van Ruytenburch (zie ook p. 158 boven). Het zijn de drie Andreaskruisen van het wapen van Amsterdam die ook in de ambtsketen verwerkt zijn. Ze staan, zo vertelt de burgemeester, voor het afwenden van drie plagen: overstromingen, branden en de pest.

zachte, dure en tastbare stof. Het is de uitdaging voor het team om Rembrandt op de voet te volgen en stap voor stap deze zelfde weg te bewandelen. De laatste dagen naderen. Het tempo zit er goed in, het team van Lisa heeft het werk duidelijk verdeeld en iedereen werkt lekker door. In dit stadium merkt het team pas echt goed hoe efficiënt de 17de-eeuwse werkwijze van Rembrandt is geweest. Omdat alles vanaf het begin in doodverf er zo goed op heeft gestaan – in schaduwen en hooglichten, en in tekening – is het vanaf daar haast een kwestie van 'inkleuren' geweest. Dat voorwerk kost maanden tijd, maar als dat eenmaal gedaan is, dan kun je met verf vervolgens heel snel, zoals Lisa het zegt, 'het schilderij eruit gaan trekken'.

Met zo'n formaat schilderij en zoveel figuren houdt het natuurlijk nooit op. Er is altijd wel iets wat nog niet af is, waar nog iets aan toegevoegd

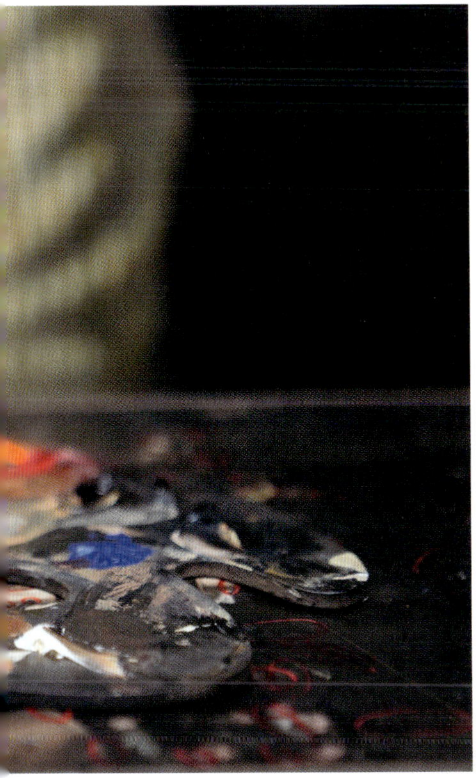

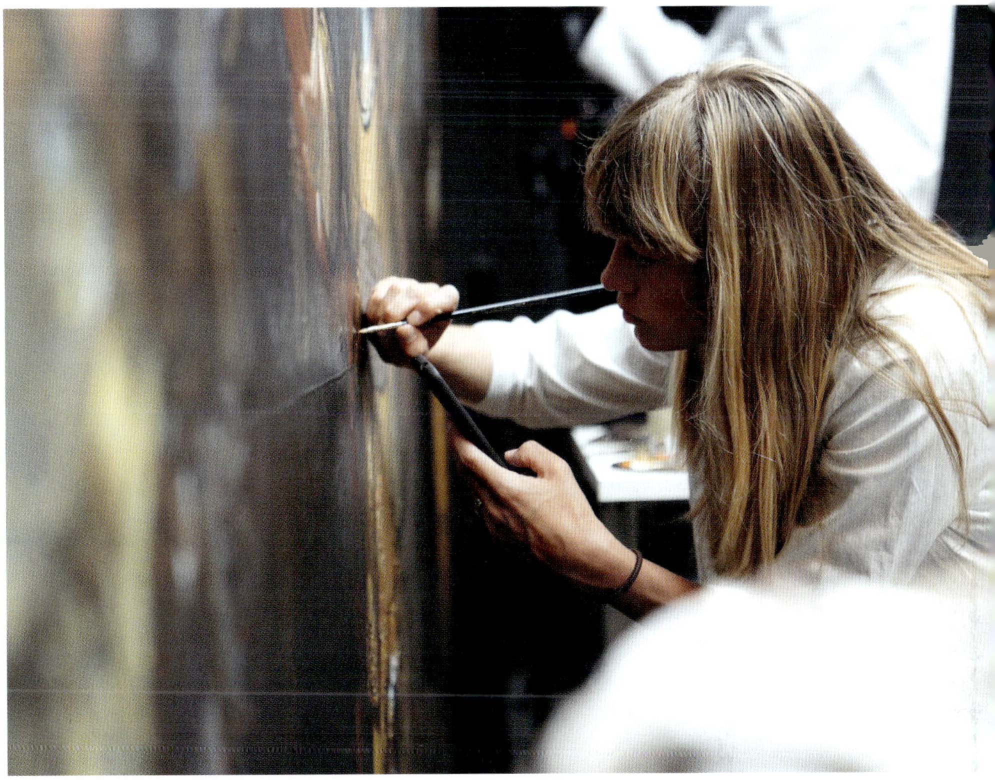

Het einde van het schilderen komt in zicht

kan worden. In het nalopen van al die details komen Lisa en haar collega's ook dingen tegen die ze eerder hebben gedaan, onderdelen die 'voor later' bewaard waren, of waar ze het liefst nog een keer wat tijd aan zouden besteden om het even net iets anders te doen. Maar er is een deadline en het werk moet af. Zo tegen het einde van het proces is de grootsheid van het werk misschien nog wel het meest voelbaar. Het formaat, het meesterschap, de plek in de Nederlandse kunstgeschiedenis – en vooral ook al die details.

Als laatste handeling zet Lisa de handtekening van Rembrandt. Op het schilderij staat *Rembrandt fecit 1642* (Rembrandt heeft dit gemaakt in 1642). Lisa pakt het penseel en begint met de karakteristieke grote 'R'. Ze schrijft de naam van de kunstenaar en legt daarna het penseel neer. Ze doet een stapje terug en kijkt naar de reconstructie. Haar werk is gedaan.

Het schilderij is daarmee nog niet klaar. Het moet nog gevernist worden. En vernis is, zoals Michel het zo treffend zegt, 'de allesbedekkende mantel der liefde'. Omdat vernis de verf verzadigt, krijg je allerlei details te zien en komen er ineens allemaal kleuren tevoorschijn. En dat gebeurt ook nu, met de reconstructie van *De Nachtwacht*.

Snijden of niet snijden?

In 1715 zijn er waarschijnlijk delen van *De Nachtwacht* afgesneden. Daardoor ziet het werk eruit zoals het er nu uitziet. Zo wordt het al meer dan driehonderd jaar tentoongesteld, allereerst in de Doelenzaal, daarna in het toenmalige stadhuis en later in het Rijksmuseum. Zo is het bestudeerd, geanalyseerd en gewaardeerd als een van de topstukken in de wereld. En zo staat het in kunst-

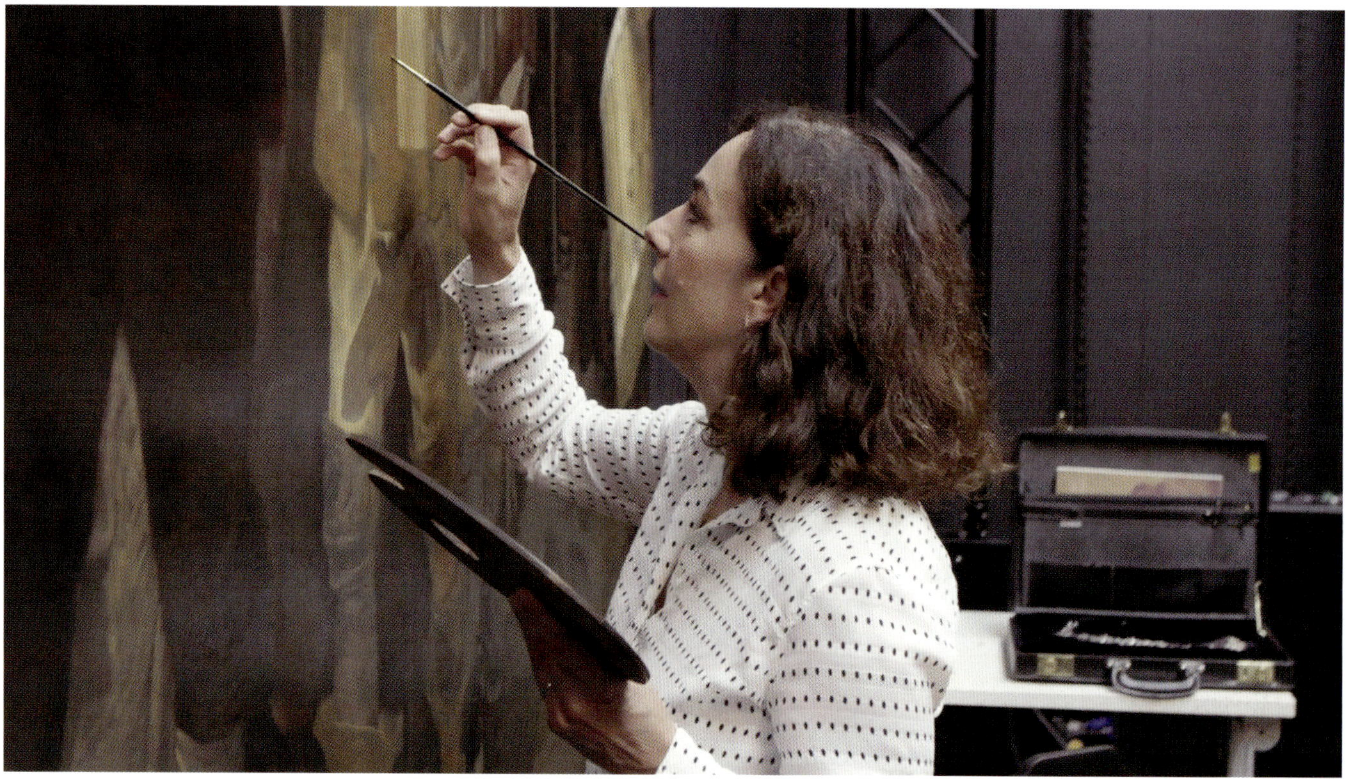

Femke Halsema, burgemeester van Amsterdam, schildert voorzichtig de drie Andreaskruisen

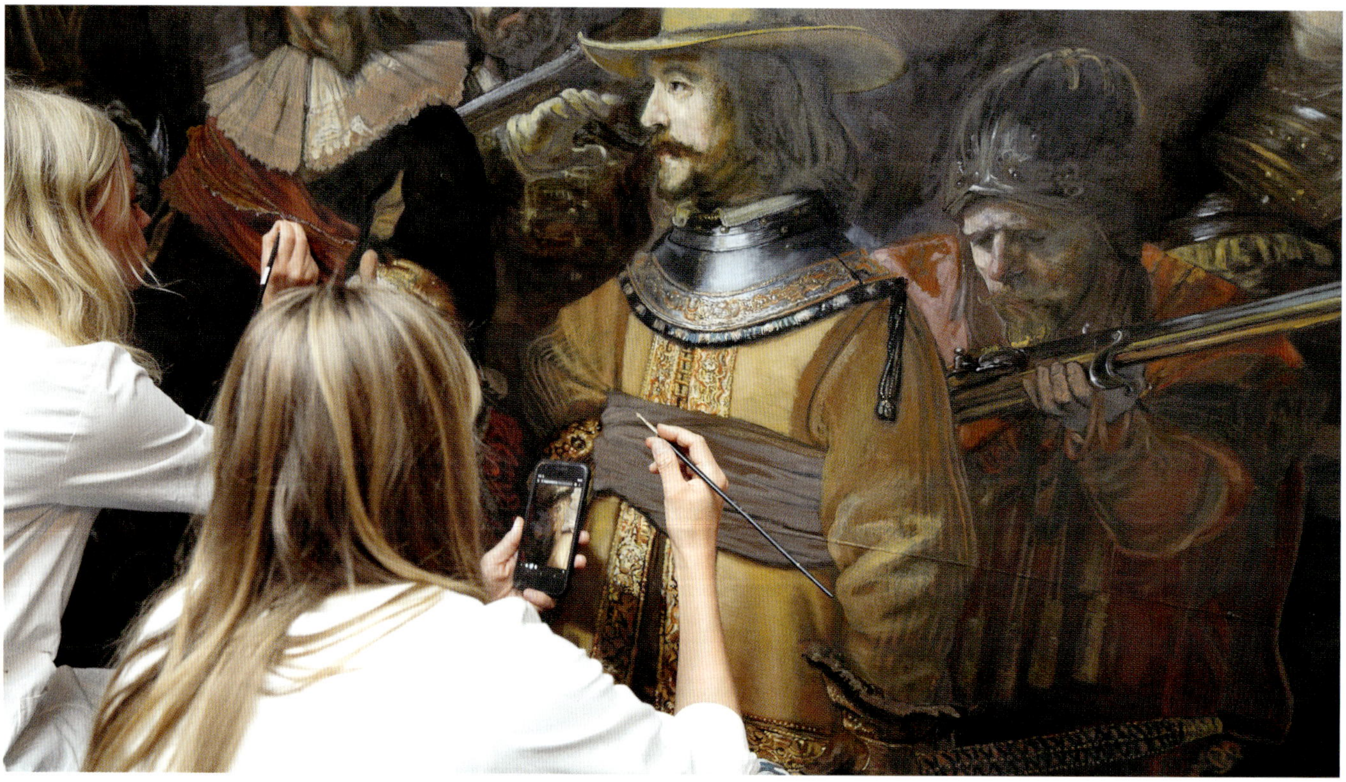

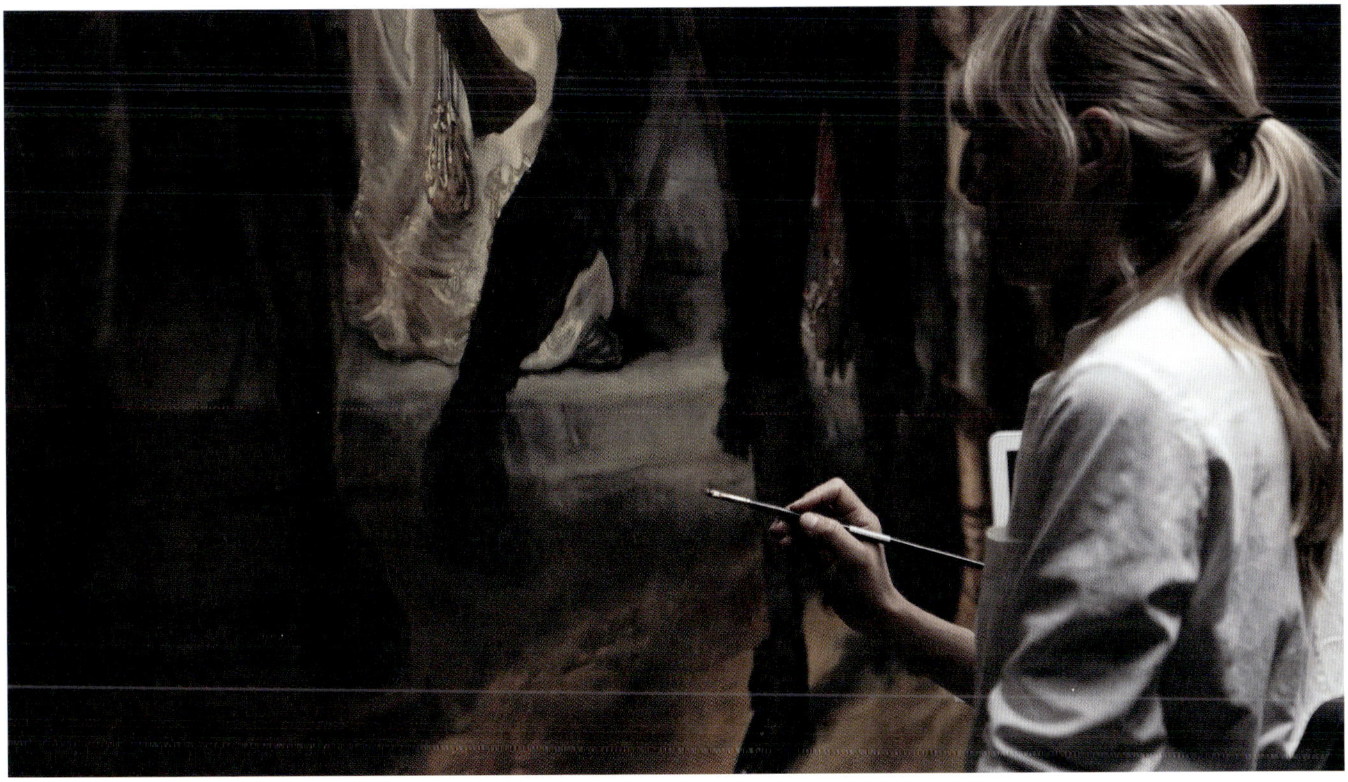

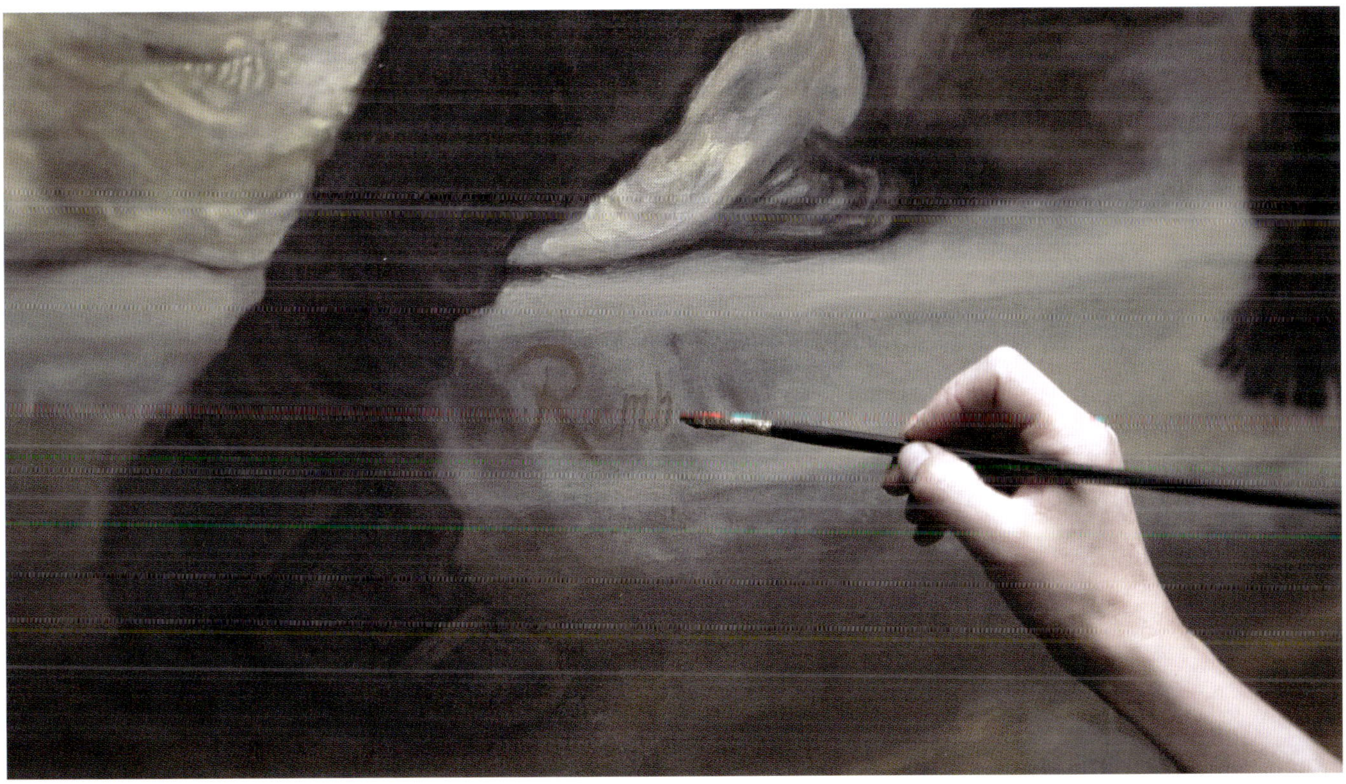

Als laatste handeling zet Lisa de handtekening van Rembrandt

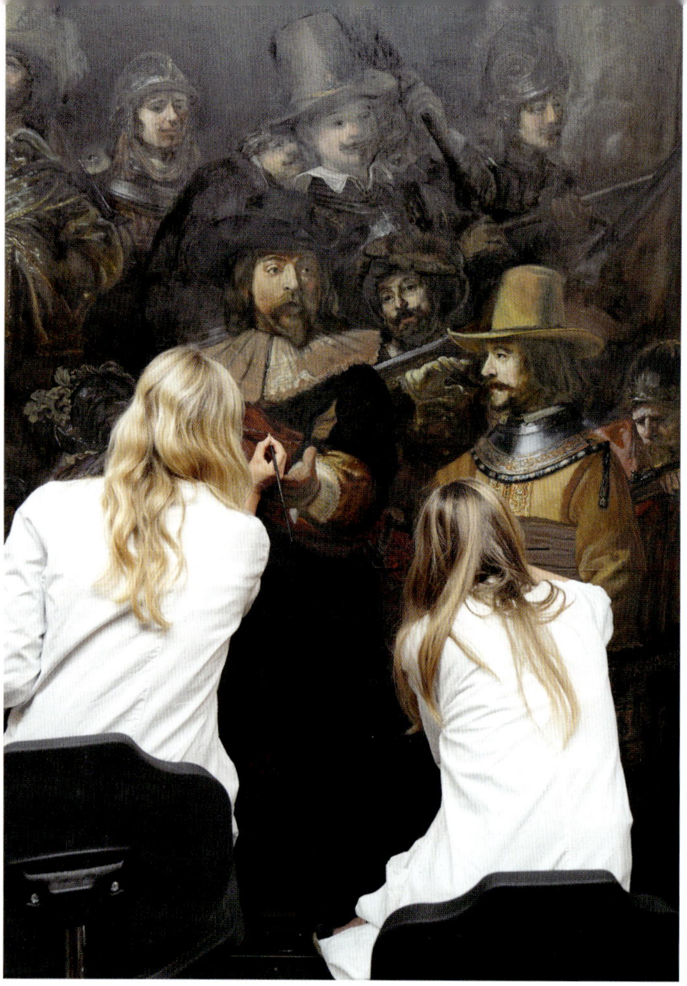

geschiedenisboeken, op posters, T-shirts en muismatten. *De Nachtwacht*, zoals hij nu is, is onze *Nachtwacht*.

Dat afsnijden is zonder twijfel de meest rigoureuze verandering van het werk geweest. Met *Het Geheim van de Meester* volgen we altijd de weg die een kunstwerk aflegt in de geschiedenis. Eerst reconstrueert het team de originele versie, op het originele formaat. Vervolgens reizen we door de jaren mee. We volgen de vernielingen, het verval en veranderingen achteraf. Hierdoor kunnen we meer zeggen over de geschiedenis van het schilderij en hoe het is geworden wat het nu is. Het vertelt soms veel over de samenleving, veranderende waarden, een nieuwe kijk op kunst, wat mooi is en wat niet, enzovoort. Dat verhaal hoort bij het schilderij en bij ons, de kijker. Michel vergelijkt het met de *Venus van Milo*, een antiek Grieks marmeren beeld dat we kennen zoals het nu bestaat: zonder armen. Bij het maken van het beeld had deze Venus natuurlijk armen. Als we dat beeld zouden moeten reconstrueren, zouden we de godin dan afbeelden met armen? Het zou toch niet de *Venus van Milo* zijn, zoals we het beeld kennen en hoe zouden we het moeten vergelijken met het origineel in het Louvre? En *De Nachtwacht* is dus met de nog niet afgesneden delen *De Nachtwacht* niet.

Bij *Het Geheim van de Meester* verkiezen we altijd de geschiedenis boven het kunstwerk. We worden immers afgerekend op de vergelijking met het origineel zoals het nu is. Het is een belangrijk principe waar we niet licht over denken. We proberen een geschiedenis te reconstrueren; het zou ongepast zijn daarin ons eigen verhaal voorrang te geven. We zouden oordelen over keuzes die in het verleden zijn gemaakt door voorrang te geven aan bepaalde gebeurtenissen boven andere. Nu vinden we misschien wel dat *De Nachtwacht* beter is met de ontbrekende delen eraan, 'zoals Rembrandt het bedoelde'. Maar we kunnen het niet maken om af te wijken van het verloop van de geschiedenis. Dus ook bij *De Nachtwacht* zijn we vast van plan om deze route te volgen.

Het werk is af en alles is ineens anders

Zonder uitzondering gebeurt er iets wonderlijks met het hele team zodra het voor de afgeronde reconstructie van *De Nachtwacht* staat. Iedereen ziet het en wordt er stil van: de reconstructie van *De Nachtwacht* op zijn originele formaat is zoveel beter dan de compositie van het origineel op het afgesneden formaat. Het gaat maar om enkele tientallen centimeters maar het verschil is onbeschrijfelijk. Het is een ander schilderij. Het effect is dusdanig dat het team voor het eerst collectief twijfelt aan het afsnijden van de delen.

We hebben het gehad over het effect waar Rembrandt op uit was. Hoe hij alle bij hem bekende technische mogelijkheden inzette om de toeschouwer mee te kunnen nemen in een narratief,

De vergelijking

Het avontuur van de reconstructie van *De Nachtwacht* is afgerond en de geheimen van de meester zijn grotendeels ontrafeld. Wat is de reconstructie en wat is het werk van de ware meester?

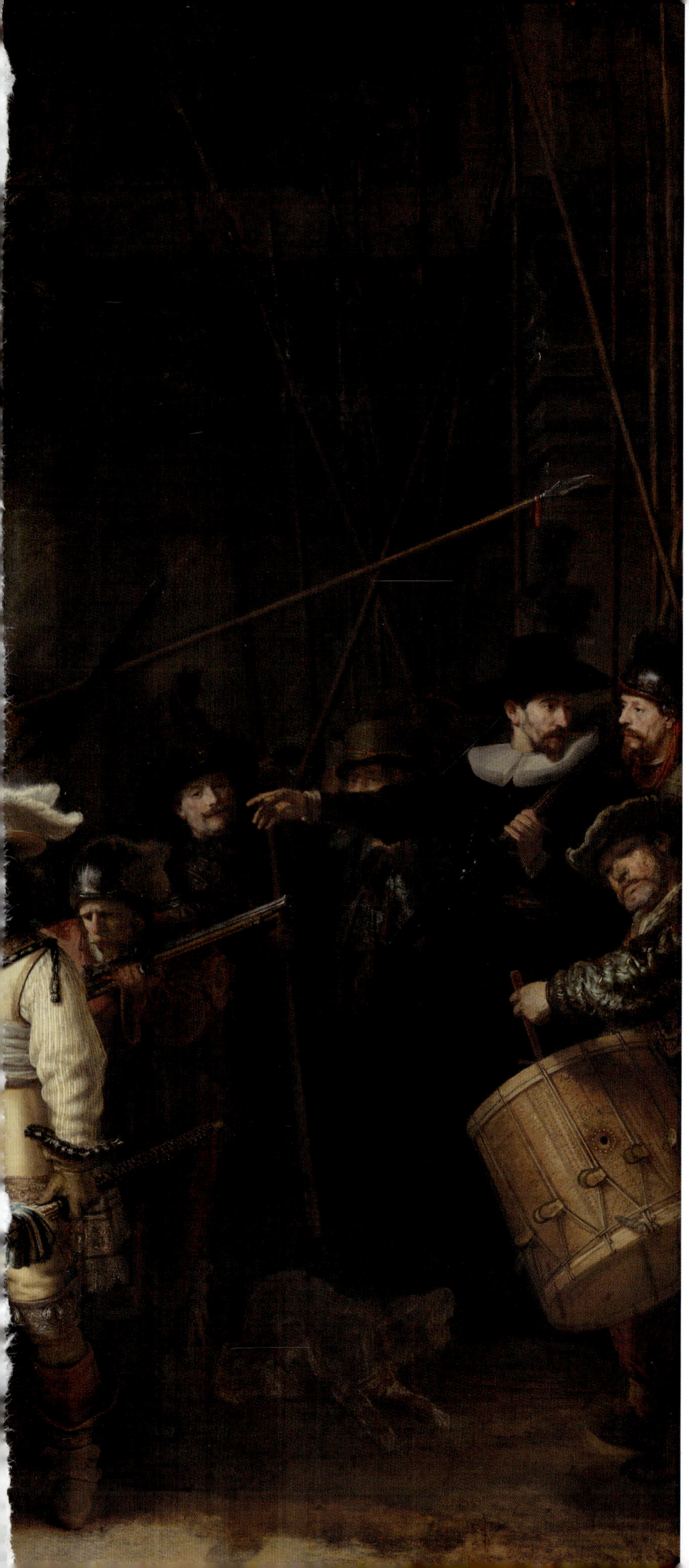

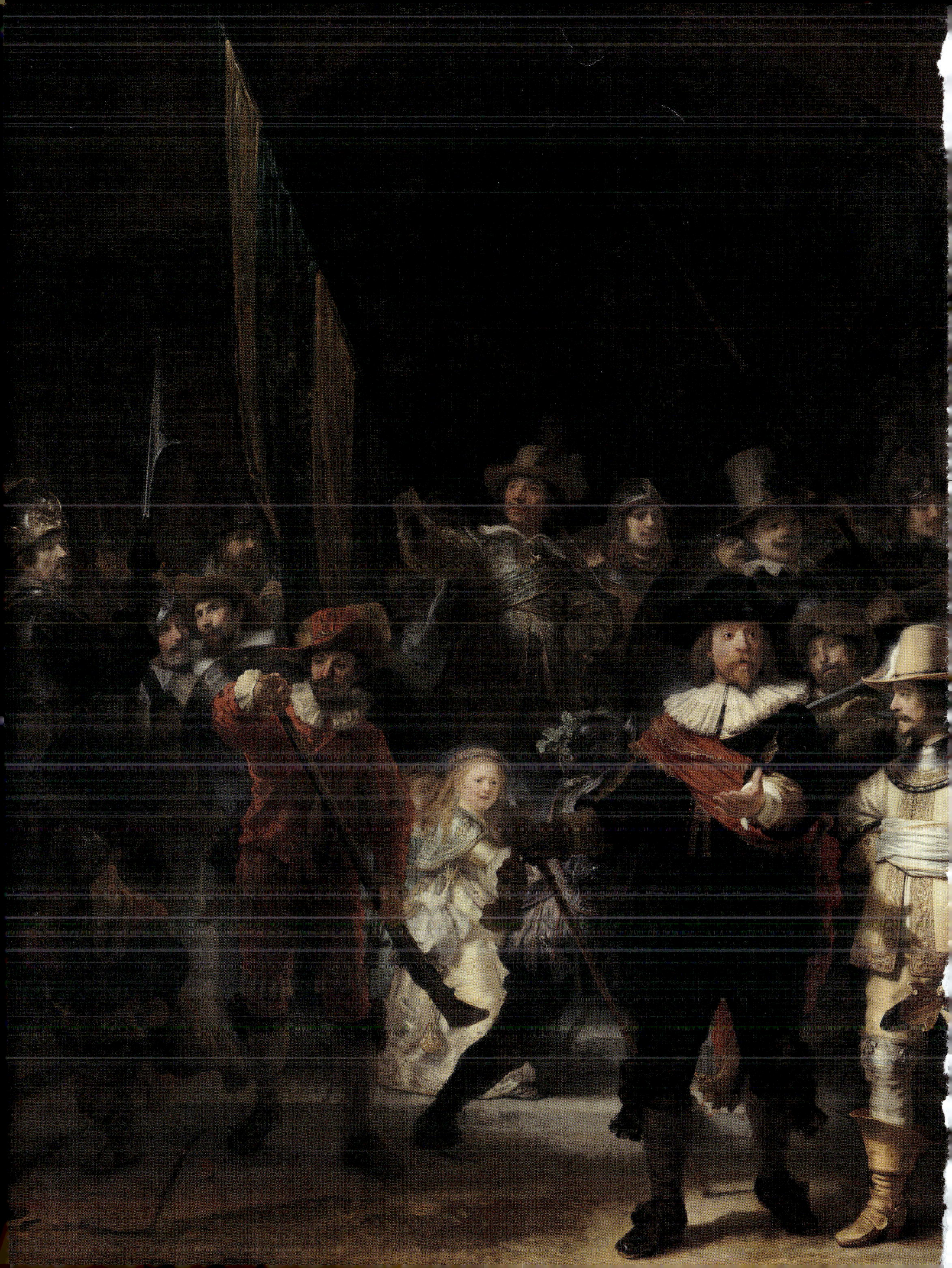

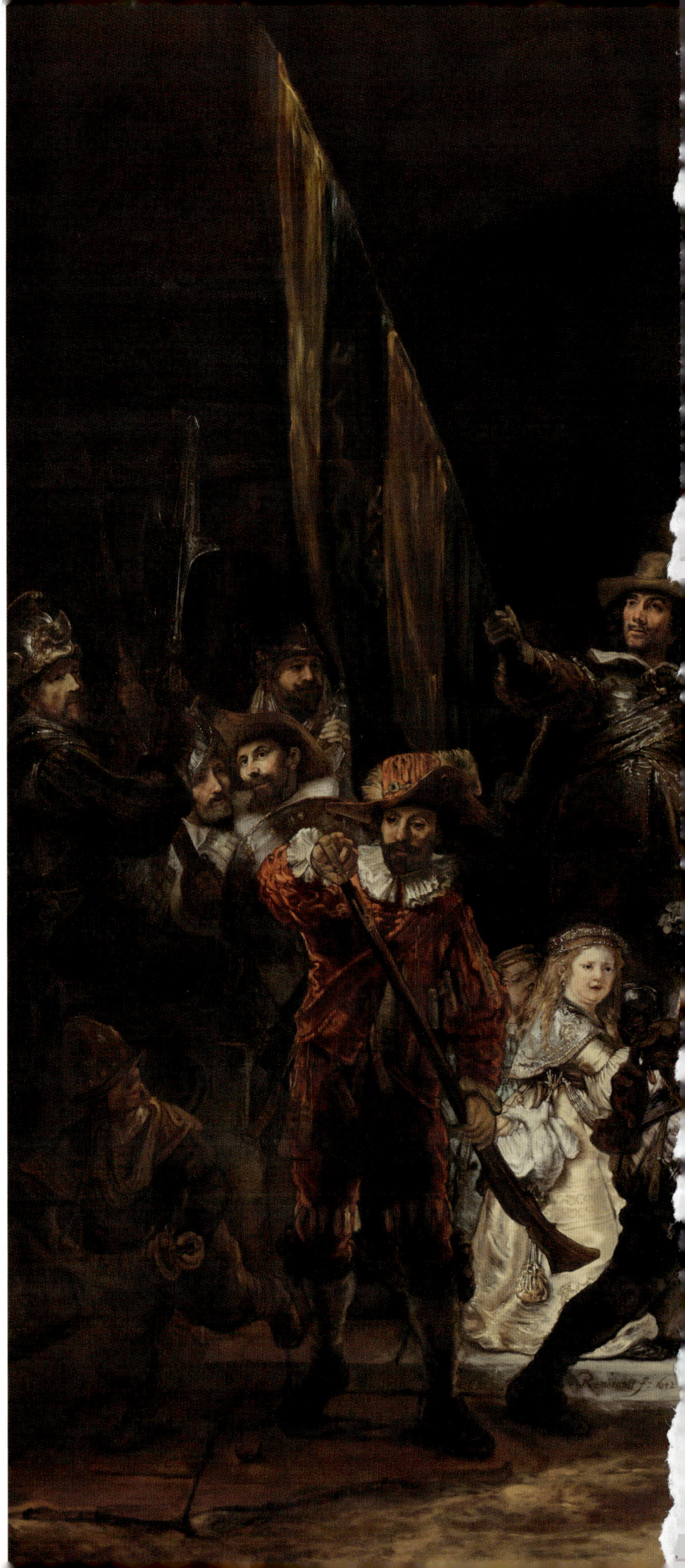

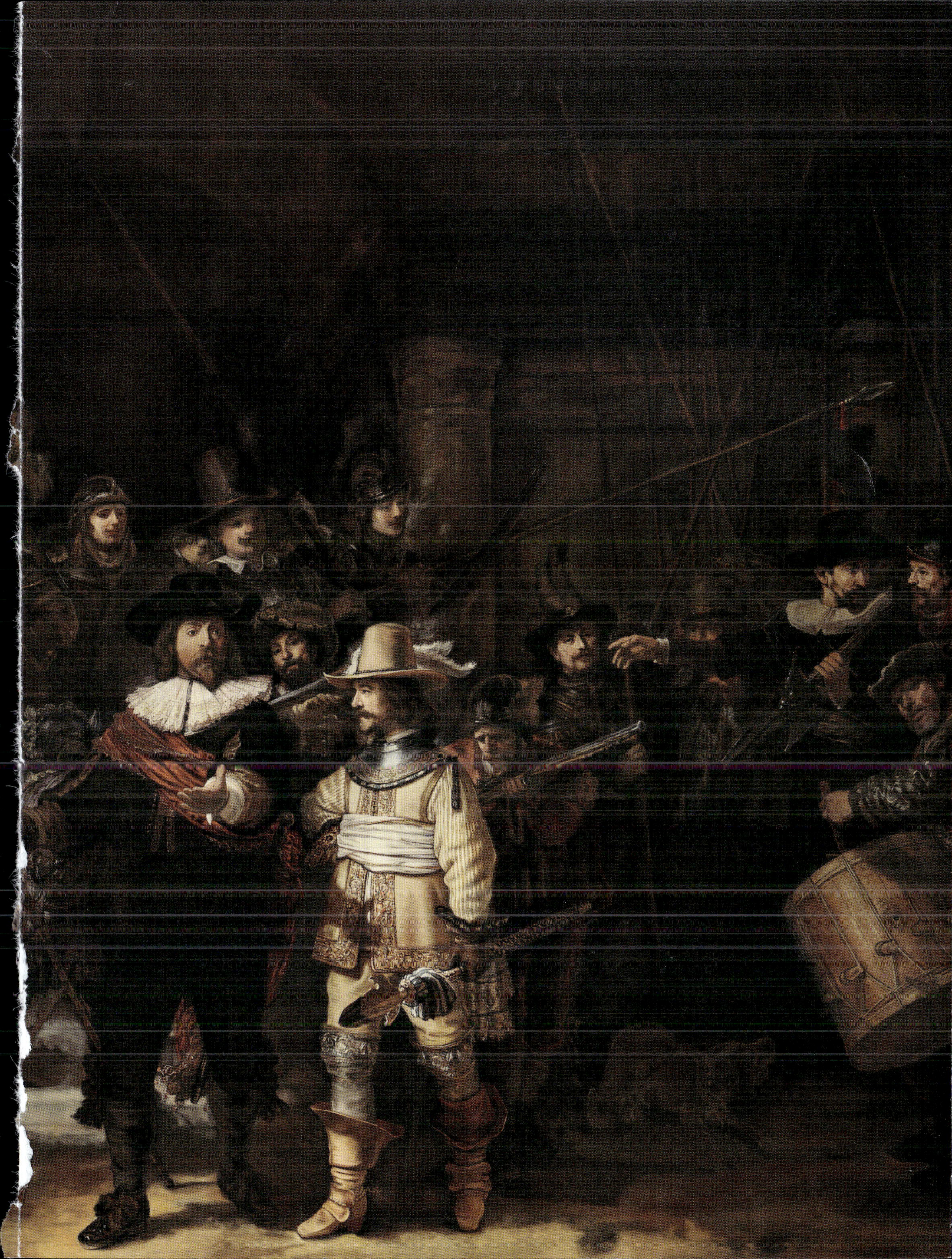

in actie en beleving. We hebben gezien hoe je, als je naar het werk kijkt, zijn compositie volgt. Al ruim driehonderd jaar wordt de dynamiek ervan geprezen, de suggestie van beweging die erin gewekt wordt. En dat is ook zo; *De Nachtwacht* zoals die in het Rijksmuseum hangt, is onvergelijkbaar goed.

Maar dan zie je dankzij de reconstructie wat Rembrandt écht in gedachten had. Het is een beetje 'je weet niet wat je mist'. Niemand miste de afgesneden delen. Het werk is al zo filmisch – totdat je het ineens in breedbeeld ziet. Staand voor dat vijf meter brede schilderij zie je wat je mist in het afgesneden werk. Het verschil is te groot om te negeren. Een voor een worden de teamleden wakker in een nieuwe, onwennige werkelijkheid van 'ik wil niet dat dit verloren gaat'. In de kern is dat geen beredeneerde keuze. Maar er is een aantal goede argumenten om ervoor te kiezen de reconstructie te laten bestaan zoals deze nu is. De teamleden nemen ze door, maar het onderbuikgevoel als ze voor het nieuwgemaakte werk staan, geeft de doorslag.

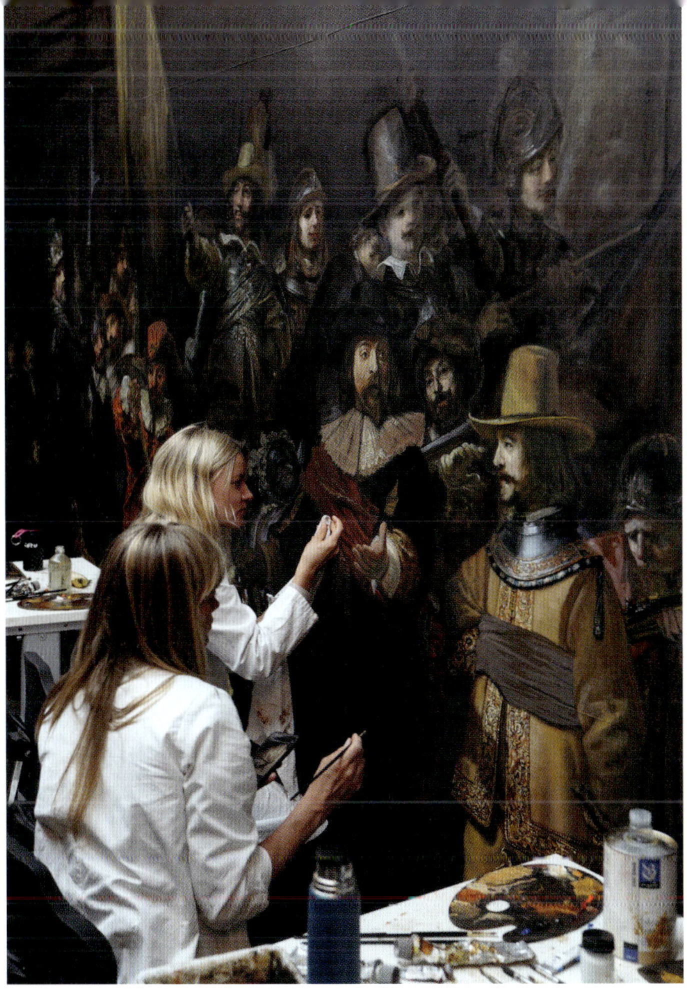

Met extra hulp komt de reconstructie op tijd af

Het geheim van de meester

Eens te meer laat Rembrandt met het schilderij op het originele formaat zien hoe formidabel hij is. Hij flikt dit vier eeuwen later via de reconstructie weer. Alles wat hij met zijn schilderij wilde bereiken, lukt hem opnieuw. Het werk is zo ontzagwekkend en virtuoos geworden dat een meerderheid van het team ineens het gevoel heeft: hier moeten we vanaf blijven. Waar we een schilderij doorgaans zien als een object dat ooit gemaakt werd en waarmee daarna van alles gebeurd is, overstijgt de reconstructie van de grote *Nachtwacht* dat ineens. Het werk krijgt iets heiligs, iets waar je niet aan mag komen. Alsof na de laatste penseelstreek die werd gezet de mythische proporties van het werk – die gaandeweg het proces verdwenen waren – plotseling in volle glorie terugkomen. De keuze om *De Nachtwacht* niet af te snijden past helemaal bij Rembrandt. Hij hield zich niet aan de opdracht, hij deed zijn eigen ding en leverde iets op wat zo goed was dat je voelde dat je er met je handen vanaf moest blijven. Dit is de reden waarom het team besluit de reconstructie te laten bestaan in de versie zoals Rembrandt zijn *Nachtwacht* in 1642 opleverde. Joris zegt erover: 'Dat doet geen recht aan de historische authenticiteit maar wel aan de artistieke authenticiteit. Daar moeten we de voorrang aan geven.' En Rembrandt is de reden voor deze keuze.

Dit is groter dan wij

Daarnaast is er nog een aantal andere goede argumenten om de reconstructie in de originele staat te laten. Het is de enige versie van *De Nachtwacht* die compleet is. Iedereen kan nu (eindelijk) de versie van *De Nachtwacht* zien die Rembrandt destijds voor ogen had. Joris was om deze reden als enige van het team al vanaf het begin tegen het afsnijden: 'Nu kan iedereen eindelijk zien wat een

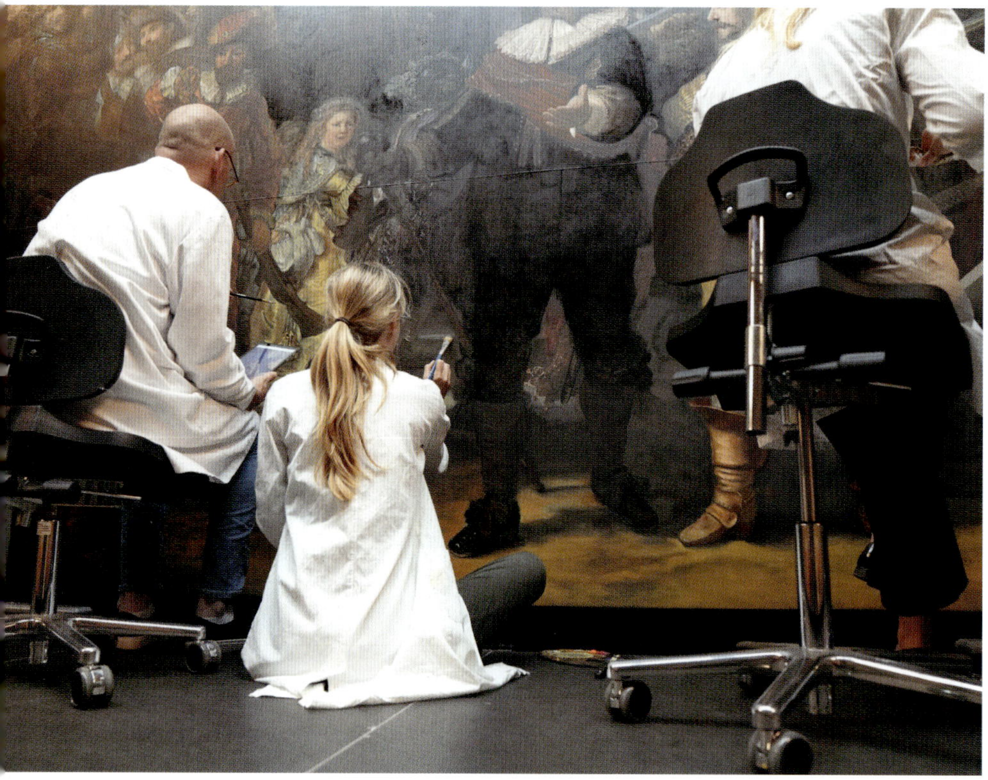

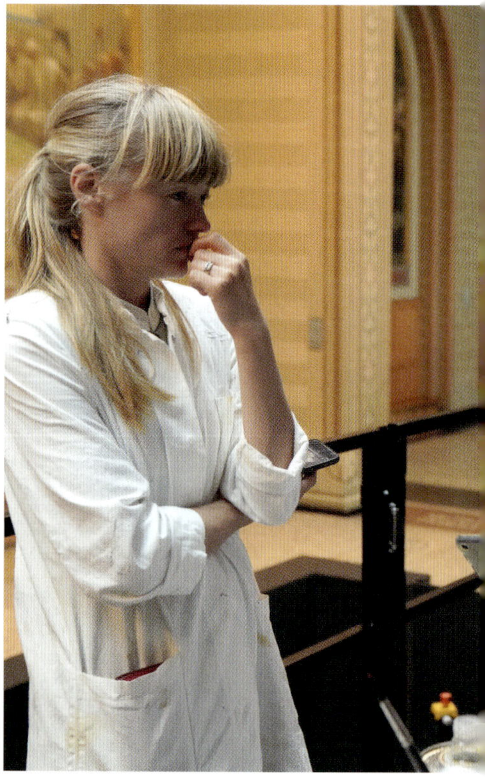

gigantisch verschil die zijkanten maken. Vooral de linkerkant. Met die erbij komt het hele schilderij nog meer in beweging, het wordt evenwichtiger, dynamischer en nog meer net een still uit een film. Je kunt dat effect natuurlijk ook wel zien met reconstructies op je computer, maar op een computerschermpje of een grote print beleef je het toch niet echt; en *De Nachtwacht* is gemaakt om te beleven. Met onze versie hebben we die belevenis weer. Voor het eerst in driehonderd jaar kunnen we *De Nachtwacht*, een van de meest beroemde schilderijen in de wereld, zien zoals Rembrandt deze bedacht had. Natuurlijk is het een reconstructie, maar die beleving van het werk, met verf geschilderd op één stuk doek, krijg je niet meer terug. Die kun je alleen maar meemaken met het schilderij op het originele formaat met alles erop en eraan.'

Naast de beleving van het schilderij door het algemene publiek kunnen toekomstige generaties de complete versie gebruiken voor onderzoek. Het is in de brede staat een uniek document van kunsthistorische waarde. Uiteindelijk zie je de hand van Rembrandt erin terug. De reconstructie komt het dichtst bij hoe *De Nachtwacht* er oorspronkelijk uit heeft gezien. Deze kan gebruikt worden bij latere restauraties en reconstructies; zoals nu de Lundenskopie gebruikt wordt. Het kan over nog eens driehonderd jaar heel goed nog steeds de enige complete versie zijn. En misschien verkeert de reconstructie dan wel in betere staat dan het werk van Rembrandt zelf.

Lisa geeft aan het aanvankelijk een interessant idee te hebben gevonden om de delen er weer af te snijden. Maar nu het complete doek bestaat, is het voor haar belangrijker om Rembrandt recht te doen dan om de geschiedenis van het schilderij te volgen. Ze geeft daarbij aan dat ze bij aanvang niet kon weten hoe veel mooier en bijzonderder *De Nachtwacht* op origineel formaat werd: 'Dat prachtig aangelichte groepje mensen dat een beetje rommelig bij elkaar staat, blijkt een voortreffelijk geschilderd groepsportret-als-historiestuk. Dat

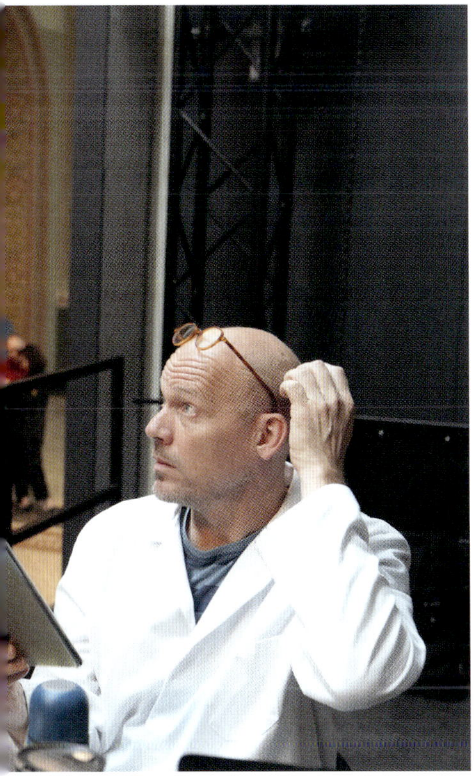

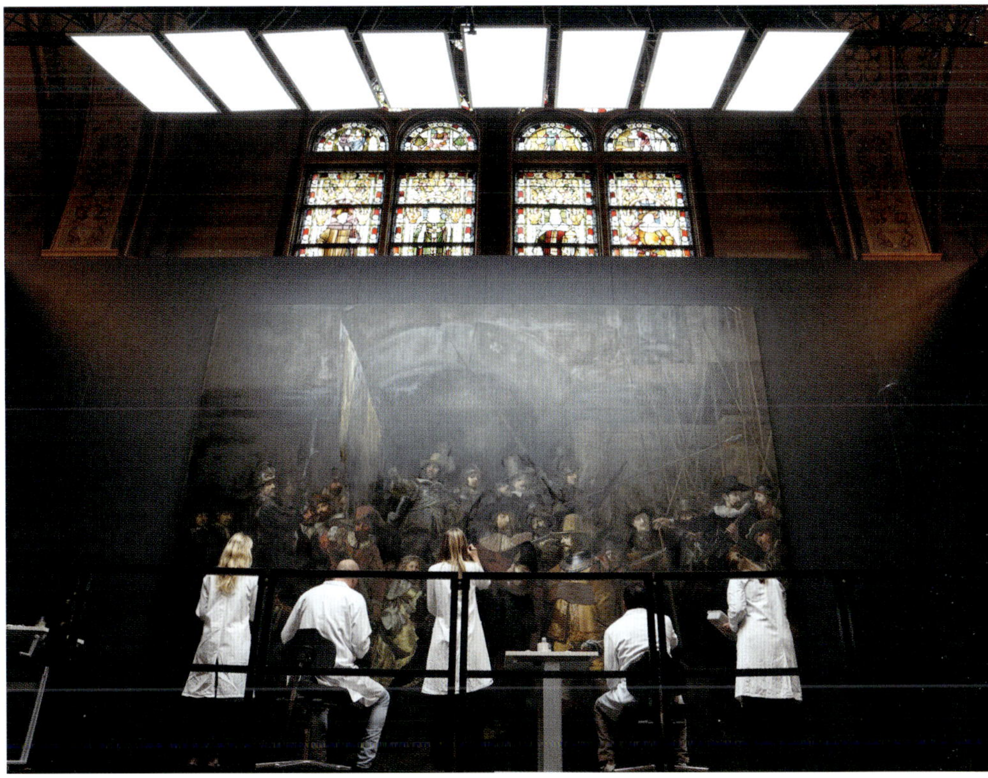

Het team controleert of alles klaar is

kent, in 1642, zijn weerga niet op zo'n formaat. Ik wil Rembrandts werk eer aandoen, in de wetenschap dat deze reconstructie misschien wel eeuwen bewaard blijft. Ik begrijp *De Nachtwacht* nu beter en volgens mij anderen met mij.' Thijs valt haar daarin bij: 'Ik had niet verwacht, echt niet verwacht dat die paar stroken zulke ontzettend grote, dramatische consequenties hebben voor de compositie.' Michel ziet ook de waarde in van het schilderij, gereconstrueerd zoals het mogelijk ooit was, maar blijft tot het laatst vinden dat de geschiedenis ook belangrijk is en vooral dat we *De Nachtwacht* zoals hij nu is moeten reconstrueren. Die is beroemd geworden zoals wij hem kennen, een ijzersterk beeld. Waar iedereen herinneringen aan heeft ook. Hij verzint een list: we kunnen *De Nachtwacht* vergelijken met onze reconstructie zonder dat we hoeven te knippen!

Taco Dibbits kan zich goed vinden in dit besluit. 'De kern is dat we natuurlijk allemaal – ik als directeur van het Rijksmuseum, de hele staf van het Rijksmuseum, Lisa en haar team, maar ook het publiek – die delen terug willen, want ja, zo had Rembrandt het bedoeld. Maar ze zijn er niet meer, daar ligt de frustratie, ze zijn weg en je kunt ze niet meer terugtoveren. Aan het begin van het project was het voor mij heel helder: je knipt die stukken eraf want het is een reconstructie en daar laat je ook die geschiedenis zien. Nu je het eenmaal in z'n geheel ziet, is het wel heel uniek om die gehele reconstructie te bewaren omdat dit de intentie laat zien hoe het schilderij is gemaakt.'

Rembrandt, Rembrandt, Rembrandt

Dan is het natuurlijk ook nog eens *De Nachtwacht*, een schilderij waar een museum omheen werd gebouwd, waarbij een Kamercommissie adviseerde over de belichting, dat door miljoenen ogen gezien is. Het is hét nationale beeld, dat dwingt respect af. We zijn onder de indruk en nietig naast zo'n werk. Michel stelt voor om voor de vergelijking van beide werken de afgesneden delen met een

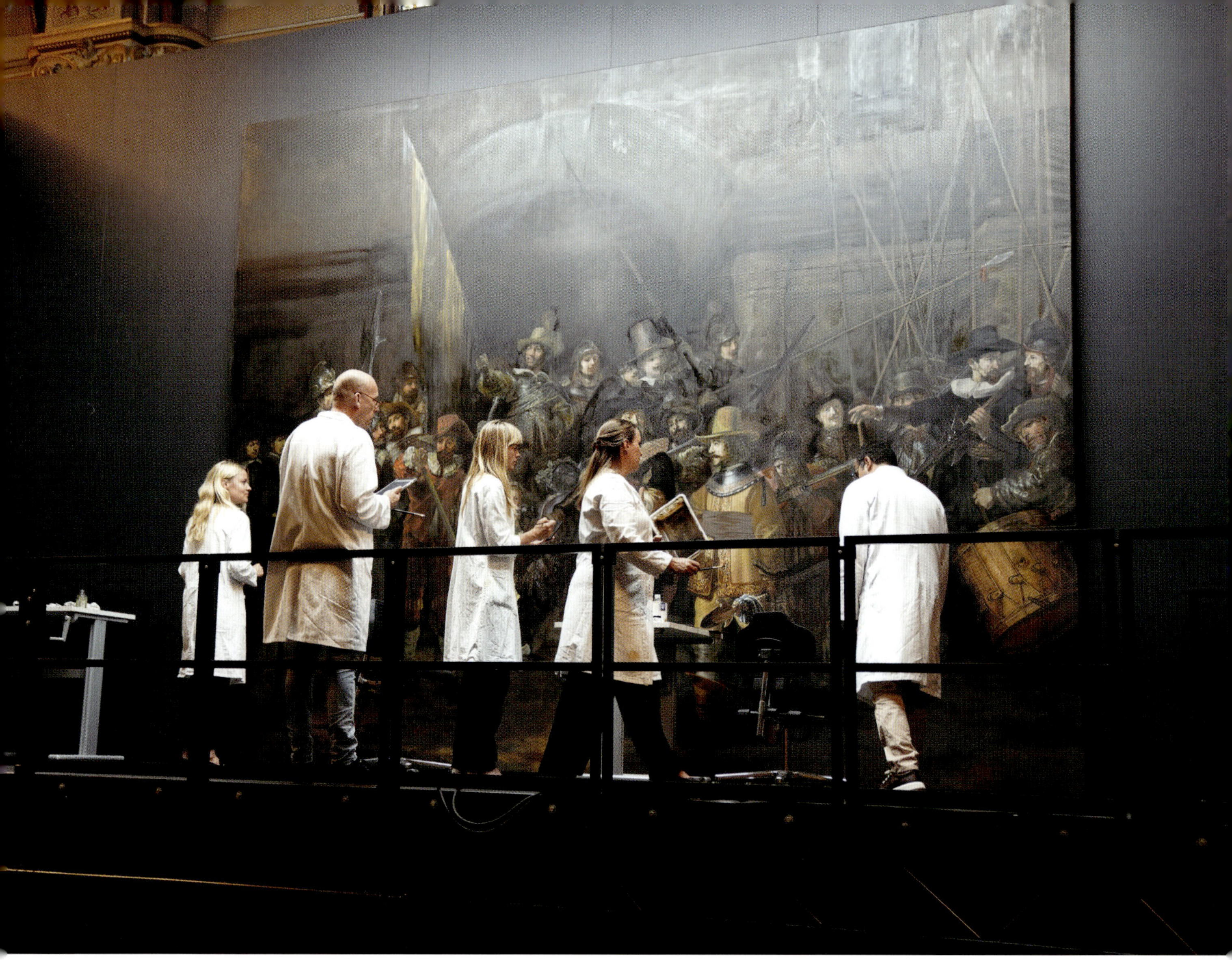

soort passe-partout van zwart geschilderd plaatmateriaal af te dekken. Zo hebben we onze *Het Geheim van de Meester*-vergelijking met de echte *Nachtwacht,* maar behouden we tegelijkertijd de interessante reconstructie van het schilderij met de originele afmetingen.

De onthulling

Het is 379 jaar geleden dat Rembrandt zijn penseel neerlegde en een goede drie weken nadat Lisa dat heeft gedaan. Rembrandt maakte een revolutionair werk, iets wat de wereld nog niet eerder zag. Een werk dat tot op de dag van vandaag geroemd wordt om de virtuositeit en de artistieke zeggingskracht. Waar dagelijks honderden mensen van over de hele wereld naar komen kijken. Dat eindeloos onderzocht, beschreven en becommentarieerd wordt. Zo'n ongekend bekend werk, hoe vergelijk je dat met de reconstructie?

Natuurlijk is het team zenuwachtig; er zit al met al een jaar werk in, waarvan zes maanden effectief schilderen. Al het onderzoek dat eraan voorafging en alle mensen die op de achtergrond bergen verzetten om dit voor elkaar te krijgen.

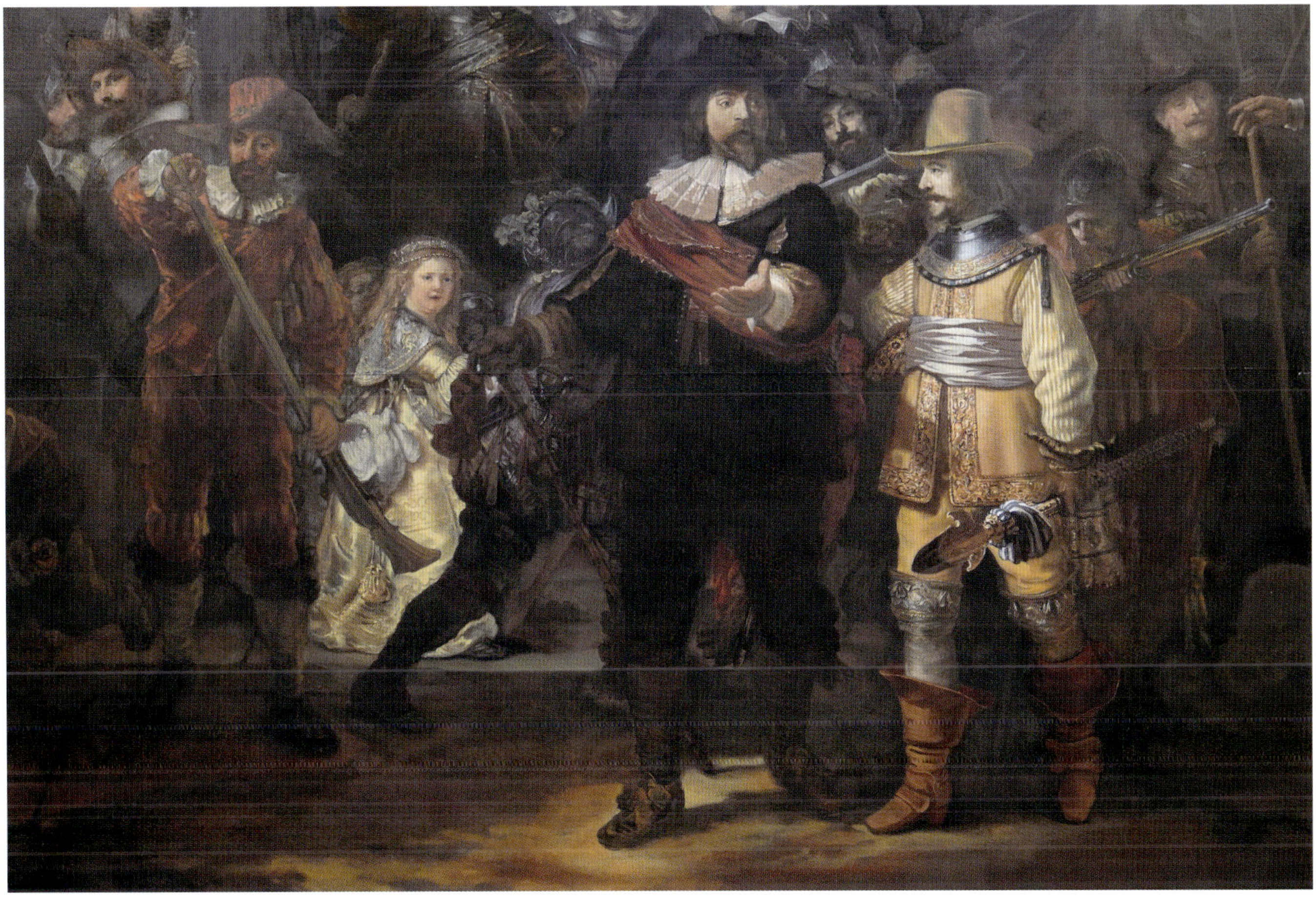

De reconstructie is gereed voor de laatste fase, het vernissen

Het komt allemaal samen in dit ene moment. Er hangt een bordeauxrood doek voor het schilderij als de genodigden binnenkomen. De gasten verzamelen zich voor het doek en het wordt vanzelf een plechtig moment waarop iedereen de adem even inhoudt.

Kloppen de kleuren? Kloppen de verhoudingen? Is het licht over het hele schilderij in balans zoals het bij het origineel van Rembrandt is?

Michel vraagt de aandacht van het aanwezige publiek. Namens het hele team spreekt hij uit: 'Het is met veel plezier en met bijzonder veel trots dat we hier nu presenteren: de reconstructie van *De Nachtwacht*.' Het doek valt, het applaus klinkt.

En net zoals iedere bezoeker dat met het originele schilderij van Rembrandt heeft, zo wordt het ook hier even stil. Waarschijnlijk scannen de aanwezigen het schilderij, gaan ze de gezichten af, zoomen ze in op de lichtpunten en verkennen ze de details. Een mooie stilte, een volle stilte. Dan komen de stemmen los. 'De koppen zijn zo herkenbaar, ze lijken zo goed op de gezichten die je van *De Nachtwacht* kent.' 'De dieptewerking van de arm van Banninck Cock die het commando geeft, die zit er helemaal in.' 'De vaandeldrager. Het vaandel. Het is, net als het origineel, een werk dat indruk maakt.' Het woord 'ongelofelijk' valt keer op keer. Het schilderij geeft je het gevoel dat je naar de originele *Nachtwacht* kijkt. De kleuren, de kleurtoon. Taco Dibbits prijst de eenheid die in het werk zit en hoe het je, net als het origineel, kan leiden naar details die je pas laat opmerkt. Een tien met een griffel voor het team.

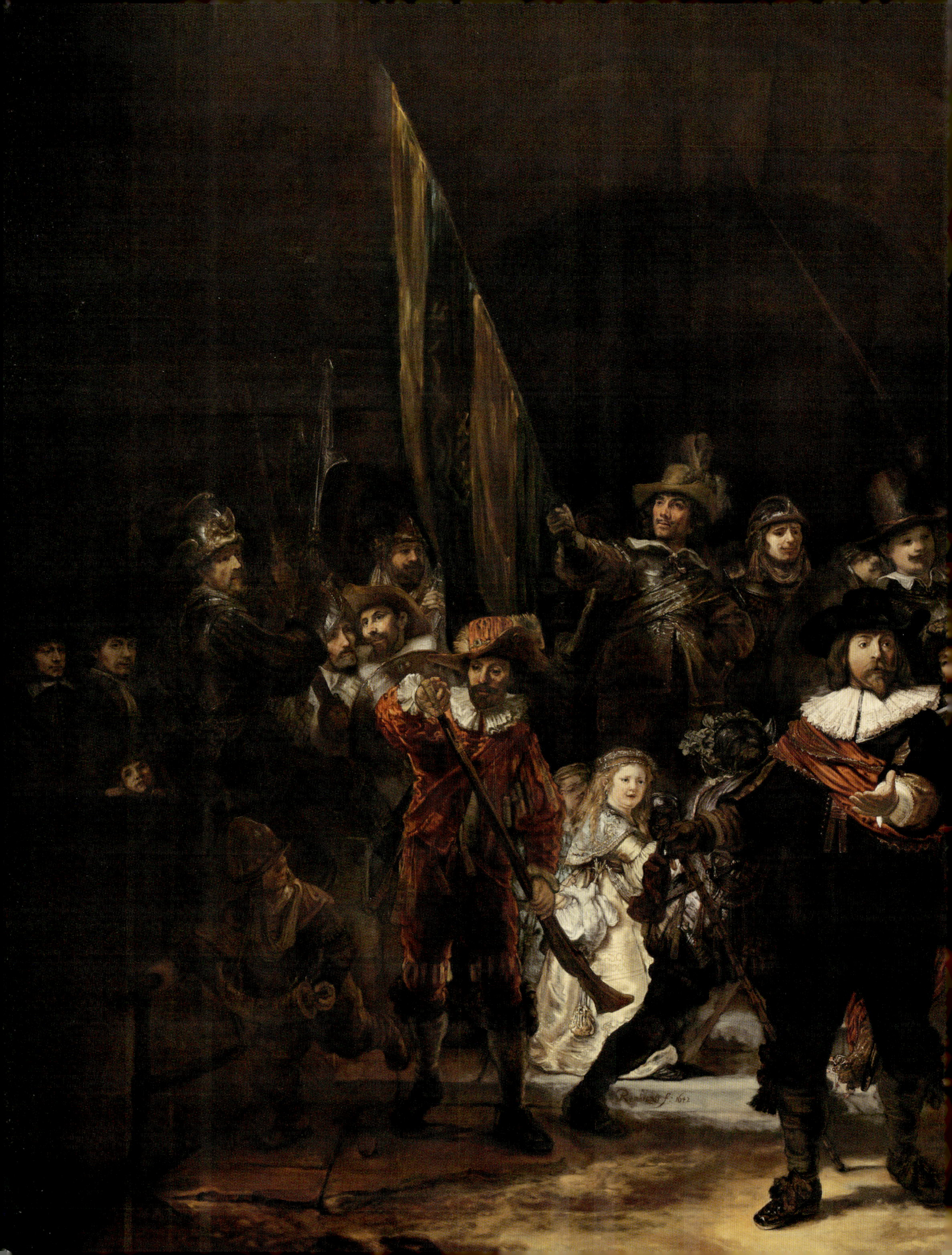

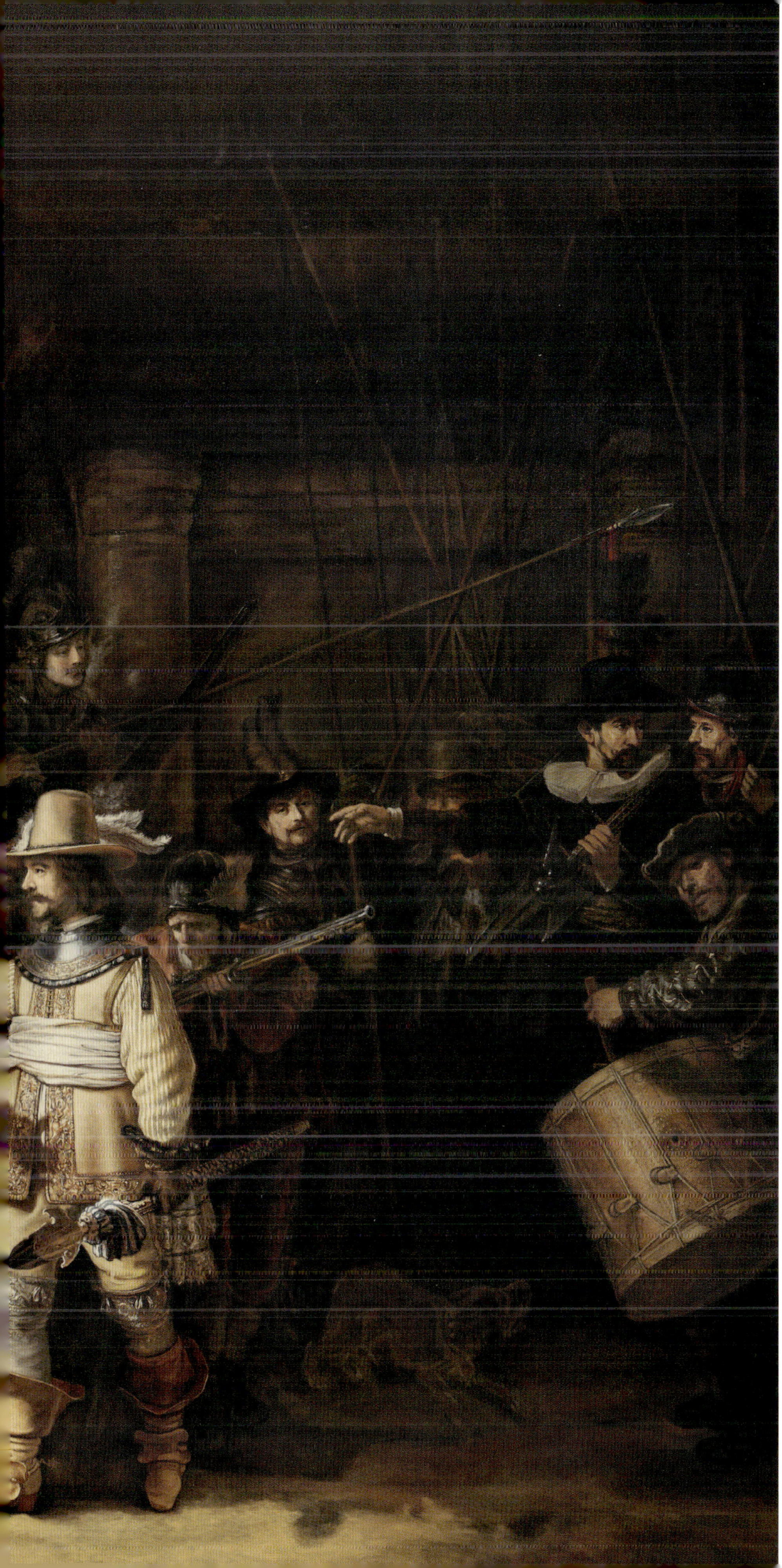

De reconstructie van *De Nachtwacht* op volledig formaat

Begrippenlijst

Aardpigment
Een natuurlijk pigment dat uit de grond gedolven wordt, zoals bijvoorbeeld oker dat van kluiten aarde met die specifieke kleur komt.

Clair-obscur (ook wel in het Italiaans 'chiaroscuro' genoemd)
Techniek waarmee het contrast tussen licht en donker extra benadrukt wordt. Het hoofdonderwerp lijkt hierbij sterker verlicht dan de andere delen van het schilderij. Dit gebeurt soms door een fictieve lichtbron die zich buiten het schilderij bevindt.

3D-scan
De 3D-scan brengt de hoogteverschillen van het hele schilderij in kaart (zie ook p. 42).

Doodverf
Monotone onderschildering die volgt op de ondertekening en wordt opgevolgd door de afwerking in kleur. Een schets die de plastieke dimensie van de compositie voorbereidt.

Doubleerdoek
Doek dat bij restauratie ter versteviging aan de achterkant van het originele doek van een schilderij wordt geplaatst.

Drager
Het materiaal waarop geschilderd wordt. Meestal paneel of doek.

Grondering
De laag tussen de drager en de verflaag. De grondering dient ter isolatie van de drager en bestaat op paneel meestal uit krijt en dierlijke lijm en op doek vaak uit lijnolie vermengd met goed drogende vulstoffen zoals loodwit en aardpigmenten.

Hooglichten
Partijen of accenten in lichte verf geplaatst op de lichtste plekken in de compositie. Gebeurt in de laatste fase van het schilderen.

Impasto
Penseelslag. Een schildertechniek waarbij de verf dik wordt aangebracht.

Imprimatura
Een dunne monotone en dikwijls transparante onderlaag die volgt op de grondering en de grondering van kleurtoon doet veranderen. Plaatselijke imprimatura is de voorkleuring voor bepaalde partijen.

Infraroodreflectografie
Met infraroodreflectografie breng je al het koolstofhoudend materiaal in beeld en zo zie je dan bijvoorbeeld de ondertekening waar je die met het blote oog niet ziet (zie ook p. 41).

Macro-röntgenfluorescentie scanning (macro-XRF)

Macro-XRF brengt de chemische elementen van afzonderlijke pigmenten in kaart. Zo is te zien welk pigment waar is toegepast op een schilderij (zie ook p. 41).

Onderschildering

De eerste verflaag op het doek, vaak de doodverf-fase.

Ondertekening

Schets van de compositie die op de grondering wordt aangebracht, bijvoorbeeld in krijt, potlood of met zwarte of rode verf.

Opmaken

17de-eeuwse term voor het aanbrengen van de gekleurde verflaag. Volgt op de doodverf.

OCT

Met Optische Coherentietomografie (OCT) kun je meten waar een schilder de verf dikker en dunner aanbracht (zie ook p. 41).

Pentimenti

Wijzigingen die de kunstenaar tijdens het maken van het kunstwerk doorvoert. 'Pentimento' is Italiaans voor 'spijt'.

Reflectance Imaging Spectroscopy (RIS)

Met Reflectance Imaging Spectroscopy (RIS) kan bepaald worden met welke pigmenten en bindmiddelen een schilder heeft gewerkt (zie ook p. 42).

Schellak

Harshoudende afscheiding van een insect, opgelost in alcohol. Dit wordt gebruikt om een vernislaag of politoer (beschermende laag) van te maken die ook kan dienen als isolatielaag tijdens het schilderproces.

Smalt

Blauw pigment. Het is kobaltstanaat dat is toegevoegd aan smeltend glas. Surrogaat voor dure blauwe pigmenten. Op zich is het een stabiel pigment, maar gemengd in olie kan het van kleur veranderen.

Stereomicroscopie

Met stereomicroscopie wordt gekeken naar de oppervlakte van de verflaag. Je kijkt eigenlijk met twee microscopen tegelijkertijd en zo ontstaat een soort van 3D-beeld (zie ook p. 41).

Synthetisch pigment

Pigment dat gemaakt wordt en niet gedolven zoals aardpigment. Een voorbeeld hiervan is beenderzwart dat gemaakt wordt door botten van bijvoorbeeld een koe te verkolen. Maar er zijn ook moderne synthetische pigmenten zoals Pruisisch blauw, chroomgeel of cadmiumrood en -geel.

Uit-oliën

17de-eeuwse techniek waarbij een extra laag olie over de onderschildering wordt aangebracht. Dit deed men om te voorkomen dat de verflaag te veel in het doek trekt en/of te mat uitslaat om verder te kunnen schilderen.

Verdoeken

Restauratietechniek waarbij een steundoek wordt aangebracht achter het originele schilderdoek. Als hechtingsmiddel kunnen verschillende soorten lijm dienen. Vanaf ca. 1860 in Nederland meestal uitgevoerd met een specie van was en hars.

Vernis

Harshoudende afdeklaag die door de schilder gebruikt kan worden om de verf te verzadigen en te beschermen.

Terugkijkend

Met dertig gereconstrueerde schilderijen wist het team van *Het Geheim van de Meester* heel goed waar het aan begon. Dat het een groots avontuur zou worden dat voor een aanzienlijk deel onbekend terrein was. Belangrijke aspecten, zoals de grootte van het werk, de status die het heeft als nationaal symbool en de virtuositeit van Rembrandt, zouden elk op hun eigen manier zwaar wegen.

Het is een avontuur van een heel team, schilders, restauratoren, museummedewerkers, onderzoekers, pigmentmakers, specialisten in grondering, redacteuren en productiemedewerkers. Elke discipline zou zich flink moeten inzetten.

En dat deden we. Het collectieve werk bracht ons dichter bij Rembrandt. Door de enorme kennis die beschikbaar is en de toewijding waarmee we een jaar lang werkten aan de voorbereiding, het reconstrueren en het vertellen van het verhaal had je soms het gevoel dat je hem echt even begreep. De keuzes die hij maakte, de redenen waarom hij zijn werk opzette zoals hij deed, die kwamen echt dichtbij.

'*De Nachtwacht* is geen schilderij om van te houden,' zei Taco Dibbits toen ik hem sprak. Ik snap wat hij daarmee bedoelt. Ook voor ons was het een schilderij dat indruk maakte, tijdens elke stap in het proces. Het is een werk dat ontzag afdwingt, intimiderend bijna. En toch, door al het werk, laagje voor laagje, door het onderzoek van Operatie Nachtwacht, de kennis van onze eigen deskundigen en de vele gesprekken op en rond het doek-in-wording gingen we van *De Nachtwacht* houden.

Rembrandt werkt zoals een schaakgrootmeester denkt. Hij kijkt ver vooruit, weet wat hij tegen gaat komen, wat de gevolgen zijn van elke zet en hoe een beweging op het bord nu bijdraagt aan het eindspel. Hij zette ons net niet schaakmat. Maar we hebben ons geregeld in een onmogelijke positie gevoeld.

Ik vind dat het mooiste van onze inspanning, de weg: van bestuderen, empirisch onderzoeken, obstakels tegenkomen en vragen *moeten* stellen die niemand zich hoeft te stellen. En naast de academische weg die van de artisticiteit en het vakmanschap bewandelen, en ontdekken hoe een schilder, een materiaaldeskundige, een restaurator en een praktische wetenschapshistoricus zich tot een meesterwerk verhouden. Om bij besluit gezamenlijk een diepe buiging te maken naar de Meester.

De Nachtwacht is er al een kleine vierhonderd jaar en zal nog eeuwen bij ons blijven. Ook nu vindt het schilderij weer een nieuw publiek, met nieuwe inzichten en een nieuwe manier om naar het werk te kijken. Wij hopen met de reconstructie een nieuw hoofdstuk aan het verhaal van en rondom Rembrandts meesterwerk te hebben kunnen toevoegen.

Marc Pos

Ooit
Keek een geniaal mens de wereld in
En creëerde zijn realiteit op doek.
Lang daarna deden tientallen mensen,
Zoals een regisseur, kunsthistoricus, eindredacteur, belichter,
schilder, restaurator, materiaaldeskundige en museumdirecteur,
Een verwoede poging om door de lagen verf heen zich in te leven
in die mens.
Om via het reconstrueren van zijn werk
Zich te verplaatsen in het hoofd van die geniale mens,
Om een tijdreis te maken
En voor een korte stonde in het idee te leven
Dat je even door zijn ogen naar die wereld van toen mag kijken.

MARC POS

Bronnen

Beliën, H., en Knevel, P. (2006) *Langs Rembrandts roem.* Amsterdam: Amsterdam University Press

Bikker, J. (2019). *Rembrandt. Biografie van een rebel.* Amsterdam: nai10, Rijksmuseum

Bockemühl, M. (2016) *Rembrandt.* Köln: Taschen

Bonth, R. de, en Geirnaert, D. (2019) *Woorden voor Rembrandt. Gelegenheidswoordenboekje 17de-eeuwse schilderstermen.* Instituut voor de Nederlandse taal

Broos, B. (2012) *Saskia. De vrouw van Rembrandt.* Zwolle: WBOOKS

Büttner, N. (2019) *Rembrandt. De schilder van licht en schaduw.* Amsterdam: Meulenhoff

Deen, F. (2019) Adriaen Ockersdr., Weyn Duijf, in: *Digitaal Vrouwenlexicon van Nederland.* www.resources.huygens.knaw.nl/vrouwenlexicon/lemmata/data/Adriaen Ockersdr. [27/08/2019]

Duijn, E. van, en Filedt Kok, J.P. (2016) *The Art of Conservation III: The Restorations of Rembrandt's 'Night Watch'.* The Burlington Magazine

Đurić, P. (2020) *Dutch Embedded Self-Portraiture and Rembrandt's Act of Painting The Night Watch,* doctoraalscriptie

Egmond, M. van (2017) *Restauratie Ferdinand Bol: de regentes bloost weer.* nrc.nl

Froment, E.M. (2019) *The consequences of wax-resin linings for the present appearance and conservation of seventeenth century Netherlandish paintings on canvas,* dissertatie. Amsterdam School for Heritage and Memory Studies (AHM)

Hermens, E. (2018) *Regenerating Rembrandt's Night Watch: a restoration method from the past.* www.lookingthroughartblog.wordpress.com

Hoogstraten, S. van (1969) *Inleyding tot de hooge schoole der schilderkonst: anders de zichtbaere werelt.* Davaco Publishers (fotografische herdruk)

Houbraken, A. (1995) Rembrandt van Rijn: een verstokte gierigaard in: *De Grote Schouwburg. Schildersbiografieën* (samenstelling Jan Konst en Manfred Sellink). Met illustraties van Jacobus Houbraken. Amsterdam: Querido

Metz, T. (1990) *Nachtwacht: schrik groter dan schade.* nrc.nl

Noordervliet, N. (2003) *Nederland in de Gouden Eeuw.* Zwolle: Waanders Uitgevers. Amsterdam: Rijksmuseum

Schama, S. (1990). *De ogen van Rembrandt.* Amsterdam/Antwerpen: Uitgeverij Contact

www.rembrandthuis.nl
www.beleefdenachtwacht.nl
www.rijksmuseum.nl
www.rijksmuseum.nl/nl/stories/operatie-nachtwacht
www.rijksmuseum.nl/nl/zien-en-doen/tentoonstellingen/operatie-nachtwacht
www.geschiedenisvanvlaardingen.nl/verhalen/historische-figuren/wilhem-van-ruytenburch
www.anderetijden.nl/artikel/6696/De-Nachtwacht

Verantwoording herkomst afbeeldingen

Rijksmuseum, Amsterdam:
Schilderijen op pp. 2, 6, 15, 19, 20, 23, 27, 40, 46 (in langdurige bruikleen van The National Gallery, London), 83, 98, 100, 104, 108, 109, 113, 128, 148 (fotograaf Ben Roberts), 153 (fotograaf John Lewis Marshall), uitklap-pagina (fotograaf Michel Schnater)
Etsen op pp. 4, 12, 21

Museum Het Rembrandthuis, Amsterdam:
Pp. 16 en 17 (beide fotograaf Kees Hageman), 18 en 25 (beide fotograaf Kirsten van Santen)

Nationaal Archief, Den Haag:
Pp. 122, 123

Fotoverantwoording

Shutterstock:
Pp. 36 (fotograaf Kritzel The Artist), 110 (fotograaf Kiev. Victor)

Elvin Boer:
Pp. 11, 28, 70, 92, 130

Michel Schnater:
Pp. 166/167

Ruben Troost:
Pp. 10, 34, 38, 42, 43, 44, 45, 51, 52, 53, 54, 55, 56, 57, 58, 59, 62, 63, 64, 66, 68, 69, 76, 77, 78, 79, 80, 81, 83, 84, 86, 87, 88, 89, 90, 91, 106, 107, 116, 117, 118, 119, 120, 121, 126, 127, 156, 157, 158, 159, 160 161, 162, 163, 164, omslag - voor en achter

Jaap van der Werff:
Pp. 60, 61

De overige foto's betreffen stills uit het door cameraman Ingmar Kooper gedraaide materiaal voor het televisie-programma *Het Geheim van de Meester.*

Dankwoord

Ik mag dan als schrijver op het omslag staan, dit boek is in feite door velen geschreven. Het is een gezamenlijke prestatie van het team van *Het Geheim van de Meester*. Van zowel de teamleden vóór als achter de schermen.

De jarenlange ervaring die we met elkaar hebben opgebouwd heeft geresulteerd in dit geweldige avontuur.

Dank aan het gehele team van *Het Geheim van de Meester*: Sandra de Witte, Jaap van der Werff, Crisje Vandenbooren, Rieneke Bakker, Sanne Fleskens, Sophie Scholten, Ruben Troost, Indra Kneepkens, Maria Wiersma, Nard Kwast, Fahed Ibrahim, Lisouk Thörig van de Pol, Joris Dik, Michel van de Laar, Lisa Wiersma en Thijs Hagendijk.

Ook ben ik grote dank verschuldigd aan de mensen van het Rijksmuseum, die met ons dit avontuur zijn aangegaan. Waar zouden we zijn geweest zonder hun kennis en bevlogenheid? Dank aan: Taco Dibbits, Hendrikje Crebolder, Marijke Smallegang, Fyona Das, Mark Colly en Ilse Steeman.

En natuurlijk ook dank aan het onderzoeksteam van Operatie Nachtwacht: Robert van Langh, Katrien Keune, Petria Noble, Pieter Roelofs, Gregor Weber, Rob Erdmann, Anna Krekeler, Esther van Duijn, Ige Verslype, Erma Hermens, Annelies van Loon, Fréderique Broers.

Het Geheim van de Meester wordt al jaren geproduceerd in opdracht van AVROTROS en uitgezonden bij NPO 2. Hoe hadden we dit project tot een goed einde kunnen brengen zonder: Gijs van Beuzekom, Caro van der Heide, Léon van Rongen, Clemens van der Grinten, Annette de Vries, Bart Barnas en Eric van Stade. Ook aan hen ben ik veel dank verschuldigd.

Een televisieprogramma begint altijd met een idee. Dank aan Jonas Heming en David Beker, medebedenkers van *Het Geheim van de Meester*.

Sinds 2021 is POSVIDEO een samenwerking aangegaan met idtv. Speciale dank aan Taco Rijssemus en Michel Nillesen.

Het is bijna onmogelijk iedereen die *Het Geheim van de Meester* support te vermelden, maar enkele vrienden van de show licht ik er toch uit. Ik bedank Bas Brinkman, Miranda Bruinzeel van Bureau Bruinzeel, Cathelijne Broers (Prins Bernhard Cultuurfonds), Annemiek de Vroeg (Vriendenloterij), Ilona Haaijer, YPO, Royal Talens, TU Delft.

En dank aan het team van uitgeverij Terra voor jullie kennis en kunde, in het bijzonder dank aan Marjolijn Braamburg; tevens aan tekst- en beeldredacteur Merijn de Leur-van Duyn en vormgever Mijke Wondergem.

© 2022
Uitgeverij TERRA
Terra maakt deel uit van TerraLannoo bv
Postbus 23202
1100 DS Amsterdam, Nederland
info@terralannoo.nl
www.terra-publishing.com

terrapublishing

terrapublishing

Concept en samenstelling: Marc Pos
Tekst- en beeldredactie: Merijn de Leur-van Duyn
Eindredactie: Barbara Luijken en Marijke Overpelt

Ontwerp omslag en binnenwerk: Mijke Wondergem
Verzorging binnenwerk: Peter Tychon

Lithografie: DPS Design & Prepress Studio, dpsonline.nl

Deze uitgave is tot stand gekomen door bemiddeling van Miranda Bruinzeel, bureaubruinzeel.nl en in opdracht van de vereniging AVROTROS en POSVIDEO.

Eerste druk, 2022

ISBN 978 90 8989 885 2
NUR 640